未名社科菁华·国际关系学

全球学与全球治理
GLOBAL STUDIES AND GLOBAL GOVERNANCE

蔡拓 著

图书在版编目(CIP)数据

全球学与全球治理/蔡拓著.—北京:北京大学出版社,2018.1
(未名社科菁华·国际关系学)
ISBN 978-7-301-28935-8

Ⅰ.①全… Ⅱ.①蔡… Ⅲ.①全球化—文集 Ⅳ.①C913-53

中国版本图书馆 CIP 数据核字(2017)第 266941 号

书　　　名	全球学与全球治理 QUANQIUXUE YU QUANQIU ZHILI
著作责任者	蔡　拓　著
责任编辑	董郑芳（dzfpku@163.com）
标准书号	ISBN 978-7-301-28935-8
出版发行	北京大学出版社
地　　　址	北京市海淀区成府路 205 号　100871
网　　　址	http://www.pup.cn
新浪微博	@北京大学出版社　　@未名社科-北大图书
微信公众号	ss_book
电子信箱	ss@pup.pku.edu.cn
电　　　话	邮购部 62752015　发行部 62750672　编辑部 62753121
印　刷　者	三河市北燕印装有限公司
经　销　者	新华书店 730 毫米×980 毫米　16 开本　25.25 印张　358 千字 2018 年 1 月第 1 版　2018 年 1 月第 1 次印刷
定　　　价	70.00 元

未经许可，不得以任何方式复制或抄袭本书之部分或全部内容。
版权所有，侵权必究
举报电话：010-62752024　电子信箱：fd@pup.pku.edu.cn
图书如有印装质量问题，请与出版部联系，电话：010-62756370

序

　　十年前,北京大学出版社出版了我的第一本文集《全球化与政治的转型》。转眼间,又过了十年。承蒙北京大学出版社的厚爱,我的一本新文集又将奉献给读者。

　　这本文集名为《全球学与全球治理》,收录了2007年至今我所撰写的代表性文章。正如书名所标示的,这些文章集中反映了这十年我的学术关注点和理论指向,那就是推进全球学研究和全球学学科在中国的创建,深化全球化与全球治理研究,特别是全球治理与国家治理的互动、统筹研究。

　　全球学是全球问题学与全球治理学的叠加与整合。全球问题学始于罗马俱乐部,早期的全球学主要是针对全球问题的研究,这一传统延续至今。全球治理学则是20世纪90年代全球化与全球治理不断深入与扩展的产物,它在保持全球问题研究传统的同时,加强了对全球化、全球治理、全球性的理论探讨,从而凸显了全球学学科建设的必要性。正是因为有了这种学科的自觉,才开始陆续出现全球学的本科、硕士、博士专业教育,催生了具有规范学科意义的全球学。中国的全球学正是在这一背景下登场的,中国政法大学、上海大学自2010年以后陆续设立了全球学硕士点、博士点,开始了全球学硕士、博士教育。而相应的研究成果则体现为对全球学学科的认识,对全球学的价值轴心——全球性的探究,以及对全球学学科基础与支撑的全球化的深度分析。对于全球学这个新兴交叉学科而言，这本文集所提供的成果显然是初步的，还有待今后的努力。值得欣慰的是，北京大学出版社已于2015年出版了我领衔撰写的《全球学导论》一书，从而给读者提供了国内第一本规范意义上的全球学理论读本。总之，这个十年就是被全球学"纠缠"的十年，也是为全球学艰苦奋斗并获得快乐的十年。

全球化与全球治理已是十年前文集的一个主题，但在这本新文集中却有了不同的角度。这是因为，自2008年金融危机以来，无论是国际政治态势与格局，还是国际社会价值理念的指向都发生了重大变化。新兴经济体群体性崛起，国家主义强势回归，民粹主义异军突起，去全球化浪潮汹涌。这一切都使得对全球化与全球治理的认知与评价出现了戏剧性转折，从热烈拥抱、赞同到坚决抛弃、反对，或者明显质疑。当然，冷静而理性反思的观点并未消失，但似乎处于劣势。本人则一如既往地坚持对全球化与全球治理的学理分析，强调对去全球化和国家主义要保持应有的反思与警惕。在这种大变局中，中国强势崛起，不仅成为新兴经济体的领袖，而且成为捍卫自由贸易的旗手，并在全球治理中从积极参与者开始走向引领者。这种态势，既使国人引以为自豪，但又加剧了国内的民族主义、国家主义。因此，在这本文集中，我不仅从学理的角度阐述了全球化与全球治理面临的新问题，更注重理性地分析中国在当代国际社会中的定位，阐述了在全球化与全球治理进程中，中国应有的理性选择。显而易见，这个十年，又是我对全球化与全球治理反思的十年，对国家主义的回归与膨胀异常忧虑与警惕的十年，呼吁协调全球主义与国家主义的十年，强调中国要统筹全球治理与国家治理，在立足搞好国家治理的基础上，为全球治理做出更多贡献，始终沿着人类文明大道前行的十年。

如果说这本新文集还有什么可以提及的内容，那就是倡导中国政治学发展的理念变革与学者自身的主体建设。这个新理念就是超越国家主义的全球主义理念，就是打破国际政治与国内政治研究相互割裂的整体政治学理念。而关于学者自身的主体建设，则是强调抵御猖獗的物质主义、享乐主义和功利主义，自觉地培养独立人格、自由精神和责任意识;确立以学术为生的信念,担当起社会良心的角色。文集中的这部分内容并不多,但的确反映了我的心声、我的感受,它既是对自己的要求,也是对学术界同仁的希望。

最后,再次表达对北京大学出版社的衷心感谢,特别是对社会科学编辑部主任耿协峰编审的感谢;对在该社出版的两本文集,以及《全球学导论》《全球治理概论》的责任编辑们的感谢。

蔡 拓
2017 年 9 月 17 日
于昌平富泉花园

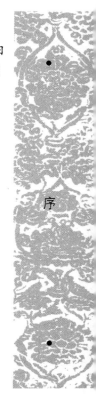

目 录

全球学：概念、范畴、方法与学科定位 …………………………… 1
全球化的若干问题 …………………………………………………… 32
全球性的理论思考 …………………………………………………… 109
全球化观念在中国的传播及其影响
　　——一种国际关系的视角 ………………………………………… 126
被误解的全球化与异军突起的民粹主义 ………………………… 172
当代中国国际定位的若干思考 …………………………………… 180
当代中国国际定位中的几个重要问题 …………………………… 207
统筹全球治理与国家治理
　　——基于当代中国两个大局的分析 ……………………………… 220
中国参与全球治理的新问题与新关切 …………………………… 249
中国如何参与全球治理 …………………………………………… 263
全球治理的反思与展望 …………………………………………… 275
新政治发展观与全球治理困境的超越 …………………………… 288
国际公共物品的供给：中国的选择与实践 ……………………… 304
中国提供国际公共物品的理论思考 ……………………………… 335

国际秩序的转型与塑造 …………………………………… 340
全球主义视角下的国际秩序 ………………………………… 348
"国家利益最大化"的反思与超越 …………………………… 352
超越国家主义与特色性思维　构建全球化时代的中华文化 …… 371
国际社会与国家改革 ………………………………………… 378
全球意识与全球情怀：《全球学导论》的价值与意义 ………… 384
理念更新与伦理自觉：中国政治学发展的症结与选择 ………… 390

全球学：概念、范畴、方法与学科定位

全球学是一门正在构建中的新兴学科,它起源于20世纪70年代罗马俱乐部开创的全球问题研究,20世纪90年代开始有了学科的自觉,试图在将全球学定位为一个特定研究领域的同时,赋予其更严谨、更规范的学科性质。在全球学短暂的发展进程中,将全球学视为全球问题学的见解居于主导地位。20世纪90年代以来,伴随全球化和全球治理浪潮的兴起,全球问题学的框架被突破,全球化与全球治理正在成为全球学研究的新宠。于是,在这个意义上,全球学似乎又在一定程度上被理解为全球化学、全球治理学,这一学术倾向无论在西方、在俄罗斯还是在中国都得到体现。尽管出现了上述变化,但至今为止,作为特定研究领域的全球学依然比作为新兴学科的全球学更有市场。即便是那些主张全球学是一个独立的新兴学科的学者和研究机构,也很少有严格意义上的关于全球学学科范畴、体系、研究方法的较为系统的论述,更多的是百科全书式的概念介绍,难以体现全球学学科的独特内涵与范畴体系。正是鉴于此,本文试图从概念、范畴、研究方法与学科定位层面,阐述全球学作为一个独立学科的特性、边界和基本内容,以期引起对全球学的关注与研究。笔者相信,尽管全球学还很年轻,对中国而言更是陌生,但符合时代需求的全球学必定有光明的前景。

一、全球学的兴起

1. 什么是全球学

"全球学"(Global Studies)又称"全球研究",是一个正在兴起的研究领域,一门正在构建的新学科。作为一个研究领域,它关注的是对诸多跨国和全球现象、问题的认识,并综合运用国际关系学、社会学、哲学、经济学、历史学、文化学的理论与方法去开展跨学科研究;作为一个新兴学科,它更多地被定位于一些特定的可授予学位的专业领域或专业方向,开展全球治理、全球公共事务、全球公民社会、全球发展、全球公共健康、全球文明对话等方向的硕士、博士培养项目和课程研修项目。

全球学起源于20世纪70年代的全球问题研究,罗马俱乐部的系列研究报告,特别是早期的《增长的极限》和《人类处于转折点》两个报告,体现了鲜明的全球视角、全球意识和全球关怀,奠定了全球学的基本向度。随着全球化进程的深入,全球问题的影响不断增强,20世纪90年代,全球学迎来了自己的勃兴时期。全球学本科、硕士、博士专业相继开设,全球学学术组织纷纷成立,学术刊物也陆续问世。正是在这一过程中,全球学的概念、内涵得以诠释,并不断明晰。当然,由于全球学尚是一个构建中的新兴学科,又具有综合的、交叉的特征,所以,迄今为止,学术界尚未取得一个共识性很强的全球学定义。大体上,国际学术界对全球学的理解和概念界定表现出如下两种基本倾向。

一种倾向是把全球学视为一个独立的新学科。如亚洲全球学学会认为:"全球学作为一个新的研究领域的兴起,要归因于我们囿于传统的学术学科边界在理解当今世界上的许多紧迫性问题时所面临的困难。其主要目标是提供一种对世界总体的社会、政治、经济和文化现象进行综合的、跨学科的以及批判性的理解。"①美国西佐治亚州立大学提出一个较完整的定义:"全球学使我们能够超越已有经验,来理解人类相互联系的整体性本质。它运用广泛的知识学科以拓宽我们对于我们的世界和我们居于其间的地方的认识。这些学科包括历史学、政治科学、科学、医学、哲学和宗教研究,以及地理、环境科学和经济学。它寻求启明我们关于特定的跨国和全球现象的认识,包括环境恶化、流行疾病、大规模移民、人权议题、和平与冲突、全球贸易以及经济联系,甚至精神上的联系。全球学的核心,是你作为个体和一个全球公民的身份,是你对你居于其中的世界的认同、感受和影响。作为一门学科,全球学准备让你更好地塑造和改善你的世界。"②美国学者佩特里夏·坎贝尔在《全球学导论》一书中指出:"作为一门独立的跨学科研究的全球学,出现于一个全球化对人类的日常生活的诸多方面都在产生越来越多且越来越显著的影响之时。学者和学生都已发现,全球学通过多种学科的研究方法和叙事方式,聚焦于当今时代最紧迫的问题,加强了我们对全球现象的理解。"③俄罗斯学者 B. A. 图拉耶夫认为,全球学是"有关全球化世界的一门新兴科学,其中也包括全球化过程以及由此产生的问题。作为一个跨学科的科学,全球学吸收了政治学、社会学、文化学和哲学中的许多有益的东西。但区别于这些学科,它有自己研究问题的方法"④。

另一种倾向是把全球学视为一个新的研究领域、研究方向。如俄罗斯学者认为:"全球学是一门跨学科的科学研究,旨在揭示全球问题的本质、趋势、激化原因、全球化加速的过程和探究这些过程对人和生态环境带来的积极影响以及克服消极影响的方法。"⑤"'全球学'这个术语指的是对全球化不同方面和全球性问题进行科学、哲学、文化以及应用等研究的总和,包括研究的结果,以及它们在经济、

---

① 参见亚洲全球学学会网站,http://asia-globalstudies.org/what-is-global-studies/。
② 同上。
③ Patricia Campbell, Aran MacKinnon, Christy Stevens, *An Introduction to Global Studies*, Wiley-Blackwell Publication, 2010.
④ 参见俄罗斯网站,http://www.globalistika.vu/。
⑤ 〔俄〕A. N. 科斯京:《生态政治学与全球学》,武汉大学出版社 2008 年版,第 11—12 页。

文化和政治等领域里的实际运用,这不仅在个别的国家,也是在全球范围的。"①美国匹兹堡大学全球学研究中心具有类似的倾向,认为"全球学主要研究全球化发展的动因以及全球化产生的结果等问题,具体包括全球化产生的身份变迁,通信技术、社会与全球化,全球冲突及其全球冲突的解决,全球经济与全球治理,全球健康,可持续发展六个方面"②。持上述倾向的学者,实际上是认为全球学内核与核心概念尚不够清晰,不宜追求独立学科的构建。俄罗斯学者科斯京就明确指出:"既然全球学是一门跨学科的研究方向,那么像经济学、哲学或政治学那样对其概念化或研究其范畴是不行的。"③

尽管存在上述不同,但我们依旧可以看到,在理解全球学内涵或给全球学下定义时,人们主要关注和强调了如下一些要素和特征。

其一,全球学以全球化和全球问题为产生前提,同时又主要以全球化和全球问题为研究对象,探讨全球化时代出现的全球现象、全球关系与全球价值。

其二,全球学强调人类日益紧密的相互依赖所形成的世界的整体性,个体、国家、民族及我们所熟悉的现象、结构、关系、制度、价值在这种整体性中需要重新定位。整体性世界的本质及其运作是全球学关注的核心,作为类主体的人类的活动和关系,以及由此导致的诸多跨国性新问题是全球学研究的重点。

其三,全球学是一门新兴的、综合性的学科,传统人文社会科学学科内任何一个学科的边界都难以涵盖其内涵,所以,全球学的显著特征之一是跨学科性,包括研究内容和研究方法。

鉴于上述分析,我们对全球学作出如下界定:"全球学是以全球化为时代和学科背景,以全球化和全球问题所催生的全球现象、全球关系为研究对象,以探寻全球治理为研究归宿,以挖掘、揭示全球性为学术宗旨,探究世界的整体性联系和人类作为一个类主体的发展特点、进程与趋势的新兴综合性学科。"

---

① 〔俄〕丘马科夫:《面临重建的全球化世界》,《教学与研究》2009 年第 11 期。
② 匹兹堡大学全球学研究中心,http://www.ucis.pitt.edu/Global/about.html。
③ 〔俄〕A. N. 科斯京:《生态政治学与全球学》,武汉大学出版社 2008 年版,第 71 页。

2. 全球学兴起的原因

任何一个学科的产生,都有其特定的背景与条件,可称之为时代的产物。这些背景与条件,一方面表现为社会实践的需要,即时代产生了新的问题,这些问题影响到人类的生存与发展,亟待解决;另一方面表现为知识增进的需要,即已有的知识或者不能回答社会生活提出的新问题,或者不能满足人类在知识领域的探究,从而把开拓新的研究领域,提出新的理论与观点的任务提上日程。全球学学科的构建正是基于上述两种需要,它是时代的呼唤。

首先来看看社会实践的需要。当代人类社会正处于前所未有的大变革、大转型时期。全球化成为时代的主题,全球问题与全球治理全面挑战人类已有的制度、观念、价值、生活方式。相互依赖,把人类联结成一个紧密的命运共同体,日益增多的非领土性、跨国性问题和事务要求人们突破国家的视域与领土的边界从整体上予以回应和处理。但现实却是,人们所熟悉、认同,并且至今居于主导地位的国家中心主义的制度、价值、观念制约着人们的认识与行动。人类社会第一次在全球范围与层面上出现了认识的困惑、行动的迷茫。国际金融危机、全球气候变暖、国际恐怖主义的猖獗、责任主权的定位、人权国际保护与新干涉主义的评判,这一系列问题都凸显了全球化时代社会转型的复杂性、严峻性,并急迫地要求给出理论上的答案和政策上的回应。全球学正是以全球化、全球问题、全球治理为研究背景和对象,探究跨国性、超国家性、全球性的现象与影响的学科,因此它的构建无疑符合时代的需要,具有重大实践意义。

其次是知识增进的需要。如前所述,全球学研究急时代之所急,突出人类生存与发展面临的新问题与新挑战,在这个意义上它是一个实践性很强、极有针对性的研究领域。但从知识增进的角度看,全球学所要探究和回答的问题是人类未曾遇到过的问题,已有的知识已难以作出解释,甚至无所适从。所以伴随对全球化、全球问题、全球治理的认知与回应,必然有新知识的产生,包括新的理论、新的观念、新的价值等等。毫无疑义,这些新知识的第一功能与作用,是服务于人类生存与发展的现实需要,推动现实问题的解决。而第二个功能与作用,则是扩大人类的认识领域,丰富人类的知识宝库,提升人类的认知能力。由此可见,在知识增进方面,全球学也有独特的、不可代替的作用。

3. 国际全球学研究现状

全球学起源于20世纪70年代罗马俱乐部开创的全球问题研究,其后二十年,全球学基本上被理解为全球问题学或全球问题研究,这一点无论在西方还是苏联乃至中国都得到体现与印证。在西方,罗马俱乐部和世界观察研究所对紧迫的、严峻的全球问题保持着持续的关注和探讨,引领着全球学的基本向度;在苏联,自20世纪70年代起,全球问题研究成为重点研究领域,其广度与深度丝毫不逊色于西方。特别值得指出的是,苏联注重全球问题的哲学研究,这一传统和特点保持至今。著名全球问题研究学者霍津指出:"在许多著作中已经出现了'全球学'的专门名词(глобалистика),全球学可以理解为关于全球问题发生和现状的科学知识体系,这些问题的分类以及解决这些问题的实际途径的论证","全球学的结构可以分为两个基本的方面:第一,哲学方法论方面,它以哲学科学的全部成就为基础……第二,乃是过去从未有过的危机现象和'跨国家的'和全球规模的矛盾研究成果"。① 他的观点非常典型地反映了20世纪90年代之前,苏联学术界对全球学的理解及其研究特点。在中国,改革开放初期的全球问题研究也被称为全球学,许多辞典都立足于全球问题对全球学进行了界定,如《世界新学科总览》中写道:"全球学,亦称全球问题学、全球研究,它以当代人类社会面临的各种紧迫问题为研究对象,探索解决问题的途径和方法"②,另一本辞典则认为"全球学又称'全球问题学'。是以当代人类社会所面临的各种紧迫问题为研究对象,探索解决这些问题的途径和方法的一门新兴综合性学科"③。

---

① 〔苏〕霍津:《当代全球学和国际关系体系的改革问题》,转引自苏《社会政法科学》杂志1990年第5期。
② 金哲:《世界新学科总览》,重庆出版社1987年版,第1045页。
③ 杨斌:《软科学大辞典》,中国社会科学出版社1991年版,第561页。

全球化与全球治理的冲击波开启了全球学的新阶段,即从应对全球问题的研究,转向同时关注全球学学科的创立与建设。换言之,在经历了二十年全球问题研究的基础上,面对20世纪90年代的全球化与全球治理的浪潮,全球学开始有了学科的自觉。这种学科的自觉首先表现为研究领域的扩展与综合。全球问题固然仍是关注的基本内容,但全球化、全球治理研究的重要性日益突出。全球化、全球问题、全球治理日益被整合,形成着异常鲜明而独特的研究领域,赋予了全球学新的内容与向度。其次表现为全球学专业和教育研究项目的设立。以全球化、全球问题、全球治理为标示的新时代被称为全球时代或全球化时代,它凸显了全球关系、全球主体、全球空间、全球价值、全球身份,因而需要具有全球视野与思维的新型人才。正是基于这种自觉的全球意识,在大学和研究机构中出现了与日俱增的全球学专业和教育研究项目。1995年,美国加州州立大学蒙特雷湾分校率先设立"全球学"本科专业;1997年,日本东京的一桥大学设立了首个"全球学"硕士专业;2006年,美国罗格斯大学设立了首个"全球学"博士专业。与此同时,一大批全球学教育、研究项目得到设立与发展。

由此可见,罗马俱乐部开创的全球问题研究是全球学的源头。20世纪70—80年代的全球学体现为全球问题学,是全球学研究的第一个阶段。20世纪90年代以来的全球学突破全球问题学的框架,走向更具学科意义的全球学,是全球学研究的第二个阶段。经过四十年的历程,今天全球学表现出强劲的发展势头,正在迎接自己的勃兴时期。

首先,高校中开设该项目的数量急剧增长,据不完全考察和统计,目前全世界至少已有100余所大学招收本科学生从事全球学的学习,有40多所大学开展全球学学科的硕士和博士生培养;有20多所大学设立博士后研究项目;有100多所大学在其原有科系下设置相关教育和研究项目,如全球治理、全球公共事务、全球公民社会、全球公共健康、全球发展、全球民主、全球文明对话等方向。

与此同时,出现了该学科本身的全球化。时至今日,包括北美、欧洲和日本、俄罗斯、印度等世界主要地区的高等院校中均开展了相关研究项目或课程,中国政法大学于2012年正式设立全球学博士学位的培养项目,成为中国首个授予全球学学位的研究机构。(如表1)

表1 世界各地开展全球学研究和教育的主要大学及其学生培养层次和开展的主要项目

国别	大学	学生培养	教育、研究项目
美国	美国西佐治亚大学	本科、硕士、博士	全球议题研究项目
	耶鲁大学	硕士	全球公共事务项目、全球公共健康项目
	罗格斯大学	硕士、博士	全球文化对话研究和教育项目
英国	沃威克大学	本科、硕士、博士	全球治理项目、全球化研究项目
	伦敦经济政治学院	硕士、博士	全球公民社会项目 全球治理项目
加拿大	麦克马斯特大学	硕士	全球化和人类状况研究所
	滑铁卢大学	硕士、博士	全球治理
澳大利亚	皇家墨尔本工学院	本科、硕士	全球议题研究项目
瑞典	斯德哥尔摩大学全球学学院	本科、硕士、博士	全球发展研究和教育项目
德国	莱比锡大学	硕士、博士	全球问题研究项目
奥地利	维也纳大学	硕士	
日本	一桥大学	硕士、博士	全球文明对话项目
	东京上智大学	硕士	全球文化多样性与文化对话项目
印度	新德里大学	硕士	全球民主研究和教育项目
波兰	弗罗茨瓦夫大学	硕士	全球文化多样性项目
中国	中国政法大学	博士	全球公共物品理论

其次,培养方式和承载机构的多元化。以加拿大为例,自1998年麦克马斯特大学(McMaster University)和维多利亚大学(University of Victoria)开设全球学项目以来,截至2011年,已经有17所高校开设了22个全球学项目,其中涵盖了学士(BA)、硕士(MA)、博士(PhD)以及非学位课程(Non-degree)的培养。详见图1:

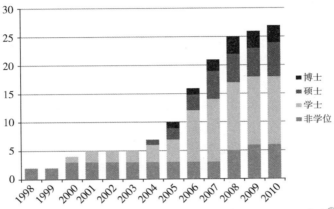

图1　加拿大高校全球学项目开展数量及种类(1998—2010年)①

除培养方式的多元化以外,承载全球学研究和教学的机构也开始出现多元化的发展趋势,在美国,除了高等教育机构以外,各社区大学也开始开展全球学项目,一些组织,如国际发展社区学院联合会(Community Colleges for International Development)、国际研究社区学院联合会(Community Colleges for International Studies)等大力推广全球学在美国社区大学中的发展。②

最后,全球学相关的学术组织、学术会议、出版物等的繁荣。2000年7月,国际学术界第一个"全球学学会"(Global Studies Association, GSA)在英国曼彻斯特城市大学举行的"全球化、文化与日

---

① Elena Chernikova, *Opening Global Studies in Canadian Universities*, A thesis submitted to the Faculty of Graduate and Postdoctoral Studies in partial fulfillment of the requirements for the degree of Master of Arts in Globalization and International Development, University of Ottawa, July 2011, p. 45.

② Robert Frost,"Global Studies in the Community College Curriculum," *Community College Enterprise*, Vol. 13, No. 2, 2007, pp. 67-73.

常生活"国际会议上宣告成立,该协会随后于 2002 年设立北美分会(GSA-North America),2005 年,亚洲全球学学会在日本宣告成立(Asia Association for Global Studies, AAGS)。①

  各全球学学会每年都会召开相关学术会议,其中,涉及范围最广、影响最大的是由全球学知识共同体(Global Studies Knowledge Community)所举办的国际全球学大会,2008 年在美国伊利诺伊大学召开首次会议,此后每年在世界各地轮流举办会议,至 2012 年该年会已有五届,召开地点分别为美国伊利诺伊大学、阿联酋迪拜扎耶德大学、韩国釜山国立大学、巴西里约热内卢以及俄罗斯莫斯科大学,第六届国际全球学大会将于 2013 年 9 月于印度新德里召开。历届会议采用按学科领域分组的讨论方式,各地研究机构可自主申请承办该会议。除全球学年会以外,全球学知识共同体还资助全球学相关著作和论文的出版工作。②

  除各学术团体外,以全球学研究为主题的学术刊物和著作也在 21 世纪后涌现。各学术团体往往都有自己的出版刊物,如亚洲全球学学会出版的 Asian Journal of Global Studies③(《亚洲全球学杂志》),全球学知识共同体出版的 The Global Studies Journal④(《全球学杂志》)。一些代表性学术刊物还包括 Globalizations(《全球化》)⑤、Global Networks(《全球网络》)⑥、New Global Studies(《新全球学》)⑦、Journal of Global Ethics(《全球伦理杂志》)⑧等。全球学的主要著作有马佐尔、丘马科夫和威廉·盖合编的 Global Studies Encyclopedia⑨(《全球学百科全书》);赫尔穆特·安海尔和马克·于尔根斯迈耶合

---

① 郭长刚:《国际全球学的兴起与中国全球学建构》,《国际观察》2012 年第 1 期。
② 参见全球学知识共同体官方网站,http://onglobalisation.com/home。
③ http://asia-globalstudies.org/journal。
④ http://onglobalisation.com/publications/journal。
⑤ http://www.tandfonline.com/toc/rglo20/current。
⑥ http://onlinelibrary.wiley.com/journal/10.1111/(ISSN)1471-0374。
⑦ http://www.degruyter.com/view/j/ngs。
⑧ http://www.net4dem.org/mayglobal/journals.html。
⑨ Mazour, Chumakov, and W. C. Gay, eds., Global Studies Encyclopedia, Moscow: Raduga, in Russian, 2003.

著的 *Encyclopedia of Global Studies*①(《全球学百科全书》);佩特里夏·坎贝尔、阿兰·麦金农和克里斯蒂·史蒂文斯合著的 *An Introduction to Global Studies*②(《全球学导论》);理查德·阿佩尔鲍姆和威廉·罗宾逊主编的 *Critical Globalization Studies*③(《全球化批判研究》);以及曼弗雷德·斯蒂格主编的 *Globalization*:*The Greatest Hits*, *a Global Studies Reader*④(《全球化精选集:全球学读本》)等。

二、全球学的基本范畴与逻辑

1. 全球学的基本范畴

一个学科的基本范畴是由该学科的学科内涵和研究对象所决定的。换言之,学科的基本范畴要多层面多角度反映、阐述和揭示该学科的学科内涵和研究对象。唯有如此,这个学科的范畴才有生命力,进而这个学科才能确立。全球学范畴的选择与设定也必须遵循这一原则。

全球学的学科内涵是研究全球化时代出现的全球现象、全球关系、全球价值,揭示世界的整体性联系与本质,探寻人类作为一个类主体的活动影响及其发展前景。这意味着全球学研究涉及三个向度。其一是全球学的指涉对象,即全球现象、全球关系、全球价值。静态的现象、动态的关系,以及与此相关的新的价值与意义,构成全球学的基本研究内容。而最为重要的是,现象、关系和价值都是全球维度的,从而区别于我们所熟悉的个体、国家、民族的维度,因而对人们来说是陌生的。其二是全球学的内在本质,即世界的整体性。全球学的宗旨在于揭示全球化时代的全球性,人类相互依存所形成的整体性,这种整体性同样是与当今的主流观念——国家性、民族性迥

---

① Helmut K. Anheier, Mark Juergensmeyer, Eric Mielants: *Encyclopedia of Global Studies*, SAGE Publications, 2012.

② Patricia Campbell, Aran MacKinnon, Christy Stevens: *An Introduction to Global Studies*, Wiley-Blackwell Publication, 2010.

③ Richard P. Appelbaum, William I. Robinson, *Critical Globalization Studies*, Routledge, 2005.

④ Manfred Steger, ed., *Glibalization*:*The Greatest Hits*, *a Global Studies Reader*, Paradigm Publisher, 2010.

然有别的。其三是全球学的指涉主体,即作为类主体的人类。在人类社会生活中,以往人们关注和研究的主体是各种各样的鲜活实体,如个人、家庭、社团、公司、政党、民族、国家,特别是民族与国家,全球学则聚焦于人类。这不仅是主体边界的扩大,更是对主体的实体性理解的超越。

基于上述分析,我们认为全球学包括下列三组十四个范畴。

第一组,全球化、全球问题,这是全球学的时代与学科前提、基础和历史背景。全球化带来了世界性的变革,产生了许多以往不曾遇到的问题、困惑与挑战,而这些问题、困惑与挑战一方面在实践上亟待我们解决,否则就影响到人类的生存与发展;另一方面又要求我们在理论上予以回答,因为以往的知识已难以解释、理解诸多新现象。全球问题以问题的形式展现了全球化进程中的负面性要素与影响。在新的历史条件下,人类要生存、要发展,就绝不可能无视一系列已严重威胁人类生存与发展的全球问题。所以,关注、研究和解决全球问题就成为时代的课题。由此可见,全球化的时代标示意义,全球问题的强烈问题意识与问题指向,在全球学中具有特殊重要的轴心地位。可以说离开了全球化、全球问题,就不要奢谈全球学。这两个范畴将全面地梳理和分析全球化的类型、历史、动力、影响,发展的不平衡性及挑战,以及全球化研究中的争议、流派和反全球化现象;全面地梳理和分析全球问题的表现、分类、历史、影响、产生的原因、解决的途径。

第二组,全球经济、全球政治、全球法律、全球文化、全球体系、全球秩序、全球治理、全球公民社会、全球进程,这是全球学的外在表征与基本内容。全球经济、全球政治、全球法律、全球文化是展现全球化时代新现象、新关系的最基本的领域,也是我们认识全球现象、全球关系的最基本渠道。全球经济、全球政治、全球法律、全球文化的表现、特征、要义,以及它们与国际经济、国际政治、国际法、民族文化(本土文化)的关系,对传统的主权国家职能、地位与作用的影响,是这四个范畴所要诠释的问题。全球体系、全球秩序、全球治理、全球公民社会、全球进程五个范畴则进一步拓展了认识全球现象、全球关系的视野,分析在应对全球化与全球问题的历史进程中,治理的途径与公共政策,参与治理的主体,治理导致的结构性变化与可能的结果,以及伴随全球进程的深入所必然产生的国家政治与全球政治、国家主义与全球主义的博弈与互动。同样,对这五个范畴的梳理与分析,也会涉及范畴的表现、特征、要义、影响,以及与我们所熟悉的主流制度、机制、价值的关系。显而易见,第二组的九个范畴,全面展现了全球化与全球问题所催生的全球现象、全球关系,从而构成全球学的骨架与主干。

第三组,全球利益、全球伦理、全球性。这是全球学的价值追求与内在本质。第一、第二组所涉及的十一个范畴,更多的是对全球化时代的全球现象、全球关系进行归纳与描述,从而使人们能够感性地认识这些新现象与新关系。第三组的三个范畴则要揭示和挖掘全球化与全球问题所导致的全球现象、全球关系的内在本质和价值指向。人类共同利益、普世伦理以及主体、空间、制度和价值的全球性,这些就是遮蔽在全球现象、全球关系背后的全球价值,就是全球化时代的价值转型和走向。所以,全球利益、全球伦理、全球性三个范畴的设置与分析,对于提升全球学的学理性,展现全球学的内核与精髓有非常重要的意义。而在这三个范畴的分析中,它们各自的表现、特征、要义、影响,以及全球利益与国家利益、全球伦理与国家伦理、普世价值与民族(本土)价值的关系同样是最基本的内容和关注点。

2. 全球学的内在逻辑

全球学的上述范畴是迄今为止国际学术界在开展全球研究方面所涉及的最基本概念,也是我们对已有研究成果的批判性选择与概括。这些范畴的严谨性尚有待进一步推敲,但其内在逻辑关系是显而易见的。正是这种逻辑关系,体现了作为一个学科的全球学的系统性、逻辑性和学理性。

显而易见,全球化(包括反全球化)与全球问题是全球学的逻辑起点。因为,正是全球化和全球问题导致了人类的深刻转型与变革,带来了一系列新现象、新问题、新挑战、新困惑,从而既要求在实践上予以应对,又需要在理论上予以回答,这就为构建全球学奠定了历史舞台和学科基础。值得注意的是,全球化与全球问题是时代的大背景,许多现实问题的解决和理论问题的探究都离不开对全球化与全球问题的审视。但我们不能因此说全球化与全球问题是当今所有学科的逻辑起点。这是因为历史背景与学科基础并不相同,只有全球学,不仅将自身置于全球化与全球问题的大背景下,而且把全球化与全球问题作为学科的基石,通过梳理、分析全球化与全球问题,引申出全球学所要探究的全球现象、全球关系、全球价值,从而逐步建立起全球学的研究框架,形成具有逻辑关系的范畴体系。由此可见,全球化与全球问题是全球学的内在组成部分,而且可称之为"元要素""元范畴"。

全球经济、全球政治、全球法律、全球文化,分别从经济、政治、法律与文化四个人类社会生活的基本领域,梳理全球化的表现,分析全球化的影响,并在这一过程中着重阐述经济全球化、政治全球化、法律全球化和文化全球化正在生成的新的经济、政治、法律和文化现象、机制与本质,以及对传统的以国家和国际为中心的现象、规则、机制的冲击与挑战。这四个范畴把全球化与全球问题的表现和影响具体化、深入化,让人们通过最熟悉的经济、政治、法律与文化领域认识人类生活的变化与转型,从而在全球化与全球问题的基础上搭建起全球学的第一级平台。这一平台虽然范围还不够广,力度还不够深,但在展示全球学学科逻辑和研究内容上却起着十分重要的作用。

全球体系、全球秩序、全球治理、全球公民社会、全球进程五个范畴构建了全球学的第二级平台。如果说第一级平台揭示了全球经济、全球政治、全球法律、全球文化的新内涵,呈现出不同于人们所熟悉的以国家为中心的社会基本生活领域的新画面,那么第二级平台则要探究这些被分割的新的经济、政治、法律、文化现象与关系,会导致何种整体性、结构性后果,如何处理这些新的现象与关系所带来的问题,如何应对人类社会的整体性、结构性变迁,如何协调从国家为中心向人类中心的转型。全球体系、全球秩序就是在全球层面逐渐生成着的具有更高层次、更具整合意义的新结构,它们是治理全球化与全球问题的结果,也是新的全球现象、全球关系的客观要求。全球治理是全球化与全球问题的逻辑延伸,是整合新的经济、政治、法律与文化现象、关系的必然选择。治理需要理论的指导,更需要制度的创新。所以,从治理理念到治理的主体、途径以及相应的公共政策都会发生重大变革。全球治理是连接理论、观念、问题、机制的黏合剂,在全球学中举足轻重。全球治理要通过主体实施与推进,其中既包括国家,又包括诸多非国家行为体,于是全球公民社会的作用凸显出来,成为全球学内在逻辑中的一个必要环节。伴随着全球化和全球治理进程的深入,国家中心的体制、观念与人类中心的体制、观念之间的碰撞日益增多,全球进程充满了不平衡性、复杂性,所以协调和控制全球进程就成为实践中十分迫切的需要,也是全球学不能回避的问题。全球进程这一范畴就是要从进程的视角分析全球化时代面临的新挑战。总之,全球学的第二级平台不仅通过五个范畴拓展全球学内涵,而且通过全球治理、全球进程这两个范畴赋予全球学动态感,从而使第一级平台的静态全球学在第二级平台的动态全球学中得以平衡,也更客观、真实地反映了全球化时代的历史进程。同时,全球体系与全球秩序两个范畴也弥补了分领域的全球经济、全球政治、全球法律、全球文化研究所难免造成的分割性,强化了全球学所倡导和力图揭示的人类社会生活的整体性。

  全球利益、全球伦理、全球性三个范畴形成了全球学的第三级平台。以全球化和全球问题为逻辑起点的全球学,通过全球经济、全球政治、全球法律、全球文化所构建的第一级平台,和全球体系、全球秩序、全球治理、全球公民社会、全球进程所构成的第二级平台,全面地展示了全球化与全球问题在各个领域、层面所导致的新变化、新问题,从直观的现象层面阐述了全球学的基本内涵和研究内容,并初步分析了这些新现象、新关系的可能后果与影响。但是,全球学的上述范畴远未提升到对全球学进行更系统、更规范、更有针对性的学理分析的程度,以便揭示全球化时代、人类社会转型与变迁的本质与价值指向,阐明全球学倡导的价值追求。第三级平台则要担负起这一重任。全球利益从利益的角度解读全球利益与国家利益、民族利益的关系,指明全球利益的增长趋势;全球伦理对全球化时代的新现象、新关系作了伦理的分析,并从伦理的角度阐述了普世伦理、地球伦理对全球化时代的意义;全球性则对全球学的精髓作了高度概括,强调在全球化时代,全球主体、全球空间、全球制度、全球价值正在日益变为现实。全球化时代从某种意义上讲就是全球性时代,对人类社会的这一走势应有足够的认识。至此,全球学从逻辑的起点走向逻辑的终点。

在理解全球学的内在逻辑时,四个核心范畴最为重要,那就是全球化、全球问题、全球治理、全球性。如前所述,全球化贯穿全球学始终,是全球学赖以产生和发展的前提、基础和支撑。全球问题是全球化的伴生物,两者密不可分,关注、研究和解决全球问题是全球学最显著的特征,最明显的目标。正是在这个意义上,人们常常视全球学为全球问题学。全球化与全球问题是客观的事实与现象,它们所表现出的复杂性、不确定性和不平衡性需要人们理性地认识与治理。于是,全球治理提上人类议事日程,全球治理成为全球学的中心环节。在一定意义上不妨说,全球学是全球治理学,因为展示全球化与全球问题是全球学的起点,而治理全球化与全球问题则是全球学的归宿。这足以标示全球治理在全球学中的重要性。最后要指出的是,全球化、全球问题与全球治理作为当今的显学,已渗透到众多学科,成为政治学、法律学、社会学、经济学、文化学、传播学、管理学等学科关注的对象和研究的分支领域,尚不足以体现全球学的学科本质与内核。因此,还需要找到一个更具本质意义,更有说服力的概念与范畴来标示全球学,这就是全球性。全球性像全球化、全球问题一样在全球学的各个范畴中都有所涉及、体现,因为全球维度、全球视角、全球价值始终是全球学的基本理念与尺度,但集中阐释、分析全球性,概括出全球性的四个向度,即全球主体、全球空间、全球制度、全球价值依然十分必要。唯有如此,才能最终奠定全球学的独有特色,并使全球化、全球问题、全球治理、全球性这四个范畴所编织的理论之网趋于完整。

三、全球学的研究方法

任何一个学科都有相应的适用于本学科的研究方法,一个成熟的学科必然有比较成熟的研究方法相伴随,甚至不妨说,研究方法成熟与否,是一个学科成熟与否的标志之一。全球学作为一个新兴学科,必然要在生成过程中找到适用于自身的研究方法,否则这个学科就是残缺的。从现有的知识来看,全球学的研究方法主要有以下几种。

1. 方法论全球主义

方法论全球主义(Methodological Globalism)是相对于"方法论民族主义"(Methodological Nationalism)而言的。"方法论民族主义"是近代民族国家体制产生以来,日渐盛行并最终居于主导性地位的人文社会科学的方法论。"方法论民族主义"这一概念是葡萄牙社会学家赫米尼罗·马丁斯(Herminio Martins)于1974年提出的。之后,英国社会学家、历史学家安东尼·史密斯(Anthony Smith)在对民族主义的研究中,赋予方法论民族主义新的分析视角。而著名英国社会学家吉登斯则从方法论民族主义对现代性的构建与意义角度参与了20世纪70年代的方法论民族主义的讨论。20世纪90年代特别是新世纪以来,伴随全球化理论研究的深入,方法论民族主义更是成为一个热议的话题,并且具有了更多的反思性。① 从现有的研究文献来看,方法论民族主义是指"将'民族国家'与'社会'这两个概念等同的思维方式"②。同时也是指"研究者在研究过程中将民族国家共同体看作是最终的分析单位和界定社会科学中现象和问题的边界"③。晚近的研究成果更注重从世界的框架和全球化角度论及方法论民族主义。如乌·贝克多次论及方法论民族主义,他指出:社会科学必须在概念上、理论上、方法上甚至组织上重新加以论证,包括现代社会的基本概念——家政、家庭、阶级、民主、政权、国家、经济、公共舆论、政治等,"必须摆脱方法论民族主义的固定模式,在方法论

---

① Daniel Chernilo, *A Social Theory of the Nation-State: The Political Forms of Modernity beyond Methodological Nationalism*, Routledge Press, 2007, pp. 9-14; Daniel Chernilo, "The Critique of Methodological Nationalism: Theory and history," *Thesis Eleven*, Vol. 106, No. 1, 2011, pp. 98-117.

② Daniel Chernilo, *A Social Theory of the Nation-State: The Political Forms of Modernity beyond Methodological Nationalism*, pp. 9-14.

③ Herminio Martins, "Time and Theory in Sociology," in J. Rex, ed., *Approaches to Sociology*, Routledge Press, 1974, p. 276.

的世界主义框架内重新定义和重新设计"①。赫尔德、麦克格鲁强调:"世界范围内相互联通的递归模式挑战了边界社会的原则,以及其动态和发展与内生的社会力量有关的假定。通过模糊国内与国际、内源与外源、内部与外部的区别,全球化观念直接挑战了在经典社会理论中深刻表述的'方法论的民族主义'。"②由此可见,方法论民族主义的要义就是限定领土边界、社会边界,把社会等同国家,在国家社会的集装箱中分析社会现象与社会关系,忽视甚至不承认边界外的影响因素的存在等。但是,这种经典的方法论已不适应全球化时代的需要,于是方法论的全球主义应运而生,一些学者呼吁,"我们需要一个社会分析模式的转变,以便全球性出现的条件,即世界作为一个共享社会空间意识的增强,能够在各个方面被解释和理解"③。

方法论全球主义与方法论民族主义的比较,使我们对方法论全球主义有了基本的认识。但是,为了进一步理解方法论全球主义的真谛,还需要将之与方法论世界主义(Methodological Cosmpolitanism)、方法论整体主义(Methodological Holism)加以辨析。

在全球化的研究中,全球化(globalization)、全球性(globality)、全球主义(globalism)是经常放到一起的最基本、最重要的概念。一般而言,全球化强调的是人类日益相互依存,从分散的民族国家个体走向整体的向度与过程,大都停留于描述的现象性层面。全球性是梳理和概括出的能够标示全球化事物与现象的一系列指标关系。用阿尔布劳的话来说就是"我们用来指称有关全球性事物的一整套题记或一整套关系的术语"④。全球主义则是对全球化和全球性的一种价值提炼,代表着一种全球指向的新价值观、新伦理观。⑤ 方法论的全球主义正是以上述三个概念为主要依据而概括出的分析模式、研

---

① 〔德〕乌尔里希·贝克:《全球化时代的权力与反权力》,广西师范大学出版社2004年版,第51页。
② 〔英〕戴维·赫尔德、安东尼·麦克格鲁主编:《全球化理论:研究路径与理论论争》,社会科学文献出版社2009年版,第6页。
③ 同上书,第7页。
④ 〔英〕阿尔布劳:《全球时代:超越现代性之外的国家和社会》,商务印书馆2001年版,第129页。
⑤ 参见阿尔布劳的观点。同上书,第264页。

究方法。

但一个基本事实是,方法论全球主义并未在关注和认同全球化的学者中得到广泛使用(更不要说在整个国际学术界了),而方法论世界主义却有更多的市场。原因何在,首先世界主义(Cosmopolitanism)有久远的历史,至少从斯多葛时代起,世界主义的理念、主张就已产生,并延续至今。所以,人们更习惯将方法论的民族主义与方法论的世界主义相比较。其次,一些著名的全球化学者,赋予了全球主义特殊的含义,从而使全球主义偏离了上述惯常的理解,并导致方法论全球主义无从立论。比如贝克就明确指出:"我把全球主义描述为世界市场,即世界市场统治思想,新自由主义思想,排挤或代替政治行动的思想观点。"①由此可见,贝克把全球主义定位为新自由主义的世界观,即一种单一的经济主义世界观,这就同全球指向的新价值观、新伦理观相距甚远。罗伯特·基欧汉和约瑟夫·奈虽然未像贝克一样赋予全球主义完全贬义之含义,但却把全球主义理解为世界的一种状态,即一种客观现象与事实,从而与全球化混同,也有悖于通常理解的价值向度的全球主义。②

那么,方法论的世界主义是否等同于方法论的全球主义呢?这需要做具体分析。当方法论世界主义仅仅是为了区别方法论民族主义,而且世界主义又未加细究,只是在"世界""全球"的地理空间意义上,强调人类社会生活的整体性和某些共同性,那么,这种方法论世界主义就等同于方法论全球主义。换言之,对于当今那些强调要突破领土和主权限制,更关注跨国性、跨区域性、全球性现象与关系的学者来说,方法论世界主义与方法论全球主义并无区别。只是由于知识的延续性,人们更习惯于使用已有的概念、范畴而已。

但是,当从特定的角度审视全球主义,并赋予世界主义新内涵时,方法论世界主义就不同于方法论全球主义了。在这方面,乌·贝

---

① 〔德〕乌尔里希·贝克:《什么是全球化?》,华东师范大学出版社 2008 年版,第 11 页。

② 参见〔美〕罗伯特·基欧汉、约瑟夫·奈:《权力与相互依赖(第 3 版)》,北京大学出版社 2002 年版,第 274—280 页;〔美〕罗伯特·基欧汉:《局部全球化世界中的自由主义、权力与治理》,北京大学出版社 2004 年版,第 17 页。

克是最为突出的代表。毫无疑问,在要超越方法论民族主义所固守的领土和国家疆界,超越内外有别、国内与国际对立等基本点上,贝克所主张的方法论世界主义与其他方法论世界主义或方法论全球主义并无分歧,关键在于他提出并论证了如何定位与"他者""他性"的关系。他认为"世界主义"区别于普世主义(普遍主义)、民族主义,"因为在思维、共同生活和行为中承认他性已经成为它的最高原则——不但对内,而且对外"①。而普世主义(无论是强调差异性和低劣性的普世主义,还是强调同样性和同一性的普世主义)和民族主义则始终不能理解与自我无法割裂的"他者""他性",总是在本体论对立的意义上认识和处理自我与他者的关系。显然,从本体论上强调自我与他者的共存性,即承认关系本位这才是贝克所讲的世界主义的真谛,明确了这一基点,就会懂得贝克的世界主义既不偏执于差异性,也不执着于同一性。正如他所言"世界主义是一服从左右两个方面对付种族中心论和民族主义的解毒剂"②。"真正的世界主义不应该以'排他'的方式看待和处理相关的问题;相反,它应当是'包容'的,无论是普遍主义、语境主义、民族主义还是跨国主义,其都予以充分重视。"③由此可见,由于贝克所讲的世界主义已不是通常意义上的世界主义而是经过批判反思的全球化时代的新世界主义,所以他所倡导的方法论世界主义也就自然有别于通常意义上的方法论世界主义。本文更倾向于把方法论全球主义与方法论世界主义等同使用,同时对贝克的方法论世界主义持一种开放性审视和借鉴的态度。

方法论整体主义也与方法论全球主义有关联。方法论整体主义是指以整体作为研究的基点,将社会、团体等不同的集体、层级视为分析解决问题和认识事物全貌的起点,赋予其优先地位。正是这种整体观与方法论全球主义有了内在关联。但有两点值得注意。其

---

① 〔德〕乌尔里希·贝克:《什么是世界主义》,《马克思主义与现实》2008 年第 2 期。
② 〔德〕乌尔里希·贝克:《全球化时代的权力与反权力》,广西师范大学出版社 2004 年版,第 291 页。
③ Ulrich Beck and Natan Sznaider, "Unpacking Cosmopolitanism for the Social Sciences: A Research Agenda," The British Journal of Sociology, Vol. 57, No. 1, 2006, pp. 1-23.

一,方法论整体主义是与方法论个人主义(Methodological Individualism)相对应的,典型的方法论个人主义是将社会、团体看作许多个人的集合,从个人的角度认识和研究社会现象与事物。波普指出:"社会科学的任务乃是在以描述的或唯名论的词句来审慎地建构和分析社会学的模型;那就是说,是以个人的以及个人的态度、期望和关系等的词句来进行的——这一公设可以称之为'方法论的个体主义'。"①哈耶克也有类似的论述,但他批评了"伪个人主义",强调人的整体性质和特征取决于个人所生存的社会,于是同"原子论"个人主义区分开来。正如邓正来所指出的"哈耶克所主张的方法论个人主义乃是一种既反对'整体主义'方法论又对本质上区别于'原子论'个人主义的阐释性的非化约论的方法论个人主义"②。这就要求我们在与方法论个人主义比较意义上理解方法论整体主义时,也要注意整体性优先框架下的个人能动作用与自由要求,防止整体和整体性成为个人的牢笼。同理,当我们认为方法论全球主义与方法论整体主义有不少共同性时,那么,方法论的全球主义也必须警惕把人类整体的作用绝对化,以及在全球、地方、个人的三重奏中确立全球整体性的优先地位。其二,方法论整体主义与方法论个人主义这对范畴像诸多社会科学范畴一样,是在民族国家、领土国家的前提下产生和适用的,因此两者的对立,是个人还是社会作为认识社会事物的起点、分析单位。这里社会可以理解为国家、民族等,也可以理解为不同的群体、社团、种族,总之是被个人聚合成的单位。换言之,方法论整体主义在原本意义上并无全球的视野,至少未以全球、人类为个人的主要参照物。所以,方法论整体主义不能替代方法论全球主义,尽管在强调整体性上两者有共同点,但两者所指的整体却有很大差别。方法论整体主义所言的整体是民族国家、领土社会;而方法论全球主义所指的整体则是整个地球与人类。

在进行了上述辨析之后,我们来分析与概括方法论全球主义的

---

① 〔英〕波普尔:《历史主义贫困论》,中国社会科学出版社1998年版,第119—120页。
② 邓正来:《哈耶克方法论个人主义的研究》,《浙江学刊》2002年第4期;参见〔英〕哈耶克:《个人主义与经济秩序》,生活·读书·新知三联书店2003年版。

几个层次。

首先是认识论、知识论层次。方法论就其本质而言属于认识论,是一种进行科学研究的学说,担负着认识社会现象与事物,创建学科,增进知识的任务。方法论全球主义是社会科学中的一个新方法论,它与传统的方法论民族主义相比较而存在。其要义在于,打破领土国家的疆域,模糊国内与国际的界限,消除"自我"与"他者"的对立,以一种全球的视野、框架去审视全球化时代所显现的全球现象、事物、关系与价值。方法论全球主义把整体的边界从国家社会扩展到全球社会,凸显了全球主体、全球空间、全球制度、全球价值,即全球性的时代意义。显而易见,没有这种新的全球主义的方法论自觉,就不可能去认识全球化时代的新事物,也不能创建独立的全球学学科。

其次是本体论层次。如前所述,方法论全球主义本身属于认识论、知识论,但它无法摆脱本体论的纠缠。正如方法论个人主义或方法论整体主义必然要经历个人与社会何者为第一性,何者是构成事物的起点的论争一样,方法论全球主义也会面临人类、世界是否为实体,人类这一整体与国家、个人何者为先等问题的追问与辩论。对此,我们可借鉴哈耶克关于方法论个人主义的主张。其一,明确方法论全球主义本身不存在本体论问题,即不存在人类整体与国家、个人何者处于首位,具有优先性的问题。其二,不回避在研究假设和分析模式上,赋予人类整体在审视全球化时代新现象、新事物、新关系中更重要的意义与地位。也就是说在方法论上,全球主义的确更强调、更重视整体——人类的作用,从而与方法论民族主义相区分。当然,由于全球主义可从本体论角度进行思考与研究,所以方法论全球主义也就往往被牵连。全球主义的本体论主张关系本位、关系实在,即从关系的角度审视当代的社会现象与事物,从根本上突破了分离的、割裂的、对立的、等级的社会结构与关系,这样就与个人优先或社会优先的种种本体论区别开来。因此,在理解方法论全球主义时,关照到全球主义的关系本位和无等级的关系互动这一本体论基点,同样是十分必要的。

最后是价值论层次。人的认识是否价值无涉,社会科学是否像自然科学一样讲究客观性,保持价值中立?这种争论虽然并未终结,但认为人的价值取向渗透于社会科学研究似已成为一种主流见解。因此,方法论关涉价值或摆脱不了价值也就成为共识。当我们从价值论角度审视方法论全球主义时,自然就会感受到其对人类整体性的偏爱,对全球性的偏爱,以及对全球化、全球问题、全球治理等一系列全球学范畴的重视与强调。这种价值上的偏爱和重视,不是本体论上的何者优先、优越,而是对现实生活中体现全球价值、全球伦理的现象、事物、关系、制度的关注与强调,以及对由此而产生的知识进步的渴望与追求。所以,全球学无须回避对全球主义价值优先、意义优先的倡导与承认,这是方法论全球主义的内在逻辑与必然结果。

2. 复杂性科学方法

20世纪60年代,由于研究复杂系统的推动,一批区别于经典科学的新科学陆续产生,这些新科学主要有一般系统论、控制论、非平衡性热力学、自创生系统理论、细胞自动机理论、突变理论和动态系统理论等,被统称为复杂性科学。

复杂性科学与传统的物理科学、生物科学、社会科学在理念和思维上的最本质区别是,从强调平衡状态转向非平衡状态;从强调决定论转向非决定论,重视概率化;从强调线性发展转向非线性发展,重视随机性;从还原主义、机械主义转向有机论、整体论,重视物理、生物、社会领域的现象与结构向更高组织层次和更大复杂性的会聚。显然,这些新的理念与思维具有方法论的意义,它提供了观察和研究自然与社会所有现象与事物的新方法。

复杂性科学方法无疑适用于全球学研究。全球化、全球问题与全球治理所展现的复杂性、多维度性、不平衡性、整体性、全球性只有突破简单的平衡论、决定论、线性思维、领土性、国家与民族性,才能被理解和认同。甚至不妨说,全球化、全球问题与全球治理这些社会领域内的新现象,正是复杂性科学在社会领域的体现,正因为如此,复杂性科学方法也就自然而然地成为全球学的研究方法。

在对复杂性科学及其方法的理解与当代运用方面,拉兹洛所倡导的广义综合进化论最具有代表性。广义综合进化论从进化的动力与形态角度,系统、完整地探究了从物理系统到生物系统再到人类社会文化系统进化的特点与趋势。其要点正如拉兹洛所说:"在能量流作用下的非平衡系统是靠催化循环圈维持的,由有序动态平衡与非决定性相变周期的交替导致系统有决定性和随机性以及趋向更大复杂性、更高组织层次并带有更密自由能通量和更小熵值的具有统计意义的趋势。"① 不言而喻,以复杂性科学为基础的广义综合进化论,其理念与思维同复杂性科学如出一辙,因此,它同样可以指导全球学研究。

3. 哲学方法

哲学是对世界本质及其意义的研究,表现出整体性思考、终极性关怀,以及高度抽象性、学理性等特点。这些特点无疑与全球学研究有共鸣之处,因此,哲学方法也应当是全球学研究的基本方法。比如,全球学锁定的研究主体是人类,这种类研究当然具有整体性,而无论是全球伦理、全球意识还是全球秩序、全球性,这些追求与价值都指向终极性关怀与思考。

需要特别强调的是,全球学对哲学方法的运用,尤其体现为对系统哲学的青睐。宇宙的进化、生物的进化,人类社会与文化的进化,这是一个大系统,只能用系统哲学的视角与逻辑去推演、认知。客观地讲,全球学所探究和力图展现的过程与逻辑,正是对系统哲学所关心的过程与逻辑的一个注释,因此,两者的内在关联性不言而喻。同时,系统哲学又与广义综合进化论有血缘关系,它们共同由拉兹洛创建。所以,哲学方法,主要是系统哲学的方法,同样是全球学研究的方法。

4. 跨学科方法

现代科学一般包括自然科学、人文社会科学和技术科学,跨学科不仅指上述三大学科各自学科内的诸学科的融合与相互渗透,更是指三大学科之间的融合与相互渗透。由于全球学是一种跨学科的综合性学科,或交叉学科,所以,其研究方法必然要求跨学科方法。换

————————
① 〔美〕欧文·拉兹洛:《人类的内在限度》,社会科学文献出版社2004年版,第114页。

言之,无论是单一的自然科学方法,还是人文社会科学方法,或是技术方法都难以胜任全球学研究。比如全球性的研究,既涉及地球、生态的全球性(属于自然科学),又涉及价值、伦理、经济、政治的全球性(属于人文社会科学),还涉及技术层面政策、方法、机制科学性、可行性的评估。至于具体的全球问题,如全球气候变暖问题、全球公共卫生问题,几乎都需要来自自然科学、人文科学和技术科学不同视角的分析与探究,唯此才能整合出较为全面,较为合理的观点与意见。

跨学科方法的关键是跳出已有学科与知识的界限,从研究的对象、问题入手,从众多学科中博采有益的知识、方法,并通过梳理、叠加、整合、选择,确立适合于自身研究领域与对象的知识与方法。除此以外,跨学科方法还意味着对非学科的关注。也就是说,跨学科方法要关注、尊重尚未被纳入学科之内,但却是有价值、有前途的知识与研究视角,这也是非常重要的。因为社会的需求与实践总是不断催生新的知识、新的理念,而这种压力就使得跨学科方法总是倾向于科学、人文、技术、社会的有机联系与整合,从而把非学科的知识与方法也及时吸纳到自身之中。

5. 比较方法

比较方法广泛运用于人文社会科学研究。全球学研究之所以也需要比较方法,是因为全球学所探究和张扬的全球性、整体性、超国家性、超领土性,是同至今仍占主导地位的地域性、国家性、领土性、民族性等制度、价值与观念相比较而存在的。没有后者也就没有前者,全球性的现象、问题、制度与观念只有以国家性的现象、问题、制度与观念为参照才有意义。同时,也只有通过两者的比较,才能明确两者的差异,从而更好地认知变动中的人类、转型中的世界。由此可见,比较方法是全球学必须采用的方法。

四、全球学的学科比较与定位

作为一门正在生成中的具有交叉、综合特点的学科,全球学需要审慎地定位,即逐渐厘清其与相关学科的关系,在比较中明确自己独特的研究领域与对象,独特的范畴与话语体系,独特的研究方法,以及自身对相关学科的借鉴与倚重。在这种比较中,与全球学最为密切的学科有国际关系学、社会学、人类学、未来学,下面逐一进行比较分析。

1. 全球学与国际关系学(国际政治学)

在传统的狭窄的意义上,国际关系学是研究国与国之间关系的一门学科。政治的领土化、主权的至上性和国家中心主义既是近现代国际关系的三大表征,也是狭义的国际关系学的三大支柱。20世纪60、70年代以来,随着国际组织、跨国公司等行为体的活跃,以及国际关系内容和议题的日益丰富与多样,狭义的国际关系受到反思与质疑,于是出现了反映多元行为体、多样政治议题和多种国际机制并存互动的世界政治(World Politics)。但这种世界政治并未强调世界的整体性,而是侧重于对各种国际政治现象的描述,显现出拼盘式的特点。20世纪90年代以来,随着全球化进程的深入和全球治理的兴起,全球政治(Global Politics)进入研究视野,它试图克服世界政治的模糊性,强调在世界政治的图景或拼盘里,正在生成着一种以全球为本体和向度的新政治。这种政治的主体、范畴、框架,以及理念和价值都锁定于"全球性",从而超越了跨国主义,指向了全新的全球政治。由此可见,国际关系学也在逐渐摆脱狭义的理解,以便回应全球化与全球问题带来的深刻变化与转型。

显然,全球学与探索中的全球政治有非常密切的关系,换言之,与正在生成中的新的国际关系学(或称之为全球政治学)有许多共鸣。首先,两者都坚持以全球的视野和框架审视、分析全球化与全球问题所造成的人类新的社会生活现实,把人类、全球作为一个独立的主体;其次,两者都强调世界的整体性,社会生活(包括现象、关系、价值、制度)的全球性,对传统的以国家性和国家中心主义为标示的制度、理念、价值进行批判性反思。正是在这个意义上,我们说全球学与国际关系学有内在的学术与学科渊源。在学科设置和研究方面,既可以将全球学暂时置于国际关系学学科之下,也可以把国际关系学的一个新分支全球政治学纳入全球学。这种无法割断的学术与学科联系,恰恰表明正在构建的全球学要以国际关系学为主要支撑;无论研究对象、内容还是范畴与话语,两者都有重叠和交汇。但是又必须清醒地看到,全球学与国际关系学毕竟不能混同与替代。这是因为国际关系学的基本向度是研究世界上的多种行为体在国际层面上发生的政治关系,而这种政治关系在现实中更多地表现在国家之间,全球政治学仅仅是它的一个居于非主流地位的分支。全球学则要聚焦于全球现象、全球关系、全球价值、全球制度,突出全球主题。况且,全球学的研究视野并不局限于政治关系,至少文化的、伦理的、哲学的内容与色彩都要强于国际关系学。

2. 全球学与社会学

产生于19世纪的社会学,是一门利用经验考察和批判分析来研究人类社会结构与活动的科学。社会学研究对象与内容广泛,在其不断演变的过程中,出现了坚持实证主义路线的社会唯实论和倡导反实证主义路线的社会唯名论两大流派,并以注重社会整体还是注重个人和社会行为为界标,区分为社会学的宏观研究和微观研究两个基本向度。尽管如此,社会学以社会事实、社会现象、社会行为为研究主题,分析社会问题和社会关系,探寻社会发展进程与规律的学科特征和内核则是非常鲜明,毋庸置疑的。但是,正像20世纪70年代前的政治学一样,现代社会学所关注和研究的社会,是国家中心主义的社会,"社会隶属于国家,社会是国家社会,社会秩序意味着国家秩序"①。现代社会学从政治上和理论上都将"国家控制地域"作为社会存在的前提。每个国家都是一个国家社会,相互之间被隔绝。"他们就像存放到集装箱里那样,被存放到民族国家的权力领域里。"②贝克把这种现代社会学理论与模式称为"集装箱理论"。显然,传统社会学在全球化与全球问题的冲击下,必然要超越国家社会,走向世界社会、全球社会。正如英国学者罗宾·科恩、保罗·肯尼迪所说:"全球变迁要求我们必须拓展国家中心理论(State-centric Theories),确定新的研究议题和建立大家认可的比较方法。总之,地

---

① 〔德〕乌尔里希·贝克:《什么是全球化?》,华东师范大学出版社2008年版,第28页。

② 同上。

方、国家和全球的相互依存需要一门全球社会学。"①事实上,在全球化与全球问题研究领域还有很多社会学家,如罗兰·罗伯逊、阿尔布劳、吉登斯、贝克等把社会学的研究视野扩展到全球,把社会学的理论高度提升到全球性,开启了社会学研究的新时代。

当国家中心的现代社会学走向全球社会学时,无疑就与全球学有了互通之处。这是因为两者都以全球、人类为研究对象,都以全球性为价值尺度,都以地方——全球为基本框架,关注全球化时代的新现象、新事实、新关系、新价值,探寻应对这些新问题的理论与对策。在具体的研究领域和研究内容上,两者也有许多重合交织,全球化、全球主义、全球政治、全球文化、民族、宗教、难民与移民、人口、非政府组织、跨国公司、社会运动、认同、全球社会,仅从罗宾·科恩、保罗·肯尼迪所列的这个"全球社会学"的研究清单就不难发现,全球学与全球社会学的关系有多么密切。此外,全球学与社会学都是综合性学科,区别于经济学、政治学、法律学等单学科性的其他社会科学,从而在研究视野与方法上也有共识。这一切都表明构建中的全球学要紧紧地依托社会学,从社会学特别是全球社会学中找到灵感与借鉴。

当然,正像全球学不能等同于全球政治学一样,全球学也不能等同于全球社会学。全球学更强调全球变化的政治性,而社会学更关注全球变化的社会性。全球学在范畴、范式和话语体系上更倾向于国际关系学,像全球体系、全球秩序、全球法律、全球治理等范畴都是社会学较少使用与关注的;而社会学(全球社会学)则突出全球社会、世界社会,以及它们的新结构、功能、分层等等。从某种意义讲,全球学像一个构建中的一级学科,而全球政治学和全球社会学可以看作是下设的二级学科。

3. 全球学与人类学

从研究主体上讲,人类学是与全球学最贴近的学科,即把人类本身作为一个研究主体、研究对象,探究人类的本质。19 世纪之前的人类学为体质人类学,指对人体进行解剖学和生物学的研究,目的在

---

① 〔英〕罗宾·科恩、保罗·肯尼迪:《全球社会学》,社会科学文献出版社 2001 年版,第 29 页。

于弄清人类生物的进化过程和不同区域、不同种族的生物差异。19世纪后,现代意义上的人类学开始兴起,研究的内容已从人类的体质拓展到文化、考古和语言诸方面,从而形成当代人类学的四个基本分支,即文化人类学(社会人类学)、考古学、语言人类学和体质人类学。事实上,这四个学科分支,又体现了人类学的两大研究向度,那就是以体质人类学为代表的人类生物学、生物性研究;以文化人类学为代表的人类文化学、文化性研究。由此可见,人类学是从生物和文化角度对人类进行全面研究的学科群,也具有综合性。人类学既关注人类整体性的生物与文化进化,又特别侧重人类进化过程中不同地区、种族的差异性,在研究方法上更强调实证,包括特殊的田野调查。

由此看来,人类学只是在字面意义上贴近全球学,而学科的本质则与全球学相距甚远。因为人类学不关注也不研究人类社会的整体性经济、政治、法律、社会的变迁与影响。当然,由于文化人类学的日益发展,其研究内容与成果对全球学中的文化与价值分析也有助益。从学科上看,人类学与社会学关系更密切,这大概也是至今为止,人类学往往与社会学设置于同一系、所的缘由。

4. 全球学与未来学

"未来学,研究人类未来的综合性学科。主要探究现代工业和科学技术的发展对人类社会的影响,预测按照人类需要所做的各种选择和实现的可能性。"①之所以要辨析全球学与未来学的关系,是因为20世纪40年代兴起的未来学被过于泛化了,不仅未来学与预测学、未来研究、展望研究不加区别,甚至后兴起的全球问题研究、全球学也被等同于未来学,或被视为预测学的一个分支学科。这一点在20世纪80年代的中国尤为明显。当时正值中国全球问题研究启动之际,不少辞典,甚至一些专著,都把全球学混同于全球未来学,然而这两个学科是不可以相互替代或等同的。未来学有两个基本点,其一,以科技革命为研究的出发点。问题的提出,各种选择方案的拟定、前景分析都建立在科技革命造成的社会冲击的基础上。其二,以社会未来发展趋势为研究归宿。它始终关注的是科技革命的浪潮会

---

① 《大辞海(政治、社会学卷)》,上海辞书出版社 2010 年版,第 660—661 页。

如何改变现有的社会、政治、经济、军事、教育、科技以及人的道德与价值观念,并对这些领域的未来走向进行预测。而全球学的两个基本点则是,其一,以全球化与全球问题为研究的出发点。虽然全球化与全球问题的生成和变化也与科技革命有关联,但全球学研究起点并不是科技革命,而仅把科技革命作为研究的背景,直接扣住关系当代人类命运的全球性问题。其二,以改变现实,促使人类社会持续发展为归宿。诚然,全球学也展望未来,但它更关切人类面临的现实困境和挑战,并为改变这些困境,应对这些挑战提供相应的理论与对策。因此,不能将全球学归结为未来学,更不是预测学的一个分支,它是一个独立的新兴的综合性学科。① 当然,20 世纪 80 年代以来,由于未来学研究越来越从远期未来转向近期未来,从长远趋势预测转向中期实践预测,从而不仅与现实的关系更密切,也在研究内容上与全球学日益贴近。所以,未来学的一些研究视角、结论对全球学同样是有启发意义的。

基于上述比较分析,我们可以得出如下几点结论。

首先,全球学是一个独立的、新兴的综合性学科。全球学不依附于任何学科,也不是已有学科的大杂烩、大拼盘,有其独特的学科内涵与边界。全球学不是政治学、经济学、法律学那样的单学科性的学科,具有明显的综合性。

其次,全球学与国际关系学内在联系最为密切,与社会学相互联系与依托,可以说这三个学科有学科上的渊源与血脉。所以,在构建全球学过程中,必须很好地审视与借鉴国际关系学与社会学,从中获得足够的学科支撑。

再次,全球学与人类学、未来学的关系必须澄清。全球学与人类学、未来学的关系不同于全球学与国际关系学、社会学。与后者有内在的学科渊源与关联,而与前者的联系则缺乏内在的学科共识,甚至包含误解。全球学所关注的人类与人类学所关注的人类,不能望文生义地加以等同,其研究角度与内容差异甚大。同样全球学与未来

---

① 更为详细的讨论与分析,参见相关章节:蔡拓:《当代全球问题》,天津人民出版社 1994 年版;蔡拓等:《全球问题与当代国际关系》,天津人民出版社 2002 年版。

学也因立足点不同难属同一学科。把全球学视为未来学、预测学中的一个悲观主义分支的观点是难以成立的。

最后,由于全球学以全球化和全球问题为该学科的前提、基础和逻辑起点,以治理全球化、全球问题为研究宗旨,坚持问题导向、治理导向,所以在这个意义上,我们可以说,全球学是全球问题学和全球治理学的综合。当我们强调问题向度时,全球学就可以被理解为全球问题学;当我们关注治理向度时,全球学又可以被理解为全球治理学。而无论是全球问题学还是全球治理学,都是对全球化时代全球性现象、关系、价值、制度的思考与回应,都要探究人类作为一个主体的整体性发展的特点、进程与趋势。

(本文发表于《国际政治研究》2013 年第 3 期;《新华文摘》2014 年第 2 期转载。)

全球化的若干问题

全球化是当今时代的主题,也是当今时代的标示,离开了全球化几乎难以深刻认识和理解当代人类社会的各种现象、关系、制度、价值与观念。因此,我们的时代被称作全球化时代。全球化有其历史演变的过程,同时又呈现为人们所感知的当代样式。伴随全球化的拓展,人们对全球化的研究也日益深入,出现了众多理论流派。然而至今为止,在全球化认知方面依然存在几个基本的理论症结。明晰这些理论症结,真正把握全球化的时代意义,并理性地认识反全球化现象对于全面认识全球化十分重要。全球化既是21世纪人类生活的历史前提,又是全球学整个理论体系的基石与支撑。

一、全球化的历史与现实

1. 全球化的历史演变

作为一个社会现象和历史进程,全球化有其自身的演变过程,那么它的历史起点始于何时?其阶段又该如何划分呢？有人认为,全球化的第一个标志是人类几乎在全球范围的分布①。也就是说全球化浪潮可追溯至人类从非洲散布到世界各地,人类散布于全球的过程就是全球化的进程,这恐怕是对全球化历史进程最宽泛的理解了。还有些学者显然更重视近代,特别是当代的全球化,如罗伯森、赫尔德,但也不否认全球化的悠久历史,并从不同角度谈及全球化的历史。比如罗伯森就认为,全球化这一总过程至少像所谓的世界宗教两千多年前兴起一样悠久。②赫尔德则在其全球化研究的鸿篇巨制中,从帝国政治权力的扩张、世界性宗教、人群的迁移、疾病的传播来说明全球化的古代渊源与历史。③由此看来,讲全球化"古已有之"并不为过,是可以理解的。但是,总的来讲,学术界的主流意见仍是把全球化视为一种始于近代的现象,其标志性事件是15世纪末的地理大发现,以及随后几个世纪资本主义生产方式的发展与确立,西方世界的崛起。只是从此时起,世界的整体性,人类的相互依存才逐渐开始显现与明晰,并建立在日益坚实和不断扩大的技术支撑和制度化建设基础之上。

以下是全球化历史演变的几种有代表性的观点。

首先是赫尔德的观点。④ 他把全球化进程分为四个阶段,其一,前现代的全球化(大约始于9000—11 000年前),标志是在欧亚大陆、非洲及美洲大陆出现了分散的定居农业文明中心。在该阶段全球化的关键要素是政治和军事帝国,世界性宗教以及游牧民族的迁徙运动和农业社会向有人烟但尚未开发的地区扩展,以及作用相对较小的不同地区文明间的长距离贸易。其二,现代早期的全球化(大约在1500—1850年)。在该阶段全球化的关键要素是欧洲的政治和军事扩张,欧洲与美洲及大洋洲之间的人口流动、环境转变以及流行病的传播,新的跨大西洋经济交往。与第一阶段相比,第二阶段在全

---

① 参见杨雪冬：《全球化：西方理论前沿》,社会科学文献出版社2002年版,第3页。
② 〔美〕罗兰·罗伯森：《全球化：社会理论和全球文化》,上海人民出版社2000年版,第9页。
③ 〔英〕戴维·赫尔德等：《全球大变革：全球化时代的政治、经济与文化》,社会科学文献出版社2001年版。
④ 同上书,第574—602页。

球流动和相互联系的强度方面显然提高,制度化和正规化建设也有所加强,特别是领土国家和民族国家的观念与制度已开始出现,这些都有助于全球化的扩展与深化。其三,现代的全球化(大约在1850—1945年),该阶段全球化的关键要素是欧洲政治、军事的全球扩张,西方世俗话语和意识形态的全球传播,全球贸易投资的急剧增长,世界经济的出现,欧洲向新世界的跨大西洋移民和亚洲向欧洲、美洲的移民。与第二阶段相比,该阶段全球网络和流动的扩展确实出现了突飞猛进的发展,制度化水平更高(如全球化体制、邮政系统、航海系统、度量衡系统的管制等),而支撑这种变化的则是交通变革(铁路和机械化搬运)和通讯革命(跨洋电报的发明)。其四,当代的全球化(1945年至今)。在该阶段全球化的基本特征是全球流动、交往和网络的广度、强度、速度以及影响史无前例,全球化模式实现了历史性汇合与集中,世界范围的民族国家体系替代了历史上各种形式的帝国体制,多边主义的治理与管制更加制度化,领土政治受到严峻挑战,跨国政治和全球政治引人瞩目。

其次是罗伯森的观点。[①] 他把始于近代的全球化分为五个阶段。其一,萌芽阶段(15世纪初期—18世纪中期)。在该阶段,民族国家共同体开始成长,中世纪"跨民族"体系的作用开始降低。天主教会范围扩大,个人概念和人道思想得到强调。世界地心说和近代地理学开始出现;阳历使用范围扩大。其二,开始阶段(18世纪中叶—19世纪70年代)。在该阶段,欧洲社会向同质性、单一性的国家观念迅速转变;形式化的国际关系概念成形,标准化的享有公民权利和义务的个人概念和较具体的关于人类的概念成形。与国际和跨国调节和交往有关的法律公约和机构迅速增加,民族主义—国际主义问题成为讨论主题。其三,起飞阶段(19世纪70年代—20世纪20年代中期)。之所以称之为起飞阶段是因为在此期间,全球化倾向已表现为以四个参照,同时也是四个制约因素为中心的单一的、不可抗拒的形式,即民族国家社会,一般意义上的个人(但其有某种男性偏

---

① 参见〔美〕罗兰·罗伯森:《全球化:社会理论和全球文化》,上海人民出版社2000年版,第84—86页。

向),单一的"国际社会",某种日趋单一但并不唯一的人类概念。"现代性"问题初步成为讨论主题。"民族国家社会"的观念越来越具有全球性,民族国家认同和个人认同的思想成为主题;一批非欧洲社会纳入"国际社会";国际的形式化和人道思想尝试性实施;移民限制全球化。全球交往形式、数量迅速增多。全世界宗教世俗天国运动兴起;全球性竞赛形成;世界时间的实行和阳历在全球范围被采用;第一次世界大战。其四,争霸阶段(20世纪20年代中期—60年代后期)。在该阶段,出现围绕起飞时期结束时确定的主导性全球化过程的脆弱条件展开的争论和战争。国际联盟以及后来联合国的确立。民族独立原则确立,相互冲突的现代性观念、冷战;在反思二战基础上对人类本性及其前景的关注。第三世界的成形。其五,不确定性阶段(20世纪60年代后期至今)。全球意识增强,"后物质主义"价值受到重视,冷战终结,全球性机构和运动的数量大大增加。各民族国家社会面临多文化、多种族问题,因性别、民族、种族的考虑而变得复杂的个人观念,公民权成为一个全球性问题。国际体系更加不固定,对人类共同体的关注大大增强。世界公民社会兴起,伊斯兰成为一种逆全球化、再全球化运动,全球环境问题日益突出。

由此不难发现,赫尔德和罗伯森这两位国际学术界研究全球化的大家,在探讨全球化历史演变及其分期时,沿着世界历史的轨迹都把着眼点放在近现代,主要关注的是15世纪以来的全球化,尤其是第二次世界大战后的全球化。不同的是,赫尔德观照了前现代化的全球化,将其作为一个独立阶段予以描述;而罗伯森则予以舍弃,但他从未否认全球化的古代渊源。赫尔德立足于时空维度和组织维度(共八项指标),全面、系统、多领域、多层次地探讨了不同时期和阶段的全球化形态,而罗伯森则立足于民族国家社会、个人、诸社会组成的系统(体系)和全人类四个维度去分析全球人类状况(即全球化的历史形态)。不妨说,在研究全球化分期及不同历史形态方面,赫尔德的观点更宏观、更系统、更具有国际政治理论色彩,而罗伯森的观点则突出了文化维度,有着耐人寻味的文化深刻性。

在全球化进程及其分期问题上,中国学者杨雪冬提出了三个阶段论。他关注的也是15世纪以来的全球化,只是划分阶段的视角和依据别有特色。第一阶段从15世纪全球化进程源起到19世纪70年代大英帝国霸权的确立,可称之为单一中心对多中心的侵蚀和单一中心确立阶段。该阶段最突出的特色是以英国为代表的欧洲国家在世界范围的拓殖,西方中心地位的逐渐确立,以及大英帝国成为西方中心的中心。第二阶段从1880年一直到1972年美元本位的终止,可称之为单一中心的维持与更迭阶段。在该阶段最突出的特点是美国霸权地位的确立,欧洲中心被美国中心所取代,"日不落帝国"被美利坚帝国所取代,全球化进程取得了巨大进展。第三阶段从20世纪70年代至今,可称之为多中心的复兴和单一中心的衰落阶段。在该阶段,一方面是美国霸权的衰落,另一方面是众多新兴力量的兴起,国际体系与格局走向多元化。全球化进程显示出摆脱单一中心主导的特点,全球意识、全球共识、全球行动初露端倪。① 显然,杨雪冬是从全球化进程主导中心的变化立论的,这一观点自有其道理,但今天看来有些简单化。

借鉴学术界已有成果,我们主张全球化的历史演变可分为四个时期。

其一,全球化的渊源与萌芽期,指15世纪之前的全球化。政治上表现为帝国,环境上有疾病的跨地区扩散,此外,跨国、跨地区的贸易也已存在,人口的迁移更是一种常态,而文化上不仅有宗教的传播与影响,还出现了种种超国家、超地区的思想与学说,如中国的"天下观",斯多葛派的"世界城市"与"世界公民"主张。这一切,尽管在联系性、流动性、网络性的强度与影响方面都远为有限,但毕竟是我们今天思考和探讨全球化渊源与萌芽的基本依据。

其二,全球化的成长期,指15世纪至19世纪70年代。地理大发现拓展了人们的时空视野,新型资本主义生产方式要求并开辟着世界市场和世界性的交往,19世纪70年代欧美工业革命的完成,为世界经济的诞生夯实了基础。这三大要素把人类推进"世界历史"时代。其间,移民潮、疾病的传播、不同文化思想的碰撞与扩散、世俗的

---

① 参见杨雪冬、王列:《关于全球化与中国研究的对话》,载胡元梓、薛晓源主编:《全球化与中国》,中央编译出版社1998年版,第4—5页。

或宗教的帝国权力的更迭和演变、军事战争,都从不同角度、不同领域展示着全球化,使人们对世界的整体性、联系性有了更多的认识。而这种整体性和联系性,又因世界经济与国际事务日益增多的管理的制度化,以及铁路、机械化铁船为代表的技术支撑,得到持续性增强。总之,这个阶段的全球化,在流动性、联系性、网络化、制度化方面都有了长足发展与进步,已成长为被人们感知到的而不是虚幻的全球化。当然,帝国霸权、欧洲中心、精英色彩以及制度远为不足等仍然是该阶段明显的特征。

其三,全球化的成形与反复期,指19世纪70年代至20世纪70年代。这一百年既是全球化大发展,并最终成形的阶段,又是历经两次世界大战和经济大萧条的冲击与磨难,导致全球化大反复、大曲折的阶段。全球化的成形表现为世界的流动性、网络化、相互依存性已达到空前程度,在金本位制度基础上,全球生产、全球贸易、全球金融已是基本事实和常态,多边与多层次的管制与治理更加制度化、规范化。超国家、跨国家事务与现象明显增多。全球意识、全球价值、全球观念的影响与渗透显著提高。到了20世纪70年代,可以说人类已发展到一个新阶段,全球化进入"地球村"时代。但恰在这一百年间,全球化又经历了一次大反复。如果说第一次世界大战前是该阶段全球化的巅峰,那么随着两次世界大战的蹂躏和20世纪20—30年代世界经济大萧条的破坏,全球化的进程被严重阻塞。无论是政治、经济、社会还是文化领域,出现了以封闭、对抗为特征的逆全球化现象,倒退的景象处处可见,巨大而沉痛的血的教训足以让人类深刻反省。所以二战后,全球化的进程很快又被恢复,并在复兴中成形创新,显现出新的形态。

其四,全球化的提升与变革期,指20世纪70年代至今。近现代的全球化在走过五百年的历程后,进入一个新时期——当代全球化时期。那么,为什么把这个时期称为提升与变革期,为什么要以20世纪70年代划界呢?如前所述,全球化在第三个时期已经成形,尽管其间有大的反复,但无论从地理空间、领域范围、制度化、组织化程度、物质技术基础,还是文化观念、伦理价值上讲,到20世纪70年代,全球化的清晰度、持续性被感知度都达到了前所未有的高度。但是，近现代的全球化在20世纪70年代以前一直表现出明显的西方中心和国家中心的特点。西方中心毋庸置疑，因为资本主义生产方式的生成与向全球扩展，西方世界的崛起与称霸，的确是近现代全球化进程的伴生物，或称之为最主要的内容。国家中心既是体制安排与制度建设的轴心，又是政治文化观念、伦理价值的精髓。正是上述两个特征、弊端的存在，使我们有理由把全球化进程中的前三个阶段称之为历史上的全球化，从而与体现出新质和新特征的当代全球化区别开来。而要摆脱或超越西方中心、国家中心的全球化，就必须在观念和制度上进行提升和变革，这正是第四阶段的全球化需要正视和承担的历史任务。也是我们把该时期称作全球化的提升与变革时期的缘由。至于为什么以70年代划界，而不以1945年或1990年划界，是基于以下几点考虑。首先，20世纪60、70年代全球问题日益突显，环境、人口、粮食、能源、南北差距开始成为国际社会的主要议题，并受到空前关注。其次，以罗马俱乐部为代表的贤人志士开创全球问题研究，倡导并传播全球意识。再次，布雷顿森林体系的解体，宣告美国霸权的衰落，七国集团的建立意味着多边主义作用的提升。最后，约占世界人口1/5的中国开始了改革开放，苏东地区的改革也在艰难中向前推进。总之，正是从这时起，世界面临的共同问题更加突出，世界的相互依存性和整体性日益鲜明，反思和超越西方中心、国家中心已具有了更广泛、更现实的社会基础。而1990年两极格局的解体，不过是为这一趋向增加了新的砝码和证明。至于全球化提升与变革期的具体表现与内容正是下文中所要论及的。

2. 全球化的当代样式

全球化作为一个社会现象，其内容和表现有悠久的历史，但全球化作为一个特定的研究领域，专门的研究术语和理论，则出现于20世纪60年代。这意味着，当代人类所感知、思索、困惑的全球化主要是当代全球化，而对历史的全球化的研究与分析，在很大程度上是比照当代全球化的结果。这就要求我们对当代全球化有比较客观、全面的梳理、概括与认识。以下从八个方面来描述当代全球化。

其一,信息革命为依托、特征的物质技术基础。

毫无疑问,当代全球化建立在第三次科技革命的基础之上。这样讲,就使得当代全球化与建立在工业革命(以蒸汽革命为代表)和第二次科技革命(以电器革命为代表)基础之上的历史上的全球化基本区别开来。但是,1945年之后开始的第三次科技革命,到70年代,特别是90年代后,又发生了巨大变化,这就是计算机、通信和软件等技术的迅速发展所带来的信息革命。正是信息革命,而不是笼统的第三次科技革命才可以当之无愧地被称为当代全球化的物质技术基础,也是当代全球化无可争议的技术特征与依托。

美国当代最有影响力的新闻记者之一托马斯·弗里德曼在其轰动全球的《世界是平的》这一畅销书中非常生动和形象地描述了世界变革的过程与表现。① 他认为,因特网、工作流、软件、上传(博客、维基百科)、外包、离岸经营、供应链、内包、搜索服务(谷歌、雅虎)、数字化的个人电脑就是碾平世界的动力。而这些技术、软件以及在此基础上的生产经营方式和创新模式的革命是信息革命的表现与结果。因此,当代的全球化已进入一个全新的时代,即被弗里德曼称为3.0版本的全球化时代,从而区别于全球化1.0版本(1492—1800年)和全球化2.0版本(1800—2000年)。信息革命使当代人类以极高的运转速度、巨大的运转规模在全球范围内进行实时的联系、计算与合作,并且跨越了空间和语言的障碍。而从主体上讲,全球化3.0版本尤其使个人获得了自由参与全球事务、全球竞争的机会。这一切,都是历史上的全球化无法企及的,也是20世纪70年代以前的第三次科技革命难以达到的,因为个人电脑、因特网和应用软件的广泛运用,仅仅是20世纪70年代以后的事情,更确切些说是90年代的事情。到了21世纪初才开始真正显现出其影响的独特性与深刻性,并且这种影响远未终结,恐怕只是掀开一个崭新时代的序幕。

其二,经济活动的全球性趋向毋庸置疑。

当代全球化的超国家、超领域性在经济领域表现最为突出,经济

---

① 参见〔美〕托马斯·弗里德曼:《世界是平的——21世纪简史(第2版)》,湖南科学技术出版社2010年版。

活动虽然在现象上仍存在于各国之内,但就其内在联系与本质而言,已在很大程度上成为一种整体性的全球经济,体现为全球生产、全球贸易、全球金融,以及跨国公司数量的迅猛增加和控制额度、比例的提升。每个国家都自觉或不自觉地在全球经济链条中寻找自己的位置,实现本国利益。经济活动的国家自主性受到日益增多、增强的世界经济环境和他国经济状况的制约。这一点已在1997年的东亚金融危机,特别是2008年开始的国际金融与经济危机中得到证明。当前的欧元危机,美国经济保护主义的抬头,以及中国经济增长势头的减缓,也可从经济活动的全球性联系与制约中再度得到解释。当然,经济活动的全球性趋向早在第一次世界大战前就已存在。但是今天的经济活动的全球性,无论在地域、规模、数量还是网络的速度与复杂性方面,都远胜于一百年前。比如,第一次世界大战前,能够参与世界经济的国家毕竟尚有限,而今天则遍及全球;1910年,美国的出口贸易占美国国内生产总值的11%,而到1995年已上升到24%,同期英国的贸易占国内生产总值的比例从44%上升到57%。① 更重要的是金融资产的流动规模与速度都远高于贸易,金融已实现同步的24小时交易。因此真正意义上的经济活动的全球性唯有在当代全球化阶段才是真正而有说服力的。

其三,非国家政治挑战国家政治。

如果说人们对当代全球化的经济指向和后果,即生成着超国家的全球经济,已从无奈转向适应和认同,那么,人们对当代全球化的政治指向和后果——非国家政治的兴起,则充满着更多的困惑、恐惧甚至抵制,因此,从这个意义上讲,非国家政治对国家政治的挑战在当代全球化中举足轻重。非国家政治指涉三个基本方面,即政治主体、政治议题、政治范围的非国家性。首先,政治主体超越国家,向下,表现为自愿形成的种种社群、团体;向上,表现为国际组织(特别是非政府组织)、跨国公司,以及为应对和治理各种全球问题而形成的开放的、混合型的组织与团体。其次,政治的议题突出问题领域和

---

① 参见〔英〕戴维·赫尔德、安东尼·麦克格鲁主编:《全球化理论:研究路径与理论论争》,社会科学文献出版社2009年版,第228页。

非规范政治。最后,政治的范围凸显跨国性。如果把主体、议题、范围三方面的变化结合起来,又不妨说非国家政治体现为团体政治与全球政治两种形式。团体政治,指以地方、社团、社区为基本载体,以议题政治为中心内容开展的各种活动,以及所呈现出的政治现象与行为。团体政治从微观层面挑战着国家政治,深化着政治的内涵,开辟着政治的新领域。全球政治,指以人类整体论和共同利益论为轴心,以全球为舞台,以全球价值为依归,体现着全球维度的新质与特点的政治活动与政治现象,其突出特征是政治的全球性。这种全球性绝非指范围的全球性,而且包含着政治的整体性、共同性以及利益和价值的人类中心主义导向。[1] 显而易见,这种非国家政治全面挑战着至今居于主导地位并为人们所习惯、认同的国家政治,即政治的范围被限定为一国之内,政治的权威由国家和政府体现、运用,国家与社会的管理系统呈金字塔式权力结构,权力向度自上而下,具有等级性和强制性,政治的利益基础与核心是国家利益。一言以蔽之,国家政治的国家中心主义导向(体现在制度安排、管理方式、价值理念各个方面)受到当代全球化所造就和推动的非国家中心主义导向的质疑、冲击。于是在政治领域就出现两种政治并存、互动、较量的境况。一方面是非国家政治的兴起、渗透与扩散,另一方面则是国家政治的回应、调整、抵制,甚至强化。虽然国家政治的主导地位并未改变,但非国家政治所造成的压力与冲击与日俱增,这恐怕也是难以否认的事实。

其四,全球生态与环境主题凸显。

当代全球化的另一个向度是处于空前严峻的全球生态与环境背景下,因而社会生活的方方面面都离不开全球生态与环境主题。这一主题从根本上说涉及人与自然的关系,这种关系由来已久,但人类作为社会活动的主体深切感受到自身与自然关系的紧张,而这种紧张性又以尖锐的社会性问题集中表现出来却是在20世纪70年代,特别是90年代以后的事情。我们今天所关注的资源短缺、环境污染、生态失衡、气候变暖等都是全球生态与环境问题的表现,它们都

---

[1] 参见蔡拓:《全球化与政治的转型》,北京大学出版社2007年版,第149—152页。

关涉自然生态的可持续,进而关涉到人类的可持续发展。可以毫不夸张地说,在人类寻求生存与发展的历史进程中,人与人之间关系的主导地位正受到人与自然关系的历史性挑战,当代全球化把这一主题、特征鲜明地突显出来。在全球生态和环境新背景下,人类对人与自然关系的关注首先是一种价值的关注、理念的关注、人文的关注,随之引发了对经济社会发展模式的反思,对生态环境保护的呼唤,并进而提出了可持续发展的理念、模式与战略。从1972年人类第一次环境会议到1992年人类第一次环境与发展大会,以及关于气候变暖的京都会议和2009年的哥本哈根会议,这近四十年的历程,都充分反映出人类对危及自身生存与环境问题高度重视,对人与自然关系的不断深化的思考。由于全球生态与环境问题的生态、资源、环境要素都是超国界、关涉人类整体的,所以它天然地要求全球视野、全球理念、全球战略、全球价值、全球合作,从而与当代全球化的基调与倾向吻合。同时,它也恰好说明了全球生态与环境主题在当今得以凸显的缘由。

其五,社会领域的广泛公共问题方兴未艾。

当代全球化在社会领域的表现是,广泛的公共问题层出不穷,困扰公众,破坏正常社会秩序,危及人们的生存与安全。这里,公共问题仅指社会领域的,如人口、粮食、难民、移民、国际恐怖主义、毒品、非法洗钱、海盗、公共卫生与流行病防治、信息安全、拐卖妇女与儿童等等。显然,这些都属于非传统安全。当然,非传统安全不仅存在于社会领域,像经济领域的经济安全、金融安全,全球生态与环境领域的生态安全、环境安全也在非传统安全之列。但不言而喻,非传统安全在社会领域表现最集中、最突出,凸显了人们对社会安全、公共安全的关切。当代全球化,把社会领域的公共问题,即非传统安全提升到全球层面,使人们屡屡感到形形色色的公共问题的冲击与震撼。如"9·11"恐怖事件、索马里海盗的猖獗、"非典"肆虐、艾滋病传播、难民潮、毒品战争、黑客攻击、网络瘫痪等等。无人能够否认,这些公共问题、非传统安全问题的应对与解决,需要国际社会的共同努力,任何一国都无能为力。因此,社会领域的广泛公共问题进一步证明着人类的相互依存,推动着全球主义的思维与政策的拓展。

其六,特殊性与普遍性的文化博弈。

文化的思考虽落后于经济、政治的变革,但却是深刻而持久的。当代全球化正经历着这样一场文化的博弈与反思,其焦点就是特殊性与普遍性、多与一、本土(地方、民族、国家)与全球的关系。这并不是一个新问题,但在当今却成为感知、应对、理解全球化的文化症结、价值症结,同时也成为当代全球化最重要的内容之一。文化是历史地生成的,总与特定的地域、人群、环境联系在一起。近代以来,由于民族国家制度的确立,文化又更多地与民族国家相连接,所以才有中华文化、印度文化、美国文化、俄罗斯文化、欧洲文化等之分。换言之,文化的本土视角、地方视角、民族视角、国家视角有其强大的历史与现实依据,因而深植于人们内心之中,并凝聚为一种伦理价值和思维定式。当然,这种强调特殊性的本土文化、民族文化在历史上也遭遇到关注普遍性的普世文化的挑战,比如斯多葛派的世界主义,中国古代的天下观,近代的自然法理论和自由民主学说,以及宗教伦理中的某些倡导普世价值的观点。但总的来讲,一则受技术和文明发展程度的限制,二则受领土性民族国家的制约,人们的活动和交往领域还有限,相互联系比较薄弱,所以强调普遍性的文化视野和价值观念还难以有更大的市场与影响力。进入地球村时代后,时空对人类交往的限制已大大减弱,人类在全球维度上的流动性、联系性空前加强。于是,伴随技术、物品和人员的全球性流动,打通的不仅是经济、政治和社会的国界,还有文化的封闭状态。日益频繁的文化交流与碰撞,以及在其中生成着的普适性文化,成为当代全球文化的景观,面对经济的全球性、政治的超国家性,生态和社会领域的紧密相互依存,当代全球化的文化关切集中体现为:是否存在基于人类整体的共同文化与普世价值?民族(本土)文化与人类共同文化如何协调。如何理解全球化的地方化,如何理解文化的去地方化?国家、民族认同与人类认同如何协调,国家公民身份与全球身份如何协调。凡此种种,都极大地困扰着当代人类。正是在这样一种背景下,文化特殊性与普遍性的博弈遍及各个领域,"我是谁""我该如何定位和行动"的困惑与追问抨击着每个人的心灵。

其七,全球制度化监管与治理的强化。

随着人类相互依存的深化和公共事务的增多,以及全球问题日益尖锐的挑战与冲击,制度化监管与治理的需求更加迫切。在这方面,当代全球化也展现了独特的风貌,表现出制度化、网络化、多层次、多主体治理的特点。首先是国际法的规范作用。当代国际法已表现出全球法的趋向,规范与协调的关系开始超越国家与国家关系,扩大到人类整体和个人。《国际人权法》和《国际环境法》是两个典型,国际刑事法庭的建立也表达了同样的指向。由此可见,全球法治已不是幻想,正在当代全球化进程中变为现实。其次是国际组织数量的增多和功能与作用的强化。联合国的权威在冷战后得到加强。世界银行、国际货币基金组织、世界贸易组织这三大经济组织在全球生产、贸易、金融中管理、协调的作用和地位无可置疑。应对各种全球性问题(如生态环境、艾滋病、恐怖主义、信息安全、金融危机)的新组织不断产生,像20国集团就最有代表性。总之,不断增加的国际组织和不断调整着的组织功能都锁定于当代人类面临的各种跨国界的问题和公共事务,力求通过会议、宣言、声明使这些问题与事务得到制度化的监管和有效的治理。最后,日益复杂的全球化、区域化、领域化管理网络。当代全球问题和人类公共事务的复杂性要求人类在全球层次、区域层次、领域层次进行不同的制度建设和协调治理。因此,全球化与区域化、领域化并存。正如我们所见,全球层面的制度建设以联合国为中心,区域层面着眼于区域和亚区域的整合、协调与治理,像欧盟就是迄今为止进行区域治理的典范,而领域化的制度建设则以问题为导向,针对不同领域的问题进行管理,它既是全球的又是区域的。总之,当代国际社会通过提升国际法和国际组织的作用构建全球化、区域化与领域化并存和交叉的管理网络,来强化对人类公共事务的管理,强化对全球化与全球问题的应对。

其八,全球公民身份与公民社会的崛起。

托马斯·弗里德曼认为全球化1.0版本的主体是国家,全球化2.0版的主体是公司,而全球化3.0版本的主体则是个人。他的说法显然有些片面,但个人借助信息革命提供的工具和舞台,获得了前所未有的参与自由则是确凿无疑的。而这种参与自由,绝不仅限于竞争的自由、选择供应链的自由,在当代全球化的各个领域,个人都可以扮演积极的角色。正因为如此,个人身份的多元化以及与公共事务的组织化就成为审视当代全球化的又一尺度。个人依旧是某国的公民,这个基本身份并未改变、丧失,但是个人又可以同时获得某个区域组织中的合法身份,或是某个国际组织中的成员(不管是政府间国际组织还是非政府间国际组织,也无论是普通的成员,还是骨干或官员)。正如赫尔德所说,公民身份的世界主义意味着"公民身份不是建立在领土行政区内排他性身份基础之上的,而是建立在能在多种情况下被确立和利用的普遍规则和原则的基础之上的"①。公民身份的多元化推动了全球公民社会的发展,因为突破了国家局限的公民,将会以更宏观的视野审视人类公共事务和全球性问题,并通过建立或参与不同的非政府组织(NGO)来实现对公共事务的管理。这正是20世纪70年代以来,全球NGO爆炸性增长的原因。全球化需要管控,全球问题需要治理,而这些新事物靠以往的国家管控、国际治理已难以奏效,必须改变精英治理的老路,让更多的公众参与其中。当代全球化正是在大众参与方面表现出了令人鼓舞的势头与趋向。

3. 全球化的类型

明确了全球化的历史形态和当代样式后,我们来讨论全球化的类型。遗憾的是,关于全球化类型的研究成果较少,最有启发性和代表性的是赫尔德的全球化类型学和基欧汉与奈的全球主义类型说。

赫尔德提出了分析全球化历史形态的八种维度。从时空维度上讲包括全球网络的广度,全球相互联系的强度,全球流动的速度,全球相互联系的影响;从组织维度上看包括全球化的基础设施,全球网络和权力实施的制度化,全球分层化的模式,全球交往的主导方式。根据这一框架,他构建了四种典型的全球化类型。

其一,密集的全球化。这种全球化类型的特点是,在从经济到文化的所有社会生活领域或层面上,全球网络不断扩展,而且具有高强

---

① 〔英〕戴维·赫尔德、安东尼·麦克格鲁主编:《全球化理论:研究路经与理论争论》,社会科学文献出版社2009年版,第304页。

度、高速度以及高度影响的特点。他认为当代全球化具有密集全球化的某些特点。而在怀疑论者来看,19世纪晚期的全球化也接近这种类型。

其二,分散的全球化。这种全球化类型的特点是全球网络,表现为高广度、高强度、高速度,但影响程度较低。当代经济全球化的许多关键方面体现了这种状态,但在历史上并没有对应物。

其三,扩张的全球化。这种全球化类型的特点是全球相互联系虽然表现为低强度、低速度,但同时又有高广度和高度影响。换言之,这种类型突出扩展和影响,而流动速度则较为有限。现代早期西方帝国主义的扩张最接近这种类型,因为在扩张过程中,当时的中欧洲帝国基本上占领了全球,对其他文化与文明产生了重大影响。

其四,稀疏的全球化。这种全球化类型表现为全球网络的高广度并没有伴随着高强度、高速度及高度影响,后三者仍处于低度状态。把欧洲与中国及东方联系在一起的早期丝绸贸易和奢侈品贸易与这种类型相似。

需要指出的是,在赫尔德看来上述四种全球化类型只是特别值得注意的类型,绝非全球化类型的全部。全球化可以根据广度、强度以及影响,采取多种合乎逻辑的形式。换言之,全球化类型的可能形态是多种多样的,绝不要拘泥于一种形态、一种类型去认识和分析全球化。

关注相互依赖和制度理论,并为此做出重大理论贡献的基欧汉与奈,直到20世纪末才对全球化作出理论上的回应。这是因为,他们要辨别相互依赖与全球化的关系。正是这种谨慎的态度,以及寻求相互依赖与全球化之间的关联,使他们的全球化研究表现出独自的特点,其特点之一就是刻意区分全球化与全球主义,并赋予全球主义新的内涵。全球主义是世界的一种状态,它关注各大洲之间存在的相互依赖网络,并通过资本、商品信息、观念、人民、军队与环境和生物相关的物质(如酸雨和病原体)的流动和影响联结在一起。全球主义和相互依赖一样可以视为程度问题,它们均可以随着时间变迁而有所增减。全球化意味着全球主义的增强,全球化是全球主义变得越来越强烈的进程,也是跨国流动增强,相互依赖网络拓宽的趋势。① 然而,从全球化研究来看,基欧汉所说的全球主义与全球化并无本质性区别,他关于全球主义的维度和分类恰恰与我们所说的全球化类型相类似,可予以借鉴。基欧汉与奈曾先后论及过七种全球主义,即七种全球化类型。

其一,经济全球主义,指的是商品、服务、资本和伴随市场交换的信息和观念的长距离流动,以及与这些流动过程相关的组织。

其二,军事全球主义。指的是使用、威胁或承诺使用武力的长距离相互依赖网络。军事全球主义早在古希腊罗马时代就已显现,如亚历山大帝国的建立;而在当代,冷战时期美苏之间的"恐怖平衡"则是另一例证。

其三,环境全球主义。指的是物质在大气层或海洋中的长距离运送,或者影响人类健康、福祉的病原体或基因物等生物实体的长距离运送。环境全球主义的历史也很悠久,如几千年来各种流行病的传播,而当代的表现则有全球变暖、艾滋病扩散等等。

其四,社会和文化全球主义。指的是观念、信念、意向和人员(即观念和信息的载体)的流动。其表现如宗教运动和科学知识的传播,实践和制度在区域或全球层面的效仿与复制等。社会和文化全球主义影响着个人的观念,及其对文化、政治和个人身份的态度。由于因特网出现,当代文化、观念的传播速度更快,意义更大。

其五,政治全球主义。指关于权力和治理的观念和信息,它可以模仿效应(如宪政安排或民主国家的数量)、政府政策的传播或国际机制的扩展来衡量。但是基欧汉与奈又认为,政治全球主义好像不是一个独立形式,只是社会文化全球主义的一个子集,因为,几乎所有形式的全球化都有政治意义。

其六,法制全球主义,指法治实践和法制制度向各问题领域——包括世界贸易或政府首脑谴责战争罪——的传播。同样,基欧汉与

---

① 参见〔美〕罗伯特·基欧汉、约瑟夫·奈:《权力与相互依赖(第3版)》,北京大学出版社2002年版,第274—280页;〔美〕罗伯特·基欧汉:《局部全球化世界中的自由主义、权力与治理》,北京大学出版社2004年版,第17页。

奈也认为法制全球主义最好被看作社会文化全球主义的一个子集,否则全球化的分类就过多、过细,难以穷尽了。然而,把政治和法制这两个重大领域的全球化归结为社会文化全球主义的子集,似乎过于简单,也容易遭致质疑。

其七,非正式暴力的全球主义。指非国家行为体利用现代传播、交通、爆炸或(潜在的)生物技术,制造暴力的流动,形成暴力流动的网络,从而削弱其他形式和领域的全球主义。这是"9.11"事件后,基欧汉与奈对全球化的最新回应,也是他们提出的另一个全球化类别。

由此不难发现,基欧汉与奈是从影响人类生活的重要领域和问题角度研究全球化类别的。除此外,他们还提出了强全球化(全球主义)与弱全球化(全球主义)。强全球主义包含着既集中又广泛的多种关系。远距离的、大型而持续的流动影响着许多人的生活。弱全球主义在流动性、影响性上有限,丝绸之路就是弱全球主义的一个例子,受其影响的毕竟只是少数人。①

全球化类型的研究刚刚开始,这种研究不仅需要对历史和现实中的全球化有现象、内容上的把握,更需要某种理论构建。最重要的是提出恰当的分类标准,否则无从下手。现在看来,大体上有四种分类标准。

其一,根据全球化的程度,包括网络的密度,流动的广度与速度,影响的深度与广度。赫尔德所说的时空维度的四个依据,基欧汉与奈所讲的网络密度、制度转化率和跨国参与②,都指向辨别、衡量全球化的程度,这也是当前全球化类型研究中最基本、最重要的内容。据此,全球化可区分为密集的全球化与稀疏的全球化;强全球化与弱全球化。其二,根据全球化指涉的领域或问题。这是最通常的分类方法,适用面较广,也比较灵活,能够很快回应和容纳新的全球化现象。据此,人们一般把全球化划分为经济、政治、文化、社会、军事、法律、科技、环境、信息、语言等全球化。其三,根据全球化的历史年代。

---

① 参见〔美〕罗伯特·基欧汉、约瑟夫·奈:《权力与相互依赖(第3版)》,北京大学出版社2002年版,第280页。

② 同上书,第288页。

这是宏观的、历史学的分类方法,其中又不妨分为两个亚类。一种是纯编年史的方法,就是按历史顺序,分阶段予以梳理、概括(如赫尔德将全球化分为前现代的全球化、现代早期的全球化、现代的全球化、当代的全球化)。另一种是突出研究者的标示性观点,但遵从历史的先后顺序(如本书将全球化的历史演进分成全球化的渊源与萌芽期、全球化的成长与扩散期,全球化的成形与反复期,全球化的提升与变革期)。这种分类的长处是便于作大尺度、大视野的理论分析和比较研究,不足是线条过粗,把握起来比较困难。据此可将全球化分为当代全球化与历史上的全球化。其四,根据全球化所依托的代表性技术。这也是人文社会科学中运用较多的方法,因为一种能起到划时代作用的技术,往往会改变人类的生活方式,意味着革命。据此,可划分为前蒸汽时代的全球化、蒸汽时代的全球化、电力革命时代的全球化、信息革命时代的全球化。这种分类对于我们理解和认识一个特定时代的全球化的物质技术和本质有非常重要的意义。

二、全球化的理论流派与分析框架

1. 全球化主要理论流派

对全球化的理论关注与研究,是伴随着20世纪70年代,特别是90年代以来全球化在现实生活中的迅速拓展与普遍影响而不断深入的。如今,全球化理论已覆盖人文社会科学的各个学科与领域,全球化话语已成为当代学术界的一种主导性话语,全球化研究成为名副其实的显学。那么,至今为止,全球化研究有哪些主要流派,其基本观点又是怎样的呢?下面,我们就来分析这一问题。

关于全球化研究的理论纷争与流派,赫尔德和麦克格鲁的研究最为全面,他们在《全球大变革》《全球化与反全球化》《全球化理论:研究路径与理论论争》几本专著中都反复阐述了自己的观点,提出了有代表性的见解。一种是把全球化研究划分为极端全球主义者、怀疑论者、变革论者三大流派(参见《全球大变革》);另一种是从学术上把对当代全球化的研究分为全球化论者和反全球化论者,全球化论者赞同全球化,反全球化论者怀疑全球化,所以又称为怀疑论者(参见《全球化与反全球化》)。吉登斯则认为对待全球化的态度可分为两种截然不同的观点,即激进论者和怀疑论者,前者承认并赞同全球化,后者否认并反对全球化。至于他本人,则属于第三种观点。因为在他看来,无论是激进论者还是怀疑论者几乎都从经济角度看待全球化,这是一个错误,其实全球化是多维度的。① 上述见解基本上反映了国际学术界关于全球化研究主要流派划分的主要观点。需要说明的是,这是一种非常原则和宽泛意义上的划分,其基本视角是学术的,并且经济分量偏重,一旦强化或突出政治的视角与分析,则观点与流派要复杂得多。

中国学者杨雪冬提出了独特的观点,他认为全球化是一个理论群,涉及多个学科,可以用两个标准对全球化研究文献进行分类,从而区分出六种理论(流派)。第一个标准是对全球化本身作现象学上的判断和描述,由此可把全球化理论分为夸大论、过程论和怀疑论。这里,夸大论是典型的全球主义,主张国家过时和市场万能。过程论把全球化看作一个社会变革过程,强调多维度的全球化和全球化的多动因。怀疑论则质疑全球化的客观性与真实性。第二个标准是对全球化潜在影响的预测和分析,据此可把全球化理论分为冲突论、变革论和新的统治压迫论。这里,冲突论是强调全球化带来的全球冲突,表现出悲观色彩。变革论与过程论的观点相近,重视全球化推动的社会各层面的变革。新的统治压迫论则集结了工会、环保主义者、女权主义者等众多新社会力量,关注全球化的消极和非人性方面,提出了抵制、变革当代全球化的主张。显然,这最后一个流派已具有强烈的政治色彩。

我们认为,当前学术界关于全球化理论流派的划分过于粗糙和简单。赞同全球化和反对全球化这种习惯性的两分法的片面之处在于,赞同者和反对者之中都可以做进一步划分,而把怀疑论者归结为反对派阵营也有武断之嫌。这里,尤其要考虑到政治与学术视角对细化全球化理论流派的意义。鉴于此,我们主张将全球化理论流派划分为以下五种。

---

① 参见〔英〕安东尼·吉登斯:《失控的世界》,江西人民出版社2001年版。

其一,推崇论者。

全球化的推崇论者是赞同全球化队伍中的极端派,在他们看来,全球化意味着全球经济、全球文明、全球秩序的诞生。经济的全球化打破了原有的经济、政治、社会生活的框架、体制与行为准则,为人类形成统一的符合新自由主义理念价值与制度安排提供了可能,世界正在走向光明的未来。推崇论者的核心理论主张有三。一是市场万能,市场文明将缔造人类新的生活方式。二是国家过时,经济的"无国界化",必然导致整个社会生活管理的去国家化,民族国家的消亡指日可待。三是典型的西方中心论。全球化源于西方,市场经济源于西方,历史将终结于西方价值与文明的胜利。显而易见,全球化的推崇论者一般都是正宗的新自由主义的信奉者,他们对全球化(主要是经济全球化)充满信心,夸大市场的作用和自由民主的价值,忽视了全球化进程中的种种弊端、不公正性和不确定性,表现出明显的意识形态特征。

其二,反对论者。

如果说全球化的推崇论者代表赞同全球化队伍中的极端,那么,全球化的反对论者则代表不赞同全球化队伍中的另一个极端,反对论者视全球化的本质为全球资本主义或新帝国主义。阿兰·伯努瓦指出:"全球化只是正在扩展而遍及整个地球的西方市场的帝国主义化过程,这是一种由全球化的受害者使之内在化的帝国主义。"①法国学者布迪厄则认为:"说到底就是用经济宿命论来为美国的帝国主义行径装点门面。"②正因为如此,全球化的反对论者认为今日全球化表面上不同于19世纪的武力侵略、领土霸占,而是以市场和资本为杠杆,但实际上比19世纪的武力征服更可怕,因为丧失市场、丧失文化、丧失自我,这就是全球化给发展中国家带来的悲惨后果。这种与帝国主义者的令人炫目的修辞诡计共谋的全球化,是极其危险的,

---

① 〔法〕阿兰·伯努瓦:《面向全球化》,载王列、杨雪冬编译:《全球化与世界》,中央编译出版社1998年版,第210页。

② 转自何增科:《法国学者布迪厄谈新自由主义的本质》,《国外理论动态》1999年第4期。

必须加以反对。① 由此可见,由于反对论者把全球化理解为资本在全球的扩展,是资本主义的全球形式和最新形式,完全服务于资本主义和帝国主义,所以他们反对全球化本身,而不仅仅是反对全球化进程中的弊端,这既是一种理论观点,更体现了一种政治立场。持这种观点的大都属于传统马克思主义者、新左派或民族主义者,他们所持的立场具有激进性、革命性的特征。

其三,怀疑论者。

全球化的怀疑论者之所以常常被归属为反对论者,是因为他们质疑和批评全球化的观点更有针对性,也更富理论说服力,从而能够成为整个反全球化阵营的理论武器。怀疑论者针对推崇论者的核心主张指出,首先,当前的世界经济在现象上远不是全球化而是国际化,在本质上远不是全球经济而是国际经济。其次,无论是日益增多的经济区域化还是跨国公司的活跃,世界经济行为始终未能摆脱国家的调控,去国家化和国家过时论等观点是荒谬的。最后,当前的全球化不仅在程度上和范围上被夸大,而且在作用上被神化和理想化。事实上,今天的全球化还未达到第一次世界大战前的水平,而新自由主义者对市场的推崇和人类超越民族国家走向全球文明的欢呼,则被现实证明是一种虚幻和一厢情愿。残酷的现实是全球化进程中南北差距的加大,以及种种不公正、不合理现象的存在。毫无疑问,怀疑论者的观点是深刻而发人警醒的,他们对经济区域化和国家作用的肯定,对经济全球化进程中发展中国家可能受到损害和被边缘化的担忧,以及对当代全球化被过度贩卖的警示,的确赢得了广泛的支持。正因为如此,反对论者视怀疑论者为同一战壕里的战友,而为了简化起见,甚至像赫尔德、吉登斯这些著名学者也把怀疑论者划归为反全球化的阵营。但严格地讲,怀疑论者与反对论者是有明显区别的。最重要之点是,怀疑论者的立论基点是学术,从而体现了自身观点的理论严密性和态度的客观性,而反对论者的基点是政治,理论深度和实证论据上有所欠缺。所以,把怀疑论者和反对论者作严格区

---

① 〔英〕查尔斯·洛克:《全球化是帝国主义的变种》,载王宁、薛晓源主编:《全球化与后殖民批评》,中央编译出版社1998年版,第45页。

分,是非常必要的。怀疑论者在保守的自由主义、国际关系的现实主义,以及新马克思主义中有较大市场。

其四,批评论者。

全球化的批评论者似乎是一个更模糊的概念,因为无论是反对论者还是怀疑论者都批评全球化,所以也可称之为批评论者。我们刻意要把批评论者与反对论者和怀疑论者相区别,是基于如下考虑:全球化的反对论者从根本上反对全球化,其特点是政治立场强于学术批判;全球化的怀疑论者认为当代人类社会还未进入全球化,仅仅是国际化、区域化,其特点是学术分析强于政治批判,对全球化保留了承认的可能与空间;全球化的批评论者承认全球化现象的客观性,但对于全球化进程中种种不公正、不平等、不完善,以及服务于西方发达国家特别是美国利益持严厉批评的立场与态度。美国著名经济学家,同时又受任克林顿政府经济委员会主席及世界银行副行长的约瑟夫·E.斯蒂格利茨就是其最典型的代表。他在颇具争议的《全球化及其不满》一书中列举了全球化给世界带来的好处,承认全球化是一个无可置疑的事实。但他更多地指出了当前全球化的弊端,首先是利益分配的不公正,"由'华盛顿共识'所制定的政策之净效应时常以多数的代价给少数人带来利益,以穷人的代价给富人带来利益。在很多情况下,商业利益和价值已经取代了对于环境、民主、人权和社会公正的关注"①。其次是管理的不善,他特别批评了国际货币基金组织、世界银行、世界贸易组织的意识形态偏见和精英管理的陋习,认为"全球化可以重塑,当他被重塑时,当他恰当、公正地运行时,当所有国家在影响他们的政策上都有发言权时,就有可能创造一种崭新的全球经济"②。西方发达国家的共产党人也属于批评论者,他们大都认为全球化源于国际经济发展的客观趋势,具有历史的必然性,但又侧重于批判主导当前经济全球化的新自由主义。换言之,他们试图把全球化的客观性与当前全球化的实际表现形式是资本主

---

① 〔美〕约瑟夫·E.斯蒂格利茨:《全球化及其不满》,机械工业出版社2004年版,第14页。

② 同上书,第15页。

义的全球化区分开来,肯定前者而批判后者,认为当前的全球化是金钱崇拜至上,是资本家追逐基本利润造成的,是20世纪以帝国主义为特征的所有矛盾在全球的发展和激化。① 由此可见,批评论者与反对论者和怀疑论者的最大区别在于是否承认全球化的客观性。而对于当前全球化的批评,批评论者和反对论者更接近,大都持严厉而鲜明的政治立场,怀疑论者的政治立场则要淡化得多。

其五,变革论者。

变革论者是全球化理论研究中最有影响、最有学术实力的流派,其代表人物几乎都是国际学术界的大家。如英国社会理论大师、"第三条道路"的倡导者吉登斯,美国著名国际关系学者、"没有政府的治理"的提出者罗西瑙,德国著名社会学家贝克。基欧汉、约瑟夫·奈、罗兰·罗伯森虽在观点上更为慎重,但也属变革派之列。变革论者的明显特点是观点的中庸,理论的深刻,方法的多样,立场的平和。中庸表现为能够吸纳和平衡以上四个流派的观点,深刻则表现为学术的底蕴与创新性思考,多样与平和则是指倡导多视角、多层次、多领域的全球化研究,并在理论与现实之间持冷静、理性的态度。变革论者的观点最有助于全球化研究的深入,也最有利于认识和指导全球化理论与实践。变革论的基本观点归纳如下:

第一,全球化是一个客观的现象与历史进程,它意味着人类组织规模的变革或转变,使得遥远的共同体相互联系,并在全世界扩大权力关系的影响力。尽管现实的全球化被西方大国所主导,但支撑和推动全球化的技术的、经济的因素与力量,以及表现于经济、政治、文化、环境等诸多领域与层面的现象都是西方大国不能随意左右的,它们也受制于这些因素与力量。

第二,全球化已有久远的历史,但只是到了20世纪末和21世纪初才真正成为时代主题,成为推动人类社会变革的中心力量。全球化的当代进程是前所未有的,但它将继续是一个长期的历史进程,其间充满了变动与矛盾,所以,必须以动态的、开放的眼光审视和应对全球化。

---

① 参见徐崇温:《当代资本主义新变化》,重庆出版社2004年版,第82—85页。

第三,全球化塑造着全球社会、全球文明,表现出一定程度上的超国家倾向,因此,在核心理论、价值、方法上都开始反思并超越国家中心主义。但是,当代的全球化不能也不应否认国家的合理性与必要性。全球化的真谛是重新审视、调控国家的权力、功能与权威,与新的多元的行为体共享对人类公共事务的管理。换言之,国家与非国家行为体,"主权体制"与非领土的诸多新经济政治组织形式及其体制是并存共生的,绝非一方取代另一方的关系。

第四,全球化必然要求并导致全球治理。由于越来越多的公共事务超越了领土的界限和主权国家能够独自解决、掌控的范围,由于非国家行为体和相应体制的不断增多,由于全球问题的挑战日益加强,原有的国家治理甚至仅仅是国家间合作的国际治理都不能适应和满足人类的现实需要,所以多主体、多层次、网络状的平等协商的全球治理应运而生。当然,今天的全球治理远未成熟,在民主参与、制度规范、运行效率、责任、监督、可持续性等诸多方面都亟待改进与完善。

第五,全球化的确加大了世界的贫富差距,深化了全球不平等,怀疑论者和反全球化论者对这一问题的分析与批评是正确的,必须给予充分的重视。但是,正视和解决这一问题的途径不是拒斥全球化,而是要在全球、地区和国家层面,制定出更好的制度和发展战略,推进全球化朝着互利共赢、共同繁荣的方向发展。只有在贫困、气候变暖、国际贸易与金融等迫切而现实的问题上切实向发展中国家作出政策、技术、资金的倾斜与援助,才能使全球化更人性化,从而有利于化解国家间和文明间的冲突。

第六,全球化导致了人类社会生活和世界秩序的复杂图景。主体的多元化,权力的交织与重叠,管理体制与机制的交错与并存,个人身份与价值的多样性,总之,人们所熟悉的制度、体制、规范、价值以及建立其上的各种关系都在不同程度上面临着挑战。人们不熟悉,甚至还难以接受的新的制度、体制、规范、价值,以及建立其上的各种新关系方兴未艾,冲击并影响着国际社会。在这一大背景下,人们必须学会理性地反思与应对,充分认识当代人类社会生活的复杂性,克服非此即彼的习惯性思维,在悖论与挑战中探寻、顺应并努力推进世界的转型和文明的进步。

2. 全球化的不同研究视角与分析框架

全球化是一个庞杂的、综合的理论群体,而不是单一的理论,因此受到诸多学科的关注与研究,渗透于当今的人文社会科学之中。这一特点就决定了全球化研究中的不同视角与分析框架。总的来说,全球化研究经历着从单一的经济视角向多元视角的转变。由于经济全球化在全球化中的主导地位,所以经济视角,特别是新自由主义的经济视角在全球化研究初期占有统治地位。以文化视角研究全球化著称的罗伯森曾在其代表作——《全球化:社会理论和全球文化》的中文版序言中特别指出"全球化如今被——在我看来是不幸地——主要根据工商研究视角的许多关于全球化的书籍、文章提倡的术语来理解"①。而他则竭力倡导和推进全球化的文化视角研究。当今,除经济和文化视角外,立足于政治、法律、国际关系、国际传播视角,以及从哲学、历史学、人类学等学科角度开展全球化研究不足为奇。现在需要做的是,梳理和概括迄今为止最有代表性的研究视角与分析框架。

赫尔德和麦克格鲁认为全球化研究经历了四波浪潮,反映了不同的路径和理论偏好。第一波浪潮是理论性浪潮,一般涉及全球化概念、主要动力,以及作为世界社会变化的世俗进程的系统性与结构性结果。吉登斯、罗伯森、罗西瑙、阿尔布劳、大前研一、哈维等人的研究成果体现了这一特点。第二波浪潮是历史学浪潮。历史学浪潮得益于全球发展的历史社会学,主要涉及现代全球化从哪些方面可被视为是新奇或独特的,也就是说它是否在人类事务的社会经济与政治组织中开启了一个新的时代或变革。第三波浪潮是制度化浪潮。它通过关注体制变化和弹性的问题,寻求评价全球融合(和分流)的观点,对全球化导致结构化变化的观点持怀疑态度。第四波浪潮是结构化浪潮。它反映了跨社会科学领域内后结构主义和建构主义思潮的影响。其特点是强调观念、机构、沟通、可能性和常规变化

---

① 〔美〕罗兰·罗伯森:《全球化:社会理论和全球文化》,上海人民出版社2000年版,中文序言。

对任何可信的全球化建构、解构和再造的重要性。这一建构、解构和再造被理解为既是一个历史过程,也是一种霸权话语。①

与立足于宏观特点概括研究方法的四波浪潮说不同,莱斯利·辛克莱立足于学科,从社会学角度论述了全球化研究的四种方法,即世界体系研究法、全球文化研究法、全球社会研究法、全球资本主义研究法。

其一,世界体系研究法。该方法由世界体系论的创始人沃伦斯坦所建立。他依据各国在资本主义世界体系主导的国际分工,将世界划分为核心国家、边陲国家,论述了世界经济从中心向边缘扩散的过程以及由此带来的国家间的相互关系及各种社会问题。这一理论及其方法之所以被看作与全球化相关,是因为其视野是世界的、整体性的。但其局限在于经济中心和国家中心。沃伦斯坦的世界体系严格讲是世界经济体系,文化层面少有涉及。此外,"在世界体系模型中,除了其不断强调的国家间这一重点外,不存在清晰明确的'全球化'层面"②。尽管如此,我们必须承认,世界体系研究法对于用整体的眼光审视世界,对于20世纪70年代以来的全球化研究起到了重要作用。

其二,全球文化研究法。该研究方法既是对世界体系研究法忽视文化层面的回应与纠正,也是文化问题日益突出所产生的客观需要的产物。全球文化研究法聚焦于两个专门性问题的研究。首先是文化全球化,探究一体化大众传媒为基础的文化对民族认同造成的影响和问题。其次是从文化角度探讨全球与本土之关系,被称为"全球—本土主义"。这一研究方法虽然与文化全球化模式有重叠之处,但研究重点在于"地区"层面,关注本土化在"全球文化"日益逼近形势下的自主性。全球文化研究法的代表人物有罗伯森、阿尔布劳等。全球文化研究法在当代全球文化研究中表现出旺盛的生命力。

其三,全球社会研究法。该研究法关注时空的压缩、地球村的出

---

① 参见〔英〕戴维·赫尔德、安东尼·麦克格鲁主编:《全球化理论:研究路径与理论论争》,社会科学文献出版社2009年版,第7—9页。
② 〔美〕莱斯利·辛克莱:《相互竞争之中的多种全球化概念》,载梁展编选:《全球化话语》,上海三联书店2002年版,第36页。

现,以及全球意识、全球性等问题,探讨超越传统的民族国家的全球社会的现实或可能。这种方法具有广泛的影响,在当代全球化研究中具有主导地位。吉登斯、罗伯森、赫尔德、罗西瑙、贝克等学者都是这种方法的运用者。当然,超国家的全球社会能否被人们普遍接受、认同,仍是一个问题。正如辛克莱所说:"尽管从经验主义出发可以相对容易地建立起全球化的客观向度,因为它们可以涵盖世界上大多数的人口;但建立在主观联系上的全球化社会、地球意识以及诸如此类的理念,却具有高度的不确定性。"①

其四,全球资本主义研究法。该研究方法着重于日益全球化的资本主义结构的研究,资本主义已从国家的和区域的资本主义进入到全球资本主义阶段,跨国资本主义集团扮演着"全球统治阶级"的角色,消费主义的文化意识形态主导着世界,第三世界的发展面临空前的挑战,这一切都是全球化带来的新问题,需要立足于当代资本主义的新特点予以考察和分析。这种方法提供了研究全球化的一个独特视角,但显然与马克思主义有更多的渊源与联系,因而也容易为当今的正统马克思主义与新马克思主义所采用。

显然,赫尔德概括的四波浪潮说与辛克莱阐述的四种研究方法各有千秋。前者更抽象、更宏观,理解时需要有更多的国际关系的知识素养;而后者则更具体、更学科化,更大众化,便于理解和运用。今天,上述研究方法和分析框架都在被运用。所以必须明确,不存在哪个方法更优劣的问题,它们是互补的,适用于不同的问题或不同的角度。

3. 多维度的全球化概念

全球化的复杂性、多面性和不确定性,决定了全球化概念的多维度性。换言之,任何试图从单一的角度和层面去理解、概括全球化的做法都是不可取的。在这方面美国学者莱斯利·辛克莱(《相互竞争中的多种全球化概念》)、荷兰学者让·内德文·皮斯特(《作为杂合的全球化》)、英国学者赫尔德(《全球大变革》《全球化与反全球

---

① 〔美〕莱斯利·辛克莱:《相互竞争之中的多种全球化概念》,载梁展编选:《全球化话语》,上海三联书店2002年版,第43页。

化》)、中国学者杨雪冬(《全球化:西方理论前沿》)都有过专门的论述。基于我们对全球化的理解,总结已有的研究成果,我们认为全球化概念的内涵应包括如下几个维度。

其一,时空维度。

这是全球化的最基本维度,全球化要突破现有的空间界限,使人类社会活动从地方、国家、区域扩展至全球,它是跨国家、跨区域的交往与流动,导致社会关系和组织结构的根本性变革。与此同时,时间的局限也逐渐被打破,跨国、跨区域的交往无须经历数年、数月、数日的奔波才实现,几小时,几分钟,甚至即时就可实现沟通与交流。这就是我们今天所说的"时空压缩"的含义,也是"地球村"的内涵。而正是在这种时空空前压缩的"小村庄"中,人们的相互联系更为密切、频繁。显然,能够做到时空压缩的前提或基础,是通信与交通的历史性变革,尤其是信息时代的到来。

其二,经济维度。

在全球化所强化和推动的全球性联系与流动中,产品、资本、金融、信息,以及人口的流动最为突出,而这些流动要素的集合就体现为经济。由此可见,生产要素的跨国界流动,市场交易、经济关系,这是人们经验上可感知的经济全球化,它是整个全球化的基础。当今,经济全球化更为深入、全面,跨国公司活跃于世界各地,劳务输出和移民潮力度加大,它们同样是经济流动性的必然产物。总之,认知和界定全球化,必须首先认知和界定经济全球化,这是一个基本事实。

其三,文化维度。

文化维度在认知和界定全球化中的地位越来越重要,在感知时空压缩和经济全球化之后,人们日益感受到全球性联系与流动带来的文化冲击,于是身份认同、民族认同、观念认同、本土文化与全球文化的关系,普世价值与特殊价值的关系,全球伦理与国家伦理的关系,以及如何看待建立在一体化大众传媒基础之上的文化全球化,特别是消费文化等,就成为全球化进程中日益尖锐的问题,全球化理论上的统一性与文化多样性如何协调,这无疑是全球化内涵之中的应有之物。

其四，社会维度。

全球化的社会维度表达的是对区别于国家的社会领域和社会事务的关切。社会不同于国家，近代以来，国家的地位日益提高，到20世纪达到顶峰。反之，社会的地位与作用则呈下降趋势。全球化的不断扩展与深入，把反思国家与社会关系的课题提上日程。既然国家不能也无力包揽全部人类公共事务，既然政府管理和市场管理都有失误和失灵，那么审视、提升社会作用，加强社会的自我管理，塑造一个有序的社会就有重要的理论价值与现实意义。与全球化社会维度相关的问题与现象有：NGO与全球公民社会的兴起，全球社会的建构与前景，社会管理与政府管理的关系，移民、信息安全、公共卫生安全等非传统安全的应对等。可以肯定，全球化的社会维度如同文化维度一样，在全球化认知与界定中的分量会越来越重。

其五，国家维度。

这是全球化的最核心维度，因为全球化的各个维度都关涉国家，指向国家，挑战或要求超越国家的领土性、主权性，以及对权力和公共生活管理的独占性、垄断性。时空压缩、全球生产、全球贸易、全球金融、全球市场、全球意识、全球伦理、普世价值、全球社会，无不意味着突破国家这一体制的空间界限和种种制度安排，建立起能够回应、适应全球化时代的全球性联系与流动的新的社会关系、社会结构与社会群体。正因为如此，全球化对国家的冲击，与国家的关系，就成为全球化理论与实践中最尖锐最核心的议题。它主要是政治性的，但又不能简单等同和归结为政治维度，包含着更广泛、更深刻的内涵。

其六，权力维度。

人类的社会生活需要权威、权力，在国家依旧是社会生活基本单位的时代，更无法摆脱权力的渗透与影响。全球化的权力维度就是要人们认识和思考全球化进程中的权力关系，包括权力的产生、运用、比较。全球化的不平衡性导致全球化进程中出现主动者与被动者、主导者与随从者、赢家与输家，而这种分野的尺度就是在全球化中所拥有的权力。所以，权力维度不可忽视，全球化的进程充满着权力的博弈，也要求权力的重塑与再分配。

其七,冲突维度。

如果承认权力伴随着全球化进程,那么势必承认冲突与矛盾也是全球化的应有之义,两者都建立在全球化的不平衡性、不公正性、不确定性基础之上。全球化的不平衡性与不公正性不仅意味着发展程度的差异,更意味着权力和利益的分配存在不公与偏差,从而引起寻求公平与正义的冲突。而全球化的不确定性也会导致在制定和应对这种不确定性时,由于所处地位、发展阶段以及价值偏好的不同,出现相互抵触与不协调。这就是真实的全球化。

当今世界,发达国家与发展中国家、跨国精英阶层与普通民众、富人与穷人、环保主义者与片面追求利润与经济效益的政府或跨国公司、种族主义者与反种族主义者、恐怖主义与反恐怖主义,以及民族文化与全球文化、本土价值与普世价值,总之,从物质层面到精神文化层面,无不存在全球化带来的新的冲突与矛盾,所以,冲突的维度不能忘却或丢弃。

其八,治理维度。

治理维度着重于国家体制及其局限被突破后,新的社会关系与组织框架的定位,新制度的构建,以及新价值、新伦理的塑造。从长远角度看,全球化的确要"化国家""去国家",寻求建立一种新的制度与秩序。但这是一个很长的历史过程,在这个过程中,要治理全球化带来的种种震荡与冲击,治理方兴未艾的全球性问题,要协调国家治理、国际治理与新的全球治理的关系,要推进政府(国家)、市场与全球公民社会的全球共治,要探求超越传统的国家民主的世界主义民主,探求公民多种身份的可能与机理。凡此种种,都是全球化的治理维度不得不回答的问题。

其九,过程维度。

过程维度的重要性同样不可低估。全球化的过程维度要求我们不仅从现象、领域角度认识全球化的客观性,复杂性,还要从过程角度理解全球化的历史性、变动性、多元并存性,以平和的心态、理性的思维对待全球化。有了过程性思维,明白全球化是一个漫长的历史演变过程,就会关注全球化的演进与变动,就懂得全球化不可能是线性发展,其间必有反复与波动,就懂得全球化在理论与本质上所追求

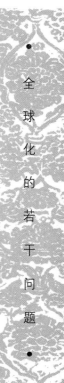

的统一性,是以多元并存为前提的,就如同中国的和合文化一样,追求大同,保持和肯定多元,就懂得全球化是复数而不是单数的,它必须妥善协调和解决全球化所体现和要求的新质,与传统国家体制、价值的冲突与矛盾,而不是简单地斩断与国家的联系,甚至抛弃国家。

毫无疑问,理解全球化必须坚持多维度、多角度。那么,从全球化的定义上讲,能否有一个更简洁的概括呢。学者们作出了努力。赫尔德给出过两个相近的定义。一个是全球化可以被看作:"一个(或一组)体现了社会关系和交易的空间组织变革的过程——可以根据它们的广度、强度、速度以及影响来加以衡量——产生了跨大陆或者区域间的流动以及活动、交往以及权力实施的网络。"①另一个是"全球化指人类组织规模的变革或转变,使得遥远的共同体相互联系,并在全世界扩大权力关系的影响力"②。吉登斯指出,全球化"它的内容无论如何也不仅仅是,甚至不主要是关于经济上的相互依赖,而是我们生活中时—空的巨变。发生在遥远地区的种种事件,无论其是否是经济方面的,都比过去任何时候更为直接、更为迅速地对我们发生着影响。反过来,我们作为个人所作出的种种决定,其后果又往往是全球性的"③。"从整体上讲,全球化正在使我们生活的社会组织发生巨变。"④笔者本人认为,从高度抽象的、哲学的角度上讲,"全球化是指当代人类社会生活跨越国家和地区界限,在全球范围内展现的全方位的沟通、联系、相互影响的客观进程与趋势"⑤。

借鉴上述研究成果,我们对全球化作出如下界定:全球化是指当代人类社会生活跨越国家和地区界限,在全球范围内展现的不断增强的,全方位的交往、联系、流动与相互影响的客观进程与趋势,并导致人类社会关系、社会组织、生活方式从国家性向全球性(从国家坐

---

① 〔英〕戴维·赫尔德:《全球大变革:全球化时代的政治、经济与文化》,社会科学出版社 2001 年版,第 22 页。
② 〔英〕戴维·赫尔德:《全球盟约:华盛顿共识与社会民主》,社会科学文献出版社 2005 年版,第 1 页。
③ 〔英〕安东尼·吉登斯:《第三条道路:社会民主主义的复兴》,北京大学出版社、生活·读书·新知三联书店 2000 年版,第 33 页。
④ 同上书,第 36 页。
⑤ 蔡拓主编:《国际关系学》,高等教育出版社 2011 年版,第 269 页。

标向全球坐标)的根本性变革。

三、全球化认知的理论症结

1. 全球化是意识形态的产物还是客观历史进程

全球化认知中的一个首要问题是全球化是否具有客观性。这里讲的客观性指的是某种现象或事物的产生与存在有其历史必然性和内在的逻辑,而不以任何主观的意志为转移。

作为一种现象,全球化的存在已是不争的事实,这恐怕很难否认。问题在于,这种现象是意识形态指导下人为构建的结果,还是自然的产物,这才是争论的焦点。不赞同全球化客观性的观点认为,全球化是美英依据新自由主义刻意编造的意识形态,并以这种意识形态构建了相应的制度(如世界银行、国际货币基金组织、经合组织等等),然后,迫使国际社会纳入全球化的圈套。《全球化陷阱:对民主和福利的进攻》的两位作者指出"全球经济的紧密联接绝对不是一种自然而然的结果,而是由于有意识推行追求既定目标的政策所造成的结果。""这种全球化对于大多数国家来说是一个被迫的过程,……这是它们无法摆脱的一个过程。对于美国来说,这却是它的政治精英和经济精英有意识推动并维持的过程。"[①]中国学者则以更简洁的语言概括道:"全球化的实施机构于二战后由美国建立,思想形成于1950年代,舆论准备于1970年代"[②],而20世纪70年代之后特别是到了90年代,全球化才大行其道。

显然,在反对全球化具有客观性的观点中,这种观点比起一般地批判全球化是臆造、幻想的见解来说,要深刻得多。因为在一般的意义上讲全球化不是现实而是虚幻,缺乏说服力。不管人们赞同与否,喜欢与否,全球性利益与问题的相互依存所标示的全球化现象与进程都是客观事实。所以,不去否认全球化现象本身,而是揭露这种现象的本质——全球化意识形态的作祟,这就为批判、反对全球化提供

---

① 〔德〕汉斯-彼得·马丁、哈拉尔特·舒曼:《全球化陷阱:对民主和福利的进攻》,中央编译出版社1998年版,第11、297页。

② 林方时:《全球化的背后——浅析美英战略陷阱》,转引自俞可平主编:《全球化:西方化还是中国化》,社会科学文献出版社2002年版,第135页。

了更有力的论证。同样,讲全球化是意识形态的产物比把全球化仅仅定位为新自由主义也更具有逻辑性。全球化就是新自由主义的论断,旨在强调市场万能、效率至上的理念,并认为全球化就是这套理念、主义。但严格地讲,市场万能这套理念,只能称为一种全球化观,而不是全球化本身。全球化本身首先还是一种现象,现象有无客观性,其主要的评判标准在于是否进行了人为的干预。因此,如果仅仅把全球化视为新自由主义,虽然在表面上问题被简化了,因为主义是某种人为的概括与抽象,显然具有主观性而非客观性,但实质性的全球化现象及其产生原因却被回避了。全球化是意识形态的产物这一见解则明确告诉人们全球化是意识形态自觉作用的结果,甚至把这种意识形态称作资产阶级最新意识形态,认为"全球化理论以'全球'视野转移和遮蔽了已经遭到批判的西方价值,并基于抽象的全球价值为资本主义在全球的扩散进行辩护"。全球化用同质化内涵"将现代化理论过于露骨的保持永恒资本主义生产方式的企图包裹起来,使资本主义生产方式作为一种抽象的观念在全球实现,从而构成'历史终结论'的全部理论基础。在这一意义上,作为学术话语的全球化与历史终结论是同谋的,它们都只是现实资本主义生产方式的一种需要"①。由此不难发现,全球化是意识形态的产物这一见解,不仅否认全球化的客观性,而且认为这种全球化意识形态是现实资本主义的工具,服务于全球资本主义的扩张。

　　赞同全球化客观性的观点则强调全球化产生的客观条件和内在逻辑。全球化产生的客观条件和历史前提是,其一,交通与通信的历史性变革。正是这种变革不仅导致交通与通信费用的大幅度降低,更重要的是提供了打破时空限制,形成"地球村"的现实技术手段,从而开辟了人类全球性交往、联系的新天地。生产力水平从根本上决定人类的劳动方式和交往方式,而作为第一生产力的科学技术又会以更鲜明的方式作用于人类的社会生活,马克思主义的这一基本观点仍旧是解释全球化客观性的最佳理论。其二,市场经济的内在属

---

① 胡大平:《具体地历史地理解全球化和当代中国的实践》,《哲学研究》2000年第4期。

性决定其必然向全球扩展。市场经济是迄今为止人类组织经济生活的最好经济形式,市场经济的本质是合理地配置资本、技术、劳动力,以追求经济效益的最大化。正因为如此,所以市场经济绝不愿受地域的限制,它必然从地区走向全国,进而跨出国界,扩展到区域、全球,从而形成全球生产、全球贸易、全球资本、全球市场。现代经济的发展现实也表明,一国的市场已无法容纳生产要素全球配置的客观要求,所以,以市场经济为核心的现代经济生活,必然形成全球性经济联系,这种经济全球化的客观进程绝非人为的干预所能阻隔。总之,一方面是现代科学技术所提供的史无前例的便利的交往工具和全球大舞台,另一方面是市场经济不断扩张的内在驱动力,这两者的结合,导致全球化现象与进程的凸显。特别是20世纪90年代以来,全球化冲击波更为突出。

正是立足于上述客观性,有了对全球化的种种概括或描述。里斯本小组的报告指出:"全球化由两种不同的现象构成:作用范围(或横向扩展范围)与作用强度(或纵向深化程度)。一方面,这个概念用定义注释了一系列发展进程,这个进程席卷了这个星球的大部分地区,或者说在世界范围内发生影响,所以这个概念具有一种空间的内容。另一方面,它意味着形成世界共同体的众多国家与社会之间的相互关系、横向联系和相互依赖性都在不断加强,横向的扩大与纵向的深化同时进行……因此全球化远远不是一种抽象概念,而是现代生活的一个众所周知的典型特征。"①这个报告还列举了全球化的七大领域与过程,即金融业的全球化;市场与市场战略的全球化,特别是竞争的全球化;技术和与它联系的科学知识的全球化,科学研究与发展的全球化;生活方式、消费行为以及文化生活的全球化;调节与控制能力的全球化;作为世界在政治上紧密联结的全球化;观察思考与意识的全球化。② 戴维·赫尔德认为:"全球化指的是社会交往的跨洲流动和模式在规模上的扩大,在广度上的增加,在速度上的递

---

① 里斯本小组:《竞争的极限》,中央编译出版社2000年版,第40页。
② 同上书,第38—39页。

增,以及影响力的深入。"①

显然,对于全球化是否具有客观性的两种不同认识,决定着对全球化的不同态度。当人们不认同全球化客观性时,就会更多地将其视为主观的臆造,意识形态的构建,或者干脆就是西方的意识形态,甚至就是美国化;而当人们认同全球化客观性时,则会更多地强调其产生与存在的历史前提,时代的新特征和历史发展的新趋势。我们认为,承认全球化的客观性是正确认识全球化本质与作用,有效回应全球化带来的挑战的基本前提。换言之,只有承认全球化的客观性,认清全球化产生的内在原因,才能对当今时代人类社会生活有清醒的认识。但必须同时指出,虽然全球化本身具有客观性,但全球化理论却是主观的,即对全球化的认识和理论抽象会呈现出多样性。处于不同发展阶段,在国际关系和社会生活中地位迥然不同的各个国家、民族以及阶级、阶层和个人,会由于其不同的感受而表现出对全球化的不同解释与评价。于是,全球化理论就面临着被意识形态化的危险,偏离了全球化客观性所内含的真理。正是在这个意义上,我们不妨说全球化又具有主观性。毋庸讳言,当代的全球化无论从主观性还是客观性上看,都为西方所主导。这里,主观性的主导体现为全球化话语、理论框架的主导,还体现为西方所认同、阐述并期望的全球化过程、原则、内容及其结果的主导。这种主导构成西方的全球化意识形态,而正是这种意识形态为广大发展中国家所厌恶,因为它渗透着市场万能、资本支配、国家过时、西方中心等观念;客观性的主导是指在经济、政治、文化、社会等领域的全球化进程中,西方国家掌握着制定和实施规则,控制进程和利益分配的主动权,从而处于强势和赢家地位的状况。显然,这种不平衡、不公正的全球化现实,已成为影响全球化进程的内在阻力。

面对这一现实,要求我们既要克服全球化即西方意识形态的片面认识,又要防止全球化纯粹是一种客观现象与进程的天真。必须懂得,对全球化主观性的夸大,容易导致对全球化客观性的忽视甚至

---

① 〔英〕戴维·赫尔德、安东尼·麦克格鲁:《全球化与反全球化》,社会科学文献出版社 2004 年版,第 1 页。

否定,从而不利于理性地应对全球化挑战。反之,对全球化客观性的夸大,则难以识别全球化意识形态的陷阱,同样会丧失回应全球化的主动地位。因此,我们务必从主客观两方面审视全球化,唯有如此,才能成为全球化的赢家。

2. 全球化是否被夸大

全球化认知中的第二个问题是当代全球化到底化到了什么程度,是否被夸大。

总体上看,由于全球化进程的深入,否认全球化客观性的观点日趋减少,但质疑全球化观点的影响却日渐扩大。从某种意义上讲,质疑派已成为不认同全球化的各种力量和见解的最富学理性的代表。那么质疑派到底质疑什么?

首先,质疑全球经济的真实性。确切地讲,是质疑当代经济是否走向全球一体化,能否称当代经济为全球化经济。按照质疑派的观点,经济的主要表现与形式还是国家的或地方的,国际化是离散的国家经济的补充。往好处点说,当代经济也只是国家间经济交往得到加强的国际经济,体现为"以贸易国为基础的、或大或小受民族国家和超国家机构两者公共政策调控的开放的世界市场"。[①] 因此,从概念上讲,全球化经济就是值得推敲的,存在的只是立足于国家经济基础上的国际经济。在进行了概念质疑之后,质疑派着重从实证角度批判了经济全球化,并认为这是一个神话。它们的主要实证依据来自两方面,其一,与第一次世界大战前的黄金时代比较。比较的主要结果是,贸易"各国1913年贸易与国内生产总值的比率均高于1973年……日本、荷兰和英国1995年的开放度甚至低于1913年,而法国和德国的开放度则有稍许提高。美国是1995年开放度大大高于1913年的唯一国家"[②];资本"1914年以前经常账户余额和资本流动占国民生产总值的比率大于20世纪80年代"[③];劳动力流动"在19

[①] 〔英〕保罗·赫斯特、格雷厄姆·汤普森:《质疑全球化》,社会科学文献出版社2002年版,第21页。

[②] 同上书,第32页。

[③] 同上书,第34页。

世纪,大批工人流向资金源头是可以接受并受到鼓励的;而现在除了作为权宜之计则是不能接受的"①,"在许多方面,世界没有特权的人和穷人的国际移民可能现在已不如过去。至少在大规模移民时期,他们还有举家迁徙和追求更好条件的机会,但今天这种可能对他们而言已大大地减少了"②。因此结论就是:"1914年以前阶段的世界经济的开放程度,要高于此后包括20世纪70年代末以后的任何时期。"③但这种在20世纪初所显现的相当开放、一体化的国际经济却在一战后停滞了半个多世纪,直到20世纪80年代和90年代才重新得以恢复。所以当前的全球化没有必要扩大,更不能神化。其二,当代经济主要是集团化而非全球化。在英国学者鲁格曼看来,全球化的真实意义应该是"跨国公司跨越国界从事外国直接投资和建立商业网络来创造价值的活动"④。而当代跨国公司500强基本上以美国、欧盟、日本三极为基地,可以称为三大经济集团。三大经济集团(或三大经济区域)所考虑的是加强本集团、本区域的经济竞争力,都具有排他性,所以不可能有一体化的全球经济。有关数据显示:按照产出(生产并销售的产品和服务)与投入(雇员和资金数量),跨国公司90%以上的创造是在区域内,而不是全球范围内。⑤ 至于三大经济集团之外的成员更谈不上融入全球经济,因为它们不具备相应的经济实力。所以,鲁格曼的结论是:"我相信我们正在目睹全球化的终结。""事实上,全球化只是一个神话,它从来没有真正发生过。正如本书分析所显示的,占绝对优势的创造和服务活动只是在区域内组织,而不是在全球范围组织的。跨国公司是国际商务的引擎,但是它的思维区域化,行动本土化。"⑥实际上,赫斯特与汤普森也表达了同样的观点,他们认为"外国直接投资主要集中在现今的工业经济

---

① 〔英〕保罗·赫斯特、格雷厄姆·汤普森:《质疑全球化》,社会科学文献出版社2002年版,第35页。

② 同上书,第36页。

③ 同上书,第38页。

④ 〔英〕阿兰·鲁格曼:《全球化的终结》,生活·读书·新知三联书店2001年版,第5页。

⑤ 同上书,第15页。

⑥ 同上书,第1页。

体,第三世界在投资和贸易两方面仍处于边缘地位,只有极少数新兴工业化国家除外"。"世界经济远不是真正的'全球'经济。相反,贸易、投资和金融流动集中在欧洲、日本和北美三大集团,并且这一优势地位看来还要继续保持下去。"①

其次,质疑经济全球化的影响。在质疑派看来,当代的全球化被夸大,不仅表现为上述对经济性质、规模,一体化程度的夸大,还表现为对全球化影响的夸大,来自这方面的质疑主要有以下几个层面。其一,全球化就是经济全球化,而经济全球化的核心就是跨国公司的全球化经营,本质上是一种资本扩张式的"区域性"经济行为。因此,全球化的全球性政治、文化、社会影响纯属无稽之谈。这种观点集中体现在鲁格曼的著作中,他认为:"把跨国公司巨大的经济规模同政治权力相联系是一个普遍的错误。"②跨国公司"太忙而不可能以任何实质性的方式来进行社会、文化,以及政府的非经济方面的活动"③。"几乎没有迹象表明,基于三极的跨国公司的最终结果是一个全球文化。"④"假如说同一化观点还有值得一提的东西,那就是可能有强烈的区域影响,即三极中的每一方都在区域性而不是全球性地扩展它们各自的影响。"⑤其二,跨国公司并没有摆脱国家,它的根仍然深植于民族国家之中。针对全球化论者关于当代的经济已是无国界经济,跨国公司已是无国家属性的全球公司的观点,质疑派指出:"多国公司活动的'本国趋向'性质仍然是十分重要的。""多国公司仍依靠它们的'本国基地'作为自己经济活动的中心。"⑥统计数据表明,美、英、日、加等几个主要发达国家的跨国公司的经营活动,有2/3到3/4之多仍是以本国、本地区为中心的⑦,"大多数公司在国民

---

① 〔英〕保罗·赫斯特、格雷厄姆·汤普森:《质疑全球化》,社会科学文献出版社2002年版,第3页。
② 〔英〕阿兰·鲁格曼:《全球化的终结》,生活·读书·新知三联书店2001年版,第8页。
③ 同上书,第8页。
④ 同上书,第10页。
⑤ 同上书,第10—11页。
⑥ 〔英〕保罗·赫斯特、格雷厄姆·汤普森:《质疑全球化》,第102页。
⑦ 同上书,第99—100页。

经济的基础上开展经营活动,这种国民经济基础实际上有助于提高它们的经济效率,而且这不仅仅是从提供低成本基础结构的意义上讲的。大多数公司植根于一种独特的民族国家经营文化氛围中,后者向它们提供了无形的但实在的好处"①。除此外,国家的制度支持与保护也维系着跨国公司的国家性,当然,国家出于维护国家利益对跨国经营的制约,也从另一方面表明公司独立性是有限的。总之,"关于经营活动国际化的程度无论是大众的说法还是学界的说法往往都言过其实"②。"真正的跨国公司显然还比较少。大部分公司以国家为基础,在多国开展贸易,所以靠的主要资产、生产和销售还处在民族国家的范围内,似乎不存在真正的国际公司不断增加的重要趋势。"③其三,民族国家的地位与作用并未从根本上被动摇,国家的终结与全球化一样是一个神话。质疑者认为,当今时代仍是现代国家的时代,没有理由认为经济全球化对国家主权或自治提出了实际的威胁。"经济的相互依赖并不必然会削弱民族经济的自治或主权,可以说,它增强了许多国家的能力"④,"民族政府在极大的程度上依然是世界经济流程中的有效的、合法的权力的唯一源泉,而且也是国际经济协调和调控的主要力量"⑤。赫斯特与汤普森更明确地表示:"我们在这里提出的论点是民族国家非但没有被国际化的过程所破坏,而且这些过程还在许多方面提高了民族国家的重要地位。"⑥

不言而喻,质疑派对全球化的质疑,对于人们防止全球化概念的泛化,准确地把握全球化与国际化的区别,客观地评估全球化现状,理性地定位国家的作用,及时地揭示全球化发展的不平衡性和非人性化方面,都有重要的启示意义。但是,质疑派的观点并非无懈可击,也有其片面性。

---

① 〔英〕保罗·赫斯特、格雷厄姆·汤普森:《质疑全球化》,社会科学文献出版社2002年版,第346页。
② 同上书,第147页。
③ 同上书,第2—3页。
④ 〔英〕戴维·赫尔德、安东尼·麦克格鲁:《全球化与反全球化》,社会科学文献出版社2004年版,第42页。
⑤ 同上书,第43页。
⑥ 〔英〕保罗·赫斯特、格雷厄姆·汤普森:《质疑全球化》,第23页。

首先,对当代世界经济性质的看法仁者见仁,智者见智,不能武断地讲,国际经济就是最准确的定位,而全球经济则是夸大其词。从全世界生产、贸易和金融的情况来看,一个以 6 万家跨国公司(拥有 82 万家国外分支机构)为基础的全球生产、贸易、金融体系已开始呈现。牛津赈灾会(牛津饥荒救济委员会)最近的一份报告指出,跨国公司通过其生产、投资和市场活动,"正在把发展中国家的生产者和富裕国家的消费者更为密切地联系在一起"①。20 世界 90 年代末,世界制造业总工作岗位的 50% 左右都位于发展中国家,而在 2000 年,发展中国家向工业化国家出口的 65% 都是制成品——在不到四十年的时间里增长了 13 倍。"因此,当代生产的全球化不仅仅是经合组织国家的现象,而且包括了所有的地区和所有的大陆。"②与此同时,世界贸易与金融也吸纳了绝大多数国家。贸易规模比一战前的黄金时代大得多,已从占世界产量的 7.9%(1913 年)上升到 17.2%(1998 年)。③ 外汇市场上的日成交额已突破 1.2 万亿美元。全球金融市场的运行已经导致了主要经济国家利率上的趋于一致,而国家的汇率制度在浮动汇率的原则上也趋于一致。虽然全球经济也许不像最有活力的民族经济那样高度一体化,但其趋势指向却十分明确,这是一种不同于国际经济的新经济,它是唯一的超越世界各国和主要经济区的全球经济。④

其次,对当代经济全球化程度的认识不够严谨。质疑派一直坚持认为当今的全球化并非新现象,甚至生产、贸易、金融的统计还证明,当今的全球化不如第一次世界大战前的国际化。对此,中外学者都提出了不同意见。美国学者米拉·威尔金斯认为,当代全球化与第一次世界大战前全球化的最大差异是:"国际金融流通网络与直接的跨国投资有了质的飞跃。"⑤中国学者杨雪冬也指出:现在的国

---

① 〔英〕戴维·赫尔德:《全球盟约:华盛顿共识与社会民主》,社会科学文献出版社 2005 年版,第 30 页。
② 同上书,第 31 页。
③ 同上书,第 32 页。
④ 参见〔英〕戴维·赫尔德、安东尼·麦克格鲁:《全球化与反全球化》,社会科学文献出版社 2004 年版,第 43—45 页。
⑤ 里斯本小组:《竞争的极限》,中央编译出版社 2000 年版,第 231 页。

际经济与20世纪之初的国际经济有着巨大的不同,这主要体现在三个方面。(1)在1914年前,世界大部分地区并没有参与到国际活动之中,而现在世界各个角落都被卷入了全球化。(2)第一次世界大战前国际贸易的发展是运输成本下降推动的,而现在则是通信价格下降推动的。这种技术创新带来公司乃至社会组织方式的变革,而且它们之间的相互联系更加紧密。(3)即使在资本流通总量上现在没有达到20世纪之初的水平,但是国际金融流量大大超越了以前,尤其是证券和外汇交易发展迅速。① 因此,今天的全球化远非一战前的国际化所能相比,必须更客观、更全面地审视当代全球化。

最后,关于国家和非国家行为体地位与作用的认识有些简单化,忽视了某些现象、活动的标示性意义。质疑派习惯于立足地缘政治、国家政治、国际政治的视角与思维审视全球化,因此,更多地强调国家的作用,国际权力的角逐,世界发展的不平衡,以及大国的主导地位。从一定的意义上讲,这些都不无道理。但对于伴随全球化进程而产生的对传统制度、理念、价值、生产与生活方式的冲击与调整,以及这些冲击与调整中所反映的新质,质疑派却由于其执着的现实主义立场而未能予以理性地思考与回应。正如许多学者所指出的,现代国家日益陷入充满超国家的、政府间的和跨国力量的地区和全球相互联系之网络中,而不能决定自己的命运。随着全球联系的增强,对单个政府来说,战略政治可以选择的范围和许多传统政治工具的有效性都往往在下降。② 但是,这样讲决不意味着赞同国家过时论,全球化无疑在改变着政治权力,"但是与其简单地说它侵蚀或削弱了国家权力,还不如说它改造和重新配置了国家权力。"③"全球化没有简单导致'政治的终结'或管制能力的衰亡。相反,全球化与政治活动的扩张、参与政治生活的角色范围的扩大更为紧密地联系在一起,

---

① 杨雪冬:《全球化:西方理论前沿》,社会科学文献出版社2000年版,第2页。
② 参见〔英〕戴维·赫尔德、安东尼·麦克格鲁:《全球化与反全球化》,社会科学文献出版社2004年版,第20—21页。
③ 〔英〕戴维·赫尔德:《全球盟约:华盛顿共识与社会民主》,社会科学文献出版社2005年版,第8页。

它通过不同运作层次的新手段刻画着政治的延续性。"①"当代全球化不仅引发或加强了越来越多问题领域的明显政治化,还伴随着发展迅速的制度化领域和政治动员、决策及管制活动的网络,后者已经超越了国家政治的管制权。在这些方面,全球化已拓展了政治活动和政治权威活动的能力和范围。"②政治活动和政治权力的多元性突出表现为非国家行为体对公共事务的介入,并由此导致全球治理的产生。现实是,许多全球治理的正式活动都不是公共力量所能控制的,相当一部分全球公共政策都是由不断扩大的非政府组织及其全球公民运动所制定和执行的。(如世界水坝委员会、国际会计准则理事会、国际金融特别行动组织、建立国际刑事法庭的国际联合运动、禁止使用地雷的渥太华公约运动、反对多边投资协议的运动等)。另外,不能忽视跨国公司的力量,由于控制着巨大的资源,跨国公司及其相应的组织如跨国商业协会、国际商会,广泛介入了全球变暖、人权、国际信息新秩序等非经济问题。总之,在全球治理方面,从技术标准的建立到人道主义援助的提供,都存在着私人权力的介入,换言之,公共权力与私人权力(公共机构与私人机构)共同制定法规、法案、公共政策。"对这些跨国运动和非政府组织的影响力和政治冲击力,不能从'硬力量'方面加以准确估价,而必须从'软力量'方面估价。"③"这些多边的、跨政府的跨国的政治形式不仅能够有助于抑制强国,而且有助于创造可能更进步的全球政治。"④

显然,这些对质疑派观点的回应,以及对全球化所做的富有启发性的思考,为我们提供了更广阔的视野,有助于更客观、准确地定位全球化。

3. 是否要强调和认识全球化的当代性

全球化认知中的第三个问题涉及全球化的当代性,即当代全球

---

① 〔英〕戴维·赫尔德:《全球盟约:华盛顿共识与社会民主》,社会科学文献出版社 2005 年版,第 14 页。
② 同上书,第 118 页。
③ 〔英〕戴维·赫尔德、安东尼·麦克格鲁:《全球化与反全球化》,社会科学文献出版社 2004 年版,第 60 页。
④ 同上书,第 63 页。

化的特点。认识全球化的当代性,才能把当代全球化与历史上的全球化区别开来,从而避免质疑派的全球化夸大论,并有助于澄清全球化就是资本主义化这样一种政治误解。

要认识全球化的当代性,首先必须梳理历史上的全球化及其特点,这势必需要弄清什么是历史上的全球化。对此,学术界研究得并不多。与其相关并受到关注的倒是全球化的起点问题,即全球化始于何时。现在看来大体有五种观点:一种认为全球化有久远的历史,这一总过程至少像所谓的世界宗教两千多年前兴起一样悠久。① 在中国甚至有人提出了"五次全球化高潮论",而第一次全球化浪潮追溯至人类从非洲散布到世界各地时。② 另一种观点则认为:"所谓的全球化,乃是90年代最新的全球性趋势。"③显然,上述两种看法都比较极端。第三种观点认为全球化始于地理大发现,以早期资本主义的对外扩张为标志。④ 这种观点的认同者较多,因为它可以把资本主义生产方式的扩张、工业化进程以及民族国家的崛起包容进去。第四种观点则认为真正的全球化(确切地讲是经济全球化)出现于19世纪中后期。理由是,在此之前,商品的交易是非竞争性的,交易的商品是非大众化的,基本不存在商品生命周期,没有出现价值趋同化趋势。⑤ 在持这种观点的人中,有的甚至提出,至今为止的全球化,其鼎盛时期不是20世纪末,而是20世纪初(即第一次世界大战前),所以完全没有必要夸大当今全球化的地位与作用。⑥ 第五种观点强调,当代人类关注、争论的全球化乃是二战后,更确切些讲是20世纪60、70年代的社会现象。二战后的三十年是世界经济高速发展的黄金时代,也是高科技更深刻影响人类生活的时代。世界相互依

---

① 参见〔美〕罗兰·罗伯森:《全球化:社会理论和全球文化》,上海人民出版社2000年版,第9页。
② 参见韩德强:《碰撞:全球化陷阱与中国现实选择》,经济管理出版社2000年版。
③ 参见侯若石:《经济全球化与大众福祉》,天津人民出版社2000年版,第76页。
④ 参见〔法〕雅克·阿达:《经济全球化》,中央编译出版社2000年版;李慎之:《辨同异合东西——中国文化前景展望》,《东方》1994年第3期;以及其他几篇文章。
⑤ 参见侯若石:《经济全球化与大众福祉》,第78页。
⑥ 参见〔英〕格雷厄姆·汤普森:《全球化与国内经济政策的可能性》,转引自王列、杨雪冬:《全球化与世界》,中央编译出版社1998年版,第51—75页。

存的加深、全球性问题的凸显、跨国公司的爆炸性增长①、信息化、网络化的冲击,这一切就构成20世纪最后三十年的社会景观。特别是80年代中期以来,鉴于全球化对现实生活的全面而重大的影响,全球化作为一个正式概念步入学术殿堂,成为当代社会科学的主流概念与时髦术语。这种观点的赞同者也较多,而且往往能够与第三种观点融为一体。也就是说,一批学者在审视全球化时,一方面看到了其历史根源,另一方面则将关注点定位于当代,罗兰·罗伯森就是其中最典型的代表。

以上五种观点反映了学术界对全球化起点的不同认识,其着眼点是全球化的时续性和过程,并未自觉区分历史上的全球化与当代全球化,从而也就不曾涉及两者的时间画线问题。这就是说,上述五种观点只回答了历史上的全球化的起点而未涉及终点问题。我们认为,就全球化的内涵,特别是与人类社会生活的相关性而言,把15世纪地理大发现作为历史上的全球化的起点更为合理,而其终点则以20世纪60、70年代为宜。换言之,历史上的全球化是指15世纪地理大发现至20世纪60、70年代的全球化。在这近五百年的时间里,全球化的形式、内容、强度、速度等无疑会有变化,从而表现出阶段性。但总体上讲,历史上的全球化表现出以下几个主要特点:其一,全球化就其形式而言表现为人类交往活动在地域上的拓展,即从国内到国外,从周边地区到跨大洋、大洲,遍及世界各地,打破了人类长时间的彼此隔离的社会状态。其二,全球化就其内容而言表现为市场经济在全球的扩张。商品、资本的输出,市场的控制,原材料的争夺都反映出生产要素在世界范围内的流动与配置,在这个意义上,全球化就是经济的全球化,就是市场化。其三,始于近代市场经济的全球扩张是与资本主义生产方式联系在一起的,在这个特定时期,两者融为一体,市场经济的全球化就是资本主义生产方式的全球化。换言之,以资本主义生产方式为载体的全球化是意识形态色彩很强的全球化,所以它自然是以资本主义为中心的。其四,既然历史上的全球化

---

① 1970年,全球跨国公司仅为7000余家,而90年代后期已增长至6万多家,其遍布全球的分支机构达80多万家。

是以资本主义为中心的,而资本主义大都植根于西方国家,因此,这个时期的全球化当然会表现出"西方中心论"的倾向。其五,历史上的全球化所表现出的"资本主义中心论"和"西方中心论",本质上是阶级中心论、国家中心论。全球化仅仅是其形式、过程,它所追求的目的与价值恰恰是反全球、反人类的,而这才是其真谛。

与历史上的全球化相区别,当代全球化是指20世纪60、70年代至今的全球化,它也表现出自己的特点。首先,凭借现代科技提供的通信与交往手段,人类交往的时空约束真正被打破,全球化不再是模糊的推理,而是普通人可以感知的现实。在形式上,全球化已拓展到极限,它揭开了人类历史上新的一页——地球村史。其次,全球化内容更加丰富。虽然经济全球化仍不失为主题,但政治、文化、一般社会生活的全球化同样引人注目。再次,全球化呈现出明显的反"资本主义中心论",反"西方中心论"的倾向。这种倾向一方面表现为发达国家左翼学者和有识政治家对世界文明进程的审视,特别是对资本主义的反省与批判;另一方面则表现为发展中国家普遍存在着的对资本主义及西方文明的批判与抵制。最后,全球化发生了立足点的根本变化,即从阶级中心论、国家中心论,转向全球论、人类整体论。换言之,把人类社会生活作为一个整体加以考虑的整体思维方式——全球意识开始传播,人类的共同利益得到认同。

显而易见,从时空的压缩,相互关联的领域不断扩展与加强,以及至今为止全球化仍由西方发达国家主导等维度看,当代全球化无疑是历史上全球化的继续与拓展。这种延续性表明了两者的共同之点,而正是这种共同点,构成前文提及的五种观点的框架。换言之,那五种观点都没有超越历史上的全球化的视界,从而难以揭示当代全球化的新质,而这种新质恰恰是全球化的本质。

我们认为,全球化的本质有两条:其一,把人类作为一个整体来审视、分析、处理人类面临的各种问题。这是一种思维方式的根本转变。其二,承认存在着确实的超民族、超国家的人类共同利益。这是一种价值观的重大调整,它把人们追求纯粹、单一的阶级利益、国家利益提升到自觉关注人类的共同利益。以这样的标准来审视历史上的全球化,只能称其为形式上的全球化,因为伴随资本主义生产方式向世界扩张的全球化,是以西方的利益观、价值观、生活方式、思维方式为中心的。它认为西方文明具有普适性,是世界发展的模本。这种狭隘的、意识形态化的思维定式恰恰是与全球化的本质相悖的。我们今天讲的全球化固然在很多方面还延续着历史上全球化的基本特征,但必须看到,它的立足点已开始发生根本性变化。这种人类整体论和人类共同利益论的全球化,是一种内在全球化,它在扬弃外在全球化的基础上,着眼于人类社会生活的共性,凸显人类的共同价值与共同利益。

不言而喻,全球化的新质提出了认识和把握当代全球化的新的尺度和要求,从而也增强了迎接全球化挑战的难度。如果我们看不到这种变化,就可能把全球化关注始终局限于社会生活的表层,而忽略了全球化对迄今为止人们所熟悉与认同的主流文化、价值、制度、生产方式、生活方式、社会规范的挑战。这种挑战是对人类整体的挑战,无论在现实的全球化进程中居于主导地位、赢得更多既得利益的西方发达国家,还是在同一进程中处于被动、弱势地位,有时甚至受到损害的广大发展中国家,都不能幸免。这是因为,全球化对民族国家中心的社会结构和国家主义的思维方式与价值观念产生了根本性震撼。这种震撼的现实效果虽然还是初步的、有限的,但其意义却是划时代的。正是对此,当前的全球化研究还缺乏足够的认识。

总之,对当代全球化特点和本质的认识,就是对全球化当代性的认识。明确了全球化的当代性,我们就可以说,历史上的全球化的确是资本主义的全球化,但当代的全球化不能简单地认定为资本主义全球化,要把当代的全球化由西方主导,与当代全球化仍是资本主义全球化严格区分开来。这样,我们才能以更开阔的视野审视和应对全球化。一则要对西方主导全球化议题与进程这种不公正、不合理状况予以有理、有利的抗争,逐渐改变全球化的不平衡和非人性化方面;二则要在解决全球性问题,维护人类整体利益方面作出积极的回应,努力协调好国家利益与人类整体利益的关系,从而为推动人类从国家主义向全球主义的转型做出贡献。

4. 全球化能否仅仅归结为经济全球化

全球化认知中的第四个问题是,全球化究竟是经济的全球化还是全面的全球化。

把全球化视为经济的全球化是一种极为普遍的认识。最典型的是国际货币基金组织对全球化的界定:"全球化是指跨国商品与服务交易及国际资本流通规模和形式的增加,以及技术的广泛迅速传播使世界各国经济的相互依赖性加强。"①我国部分学者也认为,当前"全球化这个词有被泛用的倾向,而我们讨论的全球化是指经济全球化这个特定的概念"②。"现在人们谈论全球化主要是指经济全球化,而且主要把目光集中在80—90年代世界经济的发展变化。"③正因为把全球化视为经济全球化,所以时常出现两者互相替代使用的情况。许多学术会议或文章的主题、标题虽是全球化,但实际内容却是经济全球化及其影响,似乎全球化与经济全球化的等同性是自明的。

然而,正是这种司空见惯的自明性需要辨析与追问。毫无疑问,无论从理论还是现实层面上讲,全球化的轴心、基础都是经济全球化,但这并不意味着可以否认伴随经济全球化而出现的政治、文化领域的全球化。人们通常所讲的经济全球化,是指商品和生产要素的跨国界流动,国际贸易、跨国投资和国际金融迅速发展,高新技术广泛传播,跨国公司作用显赫,从而导致各国经济活动的高度相关,世界经济的整体性与一体化空前突出的经济现象与过程。由于经济全球化追求生产要素的全球配置和经济收益的全球获取,所以它不仅会冲击各民族国家的经济活动,要求其在统一世界市场的框架中调整原有的种种行为,而且会造成广泛而深刻的政治、文化影响。这种政治与文化的影响,在很大程度上就是政治与文化的全球化。

这里,政治全球化一方面是指各国政治交往的扩大与频繁,另一方面是指各国政治生活相关性的空前加强。于是,国内政治与国际政治的界限日益模糊,超国家权力日益强化,政治生活与政治现象的某些共同性也开始显现并发挥作用。文化全球化则意味着文化的同

---

① 国际货币基金组织编制:《世界经济展望》,中国金融出版社1997年版,第45页。
② 参见钟亚平:《"关于全球化问题"理论研讨会综述》,《哲学研究》2000年第4期。
③ 张世鹏:《什么是全球化》,《欧洲》2000年第1期。

质化、殖民化及高度互动与相关化。具体些说就是人类整体已成为与社群、国家、民族一样的文化主体,文化的内容及其认同表现出一致性。与此同时,西方发达国家凭借在当代国际社会中的经济、政治主导地位,自觉或不自觉地强行推销自己的文化制品和价值观念,试图以文化殖民的形式达到文化同一与文化控制。当然,文化全球化的更普遍形式是文化的全球性互动,即不同文化在全球场中的相互影响。显然,只要尊重事实,就不能否认在经济全球化的过程中,政治与文化也在以不同的形式、程度作出全球化转向的回应。因此,全球化只能是全面的全球化,绝不可能仅仅停留于经济维度。

这一结论完全符合马克思主义的基本观点。马克思主义的基本原理告诉我们,经济是基础,政治与文化是上层建筑。经济基础的变化,或早或迟,必然要导致政治与上层建筑的相应调整与变革。令人不解的是,在全球化这样重大的历史现象面前,我们很多同志却忘记了马克思主义的上述原则。倒是一些西方学者和政治家表明了对全球化更为客观与全面的看法。罗兰·罗伯森指出,全球化被不幸地从工商研究者角度加以理解,"全球化讨论在公共领域已经形成了我打算称之为经济主义的形态"①。吉登斯认为,全球化是一个范围广阔的进程:"它的内容无论如何也不仅仅是,甚至主要不是关于经济上的相互依赖,而是我们生活中时—空的巨变。"②德国学者贝克更是专门关注全球化的政治维度,提出了伴随经济全球化而出现的急迫的重建民主和加强全球政治管理等尖锐问题。③ 里斯本小组在其提供的《竞争的极限:经济全球化与人类的未来》的报告中同样表示:"全球化涉及的是众多国家与社会之间多种多样的纵向横向联系。"④德国前总理施密特则在论述全球化时开门见山地指出:"全球化话题是个实践——政治话题,也是个社会——经济话题,此外,它

---

① 〔美〕罗兰·罗伯森:《全球化:社会理论和全球文化》,上海人民出版社 2000 年版,中文版序言第 2 页。
② 参见〔英〕安东尼·吉登斯:《第三条道路:社会民主主义的复兴》,北京大学出版社、生活·读书·新知三联书店 2000 年版,第 30—40 页。
③ 参见〔德〕乌·贝克、哈贝马斯等:《全球化与政治》,中央编译出版社 2000 年版,第 1—65 页。
④ 里斯本小组:《竞争的极限》,中央编译出版社 2000 年版,第 39—40 页。

还是一个思想话题。"①这些西方学者虽非马克思主义者,但其分析问题的方法符合马克思主义,这是发人深省的。

那么,究竟是什么原因导致全球化即经济全球化的论断呢?恐怕有如下三点,其一,经济全球化不仅在终极意义上是全球化的基础,而且是至今为止现实生活中最为人感知的现象和事实。鉴于此,人们习惯采取简略方法来概括和理解全球化。其二,把全球化视为趋同化、同质化。由于经济的趋同(一体化)不仅有难以抗拒的客观强制性,而且会给国家带来实际利益,所以,出于经济发展的压力与需要,人们尚能认同经济全球化。而出于主权的维护和民族文化的弘扬,则排斥政治与文化的全球化。换言之,只有把全球化限定为经济全球化,全球化的趋同倾向才不至于威胁政治与文化领域的自主与独立。其三,用经济全球化来模糊甚至有意掩盖政治控制和文化霸权,以实现按西方的制度、价值、模式、生活方式统一、支配世界的目的。

显然,在上述三个原因中,第一个原因主要源于认识上的片面性,须知,强调经济全球化的基础地位与承认全球化的全面性是不可互换的。充分认识与把握经济全球化在全球化中的主导作用固然有非常重要的现实意义,但坚持全球化的全面性同样是不可或缺的。第二个原因既有认识上的片面又有政治上的担忧。仅仅看到全球化的趋同化、同质化,看不到异质化与本土化,这是片面性(详论见后),而把全球化的趋同化、同质化限定于经济领域,则表明了广大发展中国家对政治与文化领域趋同的深深忧虑。毕竟,今天的全球化是西方主导的全球化,如果认同全球化的全面性,而全球化又具有内在的同质化趋向,那么,政治与文化岂不是也要趋同于西方?这种担心不无道理,但担心并不等于真理性认识。如果不能按照事物本来的面目认识事物,就难以找到消除担心的正确途径。第三个原因反映出意识形态的作祟。某些西方政治家和学者不仅深知全球化是全方位的全球化,而且试图曲解全球化的趋同化、同质化趋向,以便按西方

---

① 〔德〕赫尔穆特·施密特:《全球化与道德重建》,社会科学文献出版社2001年版,第3页。

的意愿、价值、模式塑造世界。为达此目的,就要回避、模糊敏感的政治与文化全球化,片面强调经济全球化,编造一个全球化即经济全球化的意识形态。对于这种意识形态,我们不能识破,反而随声附和,这是有些可悲的。

5. 全球化是同质化(趋同)还是异质化(趋异)

全球化认知中的第五个问题是,全球化是否仅仅为同质化,在什么意义上理解全球化的同质化与异质化,两者关系如何。

认为全球化就是同质化、趋同化、一体化,这是当前全球化认知中又一较有代表性的观点。由此衍生的见解是,其一,既然全球化仅仅意味着同质化,那么异质化、本土化、民族化就是不可理解或必须超越的;其二,由于当代的全球化为西方所主导,那么趋同必然是西方价值、制度、生活方式的趋同,因此,全球化无异于西方化、美国化。这无疑是一种片面的认识,其误区并非是揭示了全球化的同一性,而在于把全球化等同于同质化。

首先,应该在理论上明确,全球化包含着同质化,追求着同一性。这种同一性(又称为共性、普遍性)就是人类社会生活的普遍现象、体验与规则,表现在经济、政治、文化各领域。市场经济成为现阶段资源配置和经济发展的共同选择,科学技术为第一生产力得到各国的认同和实践;政治民主化、反对腐败、维护人权、开展广泛的国际交往、融入国际机制等成为人类的共同政治追求;全球意识、全球伦理、网络文化、生态文化、可持续发展观、消费文化、大众文化、现代化理念等则体现着文化的共识。显然,这些共同性内容会随着全球化的深入而拓展,会随着文明的进步而深化。不过应当注意,全球化进程中所凸显的同一性也是历史的产物,所以其合理性是有限度的。换言之,全球化所追求、实现的同一性,并非在价值上都是无可挑剔的。在上述列举的生产方式、生活方式和价值观念中,消费文化、大众文化、现代性理念都在不同程度上受到批判性审视,市场经济的竞争主义导向也常常被反省和节制。但是,这并不足以成为我们拒斥同一性的理由。恰恰相反,全球化所张扬的同一性,更多的是给人类带来文明与希望。此外,尽管当代全球化是西方主导下的全球化,势必打

上西方利益、价值、要求的印记，但是全球化所内含的同一性毕竟有自己的客观性，很难完全被西方所期望的同质化所吞没、取代。

其次，承认全球化内含着同质化，绝不意味着全球化仅仅是同质化。全球化的悖论正在于，它在推进同质化的同时也导致异质化。也就是说，全球化是同质化与异质化的并存与辩证统一，离开任何一方，都不能真正地反映全球化进程。对此，很多学者都作过阐述。罗伯森反复强调："我自己的论点，包含了既对特殊性、差异性又对普遍性和同质性保持直接关注的尝试……我们是一个巨大的两重性过程的目击者和参与者，这个过程包含了特殊主义的普遍化和普遍主义的特殊化二者的互相渗透。"①"全球化本身产生变异和多样性，从许多方面来看，多样性是全球化的一个基本方面。"②他在中文版序言中特别指出："关于我近几年的关注点，我在此打算提一下全球地方化（glocalization）这个主题……按照大致设想，全球地方化指的是所有全球范围的思想和产品都必须适应当地环境的方式。必须将这种考虑与认为世界文化正在迅速走向同质化的常见观点加以对照。"③吉登斯认为："全球化不是一个单一的过程，而是各种过程的复合，这些过程经常相互矛盾，产生了冲突、不和谐以及新的分层形式。例如，本土民族主义的复活以及本土认同的增强直接与相对立的全球化的力量交织在一起。"④汤林森也表达了同样的见解，他指出，很多心怀批判观点的人，将全球化的过程与"地方化"的文化需求并联观察。全球化导致一种新的欲求，即渴望认同与差异，从而最终会催生新民族国家与民族的需求。⑤

全球化之所以同时包容着同质化与异质化，是因为它们本身就满足着人类内在的两种需求。同质化追求共性与统一，于是，无论经济发展、政治建构还是文化塑造都表现出超越本土和区域，在全球范

---

① 〔美〕罗兰·罗伯森：《全球化：社会理论和全球文化》，上海人民出版社2000年版，第144页。
② 同上书，第247页。
③ 同上书，中文版序言第3页。
④ 〔英〕安东尼·吉登斯：《超越左与右》，社会科学文献出版社2000年版，第5页。
⑤ 参见〔英〕汤林森：《文化帝国主义》，上海人民出版社1999年版，第333页。

围内实现最佳、最优的倾向,以最大限度地满足人们对物质财富、政治秩序、精神生活的需要。市场经济、政治民主化、全球意识与可持续发展观等就是当代人类在全球化进程中所追求与实践的同质性、统一性;异质化则青睐个性,于是,强调对家庭、邻里、种族、性别、乃至国家的认同,试图把"我们"与"他们"区别开来,以满足对习俗、情感、本土的眷恋。罗西瑙的话是有启发性的,他认为:"全球化的动力长期以来一直在助长大秩序,而本土化的动力长期以来一直在创造追求小秩序的压力。"①

全球化内含着同质化与异质化的另一原因在于,现代科学技术是两者的共同基础。支撑人类走向同质化的高科技手段,同时也为人类更好地表现自我,张扬个性提供着可能,最明显的例子莫过于互联网。互联网使世界真正得以压缩,打破了人们在相互交流中的时空障碍,从而有力促进着人类共同的新文明成果的形成、传播与共享。显然,这是在推进同质化;但同样无可置疑的是,互联网也成为不同旨趣的人聚合为不同的社群,表达特殊的意愿,开展独特的社会活动的工具。换言之,由于出现了互联网,自由、双向的交往成为可能,它大大强化了个性化、本土化、异质化得以展现的能力。

由此可见,把全球化进程中的同质化与异质化视为水火不容的观点是错误的。这种非此即彼的思维方式难以认识和把握全球化现实,势必陷入两难选择的迷茫与痛苦之中。当然,这样讲并不意味着忽视、回避全球化背景下的同质化与异质化的新特点与新趋向。同质化与异质化的关系问题,是社会与文化研究的一个老问题,也是人类生存、演化进程中的一个基本事实。但是,全球化使人类社会生活的全方位沟通达到了前所未有的程度,全球性已成为思考、处理现实的经济、政治、文化生活的不可逾越的框架。从这个意义上说,全球化时代真正凸显了同质化,而且异质化也只能在全球化背景下才可以理解,例如原教旨主义、族际认同、性别认同、社群认同等在形式上都体现为全球性,而这种全球范围的异质性恰恰是以全球化所造就

---

① 〔美〕詹姆斯·N. 罗西瑙:《全球化的复杂性与矛盾》,载王列、杨雪冬编译:《全球化与世界》,中央编译出版社 1998 年版,第 212 页。

的同一性为前提的。因此,有些学者在审视全球化时又得出如下结论:"虽然全球化与本土化之间的较量必然会出现双方力量对比的波动,但基本趋势是,前者要战胜后者。也就是说,最终全球化动力预计将成为事态发展有序安排的基础。"①拉兹洛也明确指出:"今天的社会像以往的社会常做的那样,通过一个一方面是整合而另一方面是多样化所构成的双重进程发展的","当代世界需要进一步整合","朝整合倾斜对世界上所有地方的所有民族国家来说都是重要的。"②

最后,要区分开全球化由西方主导与全球化就是西方化、美国化。当代世界的全球化无疑是西方主导的全球化。这是因为,无论就经济实力、科技水平、国际地位及影响等哪方面而言,西方都处于主导地位,于是,在全球化进程安排、制度制定与实施、利益分配诸多问题上西方集团自然拥有优势和控制权。反之,广大发展中国家则由于历史和现实的原因,在全球化中处于劣势和被动地位,而且往往要承受全球化的沉重代价。任何否认这一现实的言论都不能不让人怀疑其目的。但是,讲全球化由西方主导,并不等于全球化就是西方化,特别是美国化。全球化在理论上有其本质规定性,在现实中也绝非只体现西方的利益、只维护西方的霸权,它同样使相当一部分发展中国家(包括中国)从全球化中受益。而这种受益,并非来自西方的恩赐,而是源于全球化的客观的正效应。因此,在学理上我们只能讲警惕西方在全球化中的霸权与损人利己行径,对全球化中的不公正、不合理行为进行有理、有利、有节的斗争,逐步改善发展中国家在全球化中的境况。全球化就是西方化、美国化的情绪化论断,丝毫无助于发展中国家自身的发展,也有损于人类的进步。

四、全球化的时代意义及其启示

1. 全球化凸显了国际社会的相互依存

全球化的第一个时代意义就是全球化凸显了国际社会的相互依

---

① 〔美〕詹姆斯·N. 罗西瑙:《全球化的复杂性与矛盾》,载王列、杨雪冬编译:《全球化与世界》,中央编译出版社1998年版,第213页。

② 〔美〕拉兹洛:《决定命运的选择:21世纪的生存抉择》,生活·读书·新知三联书店1997年版,第134—138页。

存,相互依存已成为当代人类的生存方式和基本规律。

相互依存指的是国际关系行为体在经济、政治、军事、文化诸领域内形成的相互联系、相互渗透的关系与状态。相互依存首先表现为经济上无法割断的联系,它是市场经济全球扩张的结果。今天,全球生产、全球贸易、全球金融以及这些经济活动的载体——跨国公司的活跃都表明:"国民经济卷入全球经济交易程度实际上增加了——对几乎所有国家来讲,越来越大比例的国民经济活动卷入了越来越多国家的经济交换当中。"① 二十年前在一个国家生产的产品,如今一般要经过几十个国家的组件组装而成。国际生产分工已出现了高度专业化的新形式,跨国公司跨越全球经济的每一个生产部门,从而把经济联系提高到前所未有的水平。世界贸易额持续上升,2000年,已占世界 GDP 的 29%,其中发展中国家所占比率的提高(1990年,发展中国家的对外贸易额占世界总贸易额的 23.93%;而 2000 年所占份额已提高到 32.12%)② 更能说明世界经济的整体性。世界贸易额的增长表明各国的相互依存度加强。一位美国人士指出:90年代,美国出口增长速度是经济增长速度的 3 倍,经济增长的 1/3 来自对国外的销售。如今,出口为美国提供了 1100 万个就业岗位,支付的工资比制造业高 15%。过去二十五年,进口总值占国内生产总值的比重从 11%上升到 23%,到世纪之交美国将有 1600 万个就业岗位依赖出口,进出口总值将占国内生产总值的 30%。③ 世界金融流动呈指数级增长,外汇市场的日成交额已突破 1.2 万亿美元,几乎所有国家都无法游离于全球金融市场之外,这种状况既给急需资本进行建设的国家提供了机会与可能,又充满了风险,1997 年的东亚金融危机就是一个例证。受东亚金融危机的影响,印尼 1998 年的 GDP 下降了 15%,泰国下降了 8%。④

---

① 〔英〕戴维·赫尔德:《全球盟约:华盛顿共识与社会民主》,社会科学文献出版社 2005 年版,第 39 页。
② 同上书,第 50—51 页。
③ 参见〔美〕杰弗里·加腾:《十大新兴市场——来自美国商务界权威人士的报告》,新华出版社 1998 年版,第 28—29 页。
④ 参见〔英〕戴维·赫尔德:《全球盟约:华盛顿共识与社会民主》,第 33—37 页。

总之,无论是在经济交往中获益还是受损,都表明了当代国际社会在经济上的相互依存,而经济全球化不过是更深程度上的经济相互依存而已。用基欧汉和奈的话来讲:全球化"显然反映了相互依赖深度和广度——即其'强度'的增强"①。

当然,经济相互依存并非是对称的、平等的。欧洲、北美、亚洲三个核心区起主导作用,其中发达国家又居于主导地位。尽管如此,经济的相互依存却不能简单地被认为是发达国家间的相互依存。以改革开放后的中国为例,我国目前的对外贸易依存度已超过40%,2010年,中国进出口总额达29 740亿美元,比1978年增长了143倍,占世界货物出口和进口的比重分别提高到10.4%和9.1%,成为世界货物贸易第一出口大国和第二进口大国。中国对外投资从2003年的29亿美元增至2013年的1078亿美元,成为世界第三对外投资大国。中国在全球范围内拥有31 594家境外企业,最新的世界500强排行榜中,中国上榜公司数量达到100家。同时,我国又是目前国际上接受外国直接投资最多的国家,2013年外国对华投资1175亿美元。这充分表明中国对世界经济的依赖不断加深。反之,世界对中国的依赖也明显加深。中国对世界经济增长的贡献率不断攀升,从1978年的2.3%到2000年的7.4%,再到2008年的22%。显然可以说,中国经济离不开世界,世界经济离不开中国。全球经济已高度相互依存,我们必须认清这个基本事实。显然可以说,中国经济离不开世界,世界经济离不开中国。全球经济已高度相互依存,我们必须认清这个基本事实。

相互依存在政治上的表现是国内政治国际化,国际政治国内化,超国家权力日益强化。传统上属于一国内政的事务会受到国际社会的广泛关注甚至介入,而国际舞台上发生的政治事件又会引起连锁般的国内反应。正如学者所描述的那样:"世界上某一个地方的政治事件能迅速在世界范围内产生影响。不管在城市还是次国家的地区、空间集中的政治活动,都陷入了政治互动的巨网当中。结果,地

---

① 〔美〕罗伯特·基欧汉、约瑟夫·奈:《权力与相互依赖(第3版)》,北京大学出版社2002年版,第288页。

方层次的发展——不管是经济的、社会的还是环境的——几乎瞬间就能产生全球性的影响,反之亦然。"①国际组织等超国家机构形成各种国际机制介入各国政治,协调复杂的国际关系,以维护国际社会的整体利益,从而逐渐形成一种人类甚感困惑、不安,同时又不得不承认有其合理性的新的权力体系与机制。

有关全球治理的综合研究得出的结论也强调了这一点。"今天,绝大多数公民都大大低估了以下事实的程度,即大多数国家的海洋法是在伦敦的国际海事组织(IMO)中拟定的;空气安全法是在蒙特利尔的国际民用航空组织(ICAO)中拟定的;食品标准是在罗马的粮食与农业组织(FAO)中拟定的;知识产权法是在日内瓦的世界贸易组织(WTO)和世界知识产权组织(WIPO)中拟定的……机动车辆标准是根据设在日内瓦的欧洲经济委员会(ECE)的标准所拟定。"②显然,这种新的权力区别于主权,甚至也区别于政府间国际组织所代表的权威。它的立足点不是民族国家,而是整个人类社会。权力特征表现出双重性,即协商性与强制性。权力主体则包括国家、政府间国际组织、非政府间国际组织、全球公民社会等。这种权力是在协调基础上,以国际法、国际公约、国际协议等形式认同和确立,并通过相应的国际机制加以实施而发挥作用的。它的强制性虽尚不能同主权相提并论,但其约束力日益增强,不可忽视。不难发现,"现行政治权力的所在地不再认为仅仅只是民族政府——现行的权力已被国家、地区和国际层次上的各种各样的力量和机构所分享和换取……命运与共的政治共同体——民族自决的集体——的观念再也不能有意识地仅仅定位于单一的民族—国家。某些决定生活机会性质的最为根本的力量和进展——从世界贸易组织到全球变暖——现在已经不是单个民族国家仅凭它们本身的力量就能解决的,21世纪初期的政治世

---

① 〔英〕戴维·赫尔德:《全球盟约:华盛顿共识与社会民主》,社会科学文献出版社2005年版,第97页。
② 转引自〔英〕戴维·赫尔德、安东尼·麦克格鲁编:《治理全球化》,社科文献出版社2004年版,第15页。

界是以一系列新型的具有深远意义的政治外在性或'边界问题'为特征的"①。换言之,国内政治与国际政治界限的模糊和超国家权力的强化,使得当代政治有了明显的全球性特征。政治的相互依存,使得各国政策的选择与制定、国际社会对涉及人类公共事务的政策选择与制定,都受到更多制约,从而更为慎重、理性。当代人类必须学会在多重权力与权威的网络中生活。

相互依存的文化表现则是文化在更大范围、更多领域的交流与传播,以及全球文化景观的出现。生活方式与日常消费的趋同化反映出不同文化模式和传统的相互接纳,在这种表象背后,则初步显现出民族文化、地域文化向全球文化的扩展。换言之,人们在保留民族文化、国家意识的同时,开始从人类整体考虑问题,承认人类文化的某些共同性,于是产生了与全球文化相适应的新的文化观念与思维方式。文化的相互依存一方面表明了文化只有在相互交流与比较中才有意义,在相互接纳与欣赏中才能得到发展;另一方面则意味着面对共同的利益与共同的问题,不同的文化必须超越自我,以更广阔的胸怀审视世界,寻求并逐步树立新的共同的文化、价值和理念。

总之,全球化凸显了相互依存,而相互依存并不是一般意义上的相互联系、相互影响。正如基欧汉与奈所强调的:相互依赖是国与国之间或不同国家中的不同行为体之间,有赖于强制力或者说要付出代价的相互影响和相互联系。② 也就是说,相互依存不仅在量上区别于相互联系、相互影响,有更高、更多的规定性,更重要的是与相互联系、相互影响有质的区别。这种质的区别是,相互依存包含着代价,而代价的强约束力使相互依存诸方面不愿意甚至也不可能选择脱离或背叛相互依存。这里务必要注意,相互依存并不是简单地讲以互利为特征,同时也并不意味着相互间的均衡或关系上的完全平等,但相互依存无疑具有结构性约束力,任何民族国家都无法挣脱相互依存的结构而谋求独自的生存与发展。这就是今天不同于以往之

---

① 〔英〕戴维·赫尔德、安东尼·麦克格鲁:《全球化与反全球化》,社会科学文献出版社 2004 年版,第 110 页。

② 〔美〕罗伯特·基欧汉、约瑟夫·奈:《权力与相互依赖(第 3 版)》,北京大学出版社 2002 年版,第 9—11 页。

处,也是当代人类生存的现实,我们正是在这个意义上讲,相互依存已是当代人类的生存方式和具有内在逻辑性的规律。

2. 全球化凸显了人类共同利益

全球化的第二个时代意义就是全球化凸显了人类共同利益,这种利益与国家利益、民族利益交织在一起,共同影响着人们的生活。

利益是现实生活中人们感受最深的东西,也是从古至今学理研究的中心议题之一,渗透于哲学、政治学、法学、社会学、文化学、经济学等各个领域。人们之所以对利益感受至深,是因为利益源于人的需要。而需要又必须通过社会的途径才能满足,所以不妨说:"所谓利益,就是基于一定生产基础上获得了社会内容和特性的需要。"①这意味着,在承认利益是基于人的本性需要的同时,要看到利益存在和实现的社会条件与环境,以及利益背后所反映的社会关系。利益既然源于人的本性需要,所以利益的主体首先是个人,而所追求的利益当然又是个人利益。但是,由于人们又生活于各种社会关系中,要形成各种社会群体,所以,群体就成为与个体相对应的利益主体,并追求和实现着群体利益、共同利益。在这里个人及其个人利益是最基本的要素,而"'共同利益'在历史上任何时候都是由作为'私人'的个人造成的"②。显然,正是个人及其个人利益在本源上的优先性,容易导致个体本位,而忽略了社会的制约性,于是才产生了个人与社会关系的永恒话题。然而在利益关系中,不仅存在个人与社会的关系,还存在个人与个人,群体与群体的关系。于是,围绕不同群体,如家庭、社团、阶层、阶级、民族、国家直至当今的各种区域共同体,就会出现基于利益考量的政治与社会关系。这种种利益关系不仅影响着人们的现实生活,而且涉及利益的诸多问题都成为学理研究的对象。政治哲学中的功利与道德之辩,法学中不同的人权起源说,经济学中的"经济人"理论,国际关系中的国家理性假设,无不反映出利益视角的影响。

从政治学,特别是国际关系的角度上来看,利益是各种政治行为

---

① 王浦劬主编:《政治学基础》,北京大学出版社 1995 年版,第 53 页。
② 《马克思恩格斯全集》第 3 卷,人民出版社 1956 年版,第 275—276 页。

包括国际关系的基本动因,同时又是各种政治制度和国际机制确立的基础。长期以来,在国内层面,由于阶级的差别与对立,迫使每个阶级都竭力争取和维护自身的利益,从而出现了尖锐的阶级斗争;在国际层面,由于民族国家间的矛盾与分歧,又迫使每个国家竭力维护本国的主权、领土完整和民族利益,于是导致了民族冲突与国家间战争。换言之,利益的冲突与争夺是政治的常态,是国际关系的基本内容。因此,国家必须为争取更大的利益而斗争,这是无政府状态下国家理性的客观要求,也是国家理性的基本内涵,反映了人们所熟悉的现实主义逻辑。现实主义的逻辑无疑有强大的生命力,无论人们口头上怎么表示,事实上,现实主义的逻辑仍是当今最有影响力的逻辑,指导或制约着国际关系的实践。而在现实主义的逻辑中,人类共同利益不仅不具备合理性,而且是根本不存在的。

现实主义的逻辑有其现实的基础。正如前文所述,利益的实现依托于特定历史时期的社会条件与社会关系,当人类社会的发展还受到很多条件的限制,人类文明的成果还相当有限,人们的社会关系还远不能形成今天所说的"命运共同体"时,存在和体现于阶级、民族、国家,即个体安身立命的最重要的群体之间的,只能是更多的利益对抗与争夺,人们难以看到也无暇过问全社会、全人类的共同利益。

今天,人类的生活现实已发生了历史性变化。首先,利益存在和实现的条件有了改变。交通和通信革命,不仅有力促进了生产力的发展,极大地丰富着人类的物质财富,而且为生活于世界各地的民族、国家进行更迅速、便捷的交往和对话提供了保障。20世纪70年代以来的全球化进程,大大加强了人类的整体性联系。无论经济、政治还是文化,地区的、领土的界限都在不断被超越。人们逐渐懂得,只有全球范围内开展经济活动,进行政治、文化交往,才能真正确保民族的、国家的利益。同时,也正是在这种全球性的开放与交往中,明确感受到人类共同利益的存在。世界和平的维护,生态环境的保护,世界贸易与金融的改善,对全球恐怖主义、毒品犯罪的打击,艾滋病的防治等,无不关涉人类共同利益。总之,面对全球化所导致的全球性交往,以及日益凸显的全球性问题和这些问题所关涉的共同利益,当代人类已不可能闭关自守,独自为战,完全拘泥于民族和国家的视野、利益。其次,社会关系和利益主体有了新内涵。现实主义逻辑所依托的社会关系是一种简单的、对抗性的关系,不同利益群体之间的博弈是一种零和博弈,而当代全球化则要求一种对话、合作、共存的关系,在非零和博弈中实现共赢。这种新的社会关系逐渐孕育、融合出新的主体,那就是人类整体。可以想见,当新的利益主体得到更多人认同时,那么人类共同利益就会进一步得到张扬。

人类共同利益是真正意义上的共同利益,而民族、国家等群体所代表的共同利益则是特殊意义上的共同利益。尽管当代全球化开始凸显人类共同利益,但由于民族、国家仍是人类生活的基本单元,国际制度与机制也大都建构于民族国家之上,所以,民族与国家利益仍是当下人们所认同的最基本的共同利益。对此,不应有任何误解。尤为重要的是应该懂得,正像人们生活于多重权力所构成的权力网络中一样,人们也生活于多重利益所构成的利益网络之中。网络的关系不是简单的相互排斥的关系,而是相互重叠、制约的关系。仅就人类共同利益与民族、国家利益而言,它们是难以截然分开的。例如,缩小南北差距,保持生态平衡,治理环境污染,控制人口增长,节约资源使用,严惩恐怖主义,打击贩毒吸毒,国际社会不断呼吁并付诸实施的这些主张,既能给全人类带来利益,又能对每个民族国家的发展起到积极的促进作用。因此,我们必须学会处理网络状的利益关系。

对于人类共同利益与民族、国家利益的交织与融合,有两种迥然有别的看法:其一,认为独立的民族国家利益已日渐稀少,无甚意义。人类共同利益急剧增加,国家及其国家利益将退出历史舞台;其二,认为从来就没有独立的人类共同利益,国际社会的对话、交流及必要的协调行动仅仅是谋取民族、国家利益的一种需要、一种手段。从根本上讲,民族国家的利益具有至高无上的地位,而人类共同利益则是虚幻的。显然,这两种观点都有片面性。由全球问题所凸显的人类共同利益既没有也不可能完全取代现实的民族、国家利益,因为历史还远未发展到这一阶段。但是,人类共同利益也绝非民族、国家利益的简单附属物,它具有独立的价值和真实的意义,而且表现出日益增长的历史趋势。我们应该清醒地认识到这一历史趋向,以开放的心态,处理好人类共同利益与民族国家利益之间的关系。

全球化凸显了人类共同利益,而对人类共同利益的认同则反映着一个民族和国家的政治发展程度。以中国为例,随着改革开放的深入,中国融入全球化的程度也日益加强,从而对人类社会生活共同性的认同也明显提升。改革开放前我国拒斥、批判人类共同利益之说,而到了中共十六大,我们已向世人明确宣示:"我们主张顺应历史潮流,维护全人类的共同利益。"和谐世界的新理念,进一步强化了中国认同人类社会生活共同性的指向。中国在张扬自身的特色、本土性、民族性的同时,正在以更博大的胸怀、平和的心态审视人类文明,接纳人类文明中的一切优秀成果,而一切优秀文明成果无不体现了人类生存与发展的某些共同性。中国的政治发展表明,对人类共同利益的认同不但不会影响民族与国家利益,而且会为争取和维护民族与国家利益创造更好的国际环境,并在这一过程中推进人类文明的整体进步。

3. 全球化凸显了国际机制的历史作用

全球化的第三个时代意义就是全球化凸显了国际机制的历史作用,通过法律、制度、规则协调国际关系,治理人类社会日益成为人们的共识。

全球化不仅揭示了当代人类相互依存的生活方式,人类的整体性特别是共同利益,以及和平与发展的时代主题,而且从制度层面凸显了国际机制在协调、处理当代国际关系中的历史作用。

国际机制,是指国际共同体为稳定国际秩序,促进共同发展,规范国际行为而建立的一系列有约束力的制度性安排与交往规则。它涉及规范与组织两大层面,规范表现为国际法、国际协议、国际条约,以及国际会议中被大多数国家认可的有约束性的条款与原则,用于指导国际行为;组织则包括众多政府间和非政府间国际组织,担负着实施规范的职能。相互依存和人类整体性的客观约束力,和平与发展的价值导向,要求各民族与国家加强对话、沟通、联系、合作,以协调处理公共事务的全球政策,谋求正当的国家利益和人类共同利益,这就必然地提升国际机制的地位与作用。因为,国际机制所立足并倡导的就是对话合作的理念,重制度、讲法制的理念。

当代国际机制的强化已是不争的事实。首先,国际机制涉及领域扩大,数量增多。谈到国际机制,人们最为熟悉的是关于国际生产、贸易、金融领域的经济机制,与政治、安全相关的联合国机制(主要指安理会机制)、裁军与军控机制等。但是今天已出现环境机制、反毒品机制、反恐怖主义机制、防治艾滋病机制、反洗钱机制、反腐败等新机制。可以说,在应对当代重大全球问题方面几乎都建立了相应的国际机制。能够反映国际机制数量增多的具体指标可列举如下:20世纪初,国际社会只有37个政府间组织和176个国际非政府间组织。但是到1996年,就有4667个活跃的政府间组织和25 260个活跃的国际非政府组织。① 一个半世纪以前,每年只有一到两次国家间的协商会议或代表会议,而如今,该数字已达每年9000多次。② 其次,国际机制规范、整合国际事务的力度加大,强制性提高。比如联合国机制,冷战后频频介入国际政治与安全事务,在维护和平、处理国际危机、平息地区与民族冲突等方面发挥着任何国家都不能怠慢的作用。机制的强制性更是显而易见,世界贸易组织对违反贸易规则的行为有惩治权,对贸易纠纷有仲裁权;国际货币基金组织提供贷款往往以贷款国实行国内改革为条件;国际原子能机构声称,对违反核使用协定者,可以不经过该政府的同意对其核设施进行检查;至于颇有争议的国际干预机制更是涉及主权与领土完整等事宜。最后,各国对国际机制的认同度逐渐提高。尽管各国在国际社会中的地位、作用颇有差异,因而从国际机制中受益的程度不尽相同,但总的来讲,各国都日益认识到国际机制的规范、整合作用乃历史大趋势,它毕竟优于霸权体制,所以在对国际机制持审慎态度的同时,大多表示认同。即便是对现行国际机制的不公正和西方主导倾向进行严厉批评的发展中国家,也不是要否定、排斥国际机制本身,而是试图使国际机制更合理、更公正。在这方面,中国的转变最为典型。改

---

① 〔英〕戴维·赫尔德:《全球盟约:华盛顿共识与社会民主》,社会科学文献出版社2005年版,第102页。

② 同上书,第103页。

革开放前,我们对现行的国际机制,大都持怀疑、抵制、批判的态度,认为承认或加入国际机制,就会丧失主权,使国家安全受到威胁,甚至被西方和平演变。而改革开放后,特别是20世纪90年代以来,我们在积极参与国际机制,创建国际机制方面迈出了让世界震惊的步伐。从坚决维护联合国的权威到百折不挠地加入世贸组织,从全面加入敏感的世界军控条约与机制,到创建上海合作组织、博鳌亚洲论坛。这一切都表明,中国已充分认识到,和谐世界的建设有赖于成熟的、多样的国际机制。认同和参与国际机制,是当代人类在相互依存的世界中处理相互关系,协调全球公共事务,制定全球公共政策的最佳选择。

国际机制的凸显和作用的强化无疑会冲击现行的为人们所熟悉并认可的以国家为本位的国际机制,因为自《威斯特伐利亚和约》以来,这一体制已存续了几百年。但是必须明确,国际机制与全球治理并非要抛弃、取代现行的以国家为本位的国际体制。在很长一段时期里,两者的关系将表现为交织并存,也就是说,国际政治的权力的独占性被打破了,具有超国家倾向的国际机制将与以国家为本位的国际体制共同分担管理人类公共事务的职能。新的政治权力与传统的政治权力需要通过磨合,确立自己在国际事务中的地位。毋庸讳言,以国家为本位的国际体制仍将在这个特定的时期起战略性作用,甚至在很多时候还是主导作用,但也并非事事都由它主导。以国家为本位的国际体制必须学会适应新的政治模式,调整政治功能和政治运行方式。

从趋势上讲,国际机制的作用会进一步加强,所以,当代人类应以更开放、更宏观的视野审视这一趋势。但是,国际机制在实践中所暴露的弊端也的确令人忧虑。首先,国际机制在很大程度上植根于国际力量对比,这就内在地决定了其先天性不足——西方大国主导。其次,大国安排并实施规则。正因为现行的国际机制大都为综合国力领先的西方大国所主导,所以这些国家,就会凭借实力制定有利于自身的制度,并控制制度实施,从而客观上为本国在国际事务中赢得了更多发言权,有效维护了自身利益。反之,综合国力弱小的广大发展中国家则难以左右制度的安排与实施,从而造成国际机制中的不公正。最后,国际机制中的超国家倾向不仅导致合法性的争议,而且可能被霸权主义者用来肆意侵犯主权,图谋私利。

一方面是国际机制的不断强化,它表明国际机制为当代国际关系所需要,有其历史合理性;另一方面,国际机制的弊端又导致国际社会的不公平,并对国际关系提出挑战。面对这一矛盾,理性的结论和做法是:

其一,国际机制是全球化和相互依存时代处理国际事务与国际关系的必然选择,尽管它极不完善,而且存在着明显的大国主导和制度霸权的弊端,但它所体现和倡导的合作理念,按照国际法规范国际关系的法治原则符合时代潮流,它毕竟取代了大国霸权,适应了冷战后的形势,因此是现阶段无法超越的。

其二,现实中的国际机制还很难实现理想意义上的全面公正与正义,所以我们只能遵循比较原则,从相对的意义上肯定其合理性、进步性,并努力扶植其按照健康的方向发展。

其三,对国际机制中大国安排制度、主导制度执行的倾向必须予以有理、有利、有节的抗争。为此,国际社会需要进一步呼吁并强化国际道德对国际机制的约束作用,而广大发展中国家则应通过不断提高综合实力,增强在制度安排中的发言权,推动国际机制朝着更公正、更合理的方向完善。

4. 全球化凸显了新意识与新价值

全球化的第四个时代意义就是全球化凸显了新意识和新价值,即全球意识、合作意识、求同存异和共处竞争意识,以及全球价值。这些新意识与新价值有助于人们以平和的心态、理性的目光审视异质文明与文化,关注人类整体的进步与发展。

全球化的时代意义是多方面的,除了前文所阐述的生存方式、利益、时代主题和国际机制层面的意义外,全球化在意识、观念、价值,简言之文化层面的意义也是不可忽视的。从根本上讲,意识、观念、价值是人类实践的反映。当全球化把相互依存、人类共同利益、和平与发展的时代主题、国际机制的兴起与作用展现于当代社会生活时,人们的意识、观念、价值必然会发生变化,变化的突出表现就是传统

的意识、观念、价值受到冲击,而新的意识、观念、价值则在人们的困惑中不断地被审视、批评,直到其合理性、先进性被社会理解、接受。当然,新的东西未必都是好的,而传统的东西也未必都是差的,关键在于是否具有体现新质、新意义的内核。当代全球化所凸显的新意识,就包含着新质。从国家意识转向全球意识,从斗争哲学转向合作哲学,从非此即彼的思维方式转向求同存异的共处理念,这个变化指向的意义显然是深刻的。

全球化所凸显的新意识中,全球意识具有首要意义。这是因为,全球意识对当代人类的冲击是整体性冲击。也就是说,全球意识所冲击的群体意识特别是民族意识与国家意识,是所有地区、所有国家、所有民族都认同并信守的意识,甚至可以说涉及每一个人。对民族的热爱,对国家的忠诚,已融化在每一个民族成员和国家公民的血液之中。很长时期以来,人们对超越于民族和国家的更大共同体的认识几乎不存在,最多出现于神话与想象之中。但是,全球化开始把这种虚幻变为现实。全球气候变暖,全球油价飙升,东亚金融危机,美国"9·11"事件,南极保护开发,全球艾滋病防治,这些举不胜举的事件、问题、现象都昭示:世界是一个整体,人类正成为区别于个体、群体的新的主体。正是在这个意义上我们说,全球意识是全球化和全球问题的必然产物,因为全球化与全球问题所表现出的普遍性、整体性、内在联系的深刻性,要求我们用一种新的思维方式认识当代世界,这种思维方式就是全球意识。更确切的界定可以表述为:"全球意识是指在承认国际社会存在共同利益,人类文化现象具有共同性的基础上,超越社会制度和意识形态的分歧,克服民族国家和集团利益的限制,以全球的视野去考察、认识社会生活和历史现象的一种思维方式。"①

由此可见,全球意识具有两个核心要素,其一,承认人类社会生活的共同性(共同利益、共同文化都是社会生活共同性的表现)。个性与共性、特殊性与普遍性不仅是哲学研究的永恒课题,也是现实生活中始终要面对、回答的问题。多少世纪以来,现实生活向人们展现

---

① 蔡拓:《当代全球问题》,天津人民出版社1994年版,第562页。

得更多的是个性、特殊性,由此铸造了民族性、本土性、阶级性和国家主义的理念与情结。而当代全球化则开始显现了人类社会生活的共同性一面,从而催生了全球意识与全球主义的理念。显然,如果否认人类社会生活的共同性,那么全球意识就是无稽之谈。其二,承认人类是个新的具有独立价值的主体。有意识就有意识的主体,个人、民族国家都是人们熟悉的意识主体,而人类则在人们的视野之外,似乎人类只是个体,特别是民族、国家这类群体的集合体,很难有独立的主体价值与意义。同样是当代全球化把人类这个长期或被模糊或被泛化的类概念再次尖锐地提到人们面前,要求人们理性地审视和认同人类的独立主体价值,不理解和承认人类这个新主体,当然也就无从谈全球意识。

全球意识对当代人类社会生活的意义是不言而喻的。它以其整体性、共同性反映并强化着人类和地球的整体性、共同性,从另一个侧面揭示着人类社会生活的问题、内容与意义,平衡着地缘政治和国家主义所造就的狭隘思维与观念,并且在很大程度上制约着当代国际关系。由于人们对当代人类社会的转型缺乏充分的准备与理解,新的国际关系现象又时常令人困惑,所以,全球意识在解释困惑,提升认识水平,营造更为平和的国际环境,促进国际关系正常发展方面担负着重要使命,扮演着重要角色。

合作意识是全球化凸显的第二个意识。人们对合作与一般的合作意识本身并不陌生,因为在现实生活中总是需要不同主体之间的合作,从某种意义上讲,合作及其相应的意识是作为社会人在社会中生活的必备要素。但是,我们这里讲的则是国际关系中的合作意识,即国际合作意识。关于国际合作,基欧汉认为是行为者实施政策调整所产生的结果。当一个政府所采取的政策也被其他同伴们视为对他们自己目标的认定时,政府之间的合作就会发生。① 其他学者也做了各种阐述。概括地讲,国际合作可界定为:"国际关系行为体以

---

① 〔美〕罗伯特·基欧汉:《霸权之后:世界政治经济中的合作与纷争》,上海世纪出版集团 2001 年版,第 62 页。

其共同利益为目标并在政策与行动层面采取的相互协调行为。"①由此可见,国际合作一是需要承认共同利益;二是要懂得相互协调。离开了这两点,就不可能有国际合作。

长期以来,由于人们的视野主要局限于国家与民族利益,更多地信奉与遵循现实主义的逻辑处理国际关系,所以不承认、更不相信国际社会有共同的利益,认为无政府状态下的理性国家,只能按照自主的原则争得利益和求得安全,不可能有真正的、实现双赢、多赢的国际合作,存在的只能是利益、权力的争夺。尽管国际关系现实中也不无国际合作的案例,但总体上讲,在20世纪60—70年代之前,国际合作毕竟是有限的,并且很不稳定,常常受到突发事件的冲击。当代全球化为国际合作提供了全新的历史条件,相互依存客观上推动了国际合作的深化。如前所述,正是在全球化大背景下,相互依存的国际社会日益彰显人类共同利益,并要求人们学会相互对话、相互尊重,在对话、沟通中协调全球公共政策,实现人类的整体性进步。事实就是如此,没有合作就没有世界的和谐与发展,甚至也不能有效地实现国家利益。合作意识是当代人类必需的意识。当然,矛盾、对话、斗争在国际关系中并未消失,但是当今世界的主导倾向要求对话、合作,对于这种历史转型,我们必须有清醒的认识。

求同存异、共处竞争意识是全球化凸显的第三个意识,并且是一个与国际合作紧密相关的意识。"所谓求同存异,共处竞争意识,就是在承认社会制度、意识形态、价值取向、经济模式、文化传统、民族特性都具有多样性的基础上,力主不同的民族、国家、政治集团和社会组织相互尊重,彼此对话,用和平与文明的方式处理相互间的分歧,并在坦率的交往和长期的共存中,进行竞争与较量的一种思维方式。"②求同存异、共处竞争意识首先是全球化和相互依存的客观要求。相互依存一方面为发展创造了条件,同时也带来了脆弱性。如果各国际关系行为体缺乏远见、诚意、谅解,不善于进行必要的妥协,固执己见,那么相互间的矛盾、冲突就难以化解,甚至会带来灾难。

---

① 蔡拓:《国际关系学》,南开大学出版社2005年版,第276页。
② 蔡拓:《当代全球问题》,天津人民出版社1994年版,第588页。

其次,求同存异、共处竞争意识又是以当代国际社会中,不同社会制度和不同类型国家的现实存在为必要条件的。这种现实存在,要求各国承认异己,学会求同。因为感情的因素无济于事,只有理智地对话与共处才是各方都能受益的唯一选择。

求同存异、共处竞争意识大体包含三个方面。其一,改变对抗性政治思维;其二,学会妥协与让步;其三,立足于发展自身,而不是消灭对手。明确了上述三点,就会以一种平和的心态对待异质文明与文化,在对话、共处、竞争中,既求得自身的发展,又能推进人类的共同发展。

全球价值是相对于人们所熟悉的本土价值、阶级价值、民族价值、国家价值而言的。同全球意识一样,全球价值的主体从家庭、村落、社团、阶级、民族、国家转变为整个人类。换言之,价值的关怀,伦理的准则已从家族、地方、区域提升至全球。这是全球化在价值观、伦理观方面给当代人类带来的重大冲击与变革。由于全球价值适用于整个人类和整个世界,所以在普世性的意义上又被称作普世价值。当今,全球价值已体现于社会生活的各个领域。如我们所熟知的底线伦理(不奸淫、不偷盗;己所不欲,勿施于人);日益被强调的善待自然,尊重自然,保护生态与环境的地球伦理;维护人权、自由、民主;认同并实施可持续发展,尊重法治,捍卫公平正义,文化多元性与自主发展原则等等。这些价值、规则、观念,都具有普世性,从而要求人们超越传统的、习惯的民族和国家中心的价值观、伦理观予以理解。

需要注意的是,其一,全球价值不是由某个中心或主导国家自诩为人类领袖,把自己偏好的价值强加于世界各国的价值,而是在人类文明发展进程中,被实践证明有意义并得到人们认同的价值,不管它最先出自哪个国家、哪个民族、哪个地区。其二,全球价值与本土、民族、国家价值不是简单的对抗或替代式关系,而是在互动中相互认知、渗透、并存,乃至融合的关系和过程。重视两者的互动是关键。其三,全球价值在表现形式和实践路径方面必然会体现出地方性、本土性的特点,即所谓全球化的地方化。要注意研究这种地方化的全球价值和伦理。只有明确和处理好上述三个问题,才能摆脱全球价值、普世价值在当代人类社会的无谓争论与困惑,勇敢地拥护全球价值与全球伦理。

5. 全球化凸显了全球公民身份与个体权利

全球化的第五个时代意义就是全球化凸显了个体的全球公民身份和权利。众所周知,公民及其公民身份是关于个体与政治共同体关系的理论,更确切些讲是在民族国家的范围内,公民的权利、义务、责任、参与如何得到体现与保障。因此,它始终是政治学关注的中心问题之一。今天,公民身份不仅仍是人们关注的焦点,而且有了新的意涵与延伸,其关键之点就是从民族国家扩展到世界、全球,并由此提出了全球公民身份的新概念和新议题。①

何为全球公民?布鲁金斯学会高级研究员、土耳其学者哈坎·奥尔蒂奈在其新著中指出:"考虑到我们在地球上的生活已经变得日益相互依赖,作为世界共同体的一员,我们需要共同努力来探讨对彼此所负有的共同的责任,以及作为世界社会成员所拥有的权利。这些责任和权利构成了全球公民的核心事务。"②倡导世界主义民主的赫尔德则反复强调其"多层次的公民身份"的主张,他认为:"在支撑公民身份和国家共同体的原则之间只有历史的偶然联系;随着这一联系在休戚与共的共同体世界中的削弱,公民身份的原则必须得到重新阐释重新确定。"③于是,他指出了与国家公民身份并列的"世界公民身份"(或世界主义的公民身份)。这个概念的核心是:"公民身份不是建立在领土行政区内排他性身份基础之上的,而是建立在能在多种情况下被确立和利用的普遍规则和原则的基础之上的。"④其中最主要的原则有人权、民主、平等、责任、社会正义、自由性和自治能力等,而其视野与着眼点已不是国家,而是全球。由此可见,全球公

---

① "世界公民"的概念早在公元前4世纪的古希腊就已产生,犬儒派哲学家狄奥根尼立足于批判城邦,称自己是一个世界公民。近代最有影响力的哲学家康德也在强调主权国家的道德义务观念时,使用"世界公民"的概念。

② 〔土耳其〕哈坎·奥尔蒂奈主编:《全球公民:相互依赖世界中的责任与权利》,上海人民出版社2012年版,第16页。

③ 〔英〕戴维·赫尔德、安东尼·麦克格鲁主编:《全球化理论:研究路径与理论论争》,社会科学文献出版社2009年版,第305页。

④ 同上书,第304页。

民身份指的是超越国家,在世界共同体中确立的责任、义务、权利及其参与。换言之,当代人类所面临的已不仅仅是国家层面的个体的权利与责任问题,还要回应全球化时代提出的在全球层面个体权利与责任问题。比如全球贫困和不平等、环境污染、生态失衡、人权、毒品、艾滋病、恐怖主义等全球性问题,要求所有人摆脱与己无关的冷漠,克服跨国界管理的困难,积极行动建立有效的全球制度和全球秩序,这就是全球公民应有的责任感和道德义务意识,而其具体行动则成为全球公民的参与实践。当今,全球公民社会所开展的全球性社会活动,正是全球公民身份日益被理解、被接受并化为实践的有力见证。而日益增多的公民任职和服务于联合国等国际组织,这同样意味着为全球公共利益服务,从而成为名副其实的全球公民。

事实上个体身份的不断变化不仅表现于上述的公共政治领域,还体现于活生生的日常私人生活中。个人生活不再受地域限制,不是特定的和定居生活,而是一种在汽车里、飞机上、火车上或电话旁、网络中,以大众传媒为基础塑造的生活,一种跨国生活。正如德国学者贝克所言:个人生活经历的多地性、跨国性,个人生活的全球化冲击挑战着民族国家,它也是全球性的体现。① 个人生活全球化的现象也出现于消费领域。"人们通过其所具有的在全球范围的市场内购买商品的能力而日益变成世界公民,并由此而使公民身份所包含的权利与义务越来越有名无实。此种身份更多地意味着可以消费异国风味的食品,欣赏好莱坞的影片和布里特流行音乐 CD 碟和澳大利亚红酒。"②显而易见,全球化所带来的身份问题正困扰着当代人类,无论在公共领域还是私人领域,人们都需要重新定位,而定位的新向度就是全球(世界)。

当然,全球公民身份与国家公民身份(或在突破公域与私域之界限的意义上讲全球身份与个人身份)并不是互相排斥与替代的关系,它们是并存互补的。当代人类社会生活面临的多层次和复杂性,要

---

① 〔德〕乌尔里希·贝克:《什么是全球化?》,华东师范大学出版社 2008 年版,第 76—78 页。

② 〔英〕约翰·厄里:《全球传媒与世界主义》,载梁展选编:《全球化话语》,上海三联书店 2002 年版,第 254 页。

求人们以多重身份参与到多种政治共同体中去进行参与和管理。而现有的植根于民族国家制度之上的民主和公民身份显然已有了局限,所以需要在地方、区域乃至全球构建新的民主机制和公民身份,并与传统的国家民主形成一个链条,共同治理人类的公共生活。哈贝马斯在20世纪90年代就指出:"只有那种不是以特殊形式压制自己的民主的公民身份,才能为一种世界公民身份准备好条件……国家公民身份和世界公民身份构成了一个连续体,如今这点已经成为现实。"①欧盟公民身份是一个新的例证,欧盟成员国的公民同时拥有本国身份,也拥有欧盟公民身份,这是一个"超国家"的公民身份实践的新形式。值得注意的是,它不是基于对疆域的归属性和文化的亲和力,而是基于公民社会的权利与价值,即对人权的认同与维护。

个体权利并不是什么新观念,近代以来,在自由主义的倡导和推动下,个人权利的至上性和国家对个人权利的保护,一直是西方政治进程中的主导倾向,公民的三大权利,即公民权利、政治权利和社会权利得到了实质性的提高与保障。那么,讲全球化凸显了个体权利有何意义呢?其一,个体权利突破公民权的框架走向人权的框架。传统个体权利所强调的三大权利是国家公民的权利,是在民族国家体系内,具有公民身份的个人享有的权利。而全球化时代的个体权利则是突破国家边界,在世界范围内予以保障和享有的人权。人权不仅涵盖了上述三大公民权,而且增添了环境权、性别权、种族权、文化权、和平权等新内容。更重要的是它从内嵌于特定民族国家的公民权摆脱出来,倡导普遍权利意义上的人权,这样个体权利就能在新的时代背景下得到更好的维护。其二,个体及其个体权利是构建新的全球政治、全球秩序、全球共同体的细胞。近代以来人类政治进程的一个有趣现象是,伴随着自由主义的盛行和对个人权利的维护,国家的作用与地位经历了两种不同向度的变化。资产阶级革命和资本主义国家初建时期,基于反对封建国家和发展资本主义的需要,国家成为被批判、被防范的对象。政治的主导指向是限制国家权力,保护

---

① 转引自〔英〕戴维·赫尔德、安东尼·麦克格鲁:《全球化理论:研究路径与理论论争》,社会科学文献出版社2009年版,第305页。

个人的自由权利。显然这是与自由主义基调相吻合的。但20世纪以来,随着资本主义制度的巩固,以及在发展中遇到的各种新问题,在宪政的框架内,国家的管理职能和权力都在扩大,甚至膨胀,凯恩斯主义和福利主义的推行,集中体现了这一点。于是,在20世纪我们可以看到一个悖论,即自由主义所推崇的个人权利与民族国家作用、职能的空前强化并存。全球化放大了这一悖论,突出了这一悖论带来的诸多问题与挑战。所以20世纪70年代以来,自由主义呼声日渐强烈,对个人权利的追求和保障在维护人权的新潮的助推下更为突出。更重要的是,全球化凸显了领土国家的局限,人们所熟悉的国家间政治、威斯特伐利亚式国际体系和国际秩序已不足以适应人类社会生活的现实。要实现对日益突破国内国际界限,在全球层面展现的人类公共事务的管理,在很大程度上需要立足于个体而不是国家,去构建新的政治共同体、新的政治秩序。国家并未过时,但它已不能独自应对和管理日益复杂的公共事务,它需要向下来自社区、地方的共同体的参与,向上来自区域和全球共同体,以及形形色色的国际非政府组织的参与。然而,不管哪种共同体,不管是地方治理、国家治理还是全球治理,其政治的合法性都源于拥有个人权利的个体的选择、参与,并通过契约形成有约束力的法律与制度。只是由于近代以来国家体制的不断制度化和强化,人们习惯于以国家为基点来考虑社会,从而遮蔽了个人作为人类社会生活细胞的基础地位。在这个意义上不妨说,全球化对个人权利的凸显不过是恢复事情的本来面目而已。

五、反全球化现象及其反思

1. 谁在反全球化

反全球化是伴随全球化的发展而出现的,由于初期规模小、声音弱、力量分散,所以未引起世人的注意。但是,随着全球化进程中矛盾的增多和弊端的日益显露,反全球化力量终于汇聚在一起,已经产生并将继续产生不可忽视的影响。

那么,到底是谁在反对全球化呢?反全球化的成分、力量非常复杂,绝非像一般人所想象的那样单一、简单。不同的国家、阶层,不同的意识形态倾向和价值追求,都可能基于自身的特殊利益和视角加入到反全球化的行列。从目前来看,反全球化的成分、力量有以下几种:

其一,一批发展中国家,特别是在全球化中被边缘化或受到全球化负面影响与冲击较大的国家。这些国家或是从未在全球化中受益,或是国家利益受到了巨大损害。

其二,发达国家中利益受到损害的阶层、民众,主要是传统工业部门中的职工。由于全球化导致生产要素的全球流动,所以存在于发达国家的部分资金就会转向劳动力价格低的发展中国家,从而使发达国家中传统工业部门中的职工的就业、福利受到威胁。

其三,发达国家的一些政治家和"中左翼"领导人。他们反对全球化的理由也是发达国家的就业和福利受到全球化的威胁,并由此导致经济发展受阻,社会不稳定加剧。与发展中国家的观点恰恰相反,他们认为全球化仅使发展中国家受益,而发达国家则受损。

其四,全球环境保护运动与组织。在环境主义者看来,全球化使资本到处流动,给跨国公司以特权。而资本和跨国公司的全球化,只会导致片面追求经济效益,而全球环境状况则不断恶化。

其五,传统的马克思主义者、对资本主义持严厉批判的激进主义者。在这些人士看来,当前的全球化就是资本主义的全球化,甚至就是美国的全球化。因此,必须对全球化的实质进行揭露与批判,对全球化实践给予抵制。

其六,极端的民族主义者。冷战结束后,全球民族主义思潮与运动在膨胀,其中极端民族主义者更是直言不讳地表达了对全球化的批判与摈弃。如法国极右政党"国民阵线"主席勒庞在2002年总统竞选中公开表明,他当选总统后一百天将退出欧盟,要强化法兰西的民族性,反对社会与文化的多元化。这种思潮在欧洲颇有市场。一份调查显示,在整个欧洲,自我标榜为"彻底的种族主义者"的为欧洲总人数的9%,另有24%的人认为自己"算得上是一个种族主义者"。

其七,理性的社会精英和知识界人士,包括社会活动家,民间组织的领导人和学术界知名人士。实际上,这批人与前文中提到的发达国家的"中左翼"领导人,传统的马克思主义者和激进主义者混杂在一起,甚至与质疑派也很难区分,但毕竟他们在质疑、反对全球化时又有自己的某种特定视角。这些理性的社会精英和知识界人士,强调要超越示威和群众抗议,以知识理性的分析揭示全球化现实的弊端,并寻求具体、可行的替代方案。在这方面,2001年问世的世界社会论坛是当之无愧的代表。这个由民间团体和社会运动参加的世界性会议提出的口号是:"另一种世界是可能的。"而其宪章则明确表示了论坛的宗旨"为那些反对新自由主义,反对资本和任何形式的帝国主义统治世界,并致力于建设一个人类之间以及人类与地球之间具有富有成果关系的社会民间团体和社会运动提供一个开放的集会地点,使其能够在此进行反思,民主的辩论,提供方案,交流经验,并相互连接有效行动。"①

不难发现,目前反全球化的成分、力量非常广泛,即便在全球化中受益的国家,其国内也会存在对全球化不满的社会阶层与集团。所以,简单地说反全球化的主导性力量是广大发展中国家并不妥,事情远比此复杂得多。明确这一点,对于全面认识全球化与反全球化现象显然是有益的。

2. 反全球化现象的根源

为什么会出现如此广泛的反全球化现象呢?可以做多角度、多层次的分析,但综合起来看,以下三个原因最有代表性。

其一,全球化导致全球不公正、不平等加剧。首先是全球化拉大了社会的贫富差距。如最贫困人口占世界总收入1960年约为2.3%,而今天则为1.1%。发展中国家与发达国家人均GDP的差距从1983年的43倍扩大到目前的60多倍。在南北差距加大的同时,各国的贫富也更为悬殊。以美国为例,在肯尼迪时代,一位美国高级经理挣的工资是普通工人的44倍,而今天一名海外经理的收入是普通工人的326倍。2011年美国发生"占领华尔街运动",其原因之一也在于,最富有的5%美国人拥有全国72%的财富。其次,全球化赋予资本与企业主更多的权力,民众的就业、福利受到不同程度的损害。面

---

① 转引自周小庄:《另一种世界是可能的》,《读书》2004年第6期。

对残酷的市场与资本的竞争,工人不仅被迫降低工资,而且时时受到失业的威胁。经济合作组织核心国家中的失业率经常保持在 10% 甚至更高。不少发达国家迫于竞争压力,不得不推行更有利于企业主的政策,如降低对企业利润征收的年均税率,削减社会福利。如 1982—1997 年间,德国社会福利体系削减了 130 次,对企业利润征收的年均税率从 1980 年的 33.69% 下降至 1996 年的 15%。显然,这种政策变化导致普通民众利益受损,加剧了社会的不稳定。正是为了抗议全球不公正、不平等的加剧。实现全球正义,保障民众的正当利益,所以才出现全球的反全球化运动,并且把目标锁定于反对资本的全球化,反对公司的全球化。

其二,全球化导致全球环境状况的恶化。全球环境保护主义者认为,自 1992 年联合国在巴西里约热内卢召开人类第一次环境与发展会议以来,全球环境状况非但未从根本上得到改善,反而有所恶化。之所以如此,除了各国政府的环境意识与环境政策需要反省外,罪魁祸首是全球跨国公司的经营活动。因为跨国公司信奉的是竞争万能、效率至上的原则,眼中只有经济效率与效益,这势必导致急功近利的行为,忽视环境保护。从某种意义上讲,全球化的过程就是资本和公司全球流动的过程,同时也是全球环境进一步恶化的过程。有鉴于此,全球环保人士明确反对新自由主义所主导的经济全球化。

其三,全球化导致全球资本主义化、美国化。由于当前的全球化由西方发达国家所主导,并且以新自由主义为指导,所以传统的马克思主义者、社会主义者就将这种全球化定性为资本主义的全球化,或者说是资本主义在新时代的全球扩张,并且第一次实现了全球资本主义,因此给予尖锐的揭露、批判与反对。全球民族主义者,特别是极端民族主义分子则从反对美国称霸世界,反对美国化的角度抵制全球化。在他们看来,当前的全球化在本质上是美国主导、控制的全球化,它以美国的利益、价值、模式为标准,其结果就是世界的美国化,而这是绝不能接受的。

3. 反全球化现象的反思

反全球化现象引起人们对全球化的反思。显然,无论是理性的批判,还是非理性的情绪宣泄,反全球化运动都以其独特的视角和鲜明的观点揭示了全球化进程中的种种问题,从而对于克服全球化中的弊端有启示意义。这种启示集中体现为三个方面。首先,如何克服全球化进程中的不公正、不平等,使之更"人性化"。全球化固然有其客观性和历史合理性一面,但在人权日益受到国际社会重视的时代,如果全球化不能维护人的尊严和生存的基本权利,反而制造新的鸿沟、特权与不平等,那么这样的全球化就难免会夭折。其次,如何有力地监管跨国公司,使其经营活动更注重人类的环境保护,从而防止环境恶化。作为一种特殊的行为体,跨国公司不仅追求自己特殊的利益,而且有自己特殊的行为方式,在资本全球化时代,跨国公司成为全球化的载体。只有对跨国公司的特殊利益给予限定,对跨国公司的行为方式给予有效监管,人类环境状况恶化的局面才能得以遏制。最后,如何加强全球治理,推动民众参与全球化。至今为止的全球化更多体现为精英的全球化,全球的经济精英、政治精英、社会精英奔波于全球,确定着全球化的议题,推动着全球化的实施。反全球化运动表明,广大的民众和社会力量关心全球化,并且能够以各种方式介入全球化。全球化的复杂性要求动员全球民众参与全球治理,这本身就有助于克服全球民主赤字,促进国际关系民主化。不言而喻,反全球化现象所导致的国际社会对全球化的反思,正是其积极意义所在。换言之,正是由于反全球化运动的警示和推动,使得国际社会更为关注全球化进程中的不公正、不合理,以及由此导致的国际不和谐,从而为构建和谐世界做出了贡献。

但是,反全球化的过火言论和行为也表明,这是一种远未成熟,甚至伴随着非理性行为的运动。比如全盘否定世界银行、国际货币基金组织、世界贸易组织等现行的国际组织与国际机制的作用,将其斥为资本主义的工具;极端的民族主义情绪;不容置疑和讨论的绝对主权观;囿于特殊利益和特殊角度的主张与政策,等等。此外,作为一种民间的力量和组织,如何完善自身的建设,使其发挥积极而非破坏性的作用,这些都需要认真思索。最为重要的是,反全球化运动应该明确,它反对的是全球化的弊端而不应是全球化本身。恰恰在这个问题上还存在着种种模糊的认识。反全球化的出现并不意味着对全球化的全盘否定。同样,全球化的客观性与合理性也绝不等于拒斥反全球化的启示意义与积极作用。通过反全球化运动而矫正全球化进程中的弊端与不足,使其更健康地发展,以造福于整个人类,这才是正确的认识与选择,也是对全球化与反全球化的理性评价。

(本文为北京大学出版社 2015 年出版的《全球学导论》第一章。)

全球性的理论思考

伴随全球化进程的深入和全球问题的日益严峻,以及对全球治理的关注与呼唤,全球性无论在现实层面还是在理论层面都被提到了重要研究议程。全球化时代提出的一个重大问题就是,我们如何理性地认识不同于我们所熟悉的现代性和国家性框架下的社会生活、社会关系,以及相应的制度与观念。这种不同,或者说当代人类社会生活的新质与新特征,突出表现为超越现代性、国家性、民族性、区域性的全球性的出现。本文拟对全球性进行理论的分析,以期引起学术界对这一重大时代问题的深入探讨。

一、全球性辨析

1. 全球性(globality)与现代性(modernity)

全球性是全球化理论的核心,也是全球化现象与本质的集中体现。要认识和把握全球性,首先必须明确全球性与现代性的关系。这是因为,正在兴起的全球化时代是与已经主导人类几个世纪,并且至今仍主导着人类生活方式和价值理念的现代社会相区别而存在的。全球化时代的特点与新质,都是以现代社会的特点、本质为参照系,相比较而显现的。其中,全球性与现代性的比较,又最具代表性和根本性。

现代性是现代社会的特征,也是现代化所追求、所拓展的实质性内容,现代化的目标就是建立具有现代性的现代社会。"现代"首先是一个时间概念,与前现代相区别,意指现世的或当前的。"现代"同时又是一种价值尺度,意指新式的、富有创意的,代表一种与传统相区别的新的精神与特征。显然,"现代性"的内涵也应包括上述两个向度。当然,在具体解释或概括时,学者们又会有自己的独特视角与偏好。布莱克在《现代化的动力:一个比较史的研究》一书中从理智、政治、经济、社会、心理五个方面分析了"现代性",他特别强调了知识、科学技术,以及在此基础上形成的人的理性思维与价值的重要性。[①] 吉登斯把现代性定义为"在后封建的欧洲所建立而在20世纪日益成为具有世界历史性影响的行为制度与模式"[②],阿尔布劳则认为,现代性"指的是一套相互联结的外观特征,这套外观特征反映出一种居支配地位的生活方式和一套在西方和现代时代中具有核心意义的制度"[③]。尽管如此,从已有的研究成果不难发现,现代性大致包括工业化、城市化、福利化、民主化、法制化、科层化、社会阶层流动化、社会原子化、宗教世俗化、教育普及化、信息交流与传播扩大化,以及对民族国家、公民身份、知识和理性的强调。而在这些显性的现代社会特征背后被遮蔽的,则是经济主义、唯物质主义、人类中心主义、国家主义、个人主义、理性主义和科学主义。

对于现代性的上述表现与内容已有众多评论,这里不再赘述。我们所要探讨的是,从全球性与现代性两者关系来看,最有标示性和

---

① 〔美〕C. E. 布莱克:《现代化的动力:一个比较史的研究》,四川人民出版社1988年版,第14—16页。
② 〔英〕安东尼·吉登斯:《现代性与自我认同:现代晚期的自我与社会》,生活·读书·新知三联书店1998年版,第16页。
③ 〔英〕马丁·阿尔布劳:《全球时代:超越现代性之外的国家和社会》,商务印书馆2001年版,第86页。

根本性的区别是什么。

其一,全球性立足于空间,而现代性立足于时间。

全球性的基础是空间,它把世界看作一个整体,一个单一的场所,人类的诸多关系,以及各种事物与信息的流动,存在和发生于整个世界之内,要求以全球的、世界的眼光、视野、意识予以审视。因此,从全球性的角度看,凡是局限于一定疆域或领土之内的事物与现象,就不能称之为全球性的,从而是与全球性格格不入的。罗伯森反复强调了"全球性"概念的这一基点,他认为,全球性"是指广泛存在认为世界——包括人类的物种方面——是一个整体的意识这种状况"①。贝克也认为:"全球性指,我们早就生活在世界社会里,也就是说相互封闭的领土认识越来越模糊。"②由于全球性立足于空间,是一个更关注空间作用的概念,所以它并不认为全球性仅属于当代,古代、中世纪、近代都出现过反映全球性的现象,如丝绸之路、移民迁徙、传染病的跨大洲传播等。换言之,由于全球性关注空间,所以反而摆脱了时间的约束,哪里有全球化的进程,哪里就有相应的全球性表现。当然,不同时代和时期的全球性会有表现程度的差别,人们之所以更重视20世纪70年代后的全球化,是因为只是到了此时,全球性才有了更具规模、更有影响,也更为制度化的表现。

现代性的基点是时间,它强调现世的、当前的、当今的事物与现象所具有的某些共同特征。这些特征是前现代时期所不具备的,代表了某种新的价值与精神。由此不难发现,现代性是在刻意凸显自身的特殊性,而这种特殊性又首先体现为时间的限定,所以时间的向度更具根本性,而新的价值与精神,即价值向度则被限定在时间向度所规定的范围内,相对来讲表现出一定的从属性。

一个立足于空间,一个立足于时间。立足于空间的全球性由于回避了时间问题,从而为自己赢得了时间上的弹性。尽管有人认为全球化与全球性是20世纪90年代的现象,但更多的人看来更愿意

---

① 〔美〕罗兰·罗伯森:《全球化:社会理论和全球文化》,上海人民出版社2000年版,第112页。

② 〔德〕乌尔里希·贝克:《什么是全球化?》,华东师范大学出版社2008年版,第12页。

接受全球化与全球性有久远的历史与发展过程这种观点。摆脱了时间的限定,突出全球的空间视角,使得全球性概念更为鲜明,而立足于时间的现代性不仅被时间捆住了手脚,而且还由于其内生的国家性、领土性,被束缚于有限的空间范围之内,这正是我们即将论述的第二个区别。

其二,全球性要超越民族国家,而现代性则与民族国家共生。

全球性立足于全球、立足于世界、立足于整个人类,而这个立足点的基本参照物与对象就是民族国家,无论从理论还是实践上讲都是如此。现代性则与国家不可分离。在前文所提及的众多现代性表现与特征中,与全球性关联度最大的就是民族国家的制度、价值、理念。其中领土性是最明显的空间特征,而民主制度、官僚制度、公民身份、民族主义、效忠国家的观念等都附着于领土性,是领土国家的产物。全球性要超越民族国家,就意味着要在超越领土的前提下重构民主制度、公民身份和一系列新的价值与观念,由此才会出现当今人们开始关注的全球政治、全球民主、全球伦理、全球价值、全球公民身份等新议题。

在明确了全球性与现代性最主要的区别之后,还需要讨论、澄清一个相关问题,即全球化、全球性与现代化、现代性之间的关联性问题。一种观点认为,全球化是现代化的最新阶段与表现,全球性是现代性向全球扩张的结果。比如贝克就把全球化视为第二次现代化,由于第二次现代化凸显全球性,从而与张扬现代性的第一次全球化区别开来。① 吉登斯把现代化区分为简单现代化与反思的现代化。反思的现代化的重要推动力量是全球化的冲击,它导致后传统社会的出现。他认为现代化所追求的现代性虽然起始于西方,但已经或正在扩展到世界,"在某种意义上,现代性所导致的社会活动的全球化,就是真正的世界性联系的发展过程"②。由此可见,吉登斯赞同现代性的全球化,而且他赋予现代性特殊的内涵,即四种制度性维

---

① 参见〔德〕乌尔里希·贝克:《什么是全球化?》,华东师范大学出版社2008年版,第11—13页。

② 〔英〕吉登斯:《现代性与自我认同》,生活·读书·新知三联出版社1998年版,第23页。

度:工业主义、资本主义、监控系统、军事力量。其具体化表现就是国际劳动分工体系、世界资本主义经济、世界民族国家体系、世界军事秩序。问题在于,现代性的全球扩张,或现代性的全球化,是否等同于全球性。这里出现一个有趣的悖论。从现象上看,现代性的确从西方走向世界,形成了现代性全球化的假象。但本质上,现代性并未冲破领土国家的牢笼,每一个被现代性所扩展的国家,都在坚守国家主义,而且后现代化的国家往往立场更坚定。这意味着,现代性的全球化反对全球性。那么,由此何以得出全球化(或全球性)是现代化(或现代性)发展的必然结果的结论呢?换言之,全球性与现代化、现代性之间并不存在内在的逻辑关系。

另一种观点认为,全球化、全球性与现代化、现代性之间具有内在的张力,两者的关系本质上是断裂的、而非连续的、因果的。阿尔布劳是这一观点的典型代表。他认为:"全球化远不是人类以往希冀和追求的一种结局,而是人类以往自认为当然无疑的那种现代生活组织方式的终结。全球性的转型是一种变革而不是一种终结。"① 根据这一观点,他主张用"全球时代"取代"现代时代",用全球性取代现代性。而"全球时代"意味着我们抛弃了三个世纪以来有关历史的方向的假设,不再把"全球化看作只是现代性的另一个阶段",不再把全球化看作源于现代性之中的种种变化之发展的顶点与结果,转而把全球化看作一种准备状态,即为全球化的事物成为生活的构成部分做准备,为全球性成为任何局部或任何领域、任何制度中的一种基本要素做准备。② 阿尔布劳的态度非常鲜明,他强调全球化、全球性在历史进程中的偶然性,而这种偶然性在很大程度上同人们认识到地球是一个整体,地球这个物质性实体存在有限性相关。罗伯森的观点比较中庸,他一方面反对现代性直接导致全球化、全球性,另一方面又不否认现代性的某些方面极大地放大了全球化过程。他所明确坚持的是"不管我们用现代性时可能指的是什么,但远在它之前,

---

① 〔英〕马丁·阿尔布劳:《全球时代:超越现代性之外的国家和社会》,商务印书馆2005年版,第157页。

② 同上书,第169—170页。

当代类型的全球化就已经起动"①。这样,他就立足于全球化是一个有悠久历史的过程的观点,间接表达了全球化、全球性与现代化、现代性之间的非因果、非逻辑关系的见解。

综上所述,可得出如下几点结论。

其一,全球性与现代性之间存在着本质差别。全球性立足于空间,立足于全球,超越民族国家是其内在的要求与逻辑;现代性立足于时间,立足于民族国家,与民族国家共生共存是其宿命。

其二,全球性与现代性不存在因果性意义上的逻辑关系,两者各自存在自身特有的发展与扩散过程。从过程的角度看,展现全球性的全球化历史更悠久,地域更多样,而展现现代性的现代化则始于近代欧洲。

其三,尽管全球性与现代性在本质上表现出断裂性,但在其具体发展过程中,种种历史和现实因素的介入,又难免造成两者的互动与影响。因此,正像不能把现代与传统完全割裂、对立一样,对于全球性与现代性的关联性一面也应保持开放的、探索的态度。

2. 全球性与国家性(nationality)

全球性与现代性的关系比较复杂,理解上歧见较多,所以对它们的比较不仅要指出两者质的区别,在相当大的程度上还要回应和澄清一些模糊认识。全球性与国家性的关系则相对清晰,因此比较起来也就更简明、直接。

其一,全球性的灵魂是全球,国家性的灵魂是国家。

"全球性"绝非只是个空间概念,而是个综合性概念,是对全球性事物的抽象,涉及主体、空间、制度、价值,它的灵魂在物质表征上是全球,在意义和观念表征上是全球主义(globalism)。地球是个物质性实体,在茫茫宇宙中它不过是沧海一粟。但传统上人类对于地球这个整体,却缺乏了解和认同,人们所熟悉和认同的是被领土分割的国界,是被制度、习俗、文化所塑造的政治和文化共同体,是强烈的国家主义、民族主义、地方主义、本土主义。全球性强调地球这个整体

---

① 〔美〕罗兰·罗伯森:《全球化:社会理论和全球文化》,上海人民出版社2000年版,第245页。

以及基于整体的地球意识、全球意识。宇航员在太空俯视地球的感受是真实的,苏联宇航员维·伊·谢瓦斯季诺夫说"我们地球上的许多问题从那里看起来是不一样的,要知道在太空中是看不到国界的。产生了被称之为全球性思维的东西,并且使你意识到什么是个人的责任。人类以前没有这种看法和这种感觉。一些优秀的、最有远见的思想家对此曾经有过抽象的结论,但是对人类命运的共同性没有广泛的理解"①。美国宇航员埃杰·米切尔表达了类似的观点,他指出,当宇航员体验到地球意识时,他返回地面后就不再是一个美国居民,而是一个地球居民了。② 学者们则从理论上进行了概括。阿尔布劳指出:"凡是在人们把世界作为一个整体看待并承担起对世界责任的地方,凡是在人们信奉'把地球当做自身的环境或参照点来对待'这么一种价值观的地方,我们就可以谈论全球主义。"③罗兰·罗伯森则强调"在本人的概念中,关于全球性的东西的概念指的是从其完整意义上说的世界"。④ 乌尔里希·贝克说:"全球性表明,从现在起,我们地球上所发生的任何事情不再受地域的限制,所有的发明、胜利以及灾难都关系到整个世界,并必须沿着'地方—全球'坐标对我们的生活和行动、组织和制度重新定向、重新安排。"⑤由此可以发现,无论是来自经验层面的实际感受和领悟,还是来自理论层面的思考与提炼,"全球"即全球主体(实体)、全球空间(整个地球)、全球制度、全球意识与价值,的确成为全球性的灵魂与核心。离开了全球、全球性事物,以及全球主义的视野与思维,全球性就毫无意义。

"国家性"也是个综合性概念,它是对立足于国家基点的各种事物的抽象,同样涉及主体、空间、制度和价值。与全球性相对应,它的

---

① 〔苏〕尼涅莉·斯特列利佐娃:《关于未来的思考:在二十一世纪前夕对话》,内蒙古大学出版社1988年版,第263页。
② 参见〔英〕彼得·拉塞尔:《觉醒的地球》,东方出版社1991年版,第2页。
③ 〔英〕马丁·阿尔布劳:《全球时代:超越现代性之外的国家和社会》,商务印书馆2001年版,第131页。
④ 〔美〕罗兰·罗伯森:《全球化:社会理论和全球文化》,上海人民出版社2000年版,第254页。
⑤ 〔德〕乌尔里希·贝克:《什么是全球化?》,华东师范大学出版社2008年版,第13页。

灵魂在物质实体表征上是国家,在意义和观念表征上是国家主义(statism)。突出国家的国家性,可以有两个参照系,一个是个人,即在个人与国家的关系中坚持国家本位;另一个是全球(人类),即在国家与全球(人类)的关系中坚持国家中心。我们这里探讨的国家性显然是后者,因而它是与全球性相对应的。国家性渗透到国家和社会生活的各个领域、各个层次、各个环节,它把人类公共事务完全限定于领土性国家范围之内,国家是行使公共权力、管理公共事务的唯一主体,围绕国家所设计的种种制度是不可替代的制度,而效忠于国家、听命于国家、服务于国家则是公民必须信奉和遵循的伦理、价值和观念。一位国家中心主义的信奉者写道:"国家已经满足了人类组织和秩序的至高要求,再建立超出国家体制以外的任何等级权力结构将是代价深重的,归根结底是违背自然的。"①这种对国家的崇拜、执迷,以及对国家本位、中心的坚守,正是被当今热议的"方法论民族主义"(methodological nationalism)②。

  显而易见,全球性与国家性的区别是不容置疑的。正因为如此,用国家的传统理论框架与思维定式来理解全球化、全球性,根本行不通。所以不少学者呼吁"社会科学的全球转向","我们需要一个社会分析范式的转向,以便全球性出现的条件,即世界作为一个共享社会空间意识的增强,能够在各个方面被解释和理解"。③

  其二,全球性与国家性是两个独立的系统,不会产生因果性的争论与误解。

  如前所述,全球性与现代性的关系存在着两者是否具有因果性的争论与误解。认为全球性源于现代性,或全球性是现代性的最新表现的观点具有一定市场,但是全球性与国家性之间则不存在这类争论和误解。因为两者的本质决定了国家性不可能发展成为全球性,全球性也不可能是国家性的集合或演变结果。全球性所表征的

---

  ① 王正凌:《国际秩序与国际关系理论》,《中国社会科学季刊》1997年春夏季卷。
  ② Daniel Chernilo, *A Social Theory of the Nation-State: The Political Forms of Modernity beyond Methodological Nationalism*, Routledge Press, 2007, pp. 9-14.
  ③ 转自〔英〕戴维·赫尔德、安东尼·麦克格鲁主编:《全球化理论:研究路径与理论论争》,社会科学文献出版社2009年版,引言第7页。

全球性事物和所内生的全球主义,与国家性所表征的国家性事物和所内生的国家主义,属于两个独立的,无法相交的系统。所以,尽管全球性与国家性都有发展过程,并在这一过程中呈现出"强"与"弱","厚"与"薄"的程度之别,但不会给人们提供两者具有因果性关系的想象空间。这恐怕也是辨析全球性与国家性时应该明确的。

3. 全球性与公共性(publicness)

"公共性"是一个涵盖面更广,影响面更大的概念,不同的学科都对其进行了特定的解读。公共行政学、公共管理学所理解的公共性是公共权力的运用要以人民利益而不是个人利益为出发点,应具有民主、公正、公平、合法的公共精神。政治学所关注的公共性越来越聚焦于哈贝马斯的公共领域,强调区别于国家和政府权力的以公民身份表达其意志的社会空间所体现的公共性。经济学视野中的公共性,关注经济活动与经济现象的公益性、共同性,比如关于公共物品的产生与管理。更令人瞩目的是公共哲学的兴起,力图从哲学的高度整合各学科研究的成果,以一种总体性视野解释公共性的普遍问题,揭示公共性的本质。其基本主张是:全球化的公共空间已形成,公共哲学是对公共生活智慧的追求,对公共性价值与意义的探讨与揭示。哲学需要进行"公共性转向",即"由个人的主体性,发展到主体间性,再到公共性或者共同主体性,总的趋向是形成具有更多更好的公共性的社会"①。这里,公共性被视作人在实践活动中表现出的一种社会属性,即人类生存的共存性和人与人之间的相互依赖性。

尽管对公共性的理解有如此多的差异,但其基本点都是强调"公共""共同",换言之,是在以"私"为参照系,与私相比较而获得自己的原初规定性的。公共需要、公共物品、公共事务、公共领域等都是公共性得以实现的载体、途径或外部条件,而公共意识、公共理性、公共理念、公共伦理、公共文化,一言以蔽之,公共精神则是公共性的内核,体现着公共性的价值与意义。

"公"与"私"的划分,使公共性获得了自身原初的规定性,但公与私的具体内涵又不尽相同,不能把"公"简单地理解为民族国家,也

---

① 郭湛:《从主体性到公共性》,《中国社会科学》2008年第4期。

不能把"私"简单地理解为个人。在民族国家范围内,公共性的确表现为区别于个人的社会的要求与意识,换言之,是我们传统上所理解、所认同的公共性。即便是哈贝马斯刻意区分出的公共领域(区别于国家和政府公权力的公共领域),其所指对象也是个人——具有公民身份的个人。然而一旦超越民族国家,那么无论是在国家之间,还是在跨越国界的个人之间,"公"就有了新的内涵,变成全球、人类,而国家或转换成"私",代表"私人性"(在国家与国家之间寻找公共性的情况下),或失去了对象的意义,既不是"公"也不是"私"(在跨越国界的个体之间寻找公共性的情况下)。① 这表明,对公共性的理解仅限于传统的国家内部已远不足以认识现实,在全球化时代,公共性的视域已超越国家扩展到全球,于是,全球性与公共性的关系问题也就随之产生了。

其一,全球性是公共性的一个维度。

公共性原本是一国之内的公共性,体现于群体、地区直至国家中人们所形成的不同层次的社会关系,以及对这些层次内公共价值的向往和实践。换言之,国家是公共性的最大边界,国家性是公共性的一个基本维度。但是今天,人们的社会关系越来越面向全球、全人类,个人首先是人类的一员,其次才是某个国家或民族的成员。这意味着由于社会关系的全球拓展,公共性也有了全球性维度。英吉·考尔在研究全球公共物品时明确指出:"全球性可被视为公共性的一个维度。它超越了国家的边界。因此,全球公共物品的公共性表现为两个方面:是公有的,不是私有的;是公共的,不是国家的。"② 显然,这里公共性的两个维度,一个是与私有相对应的公有,一个是与国家相对应的全球。前者凸显了公共性的"公有""共有"含义,强调了公共性的价值尺度;后者凸显了公共性的全球性含义,强调了公共性的空间尺度。英吉·考尔的观点虽是针对全球公共物品而言,但适用于各种公共事务和公共领域内的公共性。

---

① 参见沈湘平:《论公共性的四个典型层面》,《教学与研究》2007 年第 4 期。
② 〔美〕英吉·考尔等编:《全球化之道——全球公共物品的提供与管理》,人民出版社 2006 年版,第 10—11 页。

其二,公共性是全球性的一种追求。

公共性从国家范围扩展到全球范围,具有了全球性维度。这仅仅是一种空间的拓展吗?当然不是。从国家维度的公共性走向全球维度的公共性,意味着人们对公平、公正、公开、合法、公益等价值的追求,也突破国界走向全球,从而更鲜明地表明了人们生活的社会性特征,"类"的特征,而这些特征和价值正是公共性的人文底蕴。所以说,公共性的价值实际上是全球性的一种追求。换言之,在习惯于认识全球性的空间意义的同时,必须同时关注全球性的价值意涵。

4. 全球性概念

通过以上对全球性与现代性、国家性和公共性的辨析,现在我们对全球性作出如下界定:

全球性是当代人类社会活动超越现代性、民族性、国家性、区域性,以人类为主体,以全球为舞台,以人类共同利益与价值为依归所体现出的,人类作为一个类主体所具有的整体性、共同性、公共性新质与特征。

这个定义所强调的是,其一,全球性是全球化时代人类社会生活的新质与新特征。其"新"之所在,就是突出人类作为类主体所具有的整体性、共同性、公共性。把人类作为一个独立的、单一的主体对待,这是该定义的核心,否则整体性、共同性、公共性就毫无意义,因为这些特性在民族国家内早已存在。其二,全球性在本质上是与现代性、民族性、国家性、区域性相区别的,它的历史使命就是超越它们,走向全球。当然,这是就根本性质而言的。至于具体的、历史的关联性,则应予以实事求是的考察与辨析,不可简单化、绝对化。

二、全球性的四个维度

1. 主体的全球性

全球性的第一个维度是主体的全球性。它要回答的问题是谁承载全球性,或者说谁是全球性的主体。众所周知,人类社会生活的细胞是个人,以个人为基体,形成了家庭、部落、民族、国家,以及阶级、社团等形式众多的群体,人类社会生活的社会性就通过这些群体的活动得以体现。而所有这些群体在不同的领域、不同的层次、不同的事务中就成为不同的主体,承载着相应的功能、价值与意义。显而易见,在人类社会生活的诸多群体中,对人类影响最大的是民族与国家,所以至今为止,人类社会生活的主体在很大程度上仍然是民族国家。正因为确立了民族与国家的主体地位,所以社会生活的设计与管理,各种制度的安排、规范、伦理、价值的指涉对象,大都以国家为中心,以领土为边界,体现了国家主义的鲜明特征。

今天,随着经济、政治、文化、社会、环境、信息等各种事务跨国界流动的日益增多、增强,人类生活的社会性已突破国家,走向全球。仅仅局限于国界之内,以国家为主体思考和管理社会生活和公共事务已远不足以满足现实的需要,社会关系和公共事务的全球化和与日俱增的全球性,要求审视和确立新的主体,这个新主体就是作为类主体凸显出来的人类。从民族与国家主体转向人类主体,从人类的整体性角度观察和处理种种社会生活与公共事务,这正是主体的全球性的内涵。

主体的全球性从根本上改变了人们认识和处理社会生活与公共事务的坐标,从而把人类的社会关系提升到全人类的层面,彰显了人的类本质特征。这一转换绝不仅仅是主体类型的转换,而是涉及整个社会关系与社会生活的结构性调整,包括空间、制度与价值。因此,主体的全球性在全球性的四个维度中处于基础性地位。

2. 空间的全球性

全球性的第二个维度是空间的全球性。空间的全球性是相对于空间的地域性、领土性而言的。众所周知,以往的社会生活不仅在主体上表现出局限性,在空间与范围上也具有狭窄性。这是因为部落以地域为依托,国家以领土为边界,即便是区域共同体也被限定在特定的区域。民族或许有一定特殊性,其文化性胜于地域性,所以存在一个民族散居于世界各地的现象。但一个基本的事实是,大多数民族仍有其传统的生活聚居地。全球性则要突破这种空间与范围的局限,以整个地球村为舞台,关注和处理全球范围内事关人类生存与发展的事务。显然,空间的全球性是对主体的全球性的回应,当社会生活和社会关系的主体提升为类主体,开始关注整个人类而不是某个民族和国家的生存与发展时,那么,传统的地域性和领土性束缚必然要被打破、超越。代之而起的是全球的尺度,世界的考量,即进入马克思所说的"世界历史"时期。"每个文明国家以及这些国家中的每一个人的需要的满足都依赖于整个世界","地域性的个人为世界历史性的、经验上普遍的个人所代替"。①

空间的全球性虽然主要表现为人类社会交往的范围跨越国界、区域扩展到全球,但另外一种现象也值得关注,那就是现代交通、通信所支撑的流动性导致了去地域化,并进而产生了区别于传统场所的"非场所"。这里,去地域化是指"地方特殊性对我们文化控制衰减的问题,我们生活中遥远的地方、进程和事件具有越来越重要的意义"②。"非场所"则指超级市场、购物商场、飞机场、加油站、多厅影院、有着自动提款机的银行门厅等,这些新的场所的地方性更为模糊、淡化,它体现着流动性。而正是这种流动性及其他所造成的流动的空间,把空间延伸到全球。人们在这些流动的空间——"非场所"中感受到社会交往的全球性。由此可见,汤姆林森用来分析全球化的文化视角,在解读空间的全球性时也是有借鉴意义的。

3. 制度的全球性

全球性的第三个维度是制度的全球性。人类的社会生活需要通过制度加以规范和管理,从这个意义上讲,制度(包括规则、规范和相应的机构)是社会生活的保障,是社会体制的基本要素。有的学者将人类社会生活的规则划分为四个规则系列,即技术规则、国际体系规则、国家规则和自由规则。技术规则指导人们如何与自然世界相联系,这是最广泛的规则层面;国际体系规则涵盖着国际关系中行为者之间的关系,其基本原则为主权国家的平等;国家规则包括国内机构和国家结构,国家是现代占主导地位的政治单元;自由规则把个人奉

---

① 《马克思恩格斯选集》第1卷,人民出版社1995年版,第114、86页。
② 〔英〕约翰·汤姆林森:《全球化与文化分析》,载〔英〕戴维·赫尔德、安东尼·麦克格鲁主编:《全球化理论:研究路径与理论论争》,社会科学文献出版社2009年版,第173页。

为人类社会的基本单元和最终价值。四个规则系列统辖国际社会的基本关系范畴,即国与国、国与个人、个人与个人,以及人类与自然世界之间的关系。① 显而易见,这里的规则系统就是我们所讲的制度,并且渗透和涵盖了人类的各种社会关系。从制度演进的历史来看,由于传统上人们的生活大都局限于国家范围之内,所以制度的设计与安排就表现出明显的国家性,这也是为什么迄今为止,人们所熟悉、认同的制度大都为国内制度的原因。即便是处理国际问题与国际事务,其立足点也是国家,所以传统的国际关系准确地讲只是国家间关系,而威斯特伐利亚体系所确定的国际规则与制度,从根本上讲不过是国内制度在国际上的延伸和变异。全球性所要求和体现的制度意味着突破国家的视野、领土的边界、国家间关系的框架,确切些说就是突破主权国家制度和威斯特伐利亚体系,着眼于人类的整体性、共同性,指向人类面临的全球性问题,追求利益的全球整合与共享。上文提到的全球化背景下个人与个人的关系与相应规则,人类与自然的关系与相应规则,都是制度全球性所指涉的内容与范围。今天,维护普遍人权的国际人权法和国际人道主义法,维护和管理人类共同资源与遗产的国际环境法,都集中体现制度的全球性。这些法律都明确限制了主权国家的权力与利益,大大提升了个人的法律地位与权利,强调了全球共同体的地位与作用。国际刑事法院的设立,国际责任的强化,《南极条约》《和平利用外层空间的宣言》《联合国海洋法公约》的签署等,使我们有理由相信,制度的全球化正在一步步扩展。总之,全球性的交往与全球性的社会关系要求全球性的制度安排与管理,当主体和空间已经指向全球,制度必然相伴而随,从国家性走向全球性。

4. 价值的全球性

全球性的第四个维度是价值的全球性。价值的全球性承载着全球性的意义,它要回答的问题是,全球化时代所凸显的全球性到底要追求什么,其价值的定位和伦理的本质何在。显然,相对于主体、空

---

① 参见〔美〕维纳·桑多兹:《全球化与规则的演进》,载梁展编选:《全球化话语》,上海三联书店 2002 年版,第 170—174 页。

间和制度的全球性而言,价值的全球性是全球性的真谛,也是最集中,最鲜明地反映全球化时代人类社会生活本质性变化与指向的新要素、新特质,是区别于传统人类生活的标尺。价值的全球性表现为共同的理念与意识,共同的伦理,共同的利益,共同的秩序与文明。超越民族意识、本土文化、种族偏见,阶级视野的全球意识、人权观念,强调地球伦理、普世伦理的全球伦理观,立足于全球而非民族与国家的全球利益观,以及超越国际体系、国际秩序构架的全球体系和全球秩序观,都是当代价值全球性的具体体现。这种新的全球性价值,极大地彰显了人类的类本质,使人们既对全球共同体的意义有了更清晰的认识,又对个人的全球身份、权利、责任与自由有了更深刻的把握。显然,以往的民族价值、国家价值以及单纯的个体价值无法容纳全球化时代对全球性交往的需要,也无法容纳人类的类本质的价值追求,只有把全球共同体价值和个体价值整合起来的全球性价值才能做到。总之,价值的全球性是主体、空间和制度全球性的逻辑结果,而主体、空间和制度的全球性又是价值全球性的必然要求。价值的全球性赋予了人类的社会关系与社会生活以全新的意义,从而也使全球性充满了人文的底蕴。

三、全球性的时代意义与价值

1. 全球性的现实意义

全球性植根于现实,所以,它首先对审视和指导当代人类社会生活有重要的现实意义。自20世纪70年代以来,层出不穷的全球性问题,从经济、政治、文化、社会、环境、科技、军事等各个领域冲击着国际社会。20世纪90年代以来,伴随因特网的广泛使用,全球化、全球治理更全面、更深刻地影响着当代国际关系和人们的日常生活。在这种冲击下,人们日益感受到超国家、超国界的力量,无论是物质的、制度的,还是价值与理念的力量。在物质向度上我们目睹跨国经营的普遍化,军事干预,金融危机导致的经济震荡等;在制度向度上表现为联合国安理会决议的日益增强的约束力,国际刑事法院的设立等;而价值与理念方面则感受到可持续发展、人权、责任、共赢、合作等理念被广泛认同并产生制约性影响。显然,国家的权威与掌控能力受到挑战,人们所熟悉、所习惯、所坚信的国家体制及其观念不再像以往那样无可争议,不可动摇,全球性的事物、现象、规则正开始作为一种新的参照系显示其生命力。当然,如果说全球性已从根本上动摇了国家所体现的国家性、领土性,宣告国家神话的破灭,那的确是夸大其词,危言耸听。但是,在当今的全球化时代,全球性现象的日益增多与增强则是一个不容否认的事实。这就客观上决定,当代人类不能把自己的视野和观念锁定于国家,认为国家是人类组织社会生活的最终的、最佳的体制、单元,人的社会关系与社会生活的全球拓展,必然要求一种不同于国家的新的制度性安排。这种新的制度将显示其全球性特征,并同国家一起共同管理人类的公共事务。因此,在相当长一个时期内,不是简单的全球性现象与制度去完全取代国家性现象与制度,而是两者的碰撞、对话与协调,其目的在于回应人类遇到的新问题,找到应对全球化与全球问题的治理之道,推进人类文明的进步。总之,全球性是人类社会生活的新坐标,必须善待它。破除对全球性的恐惧感,理性地审视和认同全球性,是全球化时代急迫的现实需要,也是国际社会从困惑、动荡、转型走向理性、有序和成熟的必由之路。

2. 全球性的理论价值

全球性不仅在现实层面上标示了社会生活和公共事务的新指向,即超国家的、整体性的人类指向,更在理论层面上触及了根深蒂固的国家主义的理念、价值与思维。国家主义坚持国家中心、国家本位,认为国家主权的至上性,国家利益的神圣性,国家行为的正当性都是毋庸置疑的。这种政治学说和观念,对内将国家凌驾于个人的权利、利益和要求之上,藐视人权、排斥社会;对外则以对抗性思维处理国际事务,片面追求本国利益的最大化,张扬本国对世界的关切与战略目标,试图成为世界的中心或主宰。因此,国家主义对内会导致专制与集权,对外会滋生霸权和冲突。当然,这样讲并不意味着要完全否认国家主义在当代人类社会生活中的现实合理性。因为人类的现实是依旧生活于以国家为基本社会单元的阶段,而只要国家存在,国家主义就有生存的土壤,追求国家的权威,提高本民族的国际地位就有现实的吸引力。但是,对于国家主义的弊端我们必须有清醒的认识和应有的警惕。全球性正是在揭示国家主义的谬误,防止国家主义的危害方面能够起到重要作用。全球性以人类本位、全球价值、全球意识、全球伦理为特征,从而形成与国家主义迥然不同的全球主义。全球主义以正在生成着的人类整体为观察、思考、研究对象,探究人类作为一个整体的生存特点、价值追求、活动方式,以及制度安排和伦理规则。显然,全球主义无论是逻辑起点、归宿都不同于我们所熟悉的,并且仍占主导地位的国家主义。这种对照与反差,客观上要求一种研究范式和思维模式的转换,即从方法论的民族主义转向方法论的全球主义。没有这种转换,试图仅仅在方法论的民族主义的框架下作适当调整、修正,是难以认识和应对全球化所彰显的诸多超国家现象与问题的。这是因为,方法论的民族主义其理论中轴、价值定位、制度安排皆表现出鲜明的国家性,追求明确的国家本位。换言之,无论是其现实的关怀还是理论的视野都锁定或局限于领土性国家。正是这种视野、价值以及相应的认识思维和框架,决定了它很难摆脱国家的束缚。而方法论的全球主义则超越国家,以全球的视野、价值和思维认识全球化时代的新现实,它所看到的是一个整体性的相互依存的世界,是人类作为一个类主体所展现出的新风貌、新价值、新问题。这些新的现象与规范是方法论民族主义不屑一顾,也是无力解释和回应的。显然,这正是全球性的理论价值,它要研究和回答人类面临的日益增多的超国家问题,还要探讨如何协调全球性与国家性、全球主义与国家主义的关系,为人类从国家主义时代理性地走向全球主义时代提供理论、观念和价值方面的支撑与思考。

(本文发表于《天津社会科学》2013年第6期。)

全球化观念在中国的传播及其影响
——一种国际关系的视角

从国际关系研究这一特定角度上讲,观念对国际关系的重要影响及其意义,大概是在20世纪90年代开始受到更明显重视。温特的社会建构主义,约瑟夫·奈的软权力论,基欧汉关于观念与外交政策之关系的探究,都反映了这种学术努力和知识创新。全球化观念对中国改革开放特别是外交影响的研究,无疑是这一学术走向在中国的体现,而且中国的这一个案会更有力地说明,正像权力、制度会极大影响国际关系一样,观念对国际关系具有同样不可低估的作用。

中国的改革开放是在全球化背景下进行的,正是在这个意义上可以说,全球化贯穿于中国改革开放,全球化观念的影响渗透于中国改革开放的全部过程。因此关注和探究全球化观念对中国改革开放,特别是对中国外交的影响是一件极其有意义的工作。本文将首先梳理全球化观念的要义,然后阐述全球化观念在中国传播的原因、过程与路径,进而探究全球化观念对中国对外战略的全方位影响,最后分析全球化观念对中国外交带来的困惑及其挑战。

一、全球化观念的要义

"观念"一词来自希腊文,原意是"看得见的"形象,观念是一个同物质和意识、存在和思维的关系密切的哲学术语。一般来说,它是指"在意识中反映、掌握外部现实和在意识中创造对象的形式,同物质的东西相对立"。① 在哲学史上,"观念"有时同"理念""概念""表象"混同使用。马克思对观念的概括与阐述是至今为止最经典的见解,他说"观念的东西不外是移入人的头脑并在人的头脑中改造过的物质的东西而已"。② 综上可知,其一,在本体论上,观念与物质的东西相对立;其二,观念是对客观现实的反映形式,是客观存在的主观映象;其三,观念不仅是对事物本质的反映(在此意义上与概念同义),而且是对事物表象(在感觉和知觉的基础上形成的具有一定概括性的感性形象)的反映。

明确观念的原初含义是我们考察和研究全球化观念在中国改革开放三十年中的作用,特别是对中国对外战略的制定与实施的作用的前提。这是因为,探究全球化观念对中国社会实践的影响,必须首先懂得全球化观念是全球化现象与客观进程的产物与主观反映。而作为一种观念,人们不仅在超越感性认识的基础上对全球化的本质有着概念性把握,又有着较为丰富、多元的感性形象。

自20世纪90年代以来,无论是国际还是国内,关于全球化研究的文献已汗牛充栋,涉及全球化概念、理论体系、社会后果及其评价、研究方法、知识谱系及其贡献等诸多方面。不同学科、不同领域的学者们从不同角度和层面探究、揭示着全球化的丰富内涵,表达着自己对全球化的理解。而广大的民众也从各行为体的经济、政治、文化、社会、环境、军事等全方位的跨国界、跨民族、跨文化的交往、合作、对话中感受着真实的全球化现象与事件,并以自己的语言和方式诉说

---

① 《中国大百科全书:哲学Ⅰ》,中国大百科全书出版社1987年版,第265—266页。
② 马克思:《资本论》第1卷,人民出版社1975年版,第24页。

着全球化印象。显而易见,无论是理论家的学理分析,还是普通民众的感性诉说,全球化都是多向度、多面孔、多要素、多特征的。因此,关于全球化观念就不可能有统一的见解,必然是多元的。尽管如此,我们从众多全球化观念中还是可以概括出共识性更强的观念,姑且称之为全球化观念的要义。而对全球化要义的认识与把握,则是本文的逻辑起点。

(1) 全球化导致了世界在时空上的压缩,反映了国际社会相互依存的加深。

全球化给人的最深刻感受之一是世界的缩小,从一个远隔千山万水、相互隔绝、难以触摸、无边无垠的世界变成一个朝夕相处、互通有无、紧密相连的小小村落。这无疑意味着人们的相互交往更为便利,联系更为密切,从而导致须臾不能分离的相互依赖。罗伯森在其颇有影响的全球化著作中,开篇就指出:"作为一个概念,全球化既指世界的压缩,又指认为世界是一个整体的意识的增强。"① 相互依存首先表现为经济上无法割断的联系,它是市场经济全球扩张的结果,而在政治上的表现则是国内政治国际化,国际政治国内化,超国家权力日益强化。相互依存的文化表现是文化在更大范围、更多领域的交流与传播,以及全球文化景观的出现。于是,一方面,不同的文化在碰撞、相互接纳中共存、发展;另一方面新的共同文化理念与价值开始生成。总之,全球化"显然反映了相互依赖深度和广度——即其'强度'的增强"。②

(2) 全球化张扬了世界的整体性,以整体性思维与视角观察和分析当代人类社会生活,处理人类的各种关系与事务,是时代的最新要求。

以往的世界从总体上讲是一个分离的世界,也就是说人们在各自的疆域和领土内,过着相对独立的生活。自近代以来,随着市场经济的跨地区、跨国界扩张,世界的联系加强,但威斯特代利亚和约所

---

① 〔美〕罗兰·罗伯森:《全球化:社会理论和全球文化》,上海人民出版社2000年版,第11页。
② 〔美〕罗伯特·基欧汉、约瑟夫·奈:《权力与相互依赖(第3版)》,北京大学出版社2002年版,第288页。

确立的民族国家体制,始终制约和阻隔着国际社会的深度联系。所以,直到20世纪70年代以前,世界的分离性仍是国际社会的主导性特征。

但是20世纪70年代之后,由于新技术革命所带来的交通和通信的历史性变革,全球化向人类展示了全新的景象和境界。首先,全球性联系空前加强。其次,全球性问题日益凸显。最后,全球利益大大张扬。面对一个相互依存和被共同的全球性问题所挑战的世界,人类的整体利益已不言自明。由此可见,世界的整体性已通过社会生活联系的深刻性、人类面临问题的共同性和维护利益的共同性这三个维度表现出来。

整体性世界需要整体性思维、整体性视野,以及整体性伦理、整体性价值。这是对人们以往熟悉,并至今占主导地位的分离性思维与视野的冲击,通常我们所说的非此即彼的思维、"国家中心""民族本位"都从不同角度反映着分离性思维根深蒂固的影响。而全球意识、全球视野、全球伦理、全球价值等则反映着世界整体性的现实与要求。

(3) 全球化开始显现人类共同利益,提出了协调人类共同利益与国家利益的历史性课题。

利益是现实生活中人们感受最深的东西,基于利益考量的政治与社会关系是人们普遍认可与熟悉的关系。长期以来,在国内层面,由于阶级的差别与对立,迫使每个阶级都竭力争取和维护自身的利益,从而出现了尖锐的阶级斗争;在国际层面,由于民族国家间的矛盾与分歧,又迫使每个国家竭力维护本国的主权、领土完整和民族利益,于是导致了民族冲突与国家间战争。换言之,利益的冲突与争夺是政治的常态,是国际关系的基本内容,所以在人们的观念与意识中,是不存在人类共同利益的。

全球化把人们的视野引向新的向度。首先,利益存在和实现的条件有了变化。20世纪70年代以来的全球化进程,大大加强了人类的整体性联系,人们逐渐懂得,只有全球范围内开展经济活动,进行政治、文化交往,才能真正确保民族、国家利益,同时,也正是在这种全球性的开放与交往中,才能明确感受到人类共同利益的存在。今天,仍然仅仅拘泥于民族和国家利益的视野已无法理解和应对现实。其次,社会关系和利益的主体有了新内涵,以往人们熟悉并认同的利益主体除个人外主要是民族、国家,而全球化则开始塑造新的主体——人类主体。这些新变化,把人类共同利益引向历史前台。

然而不言而喻的是,尽管全球化开始显现人类共同利益,但民族与国家利益仍然是当下人们所认同和关心的最基本利益。对此,不应存任何误解。这就要求人们承认并注意到当代人类生活于多重利益所构成的网络之中,而网络的关系并非简单的相互排斥关系,它是相互重叠、制约的关系,从而寻求着人类共同利益与国家、民族利益的协调。

(4)全球化要求更多的对话、合作以及对国际法的认同与遵循,从而强化着国际机制的作用。

国际社会相互依存的加深,人类整体性和共同利益的凸现,以及应对全球化和全球问题挑战的现实需要,都客观上要求加强制度建设,规范国际行为,从而呼唤更多、更有效的国际机制。纵观三十年来的国际关系,国际机制的强化已是不争的事实。首先,国际机制涉及领域扩大,数量增多,可以说,在应对当代重大全球问题方面几乎都建立了相应的国际机制;其次,国际机制规范、整合国际事务的力度加大,强制性提高;最后,各国对国际机制的认同度逐渐提高。尽管各国受制于在国际社会中的地位对国际机制的感受与评价不尽相同,有的甚至持严厉批评态度,但总的来讲,都日益认识到国际机制的规范、整合作用乃历史大趋势,因此不是要否定、排斥国际机制本身,而是试图使其更合理、更公正。

总之,全球化所造就的现实告诉人们,其一,国际机制是当代处理国际事务与国际关系的必然选择,尽管它极不完善,但它所体现和倡导的合作与法制理念是符合时代潮流的;其次,现实中的国际机制还很难实现理想意义的全面公正与正义,所以我们只能遵循比较原则,从相对的意义上肯定其合理性、进步性;其三,对于国际机制中大国安排制度,主导制度执行的倾向必须予以有理、有利、有节的抗争,努力推动其朝着更公正、更合理的方向发展。

（5）全球化主要是经济的全球化,拒斥经济全球化没有出路,融入经济全球化是实现国家发展、民族振兴的必然选择。

全球化到底是单一的经济维度还是涉及政治、社会、文化多领域、多向度,对此,人们尚有争议,但有一点却是国际社会的共识,即当今的全球化,无论就其表现还是影响而言,主要是指经济全球化,正是经济全球化导致生产要素在全球的配置与流动,出现了全球生产、全球贸易、全球金融以及这些经济活动的载体——跨国公司的全球经营。生产要素的全球配置与流动,打破了经济在一国一地区发展的局限性,提高了经济效率与效益,促进了全球经济的快速发展。事实表明,无论是发达国家还是发展中国家,只要能理性应对经济全球化,采取正确有效的政策,就可以在经济全球化中获益。世界银行的一份研究报告表明:1983—1994年的十年间,快速融入经济全球化与缓慢融入经济全球化的国家相比,前者的经济发展速度超过后者50%以上。而另一份报告也指出:对一组发展中国家1970—1989年的经济增长水平研究发现,开放的国家经济年均增长4.5%,而闭关自守的国家只增长0.7%。①

（6）全球化的自由主义导向助长世界发展的不平衡,全球化由西方主导的事实导致其不公正,这两大弊端造就了反全球化现象与运动,提出了使全球化人性化和公正化的伦理要求。

全球化固然促进了世界经济的发展,并为发展中国家提供了改变落后面貌的机遇与可能,但其弊端也是毋庸置疑的。首先,经济全球化以新自由主义为指导,片面强调市场的作用,片面追求利润和经济效益,忽视社会公正与社会责任,从而加剧了全球范围的贫富差距,加剧了世界发展的不平衡。世界银行的报告指出,20个最富国家的平均收入目前已达到20个最穷国家平均收入的37倍,这一比率在过去40年中翻了一番,而且还在继续扩大。② 其次,西方发达国家主导着当今的主要国际机制,更多地反映发达国家的意愿和利益,

---

① 参见刘力、章彰:《经济全球化:福兮？祸兮》,中国社会出版社1999年版,第149页。

② 世界银行:《2003年世界发展报告》,中国财政经济出版社2003年版,第2页。

不同程度上忽视甚至损害发展中国家利益。这种结构性不公正一直受到广大发展中国家的批评,但改进不大。正是因为全球化的这两大弊病迟迟未有大的改观,所以伴随全球化进程的深入,就出现了规模和影响都不可忽视的反全球化现象与运动。这一运动不仅体现为情绪化的游行集会,更体现为理性的反思和批判,如何使全球化更人性化,如何消除全球化进程中的不公正、不平等,使世界和谐发展,这一历史性课题受到越来越多的关注。

（7）全球化在扩大相互依赖的同时,也增强着国际社会的脆弱性,从而要求增进了解与互信,提高应对传统安全与非传统安全的能力。

全球化所依托的高科技及其所拓展的全球性交往,不仅给人们带来了便利、快捷、利益,同时也使问题、挑战全球化。东亚金融危机导致全球经济的衰退,对伊朗和朝鲜的核查牵动国际社会的神经,石油价格的变化瞬间就影响到全球股市的波动,人民币的升值与美元的贬值成为世界经济的晴雨表,应对全球升温的《联合国气候变化框架公约》的谈判与博弈令世人瞩目。此外,还有贸易摩擦,国际反恐,毒品和艾滋病的传播等关涉世界各国的问题。凡此种种都表明,全球化这把双刃剑也导致了世界的脆弱性,加大了国际社会的不安全,特别是凸显了由全球性问题所造成的非传统安全。因此,重视当代人类面临的安全问题,尤其是非传统安全的威胁,已成为国际社会的共识。为此,必须加强安全对话与合作,提高防范传统安全与非传统安全的能力,创建解决国际安全问题的新机制。

（8）全球化冲击并挑战着国家主权,深刻地思考主权的新特点、新功能、新运作方式,理性地定位国家与非国家行为体的关系是当代人类无法回避的严峻课题。

全球化冲击并挑战国家主权的现象存在于各个领域,如果不固执己见,就很难否认这一事实。的确,国家在应对贸易争端、汇率变动压力、绿色环保要求,以及是否接受核查与维和等事项上都有相当的自主权,从而体现着主权的存在与作用,但如果变换一下思维角度就不难发现,这种被动应对式主权本身就反映着主权受到冲击。因为诸如一国的经济贸易政策、环境保护标准、是否研制和发展核技术与核武器,从传统的绝对的主权观来看,这些都属于无可争议的主权范围内自主决定的事项,根本无须征得他人同意。但是在全球化时代的今天,传统的绝对式主权的行使却受到了国际社会的制约。经济的跨国界交往,文化的跨文化交流,解决全球性问题所需要的超出国家的能力,这一切都为非国家行为体的活跃和一套新的不同于国家权力体制的新国际体制的生成提供了历史契机和舞台。

主权没有消失,国家也没有过时,但主权的功能和行使方式应根据新的形势做出适当的调适;国家也应理性地承认,由于人类交往和国际事务的复杂性,特别是跨国界现象与行为的增多,国家已不可能独掌管理公共事务的权力,要勇于并善于与其他非国家行为体共享公共权力。

对以上八个全球化观念简单的概括就是:地球村与相互依存观;人类整体观;人类共同利益观;国际机制强化观;全球化融入观;全球化弊端观;国际社会的脆弱性与新安全观;国家及其主权理性定位观。在这八个观念中,前四个可以说是全球化本质的反映,而后四个则不妨理解为全球化表象的反映,带有更多的感性认知的痕迹。毫无疑义,这八个全球化观念在中国改革开放三十年进程中不断被传播,被强化,被确立,深刻影响着中国的社会变迁,特别是中国对外战略的制定与实施。

二、全球化观念在中国的传播

全球化观念在中国的传播,一方面有其历史必然性,另一方面则是中国社会转型、社会变革的客观要求使然。全球化观念在中国的传播大抵经历三个阶段。传播的主要形式与途径,表现为经济全球化的深入,政府的明确宣示与确认,学术界的自觉推动,以及媒体的宣传。

1. 全球化观念在中国传播的原因

全球化观念之所以能在 20 世纪 70 年代末 80 年代初传播到中国,首先是因为 20 世纪 60、70 年代以来,新科技革命所造就的当代全球化浪潮已经形成,并开始影响国际社会。尽管关于全球化始于何时、何地众说纷纭,但谈及当代全球化,20世纪60、70年代是一个公认的标志性时期。当代的全球化,一方面展示着二战后全球经济发展的骄人成就,反映着国际社会日益紧密的联系,以及新科技革命的诱人前景;另一方面也开始反省方兴未艾的全球问题,特别是经济发展模式与环境问题(罗马俱乐部的诞生就是力证)。于是,世界的整体性联系这一客观事实,以及立足于此而开始受到关注和研究的全球意识、全球视野就逐渐渗透到人类的生活之中,成为左右各国社会发展的制约性因素。这就是全球化观念得以在中国传播的历史性力量,它不以人的意志为转移。

其次,全球化观念在中国的快速传播,要归因于20世纪70年代末中国发生的大转型、大变迁。1976年,中国粉碎了"四人帮",结束了十年"文化大革命"。这一政治事件本身就具有历史转折意义,而随后发生的变革,更是把中国引向了"第二次革命",开启了改革开放和全力推进现代化建设的崭新道路。正是一条全新的政治路线和勇敢的改革开放国策的确立,为全球化观念在中国的传播与植根奠定了坚实的基础。具体而言:

第一,党和国家的政治路线从"以阶级斗争为纲"转向"以经济建设为中心",从而与全球化所鼓励与推动的全球经济交往与发展相吻合。全球化要求经济要素的跨国界流动与配置,它的首要之点是经济。如果中国国内未发生政治路线的转变,仍旧以阶级斗争为纲,忽视甚至批判经济发展,那么就不可能允许全球化的经济理念与主张的渗透与传播,从"宁要社会主义的草,不要资本主义的苗"这种极左思潮和言论中就不难证实这一结论。

第二,实现现代化和民族振兴客观上需要全球化观念。党和国家政治路线与中心任务的转变,把实现四个现代化和民族振兴置于头等重要的位置,对此,邓小平有过多次论述"我们党在现阶段的政治路线,概括地说,就是一心一意地搞四个现代化"。[①] "所谓政治,

---

① 邓小平:《坚持党的路线,改进工作方法(一九八○年二月二十九日)》,载《邓小平文选》第二卷,人民出版社1994年版,第276页。

就是四个现代化。"①但是,要进行社会主义经济建设,实现现代化,就必须有新的知识,新的管理,新的制度,新的人才。而所有这一切,由于新中国建立后党和国家自身路线上的失误,特别是"文化大革命"的十年干扰,已与世界拉开了少则十年,多则几十年的差距。只有下决心发展科学技术,学习新的生产与管理知识,建立先进的规章制度,实现现代化和民族振兴才不会流于空谈。而中国的这些迫切需要恰恰可以从全球化所倡导的世界性交往中获得。所以,全球化观念在中国受到欢迎,确与中国在当时的急迫社会需要紧密联系在一起。

再次,改革开放为全球化观念在中国的植根注入了内在而持久的动力。"文化大革命"结束后,中国确立了新的政治路线,完成了党和国家工作重心的转移,明确了实现四个现代化这一中心任务,这些巨大变化无疑为全球化观念在中国的传播打开了绿灯。但是如果仅停留于此,中国的现代化建设就可能远不如今天我们所经历的那样快,因为在全球化时代,一国的经济与社会发展不可能封闭式进行,也不是简单的出国考察学习或仅从书本上借鉴他国经验就能实现的。必须找到一条连接中国与世界、让中国在与世界的互动中学习、成长、发展的道路。幸运的是,中国很快就找到了这条道路,那就是中共十一届三中全会所确立的改革开放之路。三十年来,中国高举改革开放的旗帜,这就为全球化观念的传播、植根提供了内在、持久的动力。因为,全球化本身就要求一个开放的世界,从市场开放,贸易开放到经济的全面开放,再延伸到社会、文化乃至政治的开放。总之,开放是全球化的本质特征之一,没有世界的开放,就不能称之为全球化。中国顺应了开放的潮流,确立了改革开放的国策,这种内在的一致性当然决定了全球化观念在中国的命运。

最后,全球化观念在中国得到顺利传播,与中国传统文化中的整体性世界观、价值观、思维方式有关。在中国的传统文化看来,人与自然是一个不可分割的整体,即"天人合一";而"人道源自天道",所

---

① 邓小平:《关于经济工作的几点意见(一九七九年十月四日)》,载《邓小平文选》第二卷,人民出版社1994年版,第194页。

以处理人际关系,也要强调个人与社会的统一,个人要服从于社会,"君子无所争"。① 这种整体主义倾向,使中国能从"世界""天下"来考虑问题,能做到"不拒他者",甚至善于"化他者"做到"天下无外""思想无外"。赵汀阳先生的新著《天下体系:世界制度哲学导论》,从政治哲学的高度探讨了中国的"天下观"在全球化时代的思想和理论意义。他指出:"'思考世界'与'从世界去思考'是完全不同的境界。在关于世界政治的问题上,中国的世界观,即天下理论,是唯一考虑到了世界秩序和世界制度的合法性的理论,因为只有中国的世界观拥有'天下'这个在级别上高于/大于'国家'的分析角度。"② "中国政治哲学从最大的眼界出发,从天下的规模去理解政治问题,而西方政治哲学(以现代政治哲学为准)则由最小眼界开始,以最小政治实体的权利为基础,这样的哲学只能解释如何维护个人权利和国家利益,却不能解释世界的政治制度和治理,不能解释如何维护人类价值和世界利益。"③赵先生的具体分析和某些观点未必都能得到学术界赞同,但他对中国"天下观"的挖掘,特别是全球化时代需要超越民族国家的"世界政治理论",而中国的传统文化具有这方面优势的见解,却是深刻的,也恰恰道出了全球化观念得以在中国传播、植根的文化原因。

2. 全球化观念在中国传播的过程

全球化观念在中国的传播,大抵上经历了三个阶段,而这三个阶段恰恰是中国对外开放的三个阶段,正是在这个意义上不妨说,全球化观念在中国传播的过程,就是中国对外开放不断深化、扩大的过程。

第一阶段(1978—1991年),初步传播时期。

1978年12月召开的中国共产党第十一届三中全会,标志着一个时代的结束和另一个时代的开始。结束的是"以阶级斗争为纲"的毛

---

① 参见楚树龙、王青:《传统文化对当代中国外交的影响》,《世界经济与政治》2007年第12期。
② 赵汀阳:《天下体系:世界制度哲学导论》,江苏教育出版社2005年版,第4页。
③ 同上书,第24页。

泽东时代,开启的是"以经济建设为中心"的邓小平时代。从此,中国特色的社会主义的基本路线就确定为:"领导和团结全国各族人民,以经济建设为中心,坚持四项基本原则,坚持改革开放,自力更生,艰苦奋斗,为把我国建设成为富强、民主、文明的社会主义现代化国家而奋斗。"①这一基本路线、方针的确立,以及为贯穿这一路线,实现四个现代化宏伟目标的一系列战略、政策的调整、创新,都不同程度地体现着全球化观念的传播。

首先,"以经济建设为中心"突出了科学技术的作用,而现代科学技术地位与作用的极大提升,特别是高科技对人类生存与发展的决定性意义,恰恰是20世纪60、70年代以来全球化所昭示的核心内容。因此,大讲科学、技术、教育的重要性,重视科学、技术以及与此相伴的教育的发展,就成为第一阶段,全球化观念得以传播的主要表现。事实上这一进程在粉碎"四人帮"后就已开始,邓小平于1977年先后两次谈及科学与教育问题,强调要尊重知识,尊重人才,"我们要实现现代化,关键是科学技术要能上去。发展科学技术,不抓教育不行"②。1978年三月和四月,邓小平又分别在全国科学大会和全国教育工作会议上讲话。他明确指出,"现代科学技术正在经历着一场伟大的革命","现代科学技术的发展,使科学与生产的关系越来越密切了。科学技术作为生产力,越来越显示出巨大的作用"③。胡耀邦同志在中国科协第二次全国代表大会上也指出:"科学是推动历史前进的巨大力量。科学愈来愈迅速地转化为巨大的生产力。没有先进的科学技术就没有四个现代化","发展科学,发展教育,大力培养各方面的专家,提高全民族的科学文化水平,是开发人类智力资源的伟大事业。四个现代化建设能否顺利进行,在很大程度上,要取决于这种资源的开发。"④1981年4月,中共中央、国务院在转发国家科委党组

---

① 赵紫阳:《沿着有中国特色的社会主义道路前进》,人民出版社1987年版。
② 邓小平:《尊重知识,尊重人才(一九七七年五月二十四日)》,载《邓小平文选》第二卷,人民出版社1994年版,第40页。
③ 邓小平:《在全国科学大会开幕式上的讲话(一九七八年三月十八日)》,载同上书,第87页。
④ 《三中全会以来重要文献选编》,上海人民出版社1982年版,第469、476页。

《关于我国科学技术发展方针的汇报提纲》的通知中进一步强调:"科学技术是生产力,国内外的经验证明,要建设现代化的国家,必须依靠科学技术。"①"我们要清醒地估计同世界先进水平的差距。我们应该在独立自主、自力更生方针的指导下,积极学习国外先进的科学技术。在今后一个时期里,重点应该放在学习、消化、吸收国外先进的、对我国适用的技术成果上。"②显然,这些都是在传播当代全球化进程中重视科学技术、教育的理念。

其次,"以经济建设为中心",要求调动、使用一切资源、力量,包括国外的资金、技术、管理经验,这就客观上把中国经济建设与世界的经济发展联系在一起,从而实践并传播着全球化所倡导的全球生产、全球贸易、全球金融的经济理念。迫于发展生产力的需要,从1977年起,我国已开始实施利用外资的政策。最初,力度很小,态度也极为谨慎,当时的主要领导人,如李先念、陈云都一再强调:"我们搞现代化,当然要引进外国的先进技术和进口先进设备,利用国外的资金,中央关于这方面的决策是完全正确的。但是……不能搞盲目性","我们一定要坚持自力更生为主,争取外援为辅的方针,不能依赖借外债。"③"利用外资进行建设,我们的经验还很少,需要认真加以研究。"④邓小平则以更宽广的视野谈及利用外资和引进国外先进技术、设备。他说:"中国在历史上对世界有过贡献,但是长期停滞,发展很慢。现在是我们向世界先进国家学习的时候了","我们过去有一段时间,向先进国家学习先进的科学技术被叫作'崇洋媚外'。现在大家明白了,这是一种蠢话。我们派了不少人出去看看,使更多的人知道世界是什么面貌。关起门来,固步自封,夜郎自大,是发达不起来的。"⑤在深刻反省的基础上,邓小平明确指出:"要实现四个现代化,就要善于学习,大量取得国际上的帮助。要引进国际上的先

---

① 《三中全会以来重要文献选编》,上海人民出版社1982年版,第759页。
② 同上书,第767—768页。
③ 同上书,第124—125页。
④ 同上书,第172页。
⑤ 邓小平:《实行开放政策,学习世界先进科学技术(一九七八年十月十日)》,载《邓小平文选》第二卷,人民出版社1994年版,第132页。

进技术、先进装备,作为我们发展的起点。"①1979年邓小平在接见美国和加拿大友人时,进一步明确指出:"实现四个现代化必须有一个正确的开放的对外政策。我们实现四个现代化主要依靠自己的努力,自己的资源,自己的基础,但是,离开了国际的合作是不可能的。应该充分利用世界的先进的成果,包括利用世界上可能提供的资金,来加速四个现代化的建设。"②正是在开放思想的指导下,中国的对外开放政策也更加明确、坚定。1980年建立了深圳、珠海、汕头、厦门经济特区,1984年开放沿海14个港口城市,1990年开放和开发上海浦东新区……在对外开放的实践中,全球经济一体化,相互依赖的观念日益传播到中国大地。邓小平依据最新的实践总结道:"经验证明,关起门来搞建设是不能成功的,中国的发展离不开世界","中国取得了国际的特别是发达国家的资金和技术,中国对国际的经济也会做出较多的贡献。几年来中国对外贸易的发展,就是一个证明。所以我们说,帮助是相互的,贡献也是相互的","从世界的角度来看,中国的发展对世界和平和世界经济的发展有利。西方政治家要清楚,如果不帮助发展中国家,西方面临的市场问题、经济问题,也难以解决。经济上的开放,不只是发展中国家的问题,恐怕也是发达国家的问题。"③这充分说明,在邓小平看来,对外开放不仅仅是中国的选择与政策,而且是世界经济发展的共同规律。这一认识足以反映全球化观念在中国的传播是何等深入。

总的来讲,1978—1991年之间,全球化观念在中国的传播是与中国对外开放政策的制定及其不断深化联系在一起的。在这个阶段,工作重心的转移把实现四个现代化放到党和国家的头等重要的地位,被视为最大的政治。因此,发展经济,发展生产力的大趋势不可阻挡,也最合乎民心。这一大趋势符合历史的要求,符合全球化的要求,所以全球化观念在朦胧中被中国社会接受。但与此同时又要看

---

① 邓小平:《实行开放政策,学习世界先进科学技术(一九七八年十月十日)》,载《邓小平文选》第二卷,人民出版社1994年版,第133页。
② 同上书,第233—234页。
③ 邓小平:《我们的宏伟目标和根本政策(一九八四年十月六日)》,载《邓小平文选》第三卷,人民出版社1993年版,第78—79页。

到,时代的转换并不能使传统的观念、政策、做法立即消失。困惑、不解,甚至抵制、反对社会转型和改革的现象大量存在,从而导致对外开放政策无论在理解、接受还是实践上都出现反复。这同时也恰恰表明,全球化观念在中国的传播还远未达到理论的自觉。

第二阶段(1992—2001年),迅速传播时期。

全球化观念在中国传播的第二个阶段是与中国现代化建设进入一个新阶段,特别是与中国对外开放进入一个新阶段相适应的。这个阶段的标志性事件深刻反映着全球化观念在中国社会的进一步拓展。

首先是邓小平的南方谈话。1992年年初,邓小平视察了武昌、深圳、珠海、上海等地,沿途发表了极具针对性、极有冲击力的讲话。其核心是强调"一个中心,两个基本点",力主推进改革开放,加快经济发展速度,而从全球化观念的角度看,则是充分肯定了改革与经济发展的市场化倾向,并突破长期禁锢人们头脑,甚至改革开放十几年也难以撼动的禁区——市场经济问题。他明确指出:"计划多一点还是市场多一点,不是社会主义与资本主义的本质区别。计划经济不等于社会主义,资本主义也有计划;市场经济不等于资本主义,社会主义也有市场。计划和市场都是经济手段","证券、股市,这些东西究竟好不好,有没有危险,是不是资本主义独有的东西,社会主义能不能用?允许看,但要坚决地试","总之,社会主义要赢得与资本主义相比较的优势,就必须大胆吸收和借鉴人类社会创造的一切文明成果,吸收和借鉴当今世界各国包括资本主义发达国家的一切反映现代社会化生产规律的先进经营方式、管理方法。"① 由此可见,邓小平把市场经济及其相应的运作形式视为现代化大生产的共性,是现代化大生产一般规律。换言之,中国搞四个现代化建设,搞现代大生产也必须遵循一般规律,走市场经济之路。根据杨继绳的介绍,其实早在1979年邓小平在接见美国和加拿大客人时就明确表示社会主义可以搞市场经济,"市场经济只存在于资本主义社会,只有资本主

---

① 邓小平:《在武昌、深圳、珠海、上海等地的谈话要点(一九九二年一月十八日——二月二十一日)》,载《邓小平文选》第三卷,人民出版社1993年版,第373页。

义的市场经济,这肯定是不正确的。社会主义为什么不可以搞市场经济,这个不能说是资本主义"①。只是因为时机不成熟,邓小平的这一观点未向国内公开,直到1994年《邓小平文选》第二版时,这篇谈话才被收录,而1983年《邓小平文选》第一版未收入这篇谈话。②这个禁区的打破,结束了因苏东剧变和"北京政治风波"所导致的中国改革开放的相对滞缓局面,扫除了"市场取向就是资本主义倾向"等怀疑、批评改革开放的种种言论,为改革开放注入了强大而持久的动力。最为重要的是,市场经济的观念最终取得了政治上的合法性。就在1992年当年,中国共产党第十四次党代会明确提出:"中国经济体制改革的目标是建立社会主义市场经济体制。"随后在1993年召开的中共十四届三中全会上,又通过了《中共中央关于建立社会主义市场经济体制若干问题的决定》,从此,市场经济无论在理论还是实践上都获得了非同寻常的发展。

其次是中国加入世贸组织。对外贸易是一国经济发展的主要支柱,也是衡量一国经济水平的重要尺度,不仅如此,全球贸易状况与水平,也是世界经济发展的标尺。在全球化时代,贸易的作用更为突出。中国的改革开放客观上要求中国加强与世界各国的贸易往来,为此,一方面要进行自身的外贸体制改革,另一方面则是要尽快加入协调和管理世界贸易的国际组织。因此,先是"入关"后是"入世",就成为中国经济发展的一大目标、任务。这一进程自1986年起,整整走了十五年,最终我国于2001年12月正式成为世界贸易组织成员。争取加入贸易组织的十五年,就是深刻理解、接受全球化观念的十五年。如果说在1992年前,中国对入世的理解,更多的是为本国经济发展赢得更多、更好的国际经济特别是贸易环境。那么,1992年后,由于确立了市场经济的理念与目标,就对世界经济的整体性有了更清醒的认识,中国的发展离不开世界,世界的发展需要中国的贡献,我们不再简单地、被动地要求加入世界贸易组织,而是懂得,这是

---

① 《邓小平文选》第二卷,人民出版社1994年版,第236页。
② 参见杨继绳:《邓小平时代——中国改革开放二十年纪实》下卷,中央编译出版社1998年版,第334—335页。

历史的必然。对中国如此,对世界也是如此。这种新的领悟与认识,正是全球化观念深入、内化的表现。

最后是中国应对亚洲金融危机。全球化加强了世界的相互依存,为生产要素的国际流动创造了条件,提供了发展机遇,但全球化也导致了世界经济发展的脆弱性,1997年的亚洲金融危机就充分显示了这一点。市场经济片面追求利润的痼疾,世界经济管理的滞后,特别是国际金融监管、规范的无力,这一切在亚洲金融危机中暴露无遗,从而也使中国对全球化有了更全面的认识。全球化是一把双刃剑,各国都应趋利避害,共同防范全球化的负效应,争取在全球化中共赢。在亚洲金融危机中,中国以人民币不贬值的坚定态度与措施,为克服这场金融危机,为世界经济的平衡发展做出了举世瞩目的贡献,赢得了国际社会的广泛赞誉。

上述三个标志性事件充分反映了在第二个阶段,全球化观念在中国得到了更广泛、更深入的传播。人们从这些活生生的事例中,加深着对全球化的更准确、更全面的了解。而且也正是在这个阶段,中国开始了对全球化的理论介绍与研究。国际上的最新研究成果被及时介绍到中国,中国的学界、传媒界开展了全球化的大讨论、大宣传,其声势之大,影响之广的确是始料不及。显而易见,与第一阶段相比,全球化观念的理解与传播更为自觉、主动,其对现实的作用也更为显著。正是市场经济的自觉、加入WTO的自觉、融入全球化的自觉,使得中国的改革开放进入第二阶段。到1994年,中国的开放地区已经遍布沿海、沿江、沿边和内地,实现了全方位对外开放。改革开放再也不可能逆转,"与国际规则接轨",成为该阶段全球化观念在中国传播的生动写照。

第三阶段(2002年至今),全面传播时期。

2002年是中国加入WTO后的第一年,也是中国共产党召开十六大,提出并确立"全面建设小康社会"新目标的一年。新世纪、新阶段、新目标、新形势,都为全球化观念在中国的更深入传播创造了可能与条件,事实上也是中国社会发展的必然要求。

只是在真正成为WTO的成员,并依据其规则开展经贸事务,履行承诺与义务,行使权利后,中国才更深切地感受到什么是全球化,什么是自由贸易,什么是国际规则的约束力。并进而体会到世界的相互依存,国际与国内的互动以及界限的打破。这些无疑都是最核心的全球化观念。

中国紧紧抓住了加入 WTO 的重大机遇,在实践中理解全球化,积极参与全球化,着力提高对外开放水平,从而开创了中国四个现代化建设空前大好局面,极大地提高了中国的国际地位。到 2006 年年底(即入世五周年之际),我国国内生产总值跃居世界第 4 位,外贸规模由世界的 32 位(1978 年)攀升到第 3 位,外贸对经济增长的贡献率近年来稳定地保持在 20% 以上。外汇储备从改革之初的 8 亿多美元,增加到 2007 年 6 月底的 13 326 亿美元,居世界第一;利用外资总额连续 14 年居发展中国家之首,全世界第二。更有意义的是,中国的对外开放正在进行从"引进来"到"走出去"的转型,从适应性开放到战略性开放的跃升。目前,"走出去"战略已扩展至近 200 个国家和地区,从事跨国投资与经营的各类企业扩展到了 3 万多家,具有对外承包工程和对外劳务合作经营资格的企业达 2000 多家,仅 2006 年,我国对外直接投资就达 161 亿美元。总之,中国已与世界更紧密地联系在一起,经济的对外依存度已达 67%。而根据世界银行的统计,入世以来,中国经济对世界经济的平均贡献率为 13%,胡鞍钢则提供了世界银行的另一研究成果:1990—2005 年间,中国对世界经济新增 GDP(以购买力平价计算)的贡献率为 28%,居世界之首。这一铁的事实,更有力地促进着全球化观念在中国的传播。

当然,全球化的不平衡性,不公正性,以及对各国经济发展带来的冲击也在第三阶段得到体现,从而使中国对全球化观念的认识与理解更全面、更富有层次性。从 1995 年至 2005 年,我国已连续 11 年成为全球遭受反倾销调查最多的国家。入世五年来,我国每年约有 400 亿—500 亿美元的出口商品受阻。经贸摩擦的增多,国家风险的凸显,环境和技术贸易壁垒的压力,使中国深深体会到积极参与全球化是何等不易,有时不得不付出沉重代价。

但是,中国的跨越式发展就是在坚持改革开放,积极融入和参与全球化的进程中实现的。因此,挑战、挫折、压力不可能让我们退缩。中国现在所做的,就是更完整、更准确、更立体地认识全球化,以便在更接近全球化本来面目,更掌握全球化真谛的理论观念指导下,不断调整、确立积极参与全球化,推进中国和世界发展的方针政策。互利共赢、和谐社会与和谐世界、科学发展观,这些新思想、新观念、新战略,正是第三阶段全球化观念在中国传播进程中与中国实践互动的产物。

3. 全球化观念在中国传播的途径

全球化观念在中国的传播、植根是通过多种途径完成的,它既是参与经济全球化的必然结果,又是政府的自觉政策导向和社会精英(主要是学术界和传媒界的精英)积极推动的结果,下面分别加以论述。

其一,中国改革开放的伟大实践有力传播着全球化观念。

观念来源于实践又指导实践。尽管人(主体)在观念的形成中发挥着重要作用,但在终极的意义上,观念离不开实践。观念一旦形成,又需要在实践中被检验、被修正,并得以传播。相对于发达国家而言,中国是认识和接受全球化观念的后来者,但是中国认识和接受全球化观念,首先不是书本的学习,而是在实践中认知和领悟。

正如前文在论及全球化传播过程时所指出的,中国人对全球化的了解是同中国改革开放的进程与实践联系在一起的。对中国而言,改革开放的过程就是参与、融入全球化的过程,也是认识和接受全球化观念的过程。自中共十一届三中全会确立以经济建设为中心的基本路线和实行改革开放的国策以来,中国的改革开放经历了三个大的阶段。首先是审视性开放阶段,这一阶段的开放具有试验性、局限性、探索性特点;其次是适应性开放阶段,这一阶段的开放具有推广性、全面性、应对性特点;最后是战略性开放阶段,这一阶段具有自主性、全面性、前瞻性特点。这三个阶段,在实践上使中国的经济发展从1980年建立深圳等四个经济特区,到1994年建立遍布沿海、沿边和内地,覆盖354个市、县,55万平方公里,3.3亿多人口的开放地区。同时,还兴办了52个高新技术开发区,11个接待境外游客的旅游度假区。从有保留的运用市场手段与机制到确立建立市场经济体制目标;从最初的改革外贸和汇率体制到加入世界贸易组织,坚定地推行自由贸易,自觉融入世界经济的整体性运作,这种变化是巨大而深刻的。不言而喻,改革开放的每一次深化,都促进着全球化观念的传播,改革开放的每一项成果,特别是持续的经济增长和不断改善的生活,都加深着人们对全球化的认知。今天,中国的大部分普通家庭,都会通过家庭成员、亲朋好友、师生、同学等多种社会联系接触和了解各种经济与社会信息,并从国外经商、劳务、留学的经历,中国外资与合资企业的增多,跨国公司在中国的活跃,外国商品与文化的涌入等现象中编织着全球化的画面。这就是活生生的全球化图景,就是普通百姓所感知的全球化。只要中国的改革开放继续下去,中国人对全球化的认知就会继续下去,全球化观念就会不断更新、深化。过去注重"引进来",今后注重"走出去";过去仅仅以本国的利弊得失制定对外开放战略,今天要以全球的视野,人类的尺度来审视对外开放。开放的经济,开放的世界,必然铸造开放的思维、开放的理念,而开放性正是全球化观念的精髓。正如杨继绳所指出的:"如果说,改革的目标是建立当代世界主流地位的体制——市场经济体制,那么开放的目标就是使中国向全球化迈进。向全球化迈进,一要建立开放型经济,二要广泛吸收人类创造的各方面的优秀成果,在诸多方面要和国际接轨,三要放眼世界,胸怀全球,树立全球观念。"[①]

其二,中国政府的政策宣示,引导着全球化观念的拓展。

一个国家大政方针的确立和相应政策的制定主要取决于国内外环境,取决于实践的需要。所以它的主要功能就是指导实践,指导人们的社会活动。我们这里关心的是另一个问题,即政策的导向会主导、塑造人们的观念,从而以新价值、新观念去规范、指导人们的社会实践。全球化观念就是在中国政府的政策导引下,一步步渗透于人们头脑,并指导中国应对全球化和推进改革开放的。

政府的政策导向体现在党和国家重要文献中的政策宣示,领导人的讲话,政府的作为以及政策的具体规定等各个层面。从全球化问题来看,政府在应对全球化时所做出的各种选择与政策宣示,直接

---

① 杨继绳:《邓小平时代——中国改革开放二十年纪实》上卷,中央编译出版社1998年版,第265页。

影响着人们对全球化的认识与评价。已有的文献表明,直到1997年亚洲金融危机爆发,在中共十一届三中全会以来的历届党代会,政府工作报告、国务院新闻办公室的涉外白皮书,以及中国驻外使节会议上,中国政府一直未正式使用过"全球化"概念。但是,中共十一届三中全会以来的改革开放方针及其政策,已在实践上倡导着经济开放、社会开放、观念开放,其导向无疑是推进全球化观念的传播,只是在理论上尚不够自觉,在术语上尚不够规范罢了。亚洲金融危机波及整个世界,中国当然不能置身事外。正是在回应亚洲金融危机的过程中,中国政府开始正式使用"全球化"词汇,并正面阐述对全球化的理解与主张。1998年7月,中国政府发表《中国的国防》白皮书,第一次以官方的语言谈及全球化,"多极化趋势和经济全球化的持续发展,使国与国之间的相互依存和制约进一步加深,也有助于世界的和平、稳定与繁荣","亚洲金融危机使经济安全问题更为突出,提出了经济全球化过程中各国政府加强协调,共迎挑战的新课题"。① 事隔一个月,在中国政府召开的第九次驻外使节会议上,江泽民更明确地阐述了中国政府对全球化的基本立场:"一个引起人们普遍关注的趋势,就是经济全球化。经济全球化作为世界经济发展的客观趋势,是不以人们意志为转移的,任何国家也回避不了。当今世界是一个开放的世界,谁也不能孤立于世界之外去发展自己的经济。"②总之,从1997年起,中共十五大、十六大、十七大都提及经济全球化。而一年一度的政府工作报告,也多次论及经济全球化。最经典的提法是:"世界多极化和经济全球化趋势在曲折中发展。"在2005年的政府工作报告中,有了一些新的变化,即"促进经济全球化朝着有利于各国共同繁荣的方向发展"③,这一变化在近两年进一步强化,2005年发表的《中国的和平发展道路》白皮书指出:"顺应经济全球化发展趋

---

① 《中国的国防》,《人民日报》1998年7月28日。有必要指出的是,在1997年9月中共十五大政治报告中已出现"全球化"字样。报告指出:"面对经济、科技全球化趋势,我们要以更积极的态度走向世界。"显然,这里讲的全球化仅具有描述性,只是为改革开放作论证,并未涉及对全球化的认知,所以本文还是认为1998年《中国的国防》白皮书为中国政府首次阐述全球化的文献。

② 《中国第九次驻外使节会议》,《人民日报》1998年8月29日。

③ 《2005年政府工作报告》,《人民日报》2005年3月6日。

势,努力实现与各国的互利共赢和共同发展。"①2006年中央外事工作会议上提出"致力于同各国深化合作,共同发展、互利共赢,推动共享经济全球化和科技进步的成果,促进世界普遍繁荣"。② 显然,建立共同繁荣的和谐世界已成为我国政府应对全球化的新的指向与追求。

毋庸置疑,党和国家的这些政策宣示不断强化着人们对全球化的了解与认同,使人们对全球化的趋势,全球化的基本内涵与观念有了越来越全面、深刻的理解。对于中国这样一个有着更多服从权威,认同政府传统的国家来讲,来自政府的宣示、表态显然对人们是否愿意认同全球化起到了极其重要的作用。

除上述的明确政策宣示外,政府积极参与国际上的全球化会议和在我国积极举办大规模、高规格的全球化会议、论坛,从而以政府的行动倡导和推进全球化,使政府官员、企业界人士、学者,能够在这些会议中了解全球化的最新动态、最新见解,而普通百姓则通过对这些会议的报道,受到全球化浪潮的感染。如中国分别于2000年、2001年、2005年举办了第一届、第二届、第三届全球化论坛,全国政协副主席叶选平出席第一届大会并做大会发言,指出:"经济全球化作为人类社会历史的必然趋势,正在改变着中国、改变着亚洲、改变着世界。中国要发展,亚洲要发展,世界要发展,各国要解决诸多的难题,理当顺应'经济全球化的趋势,融入经济全球化'的潮流,因势利导,趋福避祸,才能实现双赢、多赢的目标。"③同时,我国还举办了《财富》全球论坛、博鳌亚洲论坛、中国企业高峰会等大型会议,与世界各国的领导人、企业家共同探讨经济全球化和世界经济发展的重大问题。

其三,学术界的理论探讨,为全球化观念在中国的植根做出了重大贡献。

全球化观念在中国的传播、植根,与学术界的自觉推动有密切关系。中国改革开放和现代化建设的急迫需要的确奠定了全球化观念在中国流行的坚实基础,并成为传播全球化观念的主渠道,但观念的

---

① 《中国的和平发展道路》,《人民日报》2005年12月23日。
② 《中央外事工作会议》,《人民日报》2006年8月24日。
③ 参见《光明日报》2000年6月17日。

传播、影响同样需要理论的自觉,否则一种新观念就难以持久地生存,或者被曲解、变形。

全球化与全球问题的研究,在国际上始于20世纪60、70年代,到80年代末90年代初已成为学术界关注的焦点和最时髦的话语。而在中国,至少晚了二十年,到80年代中,随着《引人注目的全球问题研究》(《光明日报》1985年)、《全球学研究与展望》(王兴成、秦麟征,社会科学文献出版社1988年版)、《全球问题和"人类困境"》(徐崇温,辽宁人民出版社1986年版)等的问世,意味着中国对全球问题研究的开始。至于全球化研究,严格讲80年代的中国学术界尚无人明确提出。根据中国期刊网的检索,80年代涉及全球化的文章仅5篇,只有徐炳文撰写的《生产力的全球化与全球的生产力发展战略》(《生产力研究》1988年第2期)属研究性文章,其余4篇都是中国学者编译的介绍性文章。进入90年代后,全球化研究才被明确提出,并随着改革开放的深化而呈现出迅速扩展之势。根据中国期刊网,以"全球化"篇名检索,1990—2007年间,研究全球化论文共18 421篇,其中大都为经济、政治、法律类文章,多达12 332篇。这些文章随着中国融入全球化力度的加大而呈现出逐年增加的趋向(见表1、图1)。同时根据中国国家图书馆检索系统,1990—2007年间,共有全球化研究的学术专著861部(其中译著142部),博士论文326篇,博士后研究报告16篇。如此众多的研究成果,一方面反映了学术界对全球化研究的重视,另一方面也提升了对全球化的理论认识,深化着全球化观念的传播。

表1 1990—2002年间国内全球化研究文章数据表

年份	数量(篇)	年份	数量(篇)
1990	10	1997	117
1991	4	1998	341
1992	6	1999	683
1993	15	2000	1492
1994	55	2001	2551
1995	75	2002	2731
1996	74		

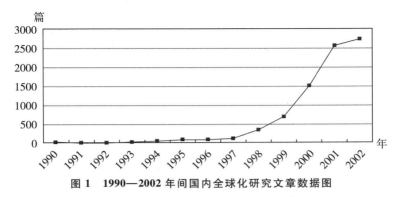

图 1　1990—2002 年间国内全球化研究文章数据图

注：文章数据来源于中国期刊网，以"全球化"为篇目检索，包括文史哲、政治军事与法律、教育与社会科学综合、电子技术及信息科学、经济与管理、农业、医药卫生 8 大类

　　在中国学术界，对于倡导和推进全球化研究做出首要贡献的是原中国社科院副院长李慎之先生。自 90 年代初以来，他先是在纪念哥伦布远航美洲五百周年纪念会上发表《迎接全球化时代》的讲话，随后又以多种形式发表《全球化：二十一世纪的大趋势》《全球化与中国文化》《亚洲价值与全球价值》《一体化与多元化》《全球化是一个没有结束的过程》《全球化和全球价值》等见解。尤其是 1994 年在《世界知识》上发表的《开展全球化研究》一文，他明确指出："中国人有着比世界上任何民族都更丰富的历史经验，因而在观察国际关系时比较容易有开阔的胸襟与远大的眼光，何况我们刚刚走出封闭状况，对世界容易有新奇的敏感。我们应该对全球化研究做出贡献。"①根据我们的统计，在中国期刊网上以"全球化"篇名检索，政治与法律类 1990—1994 年间共有 27 篇学术文章，而李慎之先生一人就占了 5 篇。因此，完全可以说李慎之先生是中国全球化研究当之无愧的开创者，他对全球化客观趋势的认同，对一体化与多元化辩证关系的阐述，关于全球价值地位日益提升、国家民族文化与民族价值仍将发挥重要作用等见解，对理论界研究全球化有明显的启发意义，对普通百姓认识全球化也起到了重要作用。

---

①　李慎之：《开展全球化研究》，《世界知识》1994 年第 2 期。

在中国学术界,还有两位著名学者对全球化研究及全球化观念的传播做出了重要贡献。一位是中央编译局的俞可平教授,另一个是中国社科院世界经济与政治研究所的王逸舟教授。这两位教授连同他们的研究团队和研究机构,在中国全球化研究中的地位与作用得到学术界和整个社会的肯定。

俞可平教授所在研究机构是中共中央编译局当代马克思主义研究所,1993 年,该所邀请美国著名学者阿里夫·德里克来所作"全球化时代的资本主义"的专题讲演,成为中国研究机构最早推进全球化研究的单位之一。1998 年 5 月,该所与深圳大学等单位联合召开了第一次全国规模的全球化研讨会——"全球化与当代社会主义、资本主义"。这次会议交流并检视了中国学者几年来研究全球化的成果,尤为有意义的是,伴随这次会议的召开,该所编辑了中国第一套"全球化论丛"。这套七卷本的丛书,全面反映了国内和国际对全球化研究的最新进展,对于推动中国的全球化研究,传播全球化观念起了非常显著的作用。从此,以俞可平为首的中共中央编译局当代马克思主义研究所成为推进中国全球化研究的排头兵。2000 年该所推出"全球化译丛",翻译了戴维·赫尔德的《全球大变革:全球化时代的政治、经济与文化》、保罗·赫斯特等人的《质疑全球化》等国际学术界最有代表性的全球化研究著作。2001 年,俞可平教授又主编了第二套"全球化论丛",这充分反映了全球化研究的快速发展,反映了全球化观念的深入传播。2005 年,俞可平教授为"全球化论丛""全球化译丛""资本主义研究丛书"所组成的全球化主题书系撰写总序。他再次强调:"我们正处于一个全球化的时代,全球化是我们这个时代最重要的特征之一。全球化对世界历史进程和中国历史进程的影响正在变得越来越深刻","作为国际社会的积极成员,改革开放的中国不可回避地面临着全球化的冲击,如何回应全球化的挑战与机遇,已成为我国政治家和学者共同的课题。加入 WTO,意味着我国在更深的程度上参与全球化进程,这不仅要求我们深入地研究全球化的进程及其对中国的影响,而且也要求我们更积极地参与国际学术讨论,在诸如全球化这样的重大理论问题上,能够更多地听到中国学者的洪亮声音。"①可以毫不夸张地说,由俞可平主编,中央编译局当代马克思主义研究所组织的全球化主题书系已成为中国研究全球化、传播全球化观念的最基本的书目,在学术界几乎无人不晓,在整个社会也受到广泛青睐,因为这些研究成果的确体现了国际与国内关于全球化研究的前沿,提供了大量的新信息和新见解。在通过出版宣传全球化理论与观念的同时,中共中央编译局当代马克思主义研究所还举办了多次国际与国内学术会议。如"经济全球化与发展中国家"(2000年)、"全球化与21世纪国际论坛"(2001年)、"全球化与当代资本主义国际论坛"(2001年)、"中国发展道路国际学术研讨会"(2005年)等,并先后邀请了萨米尔·阿明、戴维·赫尔德等数十位全球化问题国际知名学者来华访问、讲演,从而有力地推动了国内的全球化研究。

更需要指出的是,俞可平教授不仅组织全球化研究,评价全球化理论与观念,还把对全球化的关注与研究贯穿到自身的学术生涯和研究活动中。他紧密联系中国和世界现实,撰写和发表了《全球化是一个合理的悖论》《全球化研究的中国视角》《全球化与全球治理》等多篇论著,并集结为《全球化与政治发展》一书,影响了一大批青年学者、学生,引导着社会对全球化的认知。

王逸舟教授所在的研究机构是中国社科院世界经济与政治研究所,这个机构同样是中国研究全球化、传播全球化的重镇。特别是王逸舟主编的《世界经济与政治》杂志,更在国内研究国际关系、研究全球化方面起到了学术界公认的学科旗帜的作用。与俞可平教授所率领的研究团队不同,王逸舟教授所率领的研究团队更注重把全球化研究和全球化观念的传播融入国际政治学科之中,从学科发展的全局、前沿升华对全球化的认知。所以在《世界经济与政治》杂志中,既有全球化、全球治理的专门性探讨文章,又有国际机制、非传统安全、西方国际关系理论流派等方面的理论探讨,但所有这些议题更广泛的探讨,无不以全球化为新的背景和前提,因此在客观上推动着全球

---

① 俞可平:《全球化主题书系总序》,载〔英〕戴维·赫尔德:《全球盟约:华盛顿共识与社会民主》,社会科学文献出版社2005年版。

化观念的传播。与此同时,《世界经济与政治》还与许多高校、研究机构共同主办了关于全球化、非传统安全、西方国际关系理论流派、国际法与国际关系的互动等多议题的学术研讨会,扶植一些新的研究方向和研究团队(如非传统安全研究、女性主义国际关系研究等等)。此外,作为中国国际关系学科最有影响的学者之一,王逸舟教授在全球化研究领域做出了特殊贡献。事实上,在 90 年代初期的全球化研究中,除了李慎之先生外,从学理上对全球化进行探讨并产生广泛影响的就是王逸舟。他不仅参加了中国社科院早期举办的几次全球化研讨会,并在 1995 年出版的《当代国际政治析论》一书中,较全面地探讨了全球化的概念、动力以及与其相关的全球性问题、全球文明等。这是我国学术界在 1995 年前,全球化研究中最富学理、最有深度的学术探讨,全球化主题的凸显给人们留下了深刻印象。这本书是上海人民出版社出版的"国际政治丛书"中的第一本,其影响之广是不言而喻的,就是在今天也是人们学习、研究国际关系的最受欢迎的图书之一。1995 年之后,王逸舟并未把自己的研究限定为全球化,而是涉及国际机制、非传统安全、中国外交、国际安全等众多领域,但全球化仍是其关注的焦点。正因为如此,他把 2005 年北京大学出版社出版的自己的文集定名为《探寻全球主义国际关系》。而根据他本人对全球主义的五点解释,不难发现,"共同体"意识、国际关系在曲折中走向进步的世界观、国际合作与对话意识、全球政治理念、以人为本的全球社会理念等,恰恰深刻反映了全球化的核心观念。

中国学术界对全球化的研究并非是在一片赞扬和认同声中进行的。全球化的冲击力,特别是其负面效应,同样导致对全球化的批判、反对。令人欣慰的是,这种学术分歧,甚至见解的完全对立,并未重蹈"文化大革命"时期"上纲上线"的覆辙。学术界始终保持着理性的学术争鸣,这为人们听到不同声音,多角度、全方位地了解全球化大有裨益。从中国社科院世界观察研究所、社会发展研究中心、哲学研究所、《哲学研究》编辑部早期(1993 年)举办的几次全球化研讨会,到 2003 年《中国社会科学》杂志社邀请不同观点的专家召开"全球化:问题与方法"研讨会,都充分体现着这种可贵的学术争鸣精神。

这种精神也体现在《全球化:西方化还是中国化》(俞可平主编,社会科学文献出版社 2002 年)、《全球化、反全球化与中国》(庞中英主编,上海人民出版社 2002 年)、《中国学者看世界》八卷本(王缉思总主编,香港新世界出版 2007 年)等反映中国学者研究全球化的论文集中。这是中国学术研究之大幸,更是全球化观念在中国传播之大幸。

其四,媒体的大力宣传,为全球化观念在中国的涌动推波助澜。

媒体是全球化观念在中国传播的第四个重要途径,随着传播和信息化手段的高科技化,大众传媒在社会生活中的作用更为突出,全球化观念的宣介和植根也在很大程度上得益于媒体的积极作为。

其实在上面论及学术界的理论探讨时,已谈到出版社和杂志社的作用。在我国出版界,自 90 年代中后期以来,全球化已成为许多出版社竞相推出的品牌丛书的主题。如社会科学文献出版社、上海人民出版社、北京大学出版社、广西师范大学出版社等,其中最有影响者当首推社会科学文献出版社,该社以全球化论丛、译丛等形式,出版了国内、国际学术界全球化研究的最新、最有代表性的成果,成为出版全球化著述的"专业户"。至于学术期刊,则以《世界经济与政治》《中国社会科学》《欧洲研究》《现代国际关系》《国际问题研究》《马克思主义与现实》等为代表,刊登了大量研究全球化的文章。

如果说出版社和杂志社出版和刊登全球化著述突出理论性,其影响对象主要是学术界、理论界,那么报纸和网络上的宣介全球化的文章则具有更广的覆盖面,其受众直接联系到普通民众。在推进市场经济建设和中国加入 WTO 的进程中,报纸以形象、通俗、更大众化的语言从各个角度传递着全球化的信息与观念。根据《光明日报》《环球时报》《经济日报》《人民日报》《人民日报(海外版)》刊登有关全球化文章的统计,自 2000 年起,逐年增加,从 2000 年的 57 篇增加到 2006 年的 345 篇,七年累计文章达 1424 篇(见表 2、图 2)。显然,新世纪以来,全球化文章的不断增多,与我们加入 WTO,更全面、更深入地融入全球化有关。

表 2　2000—2006 年五大报纸刊登全球化文章统计表（篇）

年份 报名	2000	2001	2002	2003	2004	2005	2006	总计
《光明日报》	17	23	22	10	6	6	8	92
《环球日报》	3	98	120	152	182	220	307	1082
《经济日报》	11	30	21	17	12	9	9	109
《人民日报》	17	24	17	16	12	17	11	114
《人民日报（海外版）》	9	3	1	1	2	1	10	27
总计	57	178	181	196	214	253	345	1424

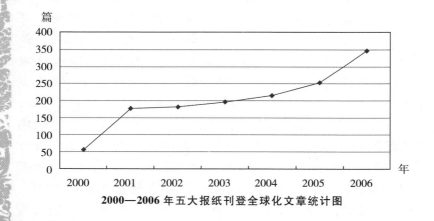

2000—2006 年五大报纸刊登全球化文章统计图

三、全球化观念对中国对外战略的影响

全球化观念对当代中国的影响是全面的，其中，对中国对外战略的影响尤为明显。国家对外战略是一国认识和处理国际事务，进行国际活动的总路线、总方针，具有全面性、战略性和政治性的特点。在全球化进程中，由于受到全球化观念的影响，当代中国对外战略发生着明显的转型。这种影响与转型表现为：

（1）注重世界的相互依存和时代主题的转换，从强调战争与革命转向和平与发展。

世界的相互依存是全球化观念中的首要观念之一。既然当代人类的生活内在地联系在一起，无论在面临的问题还是维护的利益方面都有一定的共同性,那么,仅仅从割裂的、对抗的角度思考时代的主题与特点,制定处理不同国家与民族间关系的对外战略就有了片面性。因此,势必要求重新审视时代,明确新的时代主题,推行新的对外战略。中国对外战略转型的第一步正是由此开始的。

"文化大革命"结束初期,尽管国内在进行拨乱反正,特别是中共十一届三中全会后确立了新的政治路线和改革开放方针,但在对外战略方面变化不大。1977年的中共十一大政治报告仍然重申:"只要帝国主义和社会帝国主义这个社会制度不改变,战争不可避免。"①1979年召开的中国第五次驻外使节会议也指出:"国际形势比前一阶段更加动荡,战争的因素更加增长,而且随着形势的发展,以后还要更加动荡。战争的因素还会不断增长。"②甚至在1982年的中共十二大政治报告上仍然做出这样的判断:"世界大战的危险由于超级大国的争夺而越来越严重。"③显然,对外战略的这种传统认识与痕迹与以经济建设为中心,实行改革开放方针,与中国同世界的日益加强的经济交流与合作已不合拍。经济相互依存的事实及其理念必然导致对外战略的调整。这种变化早在1977年邓小平的讲话中就有所显露,他提出:"可以争取延缓战争的爆发。"④到了1982年,这种看法进一步发展到"我们只是提出战争的危险性。我们说,战争的因素在增长,但制止战争的因素也在增长"⑤,1985年,邓小平完成了时代认识的转变,他明确指出中国对外战略的两个转变,第一个转变是对战争与和平问题的认识。"在较长时间内不发生大规模的世界战争是有可能的,维护世界和平是有希望的。"⑥第二个转变,是改变了"一条线"的战略,奉行独立自主的外交政策,坚持反霸权和维护世界和平。与此同时,邓小平又反复强调和平发展是当代世界的两大问题,建立国际经济与政治新秩序是国际社会面临的主要任务。

---

① 华国锋:《在中国共产党第十一次全国代表大会上的政治报告》,人民出版社1979年版。
② 《1979年第五次驻外使节会议》,《人民日报》1979年7月20日。
③ 胡耀邦:《全面开创社会主义现代化建设的新局面》,人民出版社1982年版。
④ 《邓小平文选》第二卷,人民出版社1994年版,第77页。
⑤ 同上书,第416页。
⑥ 《邓小平文选》第三卷,人民出版社1993年版,第127页。

这种历史性转变在1992年的中共十四大政治报告中得到了确认和体现:"世界正朝着多极化方向发展,在今后一个较长时期内,争取和平的国际环境,避免新的世界大战,是有可能的。"① 显而易见,对战争可以避免的新判断,对和平与发展是相互依存背景下时代的主题的新认识,为中国独立自主的和平外交政策奠定了坚定的基础。虽然这一判断与认识会受到国际局势的影响,如1999年科索沃战争期间中国驻南使馆被炸曾引起国内对时代特征和时代主题的大争论,甚至出现短时间的困惑,但从未在根本上被动摇,更不可能被放弃。因为这一新判断与新认识是在全球化进程中确立的新观念,符合时代的发展趋势,也符合中国改革开放,推进现代化建设的大局和需要。

(2)注重世界的整体性,强调从国际与国内两个大局考虑问题,制定政策。

世界的相互依存强调的是人类社会不同行为体、单元之间的内在联系,而世界的整体性则要求以"类"的视野审视世界,处理当代人类面临的各种问题与事务。要树立整体性观念,就必须破除国际与国内分隔的观念,破除非敌即友的阶级性观念,破除片面的国家主义观念。在这方面,中国的对外战略也作出了重大调整。(这里,着重论述第一个"破除",其余两个"破除"会在后文中阐述。)

把国际与国内事务分隔开来,习惯于仅仅从国内的视角思考和处理事务,这种框架长期主导着政策的制定与实施。随着改革开放的推行和不断深入,人们逐渐懂得,中国是世界的中国,中国的事务必须放到世界大局、大环境中去认识,反之,世界的事务又会及时地反馈并影响中国。因此,一国大战略,包括发展战略和对外战略已绝不可能局限于本国之国内状况,而必须有全球的、国际的大视野。从1987年中共十三大提出"当今世界是开放的世界""今后,我们必须以更加勇敢的姿态进入世界经济舞台"②起,特别是中共十四大以

---

① 江泽民:《加快改革开放和现代化建设步伐,夺取有中国特色社会主义事业的更大胜利》,人民出版社1992年版。

② 赵紫阳:《沿着有中国特色的社会主义道路前进》,人民出版社1987年版。

来,在我国党和政府的主要文献中,包括历届党代会、政府工作报告、国务院新闻办涉外白皮书,都体现了这种观念与视野的转变。2005年以来,这一转变更为突出。《中国的和平发展道路》白皮书强调"中国的发展离不开世界,同样世界的繁荣需要中国"①"人类只有地球一个家园。建设一个持久和平、共同繁荣的世界,是世界各国人民的共同心愿,是中国走和平发展道路的崇高目标"②。2006年的中央外事工作会议指出:"外事工作必须坚持以经济建设为中心,紧密结合国内工作大局,在统筹国内国际两个大局中加以推进。要紧密围绕党和国家的中心任务,把国内发展与对外开放统一起来。更加注重从国际国内形势的相互联系中把握发展方向。更加注重从国际国内条件的相互转化中用好发展机遇,更加注重从国际国内资源的优势互补中创造条件,更加注重从国际国内的综合作用中掌握发展全局。"③胡锦涛则在《继续把改革开放伟大事业推向前进》一文中进一步强调,要"始终站在国际大局与国内大局相互联系的高度审视中国和世界的发展问题,思考和制定中国的发展战略"④。这种整体性思维,这种自觉打通国际与国内界限,统筹两个大局的意识,使中国的对外战略能保持鲜活的时代感,掌握主动,引领时代潮流,构建和谐世界的理念与主张的提出就深刻反映了这一点。

(3)承认经济全球化的客观趋势和融入经济全球化的必然性,强调科学技术的第一生产力作用,坚持在改革开放中求发展、求安全。

全球化观念要以承认全球化的客观存在为前提,如果认为全球化是西方化,特别是美国刻意编造的谎言、意识形态,仅仅服务于西方、美国的利益要求,那么就必然会拒斥全球化。在当代中国这种见解也有一定市场,但从中国政府的决策层来讲,坚持全球化主要是经济全球化的客观性,认为这是一种客观趋势,不是人们的主观意志可以否定或消除的。对中国而言,承认经济全球化的客观性,就意味着

---

① 《中国的和平发展道路》,《人民日报》2005年12月23日。
② 同上。
③ 《中央外事工作会议》,《人民日报》2006年8月24日。
④ 胡锦涛:《继续把改革开放伟大事业推向前进》,《求是》2008年第1期。

承认世界的开放性,承认世界经济发展的相互联系,承认科学技术在经济发展中的突出作用,从而为改革开放、一心一意搞经济建设提供了充分的理论论证。换言之,中共十一届三中全会以来的中国社会转型,不仅是对新中国建立以来的基本路线与经验教训反思的产物,也是全球化时代大环境的客观要求。认识开放性,承认开放性,坚持开放性,这就是全球化观念对中国对外战略影响的突出表现。而坚持在改革开放中求发展、求安全,则是中国三十年来社会发展与进步的最宝贵经验,也是中国对外战略中持之以恒的立场。能够坚守全球化的客观性和世界的开放性理念,坚持融入世界的选择实属不易,因为无论国内还是国际对中国政府在全球化上的立场都存有非议,或认为中国陷入了美国设计的全球化陷阱,或至少认为这是一种弊大于利的不当选择。不言而喻,对这些压力,中国政府不仅要协调国内的意见与立场,还要在国际上做好增信释疑的工作。显然,没有对全球化观念的深刻领悟是难以做到的。

(4)始终强调全球化的复杂性、不平衡性,反对并努力改善经济全球化的非人性一面,使其朝着互利共赢的方向发展。

在坚持参与、融入全球化的原则立场的同时,中国政府始终保持着对全球化复杂性、不平衡性的清醒认识,一再强调全球化有利有弊,是一把双刃剑,要善于趋利避害,以正确的战略、政策为自身赢得发展机遇。1998年7月,中国发表第一个国防白皮书,对经济全球化带来的风险与挑战作出明确回应:"亚洲金融危机使经济全球化问题更为突出,提出了经济全球化过程中各国政府加强协调、共迎挑战的新课题。"①同年11月,江泽民更全面地指出:"经济全球化是世界经济发展客观趋势,谁也回避不了,都得参与进去。问题的关键是辩证地看待这种全球化的趋势,既要看到它的有利一面,又要看到它的不利一面。这对于我们中国这样的发展中国家来说尤为重要。我们既要敢于又要善于参与这种经济全球化条件下的国际合作与竞争,又要学会趋利避害,既要充分利用它提供的机遇与有利条件加快发展

---

① 《中国的国防》,《人民日报》1998年7月28日。

自己,又要清醒地认识和及时防范它可能带来的不利因素与风险。"①进入新世纪后,国际社会的反全球化运动持续发展,不仅有激烈的街头示威游行,甚至流血冲突,也有更为理性的反思与批判,如每年与世界经济论坛同时举行的"世界社会论坛"。这一切促使中国对全球化及其影响有了更全面的认识,因此,防止和克服经济全球化所导致的各国发展差距的扩大、世界环境的恶化,以及全球化在某种程度上的精英化就成为中国应对全球化的新指向。2004年以来,我国政府工作报告中每年都强调"促进经济全球化朝着有利于各国共同繁荣的方向发展",2005年党和政府在制定我国"十一五"规划中进一步明确提出"实施互利共赢的开放战略"。从此,互利共赢既作为新的开放战略,又作为新的外交理念,充分体现于党和政府的重要文献中:"和平、开放、合作、和谐、共赢是我们的主张,我们的理念,我们的原则,我们的追求。"②"顺应经济全球化发展趋势,努力实现与各国的互利共赢和共同发展。"③中共十七大政治报告在论及中国对外战略时多次强调共赢,"在国际关系中弘扬民主、和睦、协作、共赢精神","经济上相互合作、优势互补,共同推动经济全球化朝着均衡、普惠、共赢方向发展"。④ 这表明,使全球化更公正、更人性化、更均衡的观念已深深植根于我国的对外战略。更重要的是,我们不仅这样说,而且这样做,从而赢得了世界的尊重。

(5) 承认人类面临共同的全球性问题,存在共同的利益,主张在人类共同利益与民族、国家利益间寻求平衡。

随着世界相互依存和整体性的加强,人们逐渐感受到人类共同性的增多。这种共同性或者长期被国家、民族、阶级等特定群体的特殊性所遮掩,或者由于人们认识上的偏差而被忽视,但是在全球化背景下,它开始被显露、被放大,从而产生了人类对共同问题与共同利

---

① 江泽民:《在亚太经合组织第六次领导人非正式会议上的讲话》,《人民日报》1998年11月19日。

② 《中国的和平发展道路》,《人民日报》2005年12月23日。

③ 同上。

④ 胡锦涛:《高举中国特色社会主义伟大旗帜 为夺取全面建设小康社会新胜利而奋斗》,人民出版社2007年版。

益的认同,这是全球化带来的最深刻的观念变革,它深深地影响着我国的对外战略。

长期以来,我们所习惯的是阶级分析的思维,遵循的是阶级斗争的路线,在国内,要区分无产阶级与资产阶级,坚持以阶级斗争为纲;在国际,要讲社会主义与资本主义,坚持反帝反修。因此,不但不承认人类有共同性,特别是共同利益,还要严厉批判这种抹杀阶级差别和社会制度差别的反革命理论、修正主义理论,这种状况一直持续到"文化大革命"结束。事实上,"文化大革命"的发动与进行,在某种意义上,正是这一观念指导和作用的结果。改革开放后,通过对建国以来党的基本路线、方针的反思,特别是对十年"文化大革命"沉痛经验教训的总结,片面强调阶级分析和特殊性的观念、思维开始得到纠正,对人类面临的共同性问题以及这些问题所关涉的人类共同利益的认识逐渐深化。1992 年,在邓小平南方谈话的指导下,中共十四大政治报告中明确提出"应当吸收和利用世界各国包括资本主义发达国家所创造的一切先进文明成果来发展社会主义"①,1997 年中共十五大政治报告强调"共同对付人类生存和发展所面临的挑战"②。2002 年的中共十六大政治报告,在国际形势和对外工作部分共 12 次使用"共同"这一词汇,并首次在党的文献中明确宣示:"我们主张顺应历史潮流,维护人类共同利益。"③这充分表明对于人类社会生活的共同性,特别是人类的共同利益,中国的决策层已将其视为历史潮流,历史趋势,这种新判断与新认识为中国对外战略的转型提供了有力的保证。2004 年以来,"共同繁荣""互利共赢""和谐世界"更成为我国对外战略中的关键词和主流话语。2004—2007 年,连续四年的政府工作报告,都强调要"促进共同繁荣",2005 年的《中国的和平发展道路》白皮书指出:中国要"顺应经济全球化发展趋势,努力实现

---

① 江泽民:《加快改革开放和现代化建设步伐 夺取有中国特色社会主义事业的更大胜利》,人民出版社 1992 年版。
② 江泽民:《高举邓小平理论伟大旗帜 把建设有中国特色社会主义事业全面推向二十一世纪》,人民出版社 1997 年版。
③ 江泽民:《全面建设小康社会 开创中国特色社会主义事业新局面》,人民出版社 2002 年版。

与各国的互利共赢和共同发展"。2006年中央外事工作会议上强调:"致力于同各国深化合作,共同发展,互利共赢,推动共享经济全球化和科技进步的成果,促进世界普遍繁荣","共同应对人类面临的各种全球性问题"。① 2007年中共十七大政治报告在对外战略与政策部分使用"共同""共赢"达17次,并更明确地指出:"当代中国同世界的关系发生了历史性变化,中国的前途日益紧密地同世界的前途命运联系在一起。"因此,中国坚定不移地主张"各国人民携手努力,推动建设持久和平、共同繁荣的世界"②。

当然,强调对人类社会生活共同性,特别是人类共同利益的认同,并不意味忽视甚至否认各国利益的存在。对于"国家过时论"(无论是别有用心还是认识片面),中国始终持反对和批评立场,中国所坚持的是:"中国的发展离不开世界,同样世界的繁荣需要中国"③,"努力把维护本国利益与促进各国共同利益相结合"④,"把中国人民的利益同各国人民的利益结合起来,秉持公道,伸张正义"⑤。由此可见,中国政府对人类社会生活共同性,特别是人类共同利益的认识是全面而成熟的,它克服了以往认识的片面性,特别是纠正了不承认人类共同利益的错误。在普遍性与特殊性,共同性与个性的认识上,中国正以自身改革开放的实践,体现着认识的提高。耐人寻味的是,中国一方面更多地认同人类社会生活的普遍性、共同性,另一方面又恰恰在这种认同中形成和发展着中国特色的社会主义理论体系,这似乎是一个悖论,但却包含着深刻的辩证法。

(6)超越意识形态的对抗,强调以国家为现实基点,以超国家共同体和人类整体利益为新的参照系处理国际事务。

坚持意识形态的对抗是斗争哲学和特殊性、分离性思维的一种独特反映。表现在对外战略中,就是不以国家为处理国际关系的基

---

① 《中央外事工作会议》,《人民日报》2006年8月24日。
② 胡锦涛:《高举中国特色社会主义伟大旗帜 为夺取全面建设小康社会新胜利而奋斗》,人民出版社2007年版。
③ 《中国的和平发展道路》,《人民日报》2005年12月23日。
④ 《中国的军控、裁军与防扩散努力》,《人民日报》2005年9月2日。
⑤ 胡锦涛:《高举中国特色社会主义伟大旗帜 为夺取全面建设小康社会新胜利而奋斗》。

点,而片面强调国家在社会制度、价值观念上的差异,特别是政治意识形态的差异。社会主义与资本主义既是两种社会制度,又体现着两种意识形态,因此在国际事务中只能是针锋相对,你死我活,遵循的是零和博弈。"凡是敌人反对的,我们就要拥护;凡是敌人拥护的,我们就要反对",毛泽东的这一经典论断被简单、片面地运用于社会生活,尤其是运用于对外关系。

全球化开始凸显整体性、共同性、普遍性、合作性价值与思维,所以,它除了导致我们承认人类共同利益的重大转变外,还要求我们突破意识形态的藩篱,使国际关系能按其内在逻辑与要求发展。这里讲的内在逻辑与要求主要体现为两个方面。其一,回归国际关系的逻辑起点:国家与国家利益。改革开放以前,我国处理国际关系的原则更多体现为意识形态至上,以是否坚持马列主义、社会主义为制定对外政策的依据。于是就有了对"红色高棉"的支持等今天看来不可思议的决策。改革开放后,我国的对外战略逐渐转至国家的基点,邓小平接见美国前总统尼克松时指出:"考虑国与国之间的关系主要应该从国家自身的战略利益出发。着眼于自身长远的战略利益,同时也尊重对方的利益,而不去计较历史的恩怨,不去计较社会制度和意识形态的差别。"①中共十五大政治报告也指出"国与国之间应超越社会制度和意识形态的差异,相互尊重,友好相处"②,中共十六大政治报告再次强调:"我们将继续改善和发展同发达国家的关系,以各国人民的根本利益为重,不计较社会制度和意识形态的差别,在和平共处五项原则的基础上,扩大共同利益的汇合点,妥善解决分歧。"③这些都足以反映我国对外战略已经从意识形态主导转向国家利益主导。其二,从国家与国家利益主导走向同时关注超国家共同体和人类整体利益在国际关系中的地位与作用。如果说,从意识形态主导转向国家利益主导是中国对外战略转型的一个重大标志,同时也带

---

① 《邓小平文选》第三卷,人民出版社1993年版,第330页。
② 江泽民:《高举邓小平理论伟大旗帜 把建设有中国特色社会主义事业全面推向二十一世纪》,人民出版社1997年版。
③ 江泽民:《全面建设小康社会 开创中国特色社会主义事业新局面》,人民出版社2002年版。

来了近三十年中国外交的历史性成就,那么,从仅仅关注国家走向同时关注世界和人类的整体性需要与利益,就是一个更大更深刻的转型。因为第一次转型只是回归到国际关系的逻辑起点,那是拨乱反正的体现与结果。而第二次转型则是对国际关系现有逻辑的突破与超越,是站在历史的高度,审视人类发展趋势的理性与智慧的选择。它的确在更深层次上体现了中国对全球化及其观念的领悟与认同。

(7) 注重对话、合作,强调国际机制和多边主义的作用。

全球化使世界的联系在强度、范围上都达到一种前所未有的状态,这种状态要求各国采取更多的对话、合作方式而不是传统的对抗方式来解决人类所面临的全球性问题,要求各国更积极地参与国际机制,运用多边主义来协调复杂、变动的国际关系,而不仅仅拘泥于双边关系。全球化所倡导的这种新观念在当代中国对外战略中打上了清晰的烙印。

总的来看,中共十四大之前,我国关注的重点是如何坚定地推行改革开放战略,全面实施以经济建设为中心的基本路线,加快现代化建设步伐。因此,国内事务的改革、转型力度更大些,成果也更明显些。中共十四大之后,由于市场经济建设目标的确立所导致的经济的迅猛发展,由于1989年"北京政治风波"的影响开始淡化,由于加入WTO进程的提速,中国与世界的关系更为密切,其地位与影响力也明显提升。正是在这种背景下,中国对外关系与对外战略层面开始凸显,于是,讲合作、讲对话、讲国际机制、讲多边主义成为处理国际事务的一种明显倾向。1997年中共十五大政治报告明确提出:"要寻求共同利益的汇合点,扩大互利合作","要积极参与多边外交活动。"[1]1999年政府工作报告中再次强调,中国要"积极参与联合国事务,以积极务实的态度参与多边合作"[2]。从此,这一改革倾向就不断在党和政府的重要文献中重复。如2005年政府工作报告强调:"我们将积极参与国际多边外交活动","积极倡导多边主义和新安

---

[1] 江泽民:《高举邓小平理论伟大旗帜 把建设有中国特色社会主义事业全面推向二十一世纪》,人民出版社1997年版。

[2] 《1999年政府工作报告》,《人民日报》1999年3月6日。

全观。"①中共十七大政治报告则指出:"我们将继续积极参与多边事务,承担相应国际义务,发挥建设性作用。"②总之,中国在对外战略中所要强化的主要观点与主张就是:其一,坚持对话、合作,反对冷战、对抗;其二,充分发挥联合国和国际法的作用,在国际机制和多边主义的框架内协调各国的关系与利益;其三,坚持互利共赢,以新安全观应对全球性问题挑战;其四,重信守诺,遵循法制,在国际事务中努力发挥建设性促进作用。而这些无不反映着全球化观念的影响。

20世纪90年代以来中国的外交实践,令人信服地证明着中国的外交转型。至2005年为止,中国已加入130多个政府间国际组织,加入了267个国际多边公约。为了加入世界贸易组织,遵循现有的贸易规则,中国清理并修订了约3000部法律、法规和部门规章。③ 中国在敏感的军控、裁军与防扩散领域已做出了举世公认的努力,加入了该领域的大多数条约并制定了相关的国内法规④;中国已参加16项联合国维和行动,共派出5915人次军事人员。⑤ 此外,中国在食品安全、能源、环境、国际空间交流与合作、知识产权、人权等众多领域也都表现出负责任的大国形象,推动着国际机制的完善。

(8)从对抗、抵制现有的国际秩序,转向认同、融入现有的国际秩序,但始终坚持建立公正合理的国际新秩序的理想目标。

当全球化要求人们以更多的合作的、非对抗的思维审视相互间关系,并以国际法为准绳,在国际机制的框架内解决国际事务时,对现有的国际秩序、国际体制的定位问题自然就提上日程。改革开放三十年来,中国的对外战略受到了全球化观念的深刻影响,发生了一系列重大转变,但最终必须作出对现有国际秩序的定位与选择。

毋庸讳言,现有的国际秩序、国际体制仍为西方,特别是美国所

---

① 《2005年政府工作报告》,《人民日报》2005年3月6日。
② 胡锦涛:《高举中国特色社会主义伟大旗帜 为夺取全面建设小康社会新胜利而奋斗》,人民出版社2007年版。
③ 以上数字参见《中国的和平发展道路》,《人民日报》2005年12月23日。
④ 参见《中国的军控、裁军与防扩散努力》,《人民日报》2005年9月2日。
⑤ 参见《2006年中国的国防》,《人民日报》2006年12月30日。

主导,因此其不公正性一面是不言而喻的。改革开放前(甚至在改革开放后一段时间内),我们主要强调这种秩序的不公正性,坚持反帝、反霸的立场,从而使中国扮演了现有国际秩序、国际体系的批判者、革命者角色。随着中国融入全球化力度的加大,特别是经济上与世界日益紧密的联系,中国自身已从现有秩序、体系的边缘逐步走向中心。这种变化导致了中国对现有国际秩序、体系的重新认识。首先,现有的国际秩序、体系反映了国际社会的现实,是现实的国际关系行为体互动的结果,它维系着国际秩序的运行,推动着国际关系的发展,因此,具有一定的现实合理性。其次,在全球化日益深入的世界,一个国家如果一直对现有的国际秩序、体系抱有排斥、抵制心理是危险的,而一个被现有国际秩序、体系排斥在外的国家,其发展也必然受到很大限制。鉴于此,在如何对待现有国际秩序、体系的问题上,中国把政治的现实选择与伦理的理想批判适度分离又有机结合,从而完成了从单向度革命者、批判者向有条件的认同者、融入者的转变。

所谓适度分离,就是从国际社会和中国的现实出发,作出融入现有国际秩序的选择,尊重现有的国际制度、规范,中国加入 WTO 和绝大部分军控、裁军条约都体现了这一点。但是,中国在认同、融入现有国际秩序、体系的同时又不断强调,现有的秩序、体系有其不公正性一面,必须加以改变、完善,其目标始终是建立公正、合理的国际政治经济新秩序,这种伦理的高度和道义的伸张鲜明地反映在中国政府的重要文献中。就是在提出构建和谐世界的新理念与新主张后,中国仍然没有放弃建立国际新秩序的立场。融入进去既是为了现实的利益与要求,也是为了在体系、机制内部推动其改进,否则无发言权,就谈不上根本性变革。这样,从现有秩序、体系不断被改进、完善的意义上,就同建立公正合理的新秩序的目标统一起来。中共十四大以来,每次党代会的政治报告都把中国积极参与国际事务与推进建立国际新秩序结合起来。2007 年中共十七大政治报告再次重申:"我们将继续积极参与多边事务,承担相应国际义务,发挥建设性作用,推动国际秩序朝着更加公正合理的方向发展。"①

四、全球化观念的困惑与挑战

全球化及其观念对中国的正面影响是毋庸置疑的。正因为如此,所以当代中国无论是其国内发展战略还是对外战略,都表现出对全球化的认同、包容、推进的态度。但是,关于全球化的论争,对全球化的疑虑,以及当代中国在全球化时代的选择与定位等问题从来没有消失,它们始终伴随并制约着中国的现代化进程。

（1）全球化到底是人类在全球层面相互联系、相互依存的客观事实与进程,还是资本主义在全球的扩张及其新形式——全球资本主义？

在全球化认知中,最大、最尖锐的争论在于全球化是否就是资本主义化,甚至美国化。这一争论存在于整个国际社会,在中国尤为鲜明、突出。一位中国学者认为:"全球化以'全球'视野转移和遮蔽了已经遭到批判的西方价值,并基于抽象的全球价值为资本主义在全球的扩散进行辩护""作为学术话语的全球化与历史终结论始终是同谋的,它们都只是现实资本主义方式的一种需要。"②另一位中国学者忧心重重地指出:"我们不少号称'当代（中国）马克思主义'的学者和权威,在'全球化'问题上,也是如痴如醉,跟在资产阶级蛊惑家屁股后面颠三倒四地瞎聒噪。在他们那里,'全球化'既化掉了马克思列宁主义有关理论,也化掉了当今'全球化——资本帝国主义化——美国化'的客观现实,还化掉了世界上一些并非马克思主义者,却有科学良知的学者的见解,只剩下一厢情愿的'世界主义'和'天下主义'。"③应当说,关于全球化的这种观念与认知在当代中国仍有一定市场,而这种观念与认知就成为质疑中国改革开放的潜在因素与力量。与上述鲜明批判性立场不同,更多的人对全球化的认

---

① 胡锦涛:《高举中国特色社会主义伟大旗帜 为夺取全面建设小康社会新胜利而奋斗》,人民出版社 2007 年版。

② 胡大平:《具体地历史地理解全球化和当代中国的实践》,《哲学研究》2000 年第 4 期。

③ 蔡仲德:《全球化》,《当代思潮》2000 年第 3 期。

知与观念处于一种多元、混沌和交织的状态中,既可以从全球化中体会到通信、交通、经济交往等全球性联系的加强及其对人类社会生活的推动,又可以从全球化中感知到全球性问题的挑战,同样也目睹着西方发达国家在全球化中的主导地位及其相当多发展中国家发展境况的恶化,难以否认资本主义在全球的扩张。所以,对全球化到底是什么,怎样评价,的确感到困惑。

问题的症结在于,我们没有区分和处理好全球化观念与认知的两个层次,即哲学层次的全球化观念与现实层次的全球化观念。哲学层次的全球化观念是对全球化的宏观的、学理的认知与把握,它所关注的是人类发展趋势与走向。就此而言,最有标示性的指向就是人类整体性和人类共同利益的加强。这是全球化的内核,也是与迄今为止人类所熟悉、所遵循的生存方式、社会制度、国际体制、价值观念的最根本性区别。这一内核、指向所带来的冲击与挑战是整体性的,并非仅针对或局限于发展中国家,西方特别是美国并不会因为它们主导着现实的全球化就可以避免或超脱。事实上,美国在国际社会中的优越感、领袖地位等内含的"国家中心主义"受哲学层次的全球化观念的冲击最大。所以,对全球化所展现的人类社会生活的整体性和共同性以及它们的不可逆转性,我们必须有清醒的认识。恰恰在这个根本点上,人们的观念还不适应社会发展的需要。

现实层次的全球化观念是对全球化的微观的、社会政治性的认识与把握,它关注的是什么主导全球化,谁在全球化中受益,全球化是否公正。于是,从这个层面上就得出了如下结论:其一,资本主导着全球化,资本流动的载体跨国公司主导着全球化。而资本及其跨国公司,无论就其来源还是在现实中的主导地位,都与资本主义联系在一起。其二,西方发达国家是全球化规则的主要制定与实施者,因而也是全球化的主要受益者。其三,广大发展中国家在全球化中处于弱势或被边缘的地位,难以有效维护自身利益,所以导致全球贫富差距的扩大,反映出全球化的不公正性。总之,现实层面的全球化观念关注的是全球化的资本主义取向、全球化的非人性化、全球化进程中不同国家与群体的冲突与纷争。这些观念与认识无疑包含着现实的合理性,对于审视和处理全球化进程中出现的诸多政治与社会问题有警示意义。

那么,这两个层次上的全球化观念与认知如何协调呢?当前的现状是两种观念与认知的相互排斥。这种非此即彼,不宽容的态度与思维必须改变,否则只会加剧人类发展进程中的困难。实际上,全球化观念的两个层次的认知分别反映了全球化的两个角度,各有其真理性和合理性,只有同时从两个层次审视与把握全球化,全球化观念才是完整的、准确的。要学会换位思考,善于理解不同的观点。认识上的分歧、争论并不可怕,可怕的是没有弄清辩方的基本观点,从而使争论不在同一平台、基点之上,变成无的放矢的独白和情绪化的批判。对于当代中国而言,由于决策者在很大程度上认同哲学层次上的全球化观念,所以现实层次上的全球化观念并未成为主流话语,也难以主导决策。但是,随着国内收入差距的扩大,随着我国经济发展、人民生活状况受国际贸易、金融的影响日益明显,以及中国在世界面临的经贸摩擦、国家风险的严峻挑战,质疑全球化、质疑对外开放的声音会增强。因此,我们务必要完整地理解全球化。在哲学层次上,坚定不移地认同全球化所揭示的人类社会生活的整体性和共同性趋向;在现实层次上,要重视全球化的资本主义倾向,以及其所造成的不公正、冲突等负面效应,采取得力、有针对性的政策予以克服,争取普惠、共赢。要避免全球化就是资本主义化的论断与认知,因为这种简单化的观念无法解释复杂的现实,尤其不能解释中国改革开放三十年来的历史性进步与发展。

(2)在西方主导的全球化进程中,中国成为全球化的坚定融入者和最大受益者,这一事实作何解释,带来了哪些问题?

现实的全球化是西方主导的全球化,从而也是西方受益最多、最大的全球化,任何否认这一基本事实的见解与做法都是错误,甚至别有用心的。但是,从这一事实和结论中不应简单地得出另一个推断:只有西方发达国家才会在全球化中受益,才会维护和捍卫全球化?遗憾的是,当代中国对全球化的认知明显受到这一推断的影响,并由此导致了对中国政府全球化政策及战略选择的疑惑、不解。

疑惑之一,既然现实的全球化有强烈的西方色彩与背景,为什么中国要坚定地融入全球化?中国之所以坚定地融入全球化,首先是因为全球化揭示了人类社会的新发展方向与趋势,从而要求我们按社会发展规律办事。其次,融入全球化有利于最大限度地整合、利用国内外资源和经验,加快我国现代化建设。最后,融入全球化可以成为现行国际体系中的一个负责任的成员,更好地发挥建设性作用,促使全球化朝着更公正更合理的方向发展。因此,中国不能因为西方主导全球化就拒斥全球化,那样,不仅违背人类社会发展规律,而且有损于中国的现实国家利益,也无助于克服全球化的弊端。所以,中国选择融入与推进全球化,不仅表明政治上更成熟,而且是极富理性、极有智慧的选择。质疑这一选择,恰恰是政治上不成熟,甚至是未摆脱意识形态化影响的表现。

疑惑之二,既然西方主导全球化,为什么中国会成为主要受益者,而不少发展中国家却在全球化中受损或被边缘化,难道是中国向西方作出了不应有的妥协,甚至成为西方的同谋?中国之所以成为全球化的主要受益者之一,恰恰表明全球化有其客观性,并非就是资本主义化。务必要懂得,现实的全球化是西方主导的全球化,并不等于全球化就是资本主义化,全球化要求在全球范围内配置资源、技术、资金,寻求市场,以获得最大效益,推动生产力发展。中国由于劳动力价格低,市场广阔,所以在全球经济的依存链条和联系网络中处于有利地位。正是这种客观的优势为中国改革开放三十年的经济发展,特别是邓小平南方谈话后的经济腾飞提供了坚实的基础与条件。但除此外,同样重要的是中国政府制定了一条正确的应对全球化的改革开放的路线,坚定不移地推进中国社会在经济、政治、社会、文化上的全方位变革,从而使中国能够在制度、观念上跟上变化的时代,以创造性的工作为自身赢得了发展机遇。显然,正是这主客两方面的优势及其结合,使得中国成为全球化的最大受益者,而不少发展中国家或是客观条件不利,或是主观认识与努力不够,所以更多感受到的是全球化带来的损失与压力。总之,西方主导的全球化绝不会主动放弃、让渡各种利益从而使发展中国家受益,但是,全球化毕竟为各国的发展提供了某种可能。中国在全球化中所获得的举世瞩目的成就绝非西方的恩赐,而是中国理性应对,努力奋斗的结果,中国的经验对世界各国都有借鉴意义。

（3）全球化是一个动态的过程,在这个过程中,中国的地位与角色发生着什么变化,怎样理性地予以审视与定位?

全球化的动态性、过程性,影响着各国在全球化进程中的状态,制约着各国对全球化的态度与选择。如前所述,由于三十年来中国在全球化大棋局中的有利地位,所以中国成为全球化的最大受益者之一。三十年来,我们不仅极大地提高了生产力水平,在规模和影响力上成为世界经济中举足轻重的力量,而且愈来愈多地介入国际事务,在国际体系中发挥着日益明显的作用。因此,其国际地位的提升是有目共睹,毋庸置疑的。也正是由于这种迅速崛起的态势和被普遍看好的发展潜力,导致了"中国威胁论""中国世纪论""中国模式论""中国责任论"等截然不同的国际评价与期待。那么今天的状况有何新的变化呢?

首先,中国在全球经济中所拥有的客观优势正在减少乃至逐步丧失。劳动力成本的提高,环境与技术标准的升级所导致的资金投入的增加,对产品科技含量的更大需求,这一切都使得以低劳动力成本,高资源消耗,注重规模而忽视产品科技含量的粗放型经济难以继续在国际市场上获得竞争力。中国正面临着产业升级的严峻挑战,而实现升级必然要有更多的资金投入,甚至付出难以想象的代价,从而在一段时间内降低中国在全球化中的受益程度。

其次,中国在经济总量上的超大规模以及正在积极推进的"走出去"战略,引起了各国的防范式应对。各国基于国家利益的维护,在汇率、金融、投资、跨国并购、产品质量、市场份额等各方面,对中国施加压力,导致近几年来频繁的经贸摩擦和国家风险。显然,这加大了中国经济发展的不确定性,增加了中国经济发展的成本,同样影响中国在全球化中的收益。

最后,中国在加入 WTO 后与世界的更紧密联系,使中国普通百姓的生活与世界的互动明显加强。由于中国在全球化中优势地位的改变,在今后一段时间内,这种互动的负面效应会相应加大。与此同时,对 20 世纪 90 年代以来的中国经济与社会发展的市场化取向,国内正在进行反思和必要的政策调整,以克服社会分化带来的动荡。因此,中国社会对全球化的认知与评价中,批评性、否定性的色彩有可能加强。

上述变化表明,中国正处于全球化进程中的一个新阶段,面临着更多的全球化挑战,从而也修正着对全球化的认知与评价。如果说,在过去三十年中,中国作为全球化的最大受益者,没有也不应功利性地掩饰全球化的弊病,始终保持对全球化的理性批评;那么,今天,当中国有可能受到全球化更多负效应冲击时,也绝不应非理性地全面否定全球化,甚至作出拒斥全球化的选择。唯有理性地、准确地、全面地理解全球化,才能在不断融入、应对全球化的进程中为中国也为世界开辟走向光明未来的道路。

中国已是融入全球化进程中的重要一员,中国在人口、地域、经济总量上的超大规模以及可预见时期的持续经济发展势头,把中国向世界历史舞台的中心推进,从而客观上要求中国更清醒地认识自己,理性地思考中国在当代世界的定位。显然,在全球化导致的世界大变革的背景下,在中国社会全方位的改革与转型的历史时刻,认识自己,定位中国与世界之关系的历史性课题远未受到应有的重视。而要在这一课题面前找到满意的答案,就必须对全球化及其观念有更精深的理解,更本质的把握。这就是全球化与中国的不解之缘。

(本文的主要内容分别发表于《世界经济与政治》2008年第11期,《经济社会体制比较》2008年第4期。同时收入2008年社会科学文献出版社出版的王逸舟主编的《中国对外关系转型30周年》一书。)

被误解的全球化与异军突起的民粹主义

随着特朗普现象与浪潮的冲击,当前国际社会充满了对全球化的悲观和对民粹主义的忧虑。从某种意义上讲,对全球化的理性评判与反思,对民粹主义的全面审视与认知,已成为当下国际社会必须面对和正视的重大现实问题,更是学术界必须探究和回应的学理性难题,它将直接关涉今后国际社会发展的议题与进程,影响人类的前途与命运。

逆全球化、反全球化,或甚嚣尘上的全球化终结论、死亡论,是2016年评判全球化的主旋律,几乎遍及国内外政治界与学术界,更充塞于大众传媒。这种境况固然是当下特朗普现象的产物,但实际上还可以上溯到本世纪初,即"9·11"事件。换言之,至少从"9·11"事件起,经历2008年国际金融危机,直至当下特朗普竞选成功和英国脱欧等重大国际事件的爆发,这种全球化悲观论、死亡论才达到顶峰。但是,当下这种主流的见解存在许多片面、模糊、情绪化的认识,很难经得

起严谨的理论分析。可以说,全球化悲观论源于全球化被误解,而被误解的全球化主要表现如下:

第一,全球化被仅仅或主要理解为一种经济现象与过程。国际货币基金组织认为:"全球化是指跨国商品与服务交易及国际资本流通规模和形式的增加,以及技术的广泛迅速传播使世界各国经济的相互依赖性加强。"①这种见解曾遭到罗兰·罗伯森的批评。他指出"全球化讨论在公共领域已经形成了我打算称之为经济主义的形态"②,这是很不幸的。遗憾的是,二十多年后,罗伯森所批评的对全球化的经济主义的误解,依旧主导着当前对全球化的认知。关于全球化的种种悲观言论,基本上都以全球贸易和投资的萎缩以及贸易保护主义的兴起为依据。而对于全球化如何从经济、政治、文化诸领域冲击并改变着传统的组织模式、治理结构、价值观念却视而不见。

第二,混淆了全球化的本质与现象。全球化的本质在于,它是一种打破和超越领土、国别、民族、领域等各种界限与边界,展示人类日益相互依存,并作为一个类主体求生存、谋发展,逐渐形成一种新的整体性文明的客观历史进程与趋势。这意味着,全球化之精髓与要义是冲击和打破人们所熟悉并依赖的社会生活的组织结构、治理模式、权力运行方式,以及国家主义的价值观和思维方式,将人类文明的发展纳入马克思早在一百七十多年前所说的"世界历史"的轨道。而当前的反全球化、逆全球化思潮大都停留于一种现象分析,聚焦于全球化政策所带来的负面性以及全球治理的困境,回避或未涉及对全球化本质的评判。由此导致,把全球化不当的政策带来的负面性和诸多挑战归罪于全球化本身,从而得出全球化即将死亡的悲观结论。但事实却是,全球化本身的进程并未终止,被终结的应该是全球化的不当政策和意识形态化的全球化观念。

第三,忽视了全球化的过程性与阶段性。全球化是一个漫长的历史过程,其间必然体现出不同的发展阶段。对此,中外学者都进行

---

① 国际货币基金组织编制:《世界经济展望》,中国金融出版社1997年版,第45页。
② 〔美〕罗兰·罗伯森:《全球化:社会理论和全球文化》,上海人民出版社2000年版,中文版序言第2页。

过研究。我认为全球化可分为四个大的历史时期，15世纪之前的全球化渊源与萌芽期，15世纪至19世纪70年代的全球化成长期，19世纪70年代至20世纪70年代的全球化成形与反复期，以及20世纪70年代以来的全球化提升与变革期，而每个大的历史时期又可划分为若干个阶段。不讲过程，不分阶段，简单、笼统地讲全球化已经逆转，并即将死亡，这是一种非历史观点。20世纪70年代以来的全球化，是全球化历史进程中最新的一轮全球化，也是与当代人类生活关系最为密切的全球化，可称之为当代全球化。作为当代全球化的第一个阶段，它经历了启动、高潮、下行三个时段，20世纪70—80年代为启动期，20世纪90年代至2008年国际金融危机是高潮期，而2008年至今则可视为下行期。因此，当我们讲当代全球化的第一阶段正处于下行、退朝时段，这是客观的、毫无争议的。但如果缺乏明确的过程和阶段意识，笼统地讲全球化正在下行并走向终结，那就丧失了科学性与客观性。事实上，在全球化的历史进程中，20世纪70年代至今的全球化是成绩最辉煌、影响最深刻的一个阶段，也印证了几百年来，全球化历史性前行的趋势。它在当下的退潮与下行，并不能抹杀其在历史上的重要地位。

  第四，全球化在相当程度上被误解为资本主义全球化。这也是一种很有市场的见解，遍及国内外，也广泛存在于平民与精英之中。由于被定位为资本主义全球化，所以在某种意义上就成为被批判的对象，要承担全球化的负面性和种种罪名，而批判者们则由此获得了合法性和历史性批判权利。但这种见解是片面的，经不住学理的分析。具体而言，一是未区分资本的全球化与资本主义的全球化。资本是生产的要素之一，而且是最重要、最活跃的要素。资本的全球化是全球化的内在要求，特别是市场经济向全球扩展的内在要求。在20世纪70年代以来的这一轮全球化进程中，资本的全球化最突出、最抢眼。它推动了全球经济的快速发展，但也导致了经济发展的泡沫和国际金融危机。其功过是非，评价不一。但其作为最重要生产要素的客观性，是毋庸置疑的。也正因为如此，包括中国在内的新兴经济体也在加大对外投资，重视资本的全球化。而资本主义全球化则附着了政治制度、意识形态的鲜明色彩，具有强烈的政治与价值导向,是不可与资本全球化同日而语的。二是未区分历史上的全球化与当代全球化。历史上的全球化是指20世纪70年代之前的全球化,它体现为西方中心、阶级中心、国家中心,并伴随着资本主义制度向全球的扩张。而当代全球化则开始超越西方中心、阶级中心、国家中心,张扬和凸显人类的整体性和利益的共同性。如果说20世纪70年代以前的全球化可以称之为资本主义全球化,那么20世纪70年代后的全球化则不宜称为资本主义全球化,尽管西方国家还在全球化中起主导作用。弄清这两者的区别,对于我们理性审视全球化十分必要。

第五,全球化的价值导向与内在理念被理解为自由主义。毫无疑问,自由主义的确是全球化的最基本的理念与价值。这表现为,自由主义坚持经济、政治、社会、文化的开放性;重视国际机制、国际合作;倡导自由、权利、民主、公正等普遍价值。而这一切的确指导着全球化的理论与实践。但是,由于自由主义本身已多元化,并充满歧义,特别是宣扬市场万能的新自由主义和美国力推的"华盛顿共识",更是难以得到世人认同,所以,把全球化的价值与理念归结为自由主义,容易使全球化背负污名。不言而喻,当下的全球化下行论、终结论正是从这种误解中找到了一定依据。化解这种误解的关键在于,明确全球化更核心、更基本的价值指向是全球主义(或世界主义),即对个人权利与利益的尊重,特别是对由个人组成的人类整体性的强调与关怀。显然,全球化的这种价值指向是与其本质密切相关的,全球主义(或世界主义)是全球化理念与价值之根,自由主义要服务于全球主义,而且由于自由主义的歧义性,最好慎用。

以上分析都是为了指出当下似被视为定论的全球化下行说、终结论,其依据与论证并不充分,大都建立在被误解的全球化基础之上,或者仅局限于全球化的现象。而客观的全球化,本质意义上的全球化,其进程与趋势并未逆转。这是因为,其一,全球化的两大动力不仅客观存在,而且继续强化。这是指生产诸要素的全球性流动与组合方兴未艾,技术的不断进步支撑并推动着各个领域的全球性交往。其二,相互依赖已成为人类的内在生活方式,全球相互依赖加深的进程仍在继续。其三,共同的问题、共同的利益、共同的价值,当代人类社会的这三大共同,不断打破种种区隔与边界,开辟着人类作为类文明的新前景,凝聚着人类命运共同体。因此,我们没有理由对全球化进程与趋势执悲观态度,而是需要更理性地认知全球化本质,认清它对传统社会结构、治理模式、权力运行方式的影响。简言之,认清立足于国家主义的一整套体制、机制、秩序、规则的不足及其与现实国内外事务间的张力,积极促进国内治理与全球治理的变革,治理全球化进程中不当政策和意识形态化观念所造成的诸多问题,推动人类文明在曲折中前行。

与理性评判全球化同等重要的另一个问题,是深刻认知来势迅猛的民粹主义。自19世纪俄国的民粹主义兴起并影响世界之日起,民粹主义从未在人类的社会政治生活中消失与缺席,就此而言这一轮民粹主义的异军突起应该并不令人感到奇怪,但它又的确让国际社会有些吃惊。这是因为,当下民粹主义之浪潮涌动于西方发达国家,其反体制、反建制、反精英之特点异常鲜明。主流的政党政治和体制内的精英受到颠覆性的冲击,沉默的多数凭借宪法赋予的权利,在宪政的框架内,完成了权力的更替和政策的转换,国际社会面临着一次大变局。诡异的是,无论是民粹主义的左翼还是右翼都从不同角度打出了反全球化的旗帜。左翼民粹主义强调的是全球化导致的贫富差距的扩大、资本外流导致的就业危机,要求平等、公正。而右翼民粹主义则关注全球化的开放性所带来的移民问题,强调的是民族与国家利益、种族纯洁性。尽管如此,关于全球化与本轮民粹主义兴起之间的关系,还远未清晰,认为全球化的弊病导致本轮民粹主义兴起的观点缺乏足够的解释力,有待更深入的梳理与探究。当下最值得我们认真思考的是,民粹主义对国际社会,特别是对中国将产生何种影响。

首先,来看看民粹主义对国际社会的影响。我的一个总判断是,国际社会会发生整体性向左的转向。也就是说,无论是各国的国内事务还是国际关系,都会更明显地表现出向左的特点。这里,"左""右"之分,是以中国人习惯的思维来划分的,可能与西方国家不同,甚至截然相反。国际社会整体性向左转的具体表现是:

第一,突出国内贫富差距、公平等问题。奥巴马承认美国贫富差距加大,指出1979年,1%的美国人获得7%的总税后收入,而2016年,这1%的美国人却获得17%的总税后收入,这表明分配正义和社会平等问题的确非常突出。而主张分配正义和社会地位与权利的公平,正是民粹主义的基本诉求,也是其坚守的伦理价值,这一点无疑是应该肯定的。第二,凸显平民主义与精英主义的对抗。正因为社会不平等、不公正加剧,所以平民对精英及其所把持的现有体制、秩序持批判、反对的立场,社会撕裂为两大阵营。受损的中产阶级难以扮演平衡者的作用,甚至站到平民一边,共同抵制现有的政党政治和国家体制,从而大大增加了社会动荡与对抗的风险。第三,革命性话语、阶级分析的思维会在一定程度上回归。由于社会撕裂,动荡加剧,平民与精英、穷人与富人、体制外与体制内这样的身份对立将进一步强化。于是,在当代全球化进程中被弱化的革命性话语和阶级分析的思维、视野有可能再次受到青睐。第四,国家主义、民族主义进一步加强。民粹主义本身就与民族主义、国家主义密切相关。当民粹主义的诉求与锋芒指向反对资本外流,反对贸易自由化,反对移民,片面维护本国、本民族利益时,它就与民族主义、国家主义同流了。当民粹主义成为政治家的工具,寄希望于具有个人魅力的强人来维护自身和国家利益时,个人的自由、权利就丧失了,其后果则是个人专制。而专制的个人总以国家代言人自居,倡导并推行国家主义。希特勒明确指出:"国家社会主义既不把个人也不把人类作为其考虑问题、发表意见和做出决定的出发点。他有意识地把国家当作他整个思想的中心……国家社会主义要求保护民族,必要时以牺牲个人为代价。必须使每个人逐渐认识到,他的自我同整个国家的存在相比是微不足道的。"①这足以引起我们的反思与警觉。第五,全球治理面临前所未有的挑战与困境。由于本轮的民粹主义以反全球化、反建制为特点,并且以发达国家为主角,所以全球治理将遭至自20世纪90年代初倡导和推行以来最严峻的挑战。这是因为,以往讲的全球治理困境与当下和今后面临的困境已大相径庭。比如参与赤字,以往更多是指广大发展中国家及其民众参与不足,而今天变成了

---

① 转引自祖慰:《心鹜六极思之惑》,《领导者》2014年第6期。

发达国家及其民众拒斥全球化与全球治理;以往批评全球治理机制的不配套、不协调,低效率,意在改进和完善全球治理机制,而今后可能要担心的是全球治理机制向国际治理机制的倒退,以及相当程度的裁减与失效,因为不少发达国家的政府已发出了明确的孤立主义、国家主义的信号。这是我们必须准备应对的现实。

其次,来分析一下民粹主义对中国的影响。中国有着深厚的民粹主义传统,从历史悠久的均贫富主张,到近代以来的太平天国运动、义和团运动,直至"五四"运动及其随后的激进革命,都能在不同程度上找到民粹主义的影子。随着当代中国的再次崛起,大国心态,中华民族优越感也有所抬头,民族主义、国家主义明显膨胀。所以,从政治生态上看,当下的中国,民粹主义、民族主义、国家主义居于主导地位。与此同时,由于当代中国是全球化的积极参与者、主要受益者。所以,我国坚定地推行对外开放的政策,倡导贸易自由,力主对外投资,坚持经济的对外开放,并提出"共商共建共享"的全球治理战略,试图引领全球治理,推进人类的可持续发展。这些战略与政策,无疑带有自由主义的色彩,表现出自由主义的价值取向。特别是对人类命运共同体的强调,更彰显了与国家主义、现实主义的区别。上述事实表明,中国的国内外事务与政策存在一定的张力,国家治理与全球治理这两个大局面临着如何更好地统筹与协调的问题。从民粹主义将如何影响中国来看,以下两点是比较明确的。第一,世界性的民粹主义会进一步鼓舞国内民粹主义、民族主义与国家主义,从而导致国内社会政治生活继续向"左"转。其具体表现是,国家治理可能会进一步被国家主义所绑架,成为缺乏民主法治依托,只讲强化治理能力的国家治理;民粹主义对个人魅力型领袖的迷信可能会导致我国政治生活中个人专制传统的复活;民主、法治的推进,公民权利的保障都可能与民众的期盼有较大距离,甚至被搁置;试图为"文化大革命"翻案的思潮与行动会继续加强,社会的分裂将加剧。第二,世界性的民粹主义会严重阻碍中国参与和引领全球治理的大战略,今后外交事务将遇到更多困难与挑战。具体表现为全球经济、贸易、金融的协调,由于发达国家的反对会放缓,甚至出现某种程度的倒退。贸易摩擦、投资冲突、市场争夺都会加剧;全球气候、难民等众多全球性问题的应对,由于美国特朗普政府的新政策会出现向国家间博弈的反弹,孤立主义、国家主义、现实主义将主导这些议题;中国国内的反移民、反自由贸易、反对外投资的声音会加强,反全球化的思潮与运动将制约中国积极参与和引领全球治理的大战略。

总之,世界性民粹主义的崛起,将会冲击国际关系的格局与全球治理的体制,并导致各国国内经济、政治与社会政策的调整,给国际社会带来某种不确定性。因此,我们必须审时度势,理性应对,深刻总结和反思"文化大革命"的惨痛教训,在曲折与反复中推进自身和人类不断走向更为理性与成熟的文明。

(本文发表于《国际政治研究》2017 年第 1 期。)

当代中国国际定位的若干思考

中国正处于全球化进程中的一个新阶段,正处于社会全方位改革与转型的又一历史时刻。三十年的改革开放,不仅极大地增强了中国的国力,也明显提升了中国的国际影响力。但与此同时,新的问题、压力、困惑也接踵而至。当中国日益走向国际舞台中心,受到更多的关注,面临更多的风险、挑战、质疑甚至拷问时,清醒地认识自己,理性地定位中国与世界之关系的历史性课题就被尖锐地提上日程。对此,我们重视的程度和研究的深度都远落后于现实的需要。因此,在笔者看来,深入思考和探讨中国的国际定位问题,对于中国的进一步发展有至关重要的意义。

一、国际定位的概念

"定位"(positioning)原本是管理学中的一个术语,指在商品销售中如何宣介、塑造自己的商品,使其与其他商品区别开来,从而获得品牌效应。当人们把它用于国际关系领域时,通常是指一国在国际社会中的身份、角色、地位、作用的确认。于是定位就变成了国际定位,突出了国际性坐标。但迄今为止,"国际定位"并不是国际学术界认同并普遍使用的概念,它是中国文化的体现,类似于国际格局,很难纳入国际学术界的主流话语,却能为中国学术界乃至整个中国社会所理解。在这个意义上我们不妨说,"国际定位"是一个中国式概念(或术语)。

作为一个尚不够严谨、规范的概念,如果对其进行要素分析,应当注意如下几点。

其一,国际定位涉及自我与他者两个主体。国际定位首先是自我的认同与塑造。一国会根据自己的实力、价值、追求,确认自己在国际社会中的角色、身份、地位、作用,这是国际定位最基本的内容、最主要的方面,但并不是全部。国际定位还包括他者的认知,即其他国际关系行为体乃至整个国际社会对该国国际角色与作用的评判与认知,其中,现有国际体系中的主导性大国群体的认知尤为重要。自我的认同与他者的认知越吻合,表明该国的国际定位越准确,如果出现较大的差异,就需要反思和修正自己的定位。

其二,国际定位涉及主观选择与客观现实两个层面。国际定位的主观选择,是主体偏好与追求的反映。影响主观选择的首要因素当然是客观现实,一国的客观环境,特别是国家实力是国际定位的基础,也是最主要的限制性条件。很难设想不丹这样的国家会把自身定位为一个有世界性影响的大国,这就是客观现实的制约性。但除了客观现实外,历史、文化传统、意识形态都有可能在不同程度上对国际定位产生影响。比如对于正在崛起的中国,受制于我们内向、内敛的历史与文化传统,从政府到民众,新兴大国的定位并未成为主流认识。而被束缚于霸权情怀、冷战思维或权力政治中的某些西方人士,则把中国视为现有国际体系与国际秩序的挑战者,未来世界的可能的新霸主。由此可见,主观选择与客观现实往往并不一致。如果再考虑到客观现实的变动性和人的认识的滞后性,那么两者一定程度的偏差与背离就更可以理解了。

其三,国际定位是一国大战略的组成部分,而且是核心部分。大战略有三种代表性理解:首先,大战略是对战争的谋划,是通过战争或在战争中实现政治与外交目的的艺术；其次,大战略是国家安全战略,即动员和使用一切资源与力量,维护国家安全(主要指外部安全,国际层面的安全);再次,大战略是国家总体战略,包括国家安全战略与国家发展战略,这是对大战略最宽泛的理解。① 尽管有这些区别,但其基点则在于大战略主要是一种外向型的战略,人们通常更多的是从国家对外战略和国家安全战略的角度理解、研究大战略。既然是战略,就会涉及战略目标、战略评估、战略内容、战略手段等。显然,战略目标、战略评估、战略理念都与国际定位有关。一个国家在国际上扮演什么角色,是世界性大国还是地区性大国,或就是普通国家,这既是目标也是定位;一个国家是信奉权力政治、霸权政治、对抗政治,还是倡导合作、和谐、责任与共赢,这是政治理念与外交哲学的选择与定位;而战略评估既涉及对一国实力的评估,也涉及战略形势、体系环境的评估,它们是大战略和国际定位都不可或缺的环节。

由此可见,在国际关系研究中,国际定位有其特殊的视角与内涵,也由其特殊的功用,对于确定一国的对外战略,处理对外关系有特殊意义。

二、当代中国国际定位的急迫性与尖锐性

当代中国的国际定位就是指当代中国在国际社会中的身份、角色、地位、作用的确认。如前所述,这种确认一方面来自中国的自我认同与选择,另一方面来自国际社会对中国的评判与认知。任何一个国家的国际定位都具有动态性、阶段性,都需要根据实力、形势、理念的变化而不断调整与国际社会的关系。所以,这里有必要指出,当

---

① 关于大战略的代表性著作有:〔美〕约翰·柯林斯:《大战略》,战士出版社1978年版;军事科学院战略研究部编:《战略学》,军事科学出版社1987年版;〔日〕伊藤宪一:《国家与战略》,军事科学出版社1988年版;纽先钟:《西方战略思想史》,广西师范大学出版社2003年版;叶自成:《中国大战略:中国成为世界大国的主要问题及其战略选择》,中国社会科学出版社2003年版;胡鞍钢主编:《中国大战略》,浙江人民出版社2003年版;〔美〕威廉森·默里等编著:《缔造战略》,世界知识出版社2004年版;〔美〕罗伯特·阿特:《美国大战略》,北京大学出版社2005年版;〔美〕理查德·罗斯克兰斯、阿瑟·斯坦主编:《大战略的国内基础》,北京大学出版社2005年版;门洪华:《构建中国大战略的框架》,北京大学出版社2005年版;周丕启:《合法性与大战略》,北京大学出版社2005年版。

代中国的国际定位,在时间上是指改革开放以来中国的国际定位,尤其是指21世纪中国的国际定位。这一定位,由于以下几点原因而变得非常急迫和尖锐。

1. 国际体系转型的加速与加剧

自威斯特伐利亚体系确立以来,国际体系已经历了维也纳体系、凡尔赛—华盛顿体系、雅尔塔体系几次更替。20世纪90年代初冷战的结束,意味着两极争霸的雅尔塔体系的终结,新一轮国际体系转型的开始。近二十年来,国际体系从两极争霸走向一超多强,美国的超强独大地位走上了历史巅峰,可谓空前绝后。但好景不长,"9·11"事件挑战、冲击了美国的霸主地位,而布什政府战略与政策的失误,进一步损害了美国的实力与形象。正值焦头烂额之际,又爆发了百年不遇的金融危机,不仅美国金融与经济大受创伤,而且社会与民众心理都受到沉重打击。奥巴马开始强调,美国对国际社会的贡献虽然独特和不言而喻,但美国并非要做世界的领导者,而是愿意成为各国的好伙伴,为国际社会服务。这意味着美国的霸权梦已破碎,开始更理性地定位自己的国际角色。当然,这是一个较长的过程,还会有反复。美国在国际体系中地位及其认识的变化,无疑反映着国际体系的深刻转型,至于其他发达国家,则比美国更早、更清醒地看到了体系转变的必然性,同时立足于自身的国家利益,也更赞同制约美国的超强权力与地位。然而,导致国际体系转型加速与加剧的决定性因素与力量是新兴国家作为"板块""群体"的崛起。新兴国家经济占全球经济的比重已由上世纪90年代初的39.7%上升到接近50%,外汇储备更占到世界外汇储备的75%。① 英国一家研究机构2009年6月发表的一项报告指出:今年,美国、加拿大和欧洲这三大传统的西方经济体在全球经济中所占比重将下降至50%以下,是19世纪中叶以来的第一次。② 令人瞩目的"金砖四国","国内生产总值占全球GDP的14.6%。贸易额占全球贸易额的12.8%,按购买力平

---

① 王嵎生:《2008:国际局势继续深刻演变》,《世界知识》2009年第2期。
② 宿景祥:《世界力量转移的进程》,《世界知识》2009年第12期。

价计算,对世界经济增长的贡献率已超过50%"。① 显然,现有的国际体系与国际秩序已无法反映新的实力增长,更无法满足新兴经济体对国际事务话语权、决定权的要求。于是G8+5,G4,G20等制度安排开始在现有体系内发挥作用,它们最终能否成为稳定而重要的机制,发挥持续的机制化作用还有待观察,但这一变化本身就足以表明国际体系转型之迅猛。在应对当前的国际金融危机中,这种转型给人们留下的印象尤其深刻。

国际体系转型的加速与加剧,把中国推向国际舞台的中心,因为,无论是"发展中五国""金砖四国"还是20国集团中的新兴市场群体,中国在经济实力和国际影响力方面都居于首位。而在应对当前国际金融危机中,中国举足轻重的地位与作用更是得到举世公认。很难用"世界忽悠中国"来解释这一切,只能说"时势造英雄"。国际体系的变迁与中国国力的提升给中国出了一道无法回避的难题,使其反思并更清醒地确立中国的国际定位。

2. 中国面临着日益严峻的结构性压力与挑战

中国要崛起,中国正在崛起,这既是现实也是目标,而一个正在崛起的大国会遇到难以想象的结构性压力与挑战,中国走向崛起的进程就证明了这一点。结构性压力与挑战是植根于客观的结构(或称环境)和结构性冲突,主观上无法避免的压力与挑战。作为一个后发展国家,中国的经济实力、国际地位远不如发达国家。你要发展、要崛起,自然就意味着追赶发达国家,于是,追赶者与被追赶者之间就势必产生矛盾与摩擦。换言之,新兴崛起大国与现有守成大国之间存在着结构性冲突,它不会因为你的善良愿望而自动消失,这是当前中国走向崛起面临的最突出的问题。从更具普遍意义的角度看,中国的崛起会冲击、打破现有的政治、经济格局(包括利益格局、权力格局、地位格局),所以会引起各国的关注与本能式反应。因此,中国所面临的结构性冲突就不会仅仅局限于与发达国家的冲突,也涉及与发展中国家,特别是周边国家的冲突,比如围绕市场、资源的冲突,

---

① 《胡锦涛在"金砖四国"领导人会晤时的讲话》,新华网,2009年6月17日,http://news.xinhuanet.com/world/2009-06/17/content_11553224.htm。

甚至包括主权之争。这两类结构性冲突在全球、地区、国别层次上均有所反映。

从全球层次看,中国面临着日益频繁的经贸摩擦、国家风险以及巨大的环境压力。自 1995 年以来,中国已连续 14 年成为全球遭受反倾销调查最多的国家,连续 3 年成为遭受反补贴调查最多的国家。根据 WTO 秘书处的最新统计,2008 年全球新发起反倾销调查 208 起、反补贴调查 14 起,中国分别遭遇 73 起、10 起,所占比例分别为 35%、71%。① 中国企业在世界各大洲都遇到了经营理念、产品质量、市场份额等方面的冲突,这些冲突不仅酿成贸易争端,有些还导致产品被焚烧、企业员工被绑架等事件,因此,企业向外扩展经营的风险明显增加。在环境问题上,随着中国成为世界制造中心,二氧化碳排放量攀升,目前已成为世界第二大排放国。面对全球气候变暖这一人类关切的问题,中国承受着来自国际社会的日益强大的承担减排义务的压力。2009 年 5 月 21 日,美国众议院能源商务委员会以 33 比 25 的票数通过了《美国清洁能源安全法案》,从而既为推动国内改革,更为赢得美国在全球气候变暖问题上的国际领导地位做好铺垫。而奥巴马政府在气候变暖和能源政策上的这一调整,使中国的处境更为艰难。与此同时还要看到,在环境问题上金砖四国处境各异,很难用同一个声音说话。一个基本事实是,无论排放空间还是减排技术,中国都处于不利的地位,所以周旋的余地较小。巴西甚至提出了一个后京都国际气候制度的设计方案(简称"圣保罗案文"),呼吁限制中国在清洁发展机制(CDM)市场的发展,认为中国应该在 CDM 市场达到一定规模后,转换成定量减排目标。这就意味着,在全球气候变暖问题上,中国会处于更加突出而孤立的境地。至于绿色贸易壁垒与冲突对中国外贸产生的冲击与压力,也越来越不可忽视。

从地区层次看,在欧洲,中国与欧盟的关系近年来表现出典型的结构性冲突。在 20 世纪的最后十年,欧盟受"中国威胁论"的影响不

---

① 《WTO 统计 2008 年中国成为遭遇"双反"调查最多的成员》,中华人民共和国商务部网站,2009 年 5 月 19 日,http://gpj.mofcom.gov.cn/aarticle/subject/mymcyd/subjectdd/200905/20090506258669.html。

甚明显,对于中国纺织、鞋、玩具等商品大量进入欧洲市场,欧盟表现出很强的承受力。当然,随着中欧贸易额的提升,以及欧盟贸易逆差的增加,这几年情况发生变化。伴随中国"走出去"战略的实施,中国企业不仅在制造业的低端产品上表现出优势,而且在高端产品(如电子产品)上也拥有了不可低估的竞争力,更令欧盟震惊的是,中国开始了在欧盟的企业并购和金融投资活动,涉及重要资源和高科技领域。到了这时,欧盟才真正把中国当作强劲对手,并很自然地与"中国威胁论"联系在一起。对手意识的自觉与强化,还导致欧盟对中国非洲政策的不满,认为中国企业在非洲的发展是有意识与欧盟争夺非洲,于是非洲也就奇怪地成为双方的一个问题领域。① 在亚洲,中国无论是从历史上还是现实上讲都是无可争议的地区大国,有足够发言权与影响力。经济的相互依赖,历史的恩怨,遗留的领土之争极其复杂地纠集在一起。一方面命运共同体特别是经济共同体的意识与现实不断强化,周边国家的发展已离不开中国;另一方面它们对中国的戒心始终难以消除。中国在 1997 年的东亚金融危机中的负责任表现赢得了世界特别是东亚诸国的称赞与尊重,改善和提升了中国与周边国家的关系,但国家利益、国家安全的至上性这一思维所易于产生的偏颇与狭窄,把双方的结构性冲突一再呈现于世人面前,甚至有愈演愈烈之势。今年,围绕南沙群岛、钓鱼岛的主权之争更加激烈,中印边境形势趋紧,这些都是例证。在非洲,中国奉行的"政治上平等互信、经济上互利共赢、文化上交流互鉴"的外交政策取得了显著的成绩,中非关系处于历史上最好的时期。即便如此,双方的结构性冲突也时有体现。中国与非洲诸国都处于世界经济链条中的低端,其生产的产品具有相似性,因此,相互间存在着市场竞争。此外,在全球资源,特别是能源短缺的背景下,中国企业在非洲的能源开发,以及在发展中的某些失误(如忽视工会作用和企业的社会责任),

---

① 相关研究文献参见:〔德〕白小川:《欧盟对中国非洲政策的回应》,《世界经济与政治》2009 年第 4 期;李安山:《为中国正名:中国的非洲战略与国家形象》,《世界经济与政治》2008 年第 4 期。

也导致一些纠纷与摩擦。①

在国别层次、双边层次上,最突出的是中美关系、中日关系。中美关系被国际社会视为新兴大国与守成大国争夺世界领导权的关系,而中日关系则被解读为中日两国争夺亚洲领导权的关系。我们当然不赞同这种权力政治的见解与分析,但在客观上,中国的崛起会对美国在世界的领袖地位和日本在亚洲的主导作用产生冲击。除了这种追赶者与被追赶者之间的政治与心理的结构性冲突外,中美在贸易、金融关系上存在着深度相互依赖与严重结构性冲突并存的局面。中国提供廉价商品,美国消费;美国提供金融产品,中国购买与储存。这种奇特的关系与模式恰恰真实反映了结构性冲突的又一侧面。

对于上述结构性压力与挑战,中国虽有所思考,但显然准备不足。长期以来,我们外交哲学与思维的一个基本特点是习惯于仅仅从自身考虑问题,而忽略了中国的发展与变化对世界的冲击与影响,忽略了他者的感受与可能的种种反应。我们希望创造有利于自身发展的国际环境,倡导互利共赢的理念,遵循市场经济的规则,认为自身的动机与目的无可非议,所以对近年来接连不断的经贸摩擦、国家风险、环境冲突难以接受与理解,殊不知这就是走向崛起的代价,就是做大国的烦恼。中国不可能像改革开放前二十年那样相对平静地发展,在加入WTO后,在世界经济中获得举足轻重的地位以后,中国必须勇于直面更多的冲突与纠纷,学会换位思考,以全球视野和多角度的分析,重新为自己进行国际定位。

3. 当代中国国际定位的模糊性与不确定性

当代中国国际定位的急迫性与尖锐性,一方面源自上述客观情势和国际环境的变化,另一方面则与中国对自身国际定位的模糊性与不确定性相关。换言之,中国以何种身份、角色审视和处理国际事务,在当代国际关系中能够起到和力争起到何种作用,发挥何种影响,这些关涉到国家对外战略的重大问题,虽然在党和政府的相关文

---

① 相关研究文献参见:李安山:《为中国正名:中国的非洲战略与国家形象》,《世界经济与政治》2008年第4期;韩燕:《中非贸易合作:应该关注什么》,《世界知识》2008年第18期;《国家风险包围中国企业》,《世界知识》2007年第17期。

献中已作出了原则性、指导性、包容性很强的阐述,但在应对复杂变动的现实,在需要细化、精确化某些理论与政策时,就出现了不同的主张(表现为不同的表述、不同的视角、不同的着重点等),并影响到对外战略的实施。正是从这个意义上我们可以说,当代中国的国际定位尚处于探索与争鸣之中,具有模糊性和不确定性特点。

是否承认中国是国际关系意义上的大国,这是第一个有待明确的问题。国际关系意义上的大国不是简单的地理意义上的大国,一般是指经济实力雄厚、军事实力强大、有特殊地位与影响力的大国。前者可归结为硬实力,后者则是软实力的体现。肯尼思·沃尔兹强调综合国力,尤其是物质性实力。他认为:"国家的经济、军事及其他能力不能被分割开来加以衡量。国家并不因它们在某一方面实力出众而成为一流强国。"①米尔斯海默明确指出:"大国主要由其相对军事实力来衡量。"②莫德尔斯基同样信奉军事实力,认为大国必须能够发动一场霸权战争。英国学者布尔以独特的视角对大国三要素进行了分析,其中特别强调的是"其他国家承认大国拥有某些特殊权利与义务,或者大国的领导人和人民认为本国具有这样的权利与义务"。③ 以上述标准进行衡量,中国显然不是一个典型的、地道的大国,但又在不同程度上具备了大国的特征,正因为如此,对当代中国的国际定位就出现了众多提法。最具代表性的认识是:中国是发展中国家,中国是地区性大国,中国是社会主义国家。兼顾中国大国走向的则有:"中国是具有世界性影响的地区大国""中国是发展中的强国",还有"准大国""潜在大国""最大的发展中国家"等见解。④

---

① 〔美〕肯尼斯·沃尔兹:《国际政治理论》,上海人民出版社2003年版,第174页。
② 〔美〕约翰·米尔斯海默:《大国政治的悲剧》,上海人民出版社2003年版,第5页。
③ 〔英〕赫德利·布尔:《无政府社会——世界政治秩序研究》,世界知识出版社2003年版,第162页。
④ 有关文献参见:刘胜湘、张磊:《从认知的角度讨论中国和平发展外交目标》,《世界经济与政治》2006年第10期;李计广:《中国在世界贸易组织中务实与互利共赢战略之分析》,《世界经济与政治》2008年第3期;蔚彬:《转型时期中国身份认同的困境》,《现代国际关系》2007年第7期;《中国是个"大国"吗》,《世界知识》2007年第1期;林利民、常姗姗:《关于中国成长为世界第三大经济体后的国际战略思考》,《现代国际关系》2008年第10期;门洪华:《构建中国大战略的框架:国家实力、战略观念与国际制度》,北京大学出版社2005年版。

这里的关键在于中国能否称之为国际关系意义上的大国,显然主流的见解未予承认,但中国硬实力的迅速提升以及国际影响力的明显加强又不断冲击这一定位,于是就出现种种具有探索性的有弹性的表述,从而难免造成某种认识上的混乱,模糊着中国的国际定位。

是否承认中国是正在崛起的国家,这是第二个有待明确的问题。崛起就是迅速的、超常的发展,从而既告别过去的自我也超出正常发展的他者,也就是说,崛起是以自我的过去和他者的现状为参照系,它是在比较中确定自身含义的。改革开放三十年,特别是20世纪90年代中期以来,中国的发展无疑是世界上鲜有的超常的发展,因此,讲中国是崛起国家当之无愧。中国的崛起,冲击了现行的国际体系与国际秩序,从而引起了西方的忧虑,并催生了"中国威胁论"。正是在此背景下,胡锦涛、温家宝等国家领导人先后在重大的场合阐述中国和平崛起的理念与战略,向全世界宣示:中国的崛起是和平的崛起,只想促进本国的发展,不想触犯他国利益,更无取代他国、称霸世界的野心。显然,这是在新形势下,对当代中国的一次明确国际定位,同时也有力地回应了"中国威胁论"。然而很快官方修正了"和平崛起"的提法,改用"和平发展",理由是,"崛起"的表述有动用武力,刺激西方发达国家之嫌。

无论是"和平崛起"的提法还是"和平发展"的修正,本意都是为了回应、化解"中国威胁论",为中国的改革开放和民族振兴创造更好的国际环境,促使中国社会的持续发展。但是,一个未曾预料的后果是在一定程度上造成了中国国际定位的歧义与混乱。官方的文献中不再提及和平崛起,而学术界、传媒界却有大量和平崛起的作品问世,这种状况无疑有碍于我们向国际社会表达明确无误的信息。更需要指出的是:"和平崛起"与"和平发展"的斟酌与选择,主要是基于西方认同的考虑,而是否承认中国正在崛起这一更本质的问题却被模糊了、淡化了。

是否明确宣示中国是现有国际体系与国际秩序的认同者、融入者、维护者、建设者,这是第三个有待明确的问题。改革开放前,我们把自身定位为现有国际体系的批判者、拒斥者、革命者,甚至是摧毁者。改革开放后,我们融入世界,融入全球化,与国际社会的联系大大加强,尤其是经济上的相互依存更达到难以分割的程度。正是鉴于此,我国在对外关系与对外政策中才一再强调:中国维护联合国与国际法的权威,倡导并奉行多边主义,在国际体系中发挥建设性作用,坚持互利共赢,做负责任大国。这些政策的指向清楚地表明了中国对待现有国际体系与国际秩序的态度已发生了重大变化。但至今为止,我们尚未在政府的重要文献中(如党的政治报告、政府工作报告)中见到中国是现有国际体系与国际秩序的认同者、融入者、维护者、建设者的正面表述。而且,中国对待现有国际体系与国际秩序态度与政策的变化,与建设国际政治经济新秩序的关系如何协调,也缺乏深刻有力的阐述。显然,这也容易模糊中国的国际定位,使人感到某种不确定性。

总之,一个国家的国际定位会随着国际环境和自身发展状况的变化而进行调适与修正,这种动态性是显而易见的。但是动态的调适并不意味着国际定位的模糊性与不确定性。在每一个特定的时段内,定位都应该清晰、明确,否则对外关系的目标、政策就会出现摇摆,或者被国际社会所误解,从而造成不必要的损失与代价。

4. 国际社会的疑虑与猜忌

一个国家的国际定位首先取决于自身的认同与塑造,同时也与国际社会对该国的认知与评判相关。中国崛起所产生的压力,必然导致国际社会的防范性反应,毕竟我们生活在国家为基本生存单元的时代,国家利益、国家发展、国家安全是审视与处理国际关系的基本尺度与逻辑,而权力政治、大国更替、对抗思维、零和博弈、国家中心主义的观念又根深蒂固。"中国威胁论"既源于意识形态的偏见与某些别有用心的政治曲解,从另一方面讲,也反映了传统国际政治理念与思维下对中国崛起的疑虑,是不难理解的。值得注意的是,国际社会对中国崛起的疑虑与猜忌还同我们国际定位的模糊性与不确定性有关。英国学者布赞指出:"关于中国崛起之后会产生什么样的问题仍然是一个恰当的、有必要回答的问题。它需要获得比得到其答案更多的东西。除非它的确获得一个答案,否则,对中国长期意图的各种猜疑将仍然存在着,这些猜疑会使得它的'和平崛起'变得比它所需要经历的更加艰难。"①"除了有关提倡一个更加'多极'世界的含糊想法之外,中国想在地区和全球层面上愿意看到一种什么样的国际社会,并成为其中的一个主要部分,这似乎并不明确。"②美国学者江忆恩则对中国把"和平崛起"改为"和平发展"表示不解,认为中国回避"崛起"这个词,好像是在掩盖、隐藏什么,容易引起国际社会的猜疑。③ 显然,澄清、化解来自国际社会的猜疑,对于中国更为顺利地实施提升中国国际地位,促进世界和平与发展的对外战略有极其重要的作用,而要实现这一点,就需要对当代中国的国际定位有更明确的表述和更富有逻辑、更易于国际社会理解的理论诠释。

三、当代中国国际定位的四个维度

根据上述国际定位的一般理论,以及当代中国国际定位面临的新形势、新问题、新困惑,本文从以下四个维度来探讨当代中国国际定位的具体内容。

1. 中国实力的现状与评估

国家实力,是一国国际定位的基础性依据,离开对实力的准确评估与清醒认识,就谈不上国家在国际上的客观定位。国家实力包括硬实力与软实力,其中硬实力是物质性实力,涉及一国的资源、经济力、军事力等,是国家实力的显性实力。显性实力便于衡量,便于比较,便于把握,并且与民生联系更为密切,反映国家变化更为直观与敏感,所以在评估一国实力方面更为直接、重要。在硬实力中,经济实力又最为重要,因此往往成为评估一国实力的最核心指标。本文对中国实力的概括与评估正是指中国的经济实力。

---

① 〔英〕巴瑞·布赞:《中国崛起过程中的中日关系与中美关系》,《世界经济与政治》2006 年第 7 期。
② 同上。
③ 参见刘建飞:《和平崛起是中国的战略选择》,《世界经济与政治》2006 年第 2 期。

首先从经济总量、经济规模、经济发展速度上看中国的经济实力。

根据国家统计局提供的数据,我国国内生产总值(GDP)在世界的位次已由1978年的第10位上升到2008年的第3位,仅次于美国和日本,经济总量占世界经济的份额由1978年的1.8%提升到2008年的6.4%。2008年主要工业产品中,钢、煤、水泥、化肥居世界第一,发电量居世界第二,原油产量居世界第五;在制造业的22个大类中有7大类居世界第一;主要农产品中,谷物、肉类、棉花、花生、油菜籽、茶叶、水果等居世界第一。进出口贸易额居世界位次由1978年的第29位跃升到第3位,占世界贸易总额的比重也由0.8%提升到7.9%。1979年至2008年国内生产总值年均实际增长9.8%,大大高于同期世界经济年均增长3.0%的速度。[①] 此外,外汇储备居世界第一,网络规模居世界第一。2009年,世界经济受到国际金融危机的重创,第一季度的数字触目惊心,美国经济-6.1%,欧元区-10%,而日本更创下战后最大降幅-15.2%。[②] 国际货币基金组织预计,2009年世界经济将下降1.4%,其中美国下降2.6%,欧元区下降4.8%[③]。与之相反,中国2009年上半年经济增长率为7.1%,全年实现经济增长率8%应不成问题。这意味着,从经济总量、对外贸易角度上讲,中国的经济实力和在世界的位次会进一步提升,很可能在今年最迟明年成为世界第二大经济体。这种超常的发展使中国对世界经济增长的贡献率也不断攀升,从1978年的2.3%到2000年的7.4%,再到2008年的22%,而联合国世界经济报告预测,2009年这一贡献率将

---

① 以上数字参见《新中国60周年系列报告之一:光辉的历程,宏伟的篇章》,中华人民共和国国家统计局网站,http://www.stats.gov.cn/tjfx/ztfx/qzxzgcl60zn/t20090907_402584869.htm。

② 冯昭奎:《日本经济"全面崩溃"?》,《世界知识》2009年第12期。

③ 以上数字参见《国际货币基金组织预测世界经济已经开始走出衰退》,2009年9月7日,中华人民共和国商务部网站,http://sousuo.mofcom.gov.cn/query/queryDetail.jsp?articleid=20090706387233&query=%E5%9B%BD%E9%99%85%E8%B4%A7%E5%B8%81%E5%9F%BA%E9%87%91%E7%BB%84%E7%BB%87%E9%A2%84%E6%B5%8B%E4%B8%96%E7%95%8C%E7%BB%8F%E6%B5%8E%E5%B7%B2%E7%BB%8F%E5%BC%80%E5%A7%8B%E8%B5%B0%E5%87%BA%E8%A1%B0%E9%80%80。

达到50%。①

从这些惊人的数字中我们不难得出如下结论:当代中国是一个在经济总量上超大规模的经济体,对世界经济,尤其是市场、贸易、金融产生着巨大冲击力。中国经济的状况、走势和相应政策直接或间接地影响着世界经济的发展,这在当前应对国际金融危机的实践中尤为明显。

其次,从人均国民总收入、科技对经济发展的贡献率、产业结构等指标看中国经济实力。

2008年,我国人均国民总收入为2770美元,仍居世界100名以外(2007年我国人均国民总收入为2360美元,仅居世界第132位)。我国科技因素对经济发展的贡献率约39%,而发达国家这一比率则超过70%。我国的研发投入占GDP的比重为1.52%,而发达国家超过2.5%,像日本已达3.5%。我国的第二产业在GDP中所占比重为48.6%,大大高于世界平均值29.8%;第三产业40.1%,也明显低于世界平均值66.3%。② 这些情况表明,中国又是一个经济结构不够合理,经济发展中科技含量与创新开发度偏低,人民生活水平还不高的国家。如果再考虑到高消耗、高污染的经济增长模式,考虑到在世界经济链条中从事低端制造品,进行加工贸易为发达国家提供商品,而自身消费水平却较低,以及城市化、教育程度、管理水平等因素,那么中国经济实力的水分是显而易见的。换言之,中国经济尚面临许多深层次的、结构性问题。这是发展中国家面临的共性问题,充分显示了发展中国家与发达国家在发展程度与水平上的差距。

那么,从当代中国的国际定位上来讲,上述两个分析视角及其相

---

① 以上数字参见《改革开放30年报告之十六:国际地位和国际影响发生了根本性的历史转变》,中华人民共和国国家统计局网站,http://www.stats.gov.cn/was40/gjtjj_detail.jsp?searchword=%B8%C4%B8%EF%BF%AA%B7%C530%C4%EA&presearchword=%B8%C4%B8%EF%BF%AA%B7%C530%C4%EA%CA%AE%C1%F9&channelid=6697&record=29;以及2009年1月16日,联合国在北京发布的《2009年世界经济报告》,北青网,http://bjyouth.ynet.com/article.jsp?oid=47898319&pageno=1。

② 以上数字来自《新中国60周年系列报告之一:光辉的历程,宏伟的篇章》,中华人民共和国国家统计局网站,http://www.stats.gov.cn/tjfx/ztfx/qzxzgcl60zn/t20090907_402584869.htm;以及冯昭奎:《不一样的"世界工厂"》,《世界知识》2008年第18期。

应结论能否协调,如何协调呢?本文提出以下两个观点来进行回答。

其一,在审视和研究中国的国际定位时,要特别关注其经济发展的冲击力。一国的国际定位是在国际关系的大棋局中通过比较、衡量确定的,也就是说它存在于相互比较与关系之中。经济实力的高与低有多项评判指标与要素,但当它与国家的国际定位相联系时,冲击力应该说是最重要的指标之一。这里所说的冲击力,是指一国经济实力迅速提升(或经济超常发展)对国际社会造成的非同一般的影响力。这种冲击力不仅表现为经济总量、贸易份额、外汇储备的大幅度提升,外部市场的竞争性和内部市场的吸纳性,而且会在一定程度上改变或要求改变现有的国际体系、国际机制、国际秩序。当前,中国的经济实力就体现出这种冲击力。如前所述,中国成为第二大经济体、第二大贸易国几年内就会变成现实,而由于农村剩余劳动力向城市转移的进程至少持续二三十年,所以经济发展的动力在该时段内不会枯竭。① 以目前的经济增长速度,2030—2040 年间,中国就可能超过美国成为第一大经济体。中国生产的廉价消费品在世界仍有竞争力,而中国现代化进程所必然带动的经济建设与消费水平的提高,又吸引了全世界的资金、技术与商品。今天,中国已是世界铁矿石第一进口大国,石油第二大进口国。莱斯特·布朗曾大胆假设:如果 2031 年中国达到了美国的生活水平,那世界现有石油产量的127%、汽车产量的 138%、纸张产量的 193%都将被中国一个国家消耗掉。② 除此以外,另一个被时常提及的问题是,中国二氧化碳排放量日益增加。美国能源部预测,2003—2030 年间,中国二氧化碳排放量每年增幅 4.2%,居世界第一,2030 年占世界总排放量 24.5%。③ 另一数字显示,2005 年中国二氧化碳排放量占全球的 19%,预计 2030年达 30%。④ 这一切都表明,中国经济的外部性越来越强,与世界经

---

① 关于农村剩余劳动力向城市转移对中国经济发展促进作用的论述参见〔美〕熊玠:《全球政经发展趋势与台湾的选择》,《中国评论》2008 年 3 月号。
② 江涌:《遭遇"中国因素"的尴尬》,《世界知识》2008 年第 7 期。
③ 管清友、何帆:《中国的能源安全与国际能源合作》,《世界经济与政治》2007 年第 11 期。
④ 中国与欧洲能源和气候安全相互依存性课题组:《中国与欧洲在能源和气候安全领域的相互依存性》,《世界经济与政治》2008 年第 8 期。

济的相互依存性越来越强。在这种外部性与相互依存性中,中国的地位愈来愈重要,所以对现有国际体系、国际秩序、国际机制客观上产生了冲击。G8+5 的准机制化,金砖四国峰会的召开,G20 地位的凸显,以及提出改变国际金融体制,建立"超主权国际储备货币"的要求,都与中国崛起所彰显的经济实力有关。

不言而喻,中国经济发展、经济实力提升所产生的冲击力是个动态的概念,它的可持续性有待研究和审视。但是在特定时段内,它所产生的冲击力无可置疑,这就要求国际关系给予足够的重视,在探讨国家的国际定位时尤其要强调这一点。强调冲击力的必然逻辑,就是承认具有冲击力的国家已不是一般国家而是新兴大国,所以在国际定位时,要标示出这种国际关系意义上的特殊性。

其二,对于当代中国而言,新兴大国与发展中国家是两个并列而非替代的定位与评判,不必非要作出非此即彼的选择。新兴大国的定位侧重于从国际关系角度,动态地审视和分析一国在国际社会中的崛起和冲击力。新兴大国并非就是发达国家,因为仅从经济上而言,从新兴大国走向发达国家,还有相当长的路,而且充满着不确定性。新兴大国对国际社会的影响具有爆发性、冲击性,但未必全面而持久。只有做到全面而持久的影响,这个新兴大国才会被国际社会视为真正的国际关系意义上的大国。新兴大国与全方位大国、地区性大国、小国或时常提到的霸权国、挑战国等均为国际关系中的术语,原本就和发达国家、发展中国家不在同一个系列。发展中国家的定位更多地立足于对一国综合国力、发展程度与阶段的判定,一般而言,涵盖的时段更长久,评价的指标与参数更系统与规范。相对于新兴大国的定位而言,发展中国家的定位稳定性更强,而且其现实作用绝不仅仅适用于国际关系,还适用于国家建设、发展的各个领域,是规制国家总体战略的指导性原则。发展中国家与发达国家相伴而生,它们是审视当代人类社会的一对范畴,尽管这对范畴也被运用于国际关系领域,但其独立性是显而易见的。

当代中国既是一个无可争议的发展中国家,又是一个日益被认同的正在崛起的新兴大国。这两个定位反映了不同的视角,强调了不同的内容,有助于我们更全面地认识与把握中国。但是对于当代中国国际定位而言,新兴大国的定位更有针对性,更有解释力,也更能表达中国正在走向大国的事实和力争成为大国的意愿。这是当代中国国际定位的第一个维度。只是需要补充,在定位中国是正在崛起的新兴大国时,时刻不要忘记中国还是一个发展中国家这一更宏大的历史背景与基础。

2. 中国与现有国际体系与国际秩序的关系

一个国家的实力是客观的,具有客观性,而一个国家与现有国际体系与国际秩序的关系则在很大程度上取决于主观的选择。讲到中国的国际定位,就必然涉及中国如何看待和处理同生存其中并与之密切交往的国际社会的关系。

现有的国际体系与国际秩序是第二次世界大战后建立起来的,它既体现了反法西斯战争的胜利成果,又在很大程度上反映了西方特别是美国在政治理念与制度安排上的主导地位。冷战的结束宣告了两极体系的终结,但支撑国际体系和国际秩序的主导性力量、制度、理念并未从根本上改变。作为在反法西斯战争中做出重大贡献的国家,中国是二战后国际体系与国际秩序的主要缔造者之一,但是由于国内政治的分裂,又由于西方制定了扶持台湾、抑制大陆,反对新中国的政治外交政策,中国被隔离于国际社会。尽管1971年新中国在联合国的合法地位被恢复,但总的来讲,改革开放前,特定的国际环境和国内信奉的激进理念与斗争哲学,导致中国扮演了现有国际体系与国际秩序的反对者、革命者。

改革开放后,中国开始了历史性的社会转型,但这一转型首先还是局限于国内,表现为政治理念、指导原则和相应的工作重心的转变,以及融入全球化,坚持对外开放战略的确立。"以经济建设为中心""把经济搞上去",这是当时中国最大的政治,至于中国与现有的国际体系与国际秩序的关系,当代中国的国际定位等问题相对而言尚处于辅助的位置,还来不及作出全面的审视与战略性的评估。所以在改革开放中期之前,随着改革开放的深化和经济相互依赖的加强,中国一方面利用现有的国际制度(特别是国际经济制度),另一方面对现有的国际制度持有戒心,批评性多于建设性。换言之,在改革开放中期之前,中国与现有的国际体系和国际秩序的关系基本上是批评、利用和慎重、有限参与的定位。应当说,这是当代中国国际定位的一个最艰难时期。反对还是认同,拒斥还是融入,革命还是维护,摧毁还是建设,两种政治理念与政治选择时常碰撞,制约着中国与现有国际体系和国际秩序的关系。

改革开放中期以后,特别是21世纪初以来,由于中国市场经济的迅速发展,由于中国加入了WTO,由于中国实力的大幅度提升,中国与国际社会全面、深刻的互动与相互依赖更加突出,中国在重大国际事务中的话语权、决定权也显著提高,这时,中国与现有国际体系与国际秩序的关系就走向了一个新阶段。上述两种政治理念与政治选择的碰撞尽管并未消除,但已明显向后者倾斜。学术界的研究成果最能说明问题,很多学者对中国的国际定位使用了认同者、融入者、改造者、参与者、支持者、维护者、建设者、塑造者、合作者等词汇,阐述了中国对待现有国际体系与国际秩序观点的重大变化。中国政府的态度同样是鲜明的,自中共十五大以来(1997年以来),无论是在党代表大会的政治报告还是一年一度的政府工作报告中,都一再强调中国与现有国际体系和国际秩序的新关系、新定位、新原则。以中共十七大政治报告为例,报告指出:"当代中国同世界的关系发生了历史性变化,中国的前途命运日益紧密地同世界的前途命运联系在一起。"①"我们主张,各国人民携手努力,推动建设持久和平、共同繁荣的和谐世界。为此,应该遵循联合国宪章宗旨和原则,恪守国际法和公认的国际关系准则,在国际关系中弘扬民主、和睦、协作、共赢精神。"②"我们将继续积极参与多边事务,承担相应国际义务,发挥建设性作用,推动国际秩序朝着更加公正合理的方向发展。"③显然,从这些指导性原则与主张中,人们不难体会和察觉到中国对外战略的转型,中国国际定位的转型。而今天,无论是国内还是国际,人们

---

① 胡锦涛:《高举中国特色社会主义伟大旗帜 为夺取全面建设小康社会新胜利而奋斗》,人民出版社2007年版,第47页。
② 同上书,第46—47页。
③ 同上书,第49页。

对中国与国际社会之关系的更流行见解则是:"中国是一个(或应该是一个)负责任的大国。"

现在的问题在于,"中国是一个负责任大国",以及中国政府的上述指导性原则与主张,在消除国际社会对中国崛起后身份、角色的猜疑与担心方面起到了何种程度的作用,能否给予更具体、更确切、更有针对性的解释与补充?毫无疑义,负责任大国的定位和中国政府提出的一系列指导性原则与主张,受到了国际社会的普遍欢迎,并对国际社会认识中国在国际定位上的立场和转型起到了重要作用。但是,由于这些表述过于原则,内容也比较含蓄,留有较大的余地和想象空间,所以仍然会产生歧义。我们应该直面并回答如下尖锐的问题。负责任大国要负什么则?向谁负责?如何负责?而这一切都指向现有的国际体系与国际秩序。换言之,做一个负责任大国就必须是现有国际体系和国际秩序的认同者、融入者、维护者、建设者。只有对负责任大国作出这样简洁、明确的阐述,才能揭示其确定性内涵,从而澄清中国与现有国际体系和国际秩序关系的种种疑惑,展示当代中国在现有国际体系和国际秩序的框架内与国际社会一起推进国际事务的改革,促进世界和平与发展的真诚意愿与努力。

如果说认同者、融入者、维护者、建设者是对负责任大国的简洁概括,正面回应了中国与当代国际体系和国际秩序的关系,那么这四者的具体内容是什么,它们之间又有何关系呢?

显然,认同是前提。中国定位为现有国际体系和国际秩序的认同者,就意味着,认识到尽管现有国际体系与国际秩序仍然是西方发达国家主导,有其不合理、不公正的一面,但是这一体系与秩序又确立了以国际法和国际机制为基础,承认主权国家平等,维护人权与世界和平,促进人类发展等一系列重要的政治理念与原则。特别是在冷战结束后,这些理念与原则得到了进一步认同与张扬,并有新的发展(如对发展权、环境权的强调,对责任主权、人类共同体意识的倡导等)。因此,现有国际体系与国际秩序具有历史的合理性,它既反映了现实的不同国家的发展状况,又维系着国际关系的正常交往与运转。任何一个国家如果长期反对与拒斥现有的国际体系与国际秩序,热衷于扮演革命者,那么就很难求得自身的发展,也无益于世界的和平与稳定。

融入是认同后所要采取的第一个实际行动。认同是理念、思想的转变,而融入则要求切实的行动。融入主要指融入国际组织与国际机制,参与多边的、双边的对话与协商,从经济、政治、社会、文化、军事、环境等各个层面与国际社会进行全方位的互动。中国定位为现有国际体系与国际秩序的融入者,自然就会有加入WTO,签署人权条约和国际军控条约,落实世界环境与发展大会原则,积极倡导并建立新的国际机制与组织(如上海合作组织、亚洲博鳌论坛)等一系列行动。在这个过程中,既有国家利益的权衡,又有敏感的政治难题,应当说难度极大,但中国所表现出的坚定和积极的融入、参与的立场,则是无可争议的。

维护是行动的第二步。如果说融入主要取决于自我的认识与选择,维护则意味着超越自我,开始指向他者,这是更为困难的事情。维护者要做的,就是对不遵守现行国际规则,违背国际法的行为进行劝说与批评,以增强国际体系与国际秩序的稳定与权威。而破坏现行国际规则,违背国际法的行为既可能来自西方发达国家(如美国未经联合国授权而擅自入侵伊拉克),也可能来自发展中国家,甚至是与自身有特殊友谊与关系的国家(如朝鲜违背国际军控与核查机制,强行进行核试验),还可能来自国际恐怖集团(如拉登为首的基地组织)。这时候要真正做到维护国际法与国际规则的权威,并非易事,因为维护的行动可能给本国带来利益损失,在一段时间内,甚至造成外交麻烦与安全困局,这就是维护者难免要付出的代价。中国要成为现有国际体系与国际秩序的维护者,就必须对此有清醒的认识和充分的思想准备。

建设是更高层次的行为。建设意味着站在国际道义制高点上,以更好的理念、价值去改造、完善现有的国际体系与国际秩序,去塑造新的国际体系与国际秩序。建设者的基点是现实,而国际体系与国际秩序的现实就是合理性与不合理性,公正性与不公正性并存。建设者在维护国际体系与国际秩序现实合理性与公正性的同时,还要渐进有序地改造不合理性与不公正性,如果忘记或放弃了这一点,就是个机会主义者、功利主义者,就难以赢得道义的力量和世人的尊重。建设者还应有适度超越现实的理想与情怀,为现有国际体系与国际秩序的转型提供方向、目标、理念,为新国际体系与国际秩序的来临积聚力量。中国正在自觉加强建设者的意识,力图在这方面有更大作为。

中国是国际共同体中的理性而负责任的成员,它应成为现有国际体系与国际秩序的认同者、融入者、维护者、建设者,这就是当代中国国际定位的第二个维度。

3. 中国自身的特质与价值追求

中国的国际定位不仅要在动态的、比较的意义上明确中国在当代国际社会中的地位与作用,明确中国与现有国际体系和国际秩序的关系,而且要标示自身在社会制度和价值取向上的特质。换言之,中国在当代国际社会的角色、身份,不仅是一个正在崛起的新兴大国和理性的负责任的国家,还在社会制度选择和价值追求上具有特殊性。

中国是世界上仅有的几个明确坚持社会主义,以马克思主义为指导思想的国家。社会主义有着曲折的发展过程,它在实践中也有过被曲解、被变形的经历及其惨痛教训,所以 20 世纪末以来,其声誉与影响都明显下降,这是一个无须否认而又必须正视的事实。但是,社会主义作为一种理论、理想和价值追求并未过时。作为理论,社会主义提供了认识人类社会生活,解决人类社会关系与矛盾的新视角、新观点,尽管其中存在着偏颇与错误,但仍给世人以启发意义。作为理想与价值追求,它所倡导、憧憬的公正、正义、个人的自由与全面发展,以及物质生活的丰裕更有持久的生命力。其实,当人们反思社会主义实践,从生产力发展水平,人的权利维护、社会福利保障等层面比较传统社会主义与当代资本主义,感叹西方发达国家比社会主义还社会主义时,恰恰表明社会主义理想、价值的广泛影响与深入人心。社会主义的理念已成为一面镜子、一套标准,衡量着社会的进步。中国在身份认同和国际定位中标示社会主义,就意味着要张扬社会主义的理念与价值追求,就是要明确我们始终不忘维护和谋求世界上大多数人的利益,就是要不断推进国际体系与国际秩序朝着更公平、更公正的方向发展。今天,实现人类共同利益、共同繁荣、共同发展、共同安全正在逐渐成为国际社会的共识,而这些共识正是与社会主义的理念、价值吻合的,所以,中国有道义上的优势,有理念上的优势。明确社会主义的定位,就应该在改造、塑造国际体系与国际秩序方面做出更大贡献。

当然,今天的社会主义必定是坚持改革开放的社会主义,而不是僵死的、教条的、被曲解变形的社会主义。如果抽离甚至放弃了改革开放,那么社会主义的标签并不能给中国带来任何活力与希望,也无助于提升中国的国力和影响力。这一点已经被中国改革开放三十年的历史性变化与成就所证明。中国共产党十七大政治报告明确指出:"改革开放是决定当代中国命运的关键选择,是发展中国特色社会主义,实现中华民族伟大复兴的必由之路;只有社会主义才能救中国,只有改革开放才能发展中国、发展社会主义、发展马克思主义。"①

必须指出的是,在国际定位中表示中国自身的特质与价值追求,绝不是要搞意识形态,回到用意识形态的眼光、思维去认识和处理国际关系的老路。那条老路曾使我们隔绝于世,成为孤家寡人,深陷于对抗与斗争的悲愤境地,既无益于自身发展,也难以施展推动人类进步的雄心壮志。坦诚而鲜明地标示中国的特质与追求,就是在真实地反映文明、社会制度、价值选择的多样性,去实践相互尊重、求同存异的原则;就是为了在现实的国际关系中找到与社会主义理念、价值的结合点,在立足现实,尊重现实的基础上,渐进推动国际体系与国际秩序的转型;就是告诫自己不要成为现实主义、功利主义的俘虏,忘记社会主义的理想与追求。

总之,中国是高举改革开放旗帜的社会主义国家,这就是当代中国国际定位的第三个维度。

4. 中国在对外关系中可挖掘的优势与着力点

中国的国际定位既要有现状的评定、身份的认同、自身特质的标示,还应有对自身优势与对外关系着力点的审视与预期。中国作为

---

① 胡锦涛:《高举中国特色社会主义伟大旗帜 为夺取全面建设小康社会新胜利而奋斗》,人民出版社2007年版,第10页。

一个正在崛起的、负责任大大国,无疑会在当代国际关系中发挥越来越重要的作用,但同发达国家特别是美国相比,我们的差距与劣势又是不言而喻的,而且并非短时期内就能改变。这种差距既表现在硬实力,又表现于软实力,需要具体分析,以便决定中国对外关系的着力点。在硬实力方面,即便我们保持现有的经济增长速度,在三十年内,从经济总量上赶上美国,但人均国民收入仍然是美国的 1/4。况且硬实力并非只有 GDP 这一个指标,在产业结构、科技水平、军事实力等指标上,我们的差距更为突出。此外,硬实力的较量本质上是现实主义逻辑与思维的较量,它可能导致类似"安全困境"那样的"硬实力困境",在无尽头的较量中,消耗物质资源与人力资源,并不能获得终极的满足感、安全感。在对外关系中仰仗硬实力,拼搏硬实力并不是中国的强项,也不该成为中国对外关系的着力点。

　　软实力是一种吸引力、感召力,它的真谛是"让别人也想获得你希望实现的结果"。① 中美两位学者在他们的文章中指出:"在国际政治中,软实力在很大程度上来自于某个组织或国家所表达的价值观,这种价值观体现在它的文化中,体现在它根据内部实践和政策所树立的榜样中,也体现在它处理对外关系的方式中。"② 当前中国的软实力从两个向度上比较都处于欠佳状态。首先是同美国比较。美国的文化产业、大学教育、公民社会的发育成熟度,以及较为普及的自由、民主、人权意识和在国际事务中设定议程,主导机制的能力与作用,都显示出美国强大的软实力,因此,"正如中国的经济和军事实力还无法与美国匹配一样,中国的软实力发展也任重而道远"③。还有中国学者对中美软实力进行了量化比较,认为若仅从国际吸引力和国际动员力来比较,中国的软实力约为美国的 1/5;若从国际吸引力、国际动员力和国内动员力三项进行比较,中国的软实力约为美国的 2/5;如果将上述两个结果综合起来考虑,则中国的软实力大约是

---

① 〔美〕约瑟夫·奈、王缉思:《中国软实力的兴起及其对美国的影响》,《世界经济与政治》2009 年第 6 期。
② 同上。
③ 同上。

美国的 1/3。① 其次是同中国硬实力的迅速提升比较。改革开放以来,中国硬实力的大幅度提升已为世人所公认,在这个过程中软实力也有提高,但远远落后于硬实力提升的幅度,因此就出现了严重的不平衡、不对称。一方面社会存在着腐败、诚信与社会公德堪忧、社会运行机制不畅、公民社会发育不足等问题,从而影响到中国的国际形象与吸引力。另一方面在国际关系中,由于外交哲学转型的艰难和国际定位的复杂性与不确定性,也使得中国很难在设置议程、创建机制、决策重大事务上发挥更多主动的、主导的作用。

尽管当前中国的软实力远不尽如人意,但是本文依然认为,提高软实力,发挥软实力作用,应成为 21 世纪中国对外关系的着力点,理由在于:

其一,中国的文化传统中蕴藏着软实力。

与只有几百年历史的美国不一样,中国是有几千年历史的文明古国。美国的软实力是自近代以来,与硬实力一起相伴相生发展起来的,可以说两者相得益彰,形影不离。这种状况也曾存在于鼎盛时期的中国,但随后(一般以鸦片战争为标志),中国的国力就开始明显走下坡路,并陆续被迅速崛起的西方国家所超越。国家的衰退不仅是硬实力的落后,也是软实力的落伍。但值得注意的是,软实力的落伍并不意味着软实力中有价值的思想、文化、观念会消失。文化具有存续性,它可以在沉寂多年后再度被挖掘、被展现、被运用,这是软实力的特点与魅力。就此而言,历史悠久的国家就比历史短暂的国家具有某种文化优势,这一点在中国表现尤其突出。自鸦片战争以来,中国的国力明显下滑,但文化传统中所蕴含的软实力依旧存在。尽管从总体上讲,王权至上、皇权统治是古代中国社会的制度基础,但以德服人、王道文化的传统也清晰可见,具有广泛的影响力,而王道文化就是软实力的体现。更重要的是中国古代文化提出了"天下观""和合观""中庸观""天人合一观"等颇具魅力的主张与见解。"天下观"以世界的视野认识世界,超越了民族国家的视界;"和合观"倡导多样性的统一,重"大合""大势",又尊重个性的张扬与展现;"中庸

---

① 参见阎学通、徐进:《中美软实力比较》,《现代国际关系》2008 年第 1 期。

观"注重中正、适度、有序、和谐;"天人合一观"表达了人与自然的共生共存。这些见解和主张中的许多理念与价值都对处理当代国际关系有启发意义,充分显示了中国传统文化中的软实力优势。近年来关于"天下观""和合观"的探讨已经产生了国际影响,尽管不乏批评性意见,但中国传统文化中软实力的吸引力已受到国际社会的更多关注。① 这个基本事实表明,挖掘软实力,展现软实力,应该而且完全可以成为中国对外关系的着力点。

其二,改变软实力的滞后状况是进一步提升中国国际影响力的关键。

软实力的滞后已严重制约中国社会的发展,制约中国综合国力的进一步提升,从而影响到国内外战略目标的实现。腐败不仅侵吞着国家的财富与资本,更侵蚀着社会机体与组织,成为社会的毒瘤。社会道德的滑坡,拜金主义与享乐主义的盛行,毒化着社会的风气和人们的灵魂。公共政策制定与公共事务管理中透明、监督、责任的不足,导致权力的失控,运行机制和社会秩序的失范。公民社会的孱弱,影响到公众的有效参与和治理。文化、教育、科技的片面市场化、功利化倾向,降低着教育质量,败坏着文化声誉,产生着难以估量的后果。中国软实力中这些令人忧虑、痛心的现象,极大地损害着中国的国际形象,削弱着应有的国际吸引力。所以,加强软实力建设,着力提高我们的文化吸引力,价值感召力,发展模式与制度建设的榜样力,以及外交理念与外交形象的感染力,在当代中国的国际定位中就具有十分突出而重要的意义。

其三,中国着力于软实力的战略选择已初见成效,应进入更自觉、更坚定的新阶段。

自改革开放以来,"发展是硬道理"始终是中国社会转型和工作重心转移的标志性话语、理念。中国的崛起,特别是硬实力的大幅度

---

① 关于"天下观"的有关文献参见:赵汀阳:《天下体系:世界制度哲学导论》,江苏教育出版社 2005 年版;赵汀阳:《天下体系的一个简要表述》,《世界经济与政治》2008 年第 10 期;〔美〕柯岚安:《中国视野下的世界秩序:天下、帝国和世界》,《世界经济与政治》2008 年第 10 期;唐世平、綦大鹏:《中国外交讨论中的"中国中心主义"与"美国中心主义"》,《世界经济与政治》2008 年第 12 期。

提升成为这一话语与理念的最好注释。但是,伴随中国崛起而产生的来自国际社会的疑虑与猜忌,以及我们自身感受到的国内硬实力与软实力发展的不平衡,都要求对偏重硬实力的发展战略进行反思,对中国的对外战略进行反思。正是在这一背景下,和平崛起、和平发展、和谐社会、和谐世界、科学发展观等一系列新理念、新理论相继出台,表明了要倡导、发展软实力,以软实力统帅国内改革与可持续发展,以软实力引领中国对外战略,处理国际关系的战略选择。这一反思及其新战略选择已初见成效。几年来,中国在各种重大国际场合和讨论重大国际事务时,都反复阐述并强调合作、责任、共赢、人类共同繁荣与共同利益,构建和谐世界等主张与理念,并在应对国际金融危机、安全挑战和各种尖锐复杂的全球性问题中作出了实质性努力。正因为如此,中国倡导的这些理念进一步得到国际社会的理解,而中国在国际社会中的作用与影响力也越来越得到认同。这充分表明,把软实力作为中国对外关系的着力点这一战略转向与选择是正确的,必须更自觉、更坚定地予以贯彻。

如果说国际关系的历史在很大程度上就是硬实力较量的历史,就是权力更替和霸权兴衰的历史,那么今天已到了扭转这一历史共识与惯性的时刻。国际政治的转型已提上历史日程。所以,当代中国在国际定位时,要有这种理论的自觉。我们不是要刻意在国际关系上打上中国的烙印,而是要认识到在解决人类面临的诸多新挑战与新问题时,中国文化中的优秀因素与思想有可能被再发现、再解读,从而引领国际社会从主流、传统的权力政治中摆脱出来,走向一条新的和谐之路,光明之路。这一点,连西方学者都有所认识。美国学者彼得·卡赞斯坦指出:中国在中国化进程中会呈现两种面孔,一种与人们对权力的常规认识相统一。第二种则通过在基础的社会结构、知识系统和整体理论层面的运行,帮助其他行为体塑造自身的身份认同。这第二种面孔正是倡导和传播"天下观"所体现的。①

---

① 〔美〕彼得·卡赞斯坦:《美国帝权下的中国崛起:美国化与中国化》,《世界经济与政治》2009年第5期。

四、结语

国际定位是任何一个国际关系行为体都无法回避的问题,而且会在不同时期被反复提出,要求给予新的审视与回答。当代中国的国际定位,至少是鸦片战争以来中国思考自身与世界之关系的历史延续。改革开放三十年,开启了中国与世界之关系的新篇章。但总体上讲,过去的三十年,我们的着力点是发展经济,提高国力,更注重国内事务。而今天,在国力和影响力都大幅度提升后,对外关系与对外事务的分量明显加重。可以说,在全球化和相互依存的时代,在中国日益崛起的大背景下,中国的国内事务已愈来愈受制于对外关系与对外事务,中国改革开放的深入和社会转型的进一步发展在很大程度上将取决于中国的国际定位。对此,我们必须有十分清醒的认识,务必加强对中国国际定位的深入思考与探讨。

当代中国的国际定位主要立足于四个维度。其一,中国实力的现状与评估;其二,中国与现有国际体系与国际秩序的关系;其三,中国自身的特质与价值追求;其四,中国在对外关系中可挖掘的优势与着力点。这一思考的内在逻辑是:国家的实力乃国际定位的客观基础,处理好与国际社会的关系取决于主观的选择,这两者是国际定位的基本点。社会制度和价值追求的标示突出了自身的特质,优势与着力点的审视有助于确立对外战略的特色。后两点使中国国际定位与他国国际定位更明显地区别开来。

根据上述四个维度,本文对中国国际定位的基本结论是:中国是一个正在崛起的新兴大国;中国是国际共同体中理性而负责任的成员,它应成为国际体系与国际秩序的认同者、融入者、维护者、建设者;中国是高举改革开放旗帜的社会主义国家;中国是注重并拥有软实力的文明古国,提高软实力,发挥软实力作用,应成为21世纪中国对外关系的着力点。

(本文发表于《中国社会科学》2010年第5期。)

当代中国国际定位中的几个重要问题[*]

在思考当代中国的国际定位时,有几个特殊的问题值得我们关注,它们在不同程度上制约着我们的判断与选择。

一、韬光养晦与有所作为

韬光养晦首先是一种生存策略,讲的是处理人际关系、国际关系时要懂得示弱,要学会隐藏待机,以图大业,这是其最初的含义,也是原意。其次,韬光养晦又是一种谦卑的美德,不好张扬,懂得着力于自身德性的提高。

1989年邓小平提出韬光养晦,是针对当时的形势,在很大程度上是出于第一层含义的考虑,是有道理且被事实证明有效的。今天,中国的主流见解把韬光养晦解读为"不当头",并且视为对外关系的一种战

---

[*] 本文系国家社科基金重点项目"中国应对全球性问题的战略定位与建设性作用研究"(项目编号:08AGJ003)的阶段性成果。

略,这是有待商榷的。首先,韬光养晦的原意是生存策略,无论我们怎样包装、解释,这一点都很难改变。而用于国际关系时,这种策略的权术阴影和负面意义无法消除,因为它会导致不信任感。其次,把韬光养晦提升为"不当头"的战略缺乏足够的有说服力的论证。"不当头"是我们从韬光养晦中推导出来的,并且以邓小平的论述为依据,并非韬光养晦的原意。把韬光养晦提升为对外关系的战略,需要进行许多解释,去排除该词中存在的权术内涵。与其下这么大功夫赋予韬光养晦新的含义,不如弃而不用,以更简洁、更明确、更容易让国际社会理解的话语表达我们的观点。再次,要防止重犯历史上的错误。一个国家的对外战略要尽量避免国际社会的误解,这样才能更有效。韬光养晦既然容易让人感到隐晦,无从把握,就应该从实际出发做出修正与调整,绝不要因为是邓小平说的就不能变,不敢变。要具体事物具体分析,一切要以条件、时间为转移,不能僵化。鉴于上述理由,建议在我国对外战略中逐渐淡化并最终放弃这一提法。

当然,在没有提出替代性的词汇和理论表述之前,我们应权且使用"韬光养晦"的概念,因为它已深刻影响到我国的国际定位。在现阶段,韬光养晦作为一种"不当头"的战略,往往与不作为、少作为、"夹着尾巴做人"相联系,这样在国际关系中,我们的定位就是少出头、少表态、少得罪人,只有在涉及我国主权和极为关切的安全利益时才做出鲜明的反应,一般情况下只是原则性的回应,回避实质性的抉择。可以说,20世纪90年代,甚至到中共十六大召开前,韬光养晦的理念的确主导了我国的对外战略。十六大以后,伴随着和平崛起理论的提出,对韬光养晦作为一种战略的质疑与探讨开始增多。而质疑与探讨的焦点就是:随着中国国力和影响力的提升,中国到底在国际关系中扮演什么角色,是依旧被动地、谨慎有余地应对国际事务,尽量避免直接表态和承担提供公共物品的责任,还是同正在崛起的身份相适应,更主动、更积极地去作为,包括发表意见、提出议案、创建机制、承担责任等。显然,在国际定位中,中国要有更大作为,这是反思韬光养晦,也是区别韬光养晦的最鲜明之处。

需要指出的是,把韬光养晦解释为不作为,从而与有所作为的定位相区别,这种通常的观点是不准确、不妥当的。韬光养晦也要作为,事实上也在作为。但是它的确过多地考虑了作为的范围、限度,尤其是反复权衡作为的后果与影响,从而在某种意义和程度上束缚了自己的手脚。当情势发生了变化,当国际社会大都认同中国的崛起,并抱有或多或少的期待时,这种韬光养晦式的作为就显得不够合拍了。所以,更积极、更主动的作为的确应成为思考中国国际定位的一个重要指向。中国外交的实践已反映了这种指向,博鳌亚洲论坛的创建、上海合作组织的强化、朝核危机的处理、达尔富尔问题上的作为、构建和谐世界理念的提出、应对国际金融危机的表现,这一切都表明,中国正在与时俱进地调整自己的国际定位。

值得注意的是,偏颇有时甚至狂热的民族主义者也在大讲中国在国际关系中的作为,批判韬光养晦。但他们所理解和主张的作为,是依据权力政治原则与西方特别是美国对着干,用强硬的态度、手段捍卫国家利益,甚至直言要取代美国,成为世界的领导者。这种作为有悖于历史潮流,而且会误导国人,并导致国际社会的对抗性反应,从而损害国家利益和人类共同利益。

二、内向型与外向型

当代中国的大战略,无论是发展战略还是对外战略都具有内向的、内敛的特点,从而影响到中国的国际定位。内向型的大战略或国际定位,其立足点是把自己的事情办好,不想过多地卷入国际社会的是是非非;其主导原则是尽量保持相对和平的国际环境,为自身的崛起赢得时间。内向型的思维、偏好与取向是中国的传统。自力更生、自强不息,都是这种传统的体现。改革开放以来,这种传统开始受到冲击与反思,随着全球化进程的深入和中国参与全球化力度的加大,简单、片面地理解并固守这一传统已不合时宜。所以,东亚金融危机后,强调积极参与多边主义,强调负责任大国和发挥建设性作用,强调对外开放从"引进来"转向"走出去",都表明中国的对外战略正在发生着适度的从内向型向外向型的转变。

那么,在当代中国的国际定位中,内向型与外向型的关系究竟应该如何处理?内向型着眼于自身的问题、自身的事情、自身的实力、自身的发展,这无疑是必要而合理的。不把自身的问题解决好,不把自身的事情做好,不把自身的实力提高,不能保证自身的发展不断完善且可持续,那么就很难在国际舞台上有大的作为。以中国的现实而言,的确面临着很多严峻的内部问题,比如经济层面的粗放型发展模式,不合理的产业结构,工资偏低与消费不足,贫富差距的加大以及市场经济规范化、法制化不足等;政治层面的官员腐败,政治透明度的欠缺,权力运行机制的不规范,公共政策制定与执行的较低水平,官本位的盛行,公众治理与监督的薄弱等;社会层面的道德的整体失序与下滑,公共精神的欠缺,物质主义与享乐主义的泛滥,群体事件的增多,刑事犯罪与暴力倾向强化,社会凝聚力、公信力的下降等;环境层面的污染加剧,二氧化碳排放量走高,整体环境赤字加大,资源耗损严重,生态环境的可持续性日益突出等。只有尽快解决这些问题,经济与社会的可持续发展才有保障,社会和谐与稳定的基础才能真正牢固,社会制度的吸引力才能充分体现,也才有精力、有资格、有能力在国际事务中发挥更大作用。这正是至今为止,中国一再强调着重自身、修炼自身、提高自身的缘由,这一点从西方学者的论述中也得到反映。美国专栏作家布雷默认为:"中国正在成为一个拥护现状的大国,美国需要关注的是中国国内的问题,而不是中国的国际实力。"①还有人指出:"今后20年,中国的首要任务仍将是内部问题,要集中解决大量国内问题。毕竟,在世界人口最多的国家继续进行经济和政治现代化,并非小任务。中国最高政治领导人相信,今后20年是他们国家发展的战略机遇期。"②

外向型着眼于外部世界,更多关注对国际事务的参与,与国际社会的关系,在国际体系中的影响力,以及在各个层次的互动与依存中,如何合理维护国家的安全与利益,并不断增进人类的共同利益与福祉。相比内向型而言,外向型反映了一个国家在对外关系中的主动、积极姿态,其国际定位渗透了责任、自信和大国意识。外向型与内向型不是零和博弈、相互替代的关系,尽管双方有着各自明确的特

---

① 转引自王帆:《中美竞争性相互依存关系探析》,《世界经济与政治》2008 年第 3 期。
② 转引自刘贞晔:《"中国世纪论"与国际秩序的未来》,《当代世界与社会主义》2009 年第 4 期。

点与取向,但毋宁说它们是一国对外战略、国际定位的两个侧面。对当代中国而言,内向型的思考与定位,有助于我们冷静地审视自身,解决自身存在的各种问题;外向型的思考与定位,则有助于我们与时俱进,不断探索与回应对外关系中的新问题与新挑战,塑造大国意识与风范,担负起应尽的国际责任,促进世界和平与发展。虽然两者均不可偏废,但相对而言,从我们更熟悉、更认同的内向型定位向尚不熟悉甚至还有所争议的外向型定位的适度转型是必要而迫切的。之所以如此,首先是因为中国正在崛起已成为世界的共识,而一个崛起的中国必然会在国际社会扮演更重要的角色。因此,无论是回应国际社会的期望与质疑,还是提升自身的实力与素质,都要求反思和超越内向型的国际定位,以更宏观的视野、更成熟的大国意识与心态审视和处理国际事务。其次是国家间的相互依存已导致国内与国际事务的界限被打破。许多事情看起来似乎是国内的问题,但真正解决起来仅靠协调内部因素、处理内部关系却难有进展。这表明,局限于国内视角去解决国内问题已行不通,像前文提到的当代中国面临的诸多问题,特别是改变经济发展模式、实施"走出去"战略、防止环境污染、改变消费模式等,都关涉他国乃至整个国际社会,必须通盘考虑,协调各种关系,统筹国内国际两个大局才能解决。

总之,今天的中国在很多事情、很多问题上都无法切断与国际社会的联系,无法回避与国际社会的对话,无法漠视来自国际社会的种种反应,必须勇于面对。这就要求在对外战略和国际定位中,加大外向型力度。唯有如此,才能有效维护我国利益,包括日益增多的海外利益;才能实现维护国际社会的稳定,增进人类的共同利益与共同价值,走向共同繁荣,构建和谐世界的宏伟目标。

三、"反应"与"塑造"

对外战略中是被动地回应还是主动地塑造,显然是两种不同的定位选择。反应性的战略与定位,具有被动性、对策性。一般而言,该战略的特点是针对某种国际形势、事件、问题做出相应的判断,提出相应的对策。国际环境变化了,对策也随之变化。显然,任何一国的对外关系与对外战略,都少不了这种必然也是必要的反应,在突发事件来临时更是如此。但是国家对外战略中包含着必要的反应,与国家对外战略定位于反应型战略完全是两回事。定位于反应型战略就意味着不主动去改变现有的国际环境,只是消极被动地应对国际环境的变化,在国际事务中往往表现为搭便车、少作为、不表态(或少表态)。与韬光养晦和内向型偏好相呼应,中国对外战略具有反应型特征,这同样源于我们的传统,受制于我们的实力。因实力所限,不能为国际社会提供更多的公共物品,不能在国际事务的决策和国际机制的创建方面有更大的影响力和控制力,一句话,在国际关系中不能有更大作为,这无可指责。但束缚于不作为的传统,没有主动塑造国际环境的意愿,则需要反思与修正。改革开放前二十年,我们遵循反应型对外战略,有其现实的合理性与必要性。这个阶段,实力因素与不作为的传统、意愿恰好吻合,从而遮掩了这一传统、意愿的缺欠。当实力大幅度提升,提供了在国际舞台上作为的条件后,反思和超越不作为的传统与意愿,就自然提上了议事日程,它对我国对外战略和国际定位转型有重要意义。

反应型的战略与定位转向何处,显然应转向塑造型战略与定位。塑造即"主动引导、推动国际环境向我需要的、于我有利的方向发展变化"①。那么,什么是中国需要的国际环境呢?就是世界的稳定、和平、发展与和谐。一个和谐的世界不仅为中国所需要,符合中国之利益,实际上也为世界所需要,符合人类的共同意愿与利益。正是这一点,使中国的塑造型战略与历史上的霸权国家或雄心勃勃试图称霸的大国的塑造型战略区别开来。前者要构建和谐世界,后者则要称霸世界。塑造型战略体现了更多的自信、责任与建设性介入。自信是对自身的实力、理念、定位的自信,相信不断增长的实力会提升中国在国际事务中的话语权与决策权;相信和平、和谐等造福于人类的主张、价值会赢得世人的尊重,产生日益增强的吸引力;相信大国的意识与定位既符合中国自身利益,也能得到国际社会的认同。负责要求对世界尽更多的义务,维护国际体系与国际秩序的正常运转,维护国际法的权威,维护世界的和平、发展与人权,在提供国际社会

---

① 郭震远:《中国对外新方略:和谐、塑造、协调、共赢》,《中国评论》2007年7月。

所需要的公共物品和创建国际机制方面有更大贡献。建设性介入强调用好的理念、价值去渐进有序地改造现行的国际体系与国际秩序，使国际社会朝着更加公正、合理的方向发展。总之，塑造体现了积极性、主动性。而塑造型战略与定位就是用一种更宏大的视野、更坚定的信念、更明确的主张去引领世界。当代中国已在塑造、引领世界方面迈出了最初几步，和谐世界的提出就是最突出的标志。当下最重要的是，要在国际社会关注的重大问题上作出战略性决断，并拿出具有可操作性的创造性方案，如联合国改革、国际气候问题谈判、国际金融体系的改革等都是亟待塑造的议题。中国能否在这些议题的解决上有更大作为，在很大程度上取决于我们塑造型战略的确立与实施。

四、对 21 世纪国际关系基本走势的评判与认识

当代中国的国际定位应该认清大势，顺应大势，唯此才能高瞻远瞩，体现出战略性、塑造性、持久性。

纵观当代国际社会，21 世纪的国际关系有五大走势值得关注。

其一，从国际政治走向全球政治。

国际政治的原义是指国家与国家之间的政治。从严格意义上讲，国际政治是近代民族国家的伴生物，更确切些说，是以《威斯特伐利亚和约》为标志的。从此后，就有了威斯特伐利亚体系以及在该体系框架内运作的国际政治、国际关系。威斯特伐利亚和约和体系确立的最基本的原则是领土国家、主权国家以及国家平等的原则，在随后的几百年时间里，这些原则不断被强化，最终形成了支撑近现代国际关系的三大支柱，即政治领土化、主权至上性和国家中心主义。

迄今为止，这种狭义的国际政治不仅在国际关系的现实中，也在对国际关系的认识与理解中占有主导地位。但是二战后，特别是 20 世纪六七十年代以来，随着国际组织、跨国公司、国际非政府组织等非国家行为体的活跃，以及国际关系的内容和议题的日益丰富与多样，狭义的国际政治开始受到反思与质疑，于是出现了反映多元行为体、多样政治议题和多种国际机制并存互动的世界政治。世界政治打破了国家在国际关系中的唯一性，关注跨国家、跨领土、跨领域的

政治行为与现象,相对强调世界共同体层面而非国家层面。显然,这种世界政治已不同于狭义的国际政治,冲击着传统国际政治与国际关系的三大支柱,拓展了国际政治的内涵。

20世纪90年代以来,由于全球化的进程大大加速,世界的相互依存更为全面与深刻,全球性问题方兴未艾,全球共同体的意义更为突出,所以,在世界政治的大拼盘中,正在开始生成一种全球政治。这种全球政治是指以人类整体论和共同利益论为轴心,以全球为舞台,以全球价值为依归,体现全球维度的新质与特点的政治活动与政治现象。显而易见,全球政治所凸显的就是政治的全球性,涉及政治的主体、规模、规则、机制、利益和价值导向等方面,而其精髓在于以下两点。

首先,全球政治反映着政治的整体性与共同性。政治的整体性表现为政治的主体不再是一个个零散的国家,而是人类这一整体,从而超越了传统政治的分割性。比如,当代人类有着现实而急迫的共同利益,而且面临着威胁生存的共同问题,这只有立足人类这个主体才能理解。政治的共同性表现为存在于世界政治万花筒中的共同价值与趋向。比如,国家政治向非国家政治转型,政治的民主化、多元化、网络化,尊重人权、国际规则以及认同共赢、责任、合作等新政治理念等。虽然这些共同趋向还远未成为主流,但它们却体现着全球政治的新质。

其次,全球政治的利益与价值导向是人类中心。利益是政治的内在驱动力,而价值则是政治的目标。传统的政治是国家中心的政治,国家主义深嵌于全部的政治行为与规范中。全球政治则倡导关注人类的共同利益、共同价值。比如,日益严峻的全球问题就关系到人类的共同利益,所以合作解决全球性问题就应成为人类的共同价值与追求目标。

不言而喻,21世纪的国际关系进一步凸显着全球政治,无论人们自觉与否,接受与否,人类这个新主体所面临的共同问题、共同利益、共同价值都日益尖锐、突出,逐渐走进国际关系的中心议程。理性地审视这一进程与趋势,积极协调全球政治、世界政治与传统国际政治的关系,才是明智之举。

其二，从权力政治走向权利政治。

权力政治是传统国际政治的本质，也是现实主义所推崇的经典政治。权力政治有三个基本特征：一是权力本位、权力至上。追求权力是政治的本质，争夺权力是政治的必然，权力决定利益，决定一切，在国际政治中，归根结底是权力说了算。二是有藐视国际法和国际机制的天然倾向，容易导致强权政治。权力政治信奉的是强权、暴力，国际法与国际机制往往成为一块遮羞布，有时甚至连这块遮羞布也被丢弃。三是权力政治的主体是国家，讲的是国家权力，重视的是国家权力的争夺与更替。"权力更替论""霸权稳定论""道德无用论"等均是权力政治的体现。权利政治是在对权力政治的反思中被挖掘、被关注、被张扬的。权力政治所造成的对抗与斗争，严重威胁到世界的和平与发展，威胁到人的权利。在相互依存日益紧密的时代，这种政治已愈来愈失去生命力、合理性。

权利政治则突出了以人为本，以法律为保障的权利追求。与权力政治的三个特征相对应，权利政治的特征是：首先，权利政治体现了权利本位，讲求权利维护与追求。权利政治进入国际关系的视野，第二次世界大战是个界标。二战中的血腥屠杀，唤醒了人类的权利意识。《联合国宪章》表达了这一觉醒与关切，从此，权利的尺度越来越重要，追求与维护权利成为国际关系的主题之一。其次，权利政治倡导法治，重视国际机制的作用，强调国际法、国际机制对国际行为的规范作用，从而重视国际法、国际机制的建设。再次，权利政治相对而言更偏重个人主体，从而与立足国家主体的权力政治区别开来。在权利政治看来，个人是国际政治、国际关系的细胞，既是构成各种共同体的基础，又是各种共同体所要呵护的对象。换言之，无论是国家共同体还是超国家共同体，都必须把维护人的诸多权利作为其存在、行动的宗旨。权利政治并不否认国家应有的权力或权利，但认为国家权力或权利的核心恰恰是把维护人权视为自己的责任。

显而易见，权利政治代表了21世纪国际关系演进的方向。其实，从20世纪90年代以来，这一走向已非常明显，从人道主义干预到国际刑事法院的设立，从国际禁雷协议到联合国的发展报告和安全理念中人的因素的提升，都反映了这一指向。进入21世纪后，围绕保护的责任,国际社会已推出或通过了数个报告、决议,其指向都是切实维护人的权利,提高人的生活质量。这充分表明权利政治已获得了历史的合理性。中国在倡导和推进权利政治方面做出了特殊的贡献,我们理应有更大的作为。

其三,合作政治与国际机制的凸显。

在人类几千年的历史进程中,冲突、对抗长时期居于主导地位,于是人类的历史在这个意义上也被称为战争史、冲突史、对抗史。20世纪的两次世界大战把这一主题推向极致,造成了空前的人间悲剧。二战后尤其是20世纪90年代以来,随着冷战结束和全球化的深入发展,战争与革命的主题最终让位于和平与发展。对抗的基础、对抗的环境、对抗的思维都发生了重大变化,国际合作第一次成为人类社会的主导倾向。于是,合作政治走上了历史舞台。21世纪以来,从反对恐怖主义到应对国际金融危机,现实的需要使国际合作有了进一步发展。人们更加懂得,在日益严峻的全球性问题面前,人类有共同的利益,并且只有相互协调才能应对全球性挑战,实现人类的整体利益与进步。没有合作,就没有世界的和谐与发展,甚至也不能有效维护国家利益。当然,国际合作并不意味着矛盾、冲突的消失。国际合作的基点是寻求共同利益,采用对话、协调的手段,实现双赢、多赢。这一点已成为国际社会的共识,并将在国际关系中发挥更显著的作用。

合作的意识固然重要,但要实现合作、协调就必须有制度性安排与建设,这就把国际机制凸显出来了。国际机制涉及规范与组织两个层面。规范表现为国际法、国际协议、国际条约以及国际会议中被大多数国际关系行为体认可的有约束性的条款与原则,用于指导国际行为;组织则包括众多政府间和非政府间国际组织,担负实施规范的职能。当代国际机制的强化已是不争的事实。首先,国际机制涉及领域扩大,数量增多。可以说,在应对全球性问题方面几乎都建立了相应的国际机制。其次,国际机制规范、整合国际事务的力度加大,强制性提高。再次,各国对国际机制的认同度提高。尽管各国在国际社会中的地位、作用颇有差异,因而从国际机制中受益的程度不尽相同,但总的来讲,各国都日益认识到国际机制的规范、整合作用乃历史大趋势。最后,国际机制正在被渗入诸多非国家因素,走向全球机制。国际机制原本是国家间协调建立的处理国际事务的制度性安排,但随着超领土超国家政治现象的增多、全球性问题的兴起以及相应的非国家行为体的日益活跃,国际机制自身正发生着变化,更多地包容非国家行为体,从而把国家间的国际机制转变为国家行为体与非国家行为体共同参与和决策国际事务的全球机制。

从趋势上讲,国际机制的作用会进一步加强,所以,当代人类应以更开放、更宏观的视野审视这一趋势。但是,国际机制在实践中所暴露的弊端也十分明显,并且令人忧虑。西方大国主导国际机制,安排并实施规则,更多体现和维护大国利益,这种不公正严重制约着国际机制的正面效应。所以,在认同国际机制的历史合理性、大力推进国际机制发展的同时,必须强化国际道德对国际机制的约束作用,使其朝着更公正、更合理的方向完善。

其四,议题政治与全球治理的凸显。

传统的国际政治是围绕国家权力、利益、安全开展的政治,所以必然是国家政治、权力政治、高级政治。而当今国际关系则开始出现一种新型政治,即议题政治。议题政治是一种突破国家主体,淡化领土界限,关涉领域广泛,以议题(问题)为对象而进行的政治。如生态、毒品、国际恐怖主义、难民、人权,甚至像气候变化、禁毒、国际金融危机等更特殊的议题都成为政治关注和实践的领域,并由此形成了生态政治、毒品政治、气候变化政治、人道主义政治等。议题政治是伴随全球性问题的兴起而兴起的,在应对全球性问题时,传统的国际政治的理念、方法已难有作为,这种现实需要为议题政治的产生开辟了道路。议题政治的明显特点:一是全球视野,要求超越国家、领土的界限,从超国家甚至全人类的角度审视和应对各种全球性问题;二是行为体的多元化,尤其是凸显了非国家行为体的作用,因为许多全球性问题的解决有赖于非国家行为体;三是低级政治、非传统安全受到重视,从而弥补了传统国际政治在该领域的缺失和不足。总之,议题政治一方面修正、限制着传统的国家政治、权力政治,另一方面开拓和建设着顺应历史潮流的新兴政治。当我们审视21世纪人类面临的气候变化问题、国际金融问题,反对国际恐怖主义问题时,对议题政治的重要性和进一步发展,自然会有更多的理解与认同。

议题政治要求全球治理。当政治超越国家、超越领土时,传统的等级式的管理模式就会失灵。于是,非等级的、超越国界的、政府与非政府合作对话的管理模式应运而生,这就是全球治理。全球治理既是管理人类公共事务的机制,又是处理公共事务的过程。作为机制的全球治理要求有起码的共识与规范,以协调各种关系;作为过程的全球治理则注重处理具体事务的议题、程序的安排和行动方案的选择,要保持灵活性与张力。全球治理是当代国际关系的新课题,在全球化编织了全球网络,全球性问题链接了人类的共同利益后,不要说国内政治的那套统治模式不适用,就是传统国际政治中的国家间的治理(即国际治理)模式也有了很大局限性。因为单凭国家的力量无法应对复杂的国际事务和交错重叠的诸多关系,人类公共事务的管理必须转向,从政府转向非政府,从国家转向社会,从领土政治转向非领土政治,从强制性、等级性管理转向平等性、协商性、自愿性和网络化管理。而这正是全球治理的要义。这种转向呼唤一个成熟的全球公民社会,所以在全球治理受到关注的同时,全球公民社会也在生成、发育、壮大。当然,这一切还只是一种体现国际关系新质的趋向,所以不宜夸大其作用,这是必须注意的。

其五,环境政治(或生态政治)的凸显。

环境政治是基于环境问题而引发的政治。这里的环境是指广义的生态环境,涉及气候、资源、环境污染等多个领域。从某种意义上讲,环境政治也应属于上述的议题政治,但由于环境政治的特殊性,它正在成为一个相对独立的政治领域。

环境政治的特殊性在于,它是从自然、生态、环境的角度思考政治问题的,这同我们所熟悉的产生于社会的政治问题显然不同。人与自然的关系是20世纪六七十年代开始凸显的问题,到90年代后更为突出,成为人类社会关注的主题之一。这种关注首先是一种价值关注、理念的关注、人文的关注,随之引发了对经济社会发展模式的反思,对生态环境保护的呼唤,并进而提出了可持续发展的理念、模式与战略。这是一个涉及经济、政治、社会、文化等诸多领域,综合性很强、覆盖面很广的大问题。人与自然的关系进入政治领域,特别是国际关系领域,导致了环境政治、生态政治的产生。因为解决人与自然的关系,最终要落实到社会行为与社会实践,此时,政治的考量,利益的权衡,诸多矛盾、关系的协调就提上了日程。

  环境政治的另一个明显特点就是政治的全球性。环境政治所涉及的生态、资源、环境等要素都是超国界、关涉人类整体的,所以它天然地要求全球视野、全球理念、全球战略、全球价值、全球合作,从而也构成了与传统国际政治的基本区别。当今国际社会所面临的棘手的气候变化、环境污染、资源短缺以及可持续发展等问题,离开环境政治所倡导的新思维、新理念、新规则根本不可能得到解决。

  21世纪将是环境政治的世纪,由于人与自然的关系已提升到人与人关系同等重要的地位,由于人类的可持续发展在很大程度上依赖于生态环境的可持续,所以,以生态环境为切入点审视和处理相关政治问题的环境政治必将在国际关系中扮演重要的角色,对此我们必须有十分清醒的认识。

  总之,21世纪国际关系的五大走势展现了人们尚不太熟悉,也未必认同,甚至拒斥的新现象、新问题、新理念。这些走势远未成为主流,它们所包含的新质也远未成熟。但是,这五大走势所指示的方向是符合历史潮流的,极富时代意义。因此,我们应当认真思索,认真对待。在思考当代中国国际定位时,自觉地审视、探究、理解这一宏大背景显然是十分必要的。

(本文发表于《当代世界与社会主义》2010年第1期。)

统筹全球治理与国家治理
——基于当代中国两个大局的分析

一、引言

自20世纪80年代特别是90年代以来,"治理"成为最时髦,同时也最富时代感的词汇之一,并渗透于人类的理论与实践活动。在与"全球化""全球问题""公共行政""公共管理""公共政策""政府改革"等概念联手后,"治理"更是获得了毋庸置疑的主导地位,全面影响着当代人类的生活。从某种意义上不妨说,不理解并重视"治理",就难以理解当代人类在全球化背景下出现的许多新现象、新问题、新观念,从而也就无法应对诸多新挑战,推动人类文明的进步。

很幸运的是,在改革开放的伟大历史进程中,中国能以开放的胸怀、积极的态度,与时俱进地认识和推进治理与全球治理。实际上从20世纪90年代开始,中国的理论视野和研究活动就瞄上了国际学术前沿,跟进了治理与全球治理研究,并尽力向政府改革、公共管理、公共政策、外交战略中渗透,不同程度上影响着改革开放的实践。直到十八大,治理的理论与实践,才以中国要积极参与全球治理的明确宣示和确立国家治理体系与治理能力现代化战略目标的全新面目,载入当代中国史册。由此可以说,中国进入了全球化背景下的治理时代。

但是,无论就当前的理论研究还是实践政策与活动来看,都反映出治理的割裂性,即未充分认识和揭示治理的整体性,并以此为依据制定统筹全球治理与国家治理的整体性政策与方案。从研究现状来看,全球治理与国家治理的研究团队与领域泾渭分明,互不往来。从事国际问题研究的只关心从中国外交战略与政策上研究全球治理,而从事政治学理论、公共管理与公共政策研究的则聚焦于国家治理,包括政府治理、市场治理、社会治理,体现着传统的、根深蒂固的国际与国内界限森严,相互分割的理论思维。这种割裂不打破,就无法形成整体性治理的大战略,从而影响治理的深度,延缓治理的进程,贻误当代中国的现代化大业。正是鉴于此,本文着力于全球治理与国家治理的整体性、互动性、统筹性研究,并立足于当代中国的两个大局,来分析全球治理与国家治理对当代中国的意义,以及全球治理与国家治理互动、统筹的具体内涵与表现。

二、治理是一种整体性治理

"治理"作为一个流行概念和强势话语影响国际社会始于20世纪90年代,并延续至今。但若追溯其渊源,有人认为"'治理'(governance)可以追溯到古典拉丁语和古希腊语中的'操舵'一词,原意主要是指控制、指导或操纵,与'government'的含义交叉"[①];也有人认为,"治理"这个术语可追溯到16世纪,更多的意见则是18世纪。"当时,法语'gouvernance'一词曾经是启蒙学者把开明政府与对市民社会的尊重结合起来的向往中的一个要素……后来它被译成了英语

---

① 〔英〕鲍勃·杰索普:《治理的兴起及其失败的风险:以经济发展为例的论述》,原载《国际社会科学》1998年3月号,转引自俞可平主编:《治理与善治》,社会科学文献出版社2000年版,第55页。

'governance',用于种种语境。"①由此可见,像任何一个有影响的概念、术语乃至理论一样,"治理"也有其演进的历史过程。而正是在这种学术史的考察中,我们可以看到,治理逐渐从国内治理走向国际治理,进而走向全球治理;从局部的、领域的市场治理、地方治理、城市治理,走向全面的、综合的政府治理、国家治理,并日益呈现出较为清新和丰富的特征,反映了治理的内核与要义。

二十几年来,国际和国内学者已推出了大量研究治理的成果,涉及经济学、政治学、国际关系、公共政策与公共管理、社会学、法学、传播学、哲学诸多学科。由于学术视角和关注点不同,所以关于治理的起因、分类、特征、要义、实践中的成效与问题等的理解与阐释也不尽相同。本文认为在对治理的思考、理解、诠释和实践中,只有坚持如下几个统一,才能更深刻、更完整地认识和把握全球化背景下的治理的全貌,特别是治理的整体性。

1. 价值理性与工具理性的统一

价值理性体现的是对人文价值、生活意义、社会伦理的追求与定位。对于治理(无论是国家治理还是全球治理),不仅存在谁治理、治理什么、如何治理的问题,还必然提出为何治理,即治理的目的与意义问题。治理在国内层面要区别于政府的统治和等级制、强制性的管理体制,在国际层面则要打破领土界限和国家中心主义,所以从价值和观念上讲,治理偏爱社会中心,倡导全球主义,从而与政府中心、国家主义的价值理念区分开来。治理理论的创始人之一詹姆斯·罗西瑙认为需要构建一种新本体论来认识当代世界。以往的本体论是国家中心的,而新本体论"应当彻底改变事事与领土相关的看法"②。"在有必要不再把全部注意力集中于国家,而是承认要把大量非政府行为体作为重点分析对象的情况下,随之而来的就应当是不把国家当作第一位的,而是在以权威日益分流和等级化日益消失为特征的

---

① 〔法〕让-彼埃尔·戈丹、陈思:《现代的治理,昨天和今天:借重法国政府政策得以明确的几点认识》,原载《国际社会科学》1998 年 3 月号,转引自俞可平主编:《治理与善治》,社会科学文献出版社 2000 年版,第 280 页。

② 〔美〕詹姆斯·罗西瑙:《面向本体论的全球治理》,转引自俞可平主编:《全球化:全球治理》,社会科学文献出版社 2003 年版,第 56 页。

世界上把它简单地看作一个重要的行为体。"①总之,"治理,指的是引导社会体系实现目标的机制,一个非常适合理解世界上旧有边界日渐模糊、新身份司空见惯,政治思考面向全球的概念"②。罗西瑙不仅从本体论上构建治理的价值基础,还通过世界政治的"两支理论",即两个世界的理论来阐述不同于国家体系的社会体系的崛起。他指出,当代世界事务呈现为两个世界并通过两个体系加以管理"其一是长期以来支配事件进程的国家及国家政府的国家间体系,其二是由新近作为拥有主体的竞争性权威源泉出现的各种类型的其他集团组成的多中心体系,它们同以国家为中心的体系时而合作,时而竞争,且不断相互作用"③。全球治理委员会在其著名报告中表达的更为明确:"全球价值观必须是全球治理的基石。"④全球治理所要塑造的全球友邦关系,必须建立在全球伦理和普遍性的核心价值之上,"我们深信,一切人都能信守尊重生命、自由、正义和平等、相互尊重、关心别人和正直等核心价值。这就会提供一个基础,把建立在经济交流和信息进步之上的全球友邦关系,改造成为一个一统的道义社会"⑤。显而易见,正是在20世纪90年代这些治理理论的奠基性著作中,我们感受到了强烈的和毋庸置疑的社会中心、全球主义的价值导向。之所以如此,一方面是现实层面国内等级制管理出现困境,纵向的权威开始失灵;国际治理受制于威斯特伐利亚体制,难以应对日益增多的跨越国界,相互渗透的事务与问题。严峻的现实要求政府放下身段,以平等的态度寻求更多行为体参与公共事务的管理;要求国家弱化边界意识与民族情结,在全球层面寻求对话、合作,共同应对全球化、全球问题挑战。另一方面,要在现实层面做出制度上、政策上的调整与转型,必须首先冲破政府和国家中心的羁绊,重视市场

---

① 〔美〕詹姆斯·罗西瑙:《面向本体论的全球治理》,转引自俞可平主编:《全球化:全球治理》,社会科学文献出版社2003年版,第60页。

② 同上书,第64页。

③ 〔美〕詹姆斯·罗西瑙:《全球新秩序中的治理》,转引自戴维·赫尔德、安东尼·麦克格鲁编:《治理全球化:权力、权威与全球治理》,社会科学文献出版社2004年版,第75页。

④ 〔瑞典〕英瓦尔·卡尔松、〔圭〕什里达特·兰法尔主编:《天涯成比邻——全球治理委员会的报告》,中国对外翻译出版公司1995年版,第45页。

⑤ 同上书,第47页。

和社会的作用,重视超国家的国际组织、全球公民社会的作用。而正是这些以往受到忽视,甚至被压制的社会性的、全球性的因素,体现了社会中心和全球主义的理念,代表着治理理论的价值取向。这种新的价值取向,为矫枉过正所必需,并且深刻反映了治理理论的价值基点与精髓,是无论如何不能抹杀和忘却的。换言之,否认了对国家中心的反思与警惕,那么无论是在国内还是在国际层面谈及治理,都是不得要领的。当然,立足于价值理性强调治理从国家中心向社会中心,从国家主义向全球主义的适度转型,绝不意味着在实践中否认国家与政府的作用,否认国家主义的某些现实合理性。恰恰从现实和实践上讲,要充分考虑并重视国家与政府在治理中的特殊地位与功用,而这正是工具理性所关注和偏爱的。

工具理性是一种重视手段、技术、功效的思维方式,它关注的是如何达致人们的目的与理想。"工具理性"的概念源自马克斯·韦伯,后为法兰克福学派所继承并进一步挖掘深化。在韦伯那里,作为"形式理性"的工具理性并无贬义,就是指出,在人们的具体实践过程中,人们通过对外在世界的理性的、技术的组织和控制,使社会生活合目的性地规范化、制度化、法制化。而在法兰克福学派那里,工具理性已成为批判的对象,他们深刻反思了工具理性对功利与效益的过度追求,并指出对工具理性的迷信,已导致人的异化、物化,丧失了人的精神内核与生命的意义。

从治理的角度看,工具理性的思考与制度和技术性安排无疑有其必要性与合理性。要达到对国内、国际公共事务的最佳治理,建构公正、合理、适宜生存的秩序与环境,促进人的全面发展,必须在物质基础、技术手段、制度安排、政策导向上保障治理进程的可操作性、可控制性、可持续性,否则治理的目的与理想就是空中楼阁,正是在这个意义上可以说,工具理性是价值理性的前提。事实上,当我们谈及或研究公司治理、市场治理、城市治理、地方治理、福利国家治理、公共治理或国际治理时,涉及和关注的问题更多立足于工具理性。

比如讲到作为新公共管理的治理,罗伯特·罗茨从管理主义和新制度经济学两个向度解释了治理的含义。前者指的是把私人部门的管理手段引入公共部门。它强调:直接的职业管理、明确的绩效目标和评估标准、根据结果进行管理等;而新制度经济学指的是把激励结构(例如市场竞争)引入公共服务中。它强调削减官僚机构,通过承包和准市场的运作方式实现更有效的竞争以及消费者选择。显然,作为新公共管理的治理所关注的是竞争、市场、消费者以及结果,从而导致公共部门的转变,即"更小的政府""更多的治理"①。再比如很多学者都推崇自组织治理,认为自组织治理是克服市场和政府管理弊病的一种新的治理形式,一种有效的管理公共事务的途径。同样,关于国际层面的治理,很多文献也是强调有效性、工具性。法国学者玛丽-克劳德·斯莫茨认为:"治理的概念有利于对新形势下国际关系运转的知识的描述和运用。"②"治理是一个有用的概念;因为它能设计出管理共同事务的新技术。"③"治理问题易于公共政策移位而进入国际政策领域。"④总之,工具理性对于提高治理能力增进治理效果有显著作用,它是审视和理解治理不可或缺的向度。但是,必须同时警惕工具理性的膨胀、过度,防止其走向技术至上和制度崇拜,忘却了人文精神和意义追寻的价值。

2. 规范诉求与实践诉求的统一

规范诉求是对应然的诉求。它是一种立足人与社会的现实境况,从最优的、伦理的角度审视事物,规范和引导人们走向更好境界与未来的思维方式与生活态度。规范诉求,体现了对事物本质的执着探寻,对真善美的执着追求,表现出人的伦理性、超越性、文化性一面,其理论形态就是学理分析和理论构建。这一特征也在治理中得到充分反映。罗西瑙的世界政治的两支理论、关于治理的本体论建构和没有政府的治理的分析,戴维·赫尔德的世界民主和世界主义的理论,贝克的风险社会与世界主义的理论,吉登斯的"第三条道

---

① 〔英〕罗伯特·罗茨:《新的治理》,原载《政治学研究》(英国)1996年第154期,转引自俞可平:《治理与善治》,社会科学文献出版社2000年版,第89—90页。
② 〔法〕玛丽-克劳德·斯莫茨:《治理在国际关系中的正确运用》,原载《国际社会科学》1998年3月号,转引自俞可平:《治理与善治》,社会科学文献出版社2000年版,第264页。
③ 同上书,第274页。
④ 同上。

路",阿尔布劳关于全球时代和全球主义的分析,以及部分学者在治理和全球化研究中涉及的方法论国家主义(民族主义)与方法论全球主义(世界主义)的学理性探讨,都是治理和全球治理中最典型的规范性分析,体现了人们对治理的本质、趋向性、前瞻性的认识,表达了对人类社会生活新质的肯定,对人类新文明的倡导,对人性更完美的期待。正是这些规范性诉求与分析,鼓舞人们在充满艰难曲折的治理进程中奋进。丧失规范性诉求,没有理想主义相伴,就无异于宣告人类的灭亡。

实践诉求是对实然的诉求。它强调的是对现实状况、问题的理性审视,并在此基础上进行回应性的分析,提出可操作性的对策,作出有针对性的制度性安排。实践诉求在治理进程中数量最多,并且具有急迫性、冲突性等特点,所以更容易引起人们的关注。比如在国内治理中,如何处理政府、市场、社会三者之间的关系,如何协调公正与效率的关系,如何解决发展与环境保护的矛盾,如何定位中央与地方的权限,如何缓解贫富差距,培育中产阶级,这些都是无法回避,亟待解决的问题。一国治理的绩效,社会秩序的稳定性与和谐度,在很大程度上就取决于这些现实问题的及时回应与妥善解决。同样,国际治理层面也必然涉及不同的国际关系行为体在国际关系中的地位、权利、利益的协调,如何克服全球化的非人性化一面,防止全球层面的两极分化,如何破除现有国际体系中的不公正、不合理,改善国际机制与国际秩序,如何建立更多渠道与途径,让广大发展中国家、全球公民社会更有保障、更有影响地参与全球治理,等等。这些显然也是当代国际社会与国际事务中最现实、最日常也是耗时最多的问题。在思考和应对治理实践中的诸多挑战与问题时,仍旧习惯或拘泥于规范性诉求的思维和套路,忽视了治理实践的条件性、过程性、对策性,一句话可实施性,就会流于空谈,贻误时机,激化矛盾与冲突,导致治理的失效甚至失败。所以,每个国家和民族在治理中,都自觉或不自觉地首先要考虑本国的历史现状、条件,评估过程的复杂性、难易程度,有选择、有针对性地开展治理工作。这正是实践诉求的作用和价值所在,它无疑是合理的,也是必然的。

但是,正像前述价值理性与工具理性在治理中各有其定位与功能,不可片面强调任何一方一样,规范诉求与实践诉求也必须保持必要的平衡。规范诉求的理想性、伦理性、超前性是人类文明发展的内在动力,而实践诉求的务实性、可实施性又是实现人类理想的保障与阶梯,两者不可偏废。在认识和把握治理时,如何在规范诉求与实践诉求的现象性张力中寻求两者的内在统一,显然是大难题,也是一门深奥的治理艺术,需要人们下大气力探寻。

3. 国内治理与国际治理的统一

从空间上划分,治理被分成国内治理与国际治理。治理源于国内治理,所以对治理的审视必然首先着眼于国内治理。治理作为一种新的管理公共事务的方式,是在 20 世纪 80 年代应对福利国家的危机,反思凯恩斯主义的局限与弊病,掀起新的公共管理改革、政府改革浪潮中走上历史舞台的。二战后,凯恩斯主义受到西方发达国家的追捧,政府的角色与职能也随之开始发生变化,从奉行不干预主义转向大量的干预,包括对市场的干预,对资源配置的干预,以及对社会保险和相关福利的提供。于是,原先作为一种生产方式的福特主义超越生产场所,渗透于公共行政,进入社会政治领域,并催生了福利国家。战后福利国家的建设,不仅突出了政府的经济职能,还突出了政府的社会职能和政治职能。福利国家对政府社会职能的强调以及对公民社会权利的重视都有值得肯定与借鉴之处,但政府权力与功能的过度强化,导致官僚机构的膨胀,市场自主性的萎缩,公共开支的扩大和效率的低下,进而走向管理的危机和政府失灵。正是针对政府的失灵,20 世纪 80 年代的新公共管理,提出削减政府职能,进行政府再造,构建企业型政府,并将企业家精神和市场机制引入公共事务的改革,使政府由"全能政府"和"无限政府"转变为"小政府"和"有限政府"的主张。① 显然,这是从传统的政府管理,特别是福利国家的管理走向强化市场机制,并将其引入公共事务管理的重要一步,掀开了治理的序幕。但是,20 世纪 80 年代的政府改革,由于受到撒切尔和里根所强力推动的新自由主义的影响与裹挟,政府与市场

---

① 关于二战后福利国家的危机是导致治理兴起的重要原因的更详细论述参见王诗宗:《治理理论及其中国适用性》,浙江大学出版社 2009 年版,第 19 页。

的协调并未解决好,新自由主义对市场的过度崇拜,以及市场在实践中的局限与失败,都要求人们进一步思考和选择新的管理公共事务的方式。"某种意义上,20世纪80年代的政府改革运动是人们对政府与市场组合的又一次'不完善的抉择';治理的兴起无疑正是在市场和国家的这种不完善的结合之外的一种新选择。"①由此不难发现,国内治理的兴起经历了对政府角色与功能的探索,对市场机制的定位,以及对政府和市场协调方式与程度的不断组合的曲折过程。治理最终脱颖而出,成为管理公共事务的第三种方式与选择,反映了人们对社会生活复杂性、互动性、流动性的进一步认识。特别是20世纪90年代以来,全球化与全球问题更突显了上述新特征,所以,治理全面介入人们的生活实践,从公司治理、市场治理、地方治理、城市治理到政府治理、社会治理、环境治理,开启了国内治理的新时代。

　　作为一种新的管理公共事务的方式,治理并未局限于一国之内,很快扩展至国际,形成了国际治理、全球治理。这是因为治理所涉及的三大要素——政府、市场、社会,是国内与国际社会的共同要素,这三者之间的互动关系与合理定位,决定着人类公共事务的管理样式与水平。从国际层面看,治理中面临的政府因素就是各民族国家如何认识和应对日益增多的跨国界、跨政府现象,因为这种现象导致国家权力从中央政府向地方的转移扩展到国家权力向超国家组织或国际组织的转移,空心化程度加剧。治理中面临的市场因素就是如何与私人企业、跨国公司共同回应全球性问题的挑战,在国际贸易、金融、公共卫生、环境等各个领域开展全面对话与合作,分享对公共事务,特别是经济、社会和环境事务的管理权;治理中面临的社会因素就是如何理性认识非政府组织、社会运动、跨国网络,概言之全球公民社会的作用,认同它们积极参与公共事务的权利,并通过制度安排,推动"社团革命",携手共建良好的国际秩序和生存环境。显然,国际层面的政府、市场、社会既与国内层面的政府、市场、社会存在同质性,又表现出新的特点。最大的区别就在于,国内层面的治理有一个被法律所确定的中央政府,无论政府、市场、社会三者如何划分权

---

① 王诗宗:《治理理论及其中国适用性》,浙江大学出版社2009年版,第19页。

力,协调管理公共事务,中央政府所拥有的特殊的合法性与权威性则是不言而喻的。除非政府放弃或无能到丧失合法性与权威性,中央政府的存在一定程度上保障着治理的确定性和可控性;国际层面的治理则不存在一个国内意义上的中央政府,因此政府、市场、社会三者之间的对话与协调更加复杂、多样,且具有不确定性。此外,国际层面的治理本身又可区分为国际治理与全球治理。国际治理有更长久的历史,至少二战后国际公共事务的治理就体现为一系列国际机制所框定的国际治理,其根本点是,这种治理仅仅是国家之间通过建立国际组织,形成国际条约来管理公共事务,行为体是国家,并未包含市场与社会主体。全球治理则是全球化、全球问题的伴生物,其主体不再仅仅是国家,同时包括市场(私人企业、跨国公司)和社会。换言之,在国际治理阶段,市场与社会是被管理的对象、治理的客体,而在全球治理阶段,市场与社会既是治理的客体,又是治理的主体。

国内治理与国际治理的划分,既有人类生活空间、公共事务存在空间不同的客观依据,又有治理演进的时序依据,因此,从认识史上讲是合理的,无可厚非的。在实践上,当今各国搞好国内治理与参与全球治理也是两项不可或缺、同等重要的工作。但是必须懂得,在全球化时代,国内治理与国际治理愈来愈表现出高度的依存性、渗透性和互动性。在尊重国内治理与国际治理相对独立性的同时,更需要人们自觉打破两者的界限,从两位一体的整体性上审视和驾驭国内治理与国际治理,否则对治理认识的碎片化、区隔化,只能导致治理实践的困境。

三、全球治理与国家治理是当代中国的两个大局

注重世界的整体性,强调从国际与国内两个大局考虑问题,制定政策,这是自改革开放以来,中国思维与观念发生的重大变化之一,特别是新世纪以来,这一变化更为突出。2005 年,中国发表的《中国的和平发展道路》白皮书明确指出:"中国的发展离不开世界,同样世界的繁荣需要中国","人类只有地球一个家园。建设一个持久和平、共同繁荣的世界,是世界各国人民的共同心愿,是中国走和平发展道

路的崇高目标。"①2007年中共十七大政治报告强调:"当代中国同世界的关系发生了历史性变化,中国的前途命运日益紧密地同世界的前途命运联系在一起。"②整体性思维与观念是在打破分割性、对立性思维与观念的过程中确立的。所以,中国政府特别强调打通国际与国内界限,统筹国际与国内两个大局。2006年的中央外事工作会议第一次明确宣示了这一观念与主张,指出:"外事工作必须坚持以经济建设为中心,紧密结合国内工作大局,在统筹国内国际两个大局中加以推进。要紧密围绕党和国家的中心任务,把国内发展与对外开放统一起来,更加注重从国际国内形势的相互联系中把握发展方向,更加注重从国际国内条件的相互转化中用好发展机遇,更加注重从国际国内资源的优势互补中创造发展条件,更加注重从国际国内的综合作用中掌握发展全局。"③随后,胡锦涛又发表文章进一步指出,要"始终站在国际大局与国内大局相互联系的高度审视中国和世界的发展问题,思考和制定中国的发展战略"④。习近平在主持中共十八届中央政治局第三次集体学习时更加强调,要"更好统筹国内国际两个大局,坚持开放的发展、合作的发展、共赢的发展","我们要坚持从我国实际出发,坚定不移走自己的路,同时我们要树立世界眼光,更好把国内发展与对外开放统一起来,把中国发展与世界发展联系起来,把中国人民利益同各国人民共同利益结合起来,不断扩大同各国的互利合作,以更加积极的姿态参与国际事务,共同应对全球性挑战,努力为全球发展作出贡献"⑤。不难发现,以整体性观念统筹国际国内两个大局,已成为我国政府和决策层明确、自觉的意识。那么,能否把全球治理和国家治理提升到当代中国的两个大局的高度来认识,并以两个治理所体现的两个大局为依据,来推进中国的民族

---

① 中国国务院新闻办公室:《中国的和平发展道路》,《人民日报》2005年12月23日。

② 胡锦涛:《高举中国特色社会主义伟大旗帜 为夺取全面建成小康社会新胜利而奋斗》,人民出版社2007年版。

③ 《中央外事工作会议在京召开》,《人民日报》2006年8月24日。

④ 胡锦涛:《继续把改革开放伟大事业推向前进》,《求是》2008年第1期。

⑤ 习近平:《更好统筹国内国际两个大局,夯实走和平发展道路的基础》,载《习近平谈治国理政》,外文出版社有限责任公司2014年版,第247—249页。

复兴和现代化建设事业呢？答案是肯定的。特别是十八大以来，"全球治理"和"国家治理"两个概念都分别首次进入党和政府的重要文献，十八大政治报告在谈到外交工作和促进人类和平发展崇高事业时宣示："加强同世界各国交流合作，推动全球治理机制变革"①，"中国坚持权利和义务相平衡，积极参与全球经济治理"②。中共十八届三中全会则明确指出："全面深化改革的总目标是完善和发展中国特色社会主义制度，推进国家治理体系和治理能力现代化。"③由此可见，全球治理与国家治理已获得了前所未有的战略重要性，成为当代中国的两个大局。当然，能否把全球治理和国家治理判定为当代中国的两个大局，它们是否切实具备影响当代中国战略走向的重要性，不仅取决于中国政府治国理政的战略和政策宣示，更重要的是取决于两个治理对当代中国走向现代化的价值。因此，弄清全球治理与国家治理对当代中国的意义，就是十分急迫而必要的。

1. 积极参与全球治理对当代中国的意义

全球治理是20世纪90年代以来国际社会应对全球变革和全球性问题挑战的一种新的管理人类公共事务的理念、机制与实践活动。作为一种理念，全球治理重视并强调人类社会生活的整体性、共同性和利他性，倡导共存共赢、共同利益、全球伦理等，以提升治理的合法性、公共性；作为一种机制，全球治理着力于构建覆盖全球，包容多元行为体，并依托于多层级、多向度网络的制度与规范，以提升治理的效率、力度和适应性；作为一种实践活动，全球治理已体现于人类应对诸多全球问题、国际事务的对策，特别是三大主体，即国家、市场、全球公民社会所共同参与和推动的治理进程，包括规则、议程、途径、具体目标等，取得了可观的成绩，但也面临着严峻的难题与困境。

从中国与世界的关系角度看，改革开放中日益发展和崛起的当代中国，是一个在经济规模与总量上居于世界前列，并产生巨大冲击

---

① 胡锦涛：《坚定不移沿着中国特色社会主义道路前进，为全面建成小康社会而奋斗》，载中共中央文献研究室编：《十八大以来重要文献选编（上）》，中央文献出版社2014年版，第4页。
② 同上书，第37页。
③ 《中共中央关于全面深化改革若干重大问题的决定》，载同上书，第512页。

力、影响力的国家;在外交和国际事务上地位日渐提升,话语权不断增加,同时被国际社会赋予更多责任与希望的国家;在国内政治、社会和文化制度的吸引力、感召力上,褒贬共存,软实力明显滞后、遭受批评较多的国家。鉴于此,积极参与全球治理对当代中国就有着特别重要的意义。

其一,积极参与全球治理,表明了中国对现有国际体系、国际秩序的认同,有助于澄清当下国际社会对中国的质疑与误解。全球治理是当代人类的选择,它是在现有国际体系的框架下进行的,联合国及其所属组织扮演重要的领导角色,联合国宪章及国际法规约着治理的各项议程。因此,积极参与全球治理,就意味着承认联合国与国际法的合法性与权威性,就意味着认同现有国际体系与国际秩序,从而在国际事务中扮演改革者、完善者而不是革命者、挑战者角色。这一定位非常重要,如果当代中国超然于全球治理之外,迟迟不对全球治理明确表态,那么国际社会就难免认为中国要另起炉灶,取代美国,力图构建一个新的国际体系与国际秩序,从而增加国际社会的焦虑与不安。十八大对中国积极参与全球治理的明确宣示,显然有助于减少这种焦虑,从而塑造更有利于中国参与国际事务的氛围。

其二,积极参与全球治理,表明了当代中国的担当,有助于化解国际社会对中国逃避责任,善于搭便车的不满与指责。全球治理依赖于各行为体的积极参与,特别是依赖于国家提供更多全球公共物品。全球公共物品是指其收益或消费超越国家及地区界限,超越贫富界限,甚至超越代际界限的物品。全球公共物品的提供与管理是实施全球治理的主要内容,同时也是开展和推动全球治理的有效方式与途径。中国作为一个超常发展的典型,已被国际社会视为一个新兴大国,从而被赋予更多的责任与希望,于是,能否主动、积极提供更多全球公共物品就成为一个非常突出而具体的问题。这里,全球公共物品既包括物质层面的(如资金、有形物品等),又包括制度和观念层面的(如国际机制、新的理念与价值规范等)。联合国会费的增加,提供治理全球气候变暖的专项资金,创建上海合作组织、博鳌论坛、亚洲基础设施投资银行和"一带一路"基金,倡导和谐世界、人类命运共同体,这些都表明中国在提供全球公共物品方面已经和正在做出努力。但是必须看到,这种努力与中国 GDP 的迅速提高尚不成比例,与一个新兴大国的地位尚不匹配。当我们基于中国尚处于社会主义初级阶段,理性地看待自身的发展程度,从而审慎地坚持中国仍是最大发展中国家的定位时,是否需要更开阔的全球视野和更包容的换位性思考,来审视一个庞大的经济体对世界的冲击力,审视伴随这种冲击力和相应影响力的扩大,国际社会呼吁和期望中国提供更多全球公共物品的合理性、必然性,反思中国在国际事务上的责任与贡献的不足与缺失。中国积极参与全球治理的明确宣示,无疑是在该问题上对国际社会的及时回应,有助于展现一个新兴大国的责任风貌与贡献胸怀,化解人们对中国的不满与疑虑。

其三,积极参与全球治理,表明了当代中国维护人类共同利益,推进人类共同进步的理念与追求,从而有助于提升道德制高点,赢得国际社会的尊重,并引领人类的发展。全球治理区别于传统的国内治理和国际治理之处,就在于其倡导人类整体论和共同利益论的本质。它把公共性扩展至全球而不再局限于一国,把利他性升级为整个人类而不是某个群体。因此,真正地而不是口头上参与全球治理,必须有全球情怀、全球理念,并且倡导和践行全球伦理。当代中国对维护人类共同利益、坚持互利共赢的强调,对构建人类命运共同的呼唤与倡导,都体现了这种理念与诉求,这是难能可贵的,必须坚持的。只有在积极参与全球治理的进程中,不断倡导和践行人类整体论和共同利益论新理念,才能摆脱当代国际关系中的现实主义枷锁,逐渐弱化和消除对抗与冲突,引领人类走向和而不同、共生共荣的未来。

总之,无论从中国面临的国际现实,还是从中国应确立的理念和价值追求而言,积极参与全球治理都是一个战略大局。

2. 理性推进国家治理对当代中国的意义

国家治理在一般意义上是指一国之内的治理,即国内治理,而与其相对应的则是超出一国范围的国际治理、全球治理。国内治理涉及国家内部政治、经济、社会、文化、军事等诸多领域,是一种全方位的、综合性治理。正如前文所述,自 20 世纪 80 年代末以来,"治理"

概念的流行,就是针对传统的"国家统治""国家管理"而言的,反映了人类公共事务管理理念与方式的变革。自20世纪90年代,特别是新世纪以来,改革开放进程中的中国借鉴并认同了治理的理念,并将其应用于公共管理,尤其是政府管理的变革。

国家治理被赋予特定内涵与中国特色则是由十八届三中全会完成的。正是在这次会议上通过的决定中明确提出:"全面深化改革的总目标是完善和发展中国特色社会主义制度,推进国家治理体系和治理能力现代化。"①随后,习近平在中共十八届三中全会第二次全体会议上,对国家治理作了进一步阐述:"国家治理体系和治理能力是一个国家制度和制度执行能力的集中体现。国家治理体系是在党领导下管理国家的制度体系,包括经济、政治、文化、社会、生态文明和党的建设等各领域体制机制、法律法规安排,也就是一整套紧密相连、互相协调的国家制度;国家治理能力则是运用国家制度管理社会各方面事务的能力,包括改革发展稳定、内政外交国防、治党治国治军等各个方面。国家治理体系和治理能力是一个有机整体,相辅相成,有了好的国家治理体系才能提高治理能力,提高国家治理能力才能充分发挥国家治理体系的效能。"②由此不难发现,国家治理已不再是一般意义上的国内治理,也不再局限于公共管理和政府改革而上升到治国理政的大战略、大目标,不仅范围、领域更加广泛,重要性也大大提升,而国家治理关注的中心,则是国家治理体系的制度建设和国家治理能力的提高。那么,为什么讲具有新内涵的国家治理是当代中国的另一个大局,它有何重要意义呢?

其一,理性推进国家治理是治理时代国家重建的需要,反映了中国对影响人类生存与发展的普遍性问题的高度关注和及时回应,体现了中国与时俱进的品格和调适能力。毋庸讳言,在治理兴起的早期,即20世纪90年代,由于要克服政府失效、市场失灵的弊病,治理更强调社会中心的理念,从而导致某种去国家化的倾向。但是社会

---

① 《中共中央关于全面深化改革若干重大问题的决定》,载中共中央文献研究室编:《十八大以来重要文献选编(上)》,中央文献出版社2014年版,第512页。

② 习近平:《切实把思想统一到党的十八届三中全会精神上来》,载同上书,第547—548页。

实践证明,无论是传统的国家中心,还是片面的社会中心,都会造成公共事务的混乱和社会的不稳定。因此,在改革传统的权力过于集中但又失效的政府管理的模式和机制的同时,如何合理划分政府的管理范围与权限,提高政府的治理效能,就是十分尖锐的问题,在这方面,美国著名学者弗朗西斯·福山的观点格外引人瞩目。2004年福山提出了"国家构建"的命题,并指出:"国家构建(state-building)就是在强化现有的国家制度的同时新建一批国家政府制度。"①他认为,其一,国家构建是当今国际社会最重要的命题之一,因为软弱无能国家或失败国家已成为当今世界许多严重问题的根源。国家构建与限制和弱化国家职能构成一对矛盾。"在过去几年中,世界政治的主流是抨击'大政府',力图把国家部门的事务交给自由市场或公民社会。但特别是在发展中国家,政府软弱、无能或无政府状态,却是严重问题的祸根。"②其二,国家构建要放到国家概念重建的大背景、大前提下,"对于后'911'时代来说,全球政治的首要问题将不是如何淡化国家概念而是如何重建这个概念"。③ 国家概念重建的核心是区分范围与强度,即"有必要将国家活动的范围和国家权力的强度区别开来,前者主要指政府所承担的各种职能和追求的目标,后者指国家制定并实施政策和执法的能力特别是干净的、透明的执法能力——现在通常指国家能力或制度能力"④。其三,国家力量的强度比国家职能范围更为重要⑤,但这一点却被人们完全忽略了。因此,要从国家力量,即从国家能力、制度能力角度,重新审视国家概念,并强化相关建设。如果说福山最初提出"国家构建"的命题,是针对广大发展中国家,特别是无能国家或失败国家,那么十年后(2014年)出版的《政治秩序与政治衰败》,则以发达国家,特别是美国为对象,进一步深化了国家构建、国家能力的研究。在他看来,美国同样存在

---

① 〔美〕弗朗西斯·福山:《国家构建——21世纪的国家治理与世界秩序》,中国社会科学出版社2007年版,序。
② 同上。
③ 同上书,第114页。
④ 同上书,第7页。
⑤ 同上书,第19—20页。

国家能力衰落的现象,并亟待强化国家能力,否则政治秩序的混乱将无法扭转。这样,国家能力建设问题就被福山作为当代人类面临的一个共同性问题提出并突显,并日益受到国际社会的关注。

中国的国家治理概念无疑借鉴了福山的观点,并将其提升为治国理政的战略。这充分显示了当代中国改革包容,与时俱进的观念与精神,表现了全球视野和对普遍性问题的敏感与顺应,这对一个日益崛起的大国尤为重要。而全方位地、系统地加强国家治理的制度建设,着重提高国家治理的能力,则是当代中国理性推进国家治理的特定选择和具体目标。国家治理内涵的这一定位,的确突出了国家能力建设这一主题,有助于改善我国国家治理制度与能力的不足,促进改革开放和现代化建设事业的顺利发展。

需要警惕的是,国家治理不能仅仅局限于工具理性视野中的国家能力建设,还必须同时关注国家治理的法治与民主建设,即不能忽视和忘却国家治理的价值理性。这一点在福山的著述中也得到阐述,他明确指出,良好政治秩序的构建取决于国家能力、法治和民主问责三个要素。我们在审视和借鉴福山的新观点时,务必注意这种全面性。

其二,理性推进国家治理关系到中国法治建设,有助于真正落实依法治国、依宪治国。当代中国面临的严峻而又影响全局的问题之一是法治不到位、不落实、不健全、不权威。表现为法治观念薄弱、法律法规不健全、法治权威特别是宪法权威缺失,以及司法不公正、有法不依等等。这个问题不解决,对内阻碍各项工作的有序进行,影响稳定和谐的政治秩序的建立,容易诱发社会冲突,从而严重干扰现代化建设的进程与目标。对外,法治的严重缺失必然破坏中国的形象,毁损中国的声誉,失去国际社会的信任,更遑论自身的吸引力和感召力,从而严重干扰了中国的对外战略,成为走向世界,积极参与全球治理的绊脚石。因此,加强法治建设是当代中国治国理政的重中之重。国家治理的核心是强化制度建设,而制度建设的核心无疑又在于从宪法到司法、行政法等一整套法律制度与规范的确立和运行。正如习近平所说:"推进国家治理体系和治理能力现代化,就是要适应时代变化,既改革不适应实践发展要求的体制机制、法律法规,又不断构建新的体制机制、法律法规,使各方面制度更加科学、更加完善,实现党、国家、社会各项事务治理制度化、规范化、程序化。要更加注重治理能力建设,增强按制度办事、依法办事意识,善于运用制度和法律治理国家,把各方面制度优势转化为管理国家的效能,提高党科学执政、民主执政、依法执政水平。"①

其三,理性推进国家治理,营造国泰民安的社会秩序,不断完善自身,有助于提升中国的软实力,更好地造福于中国与世界。国家治理的现代化要义在于构建一个现代国家,而一个现代国家,除了要求具有相应的硬实力(主要是经济发展水平和军事实力),更重要的是具有软实力,体现为政治、法律、社会、文化等各领域合乎理性、民主、法治、人文、公正、和谐的制度性安排和有效运行,以及伦理道德的自觉遵循。一句话,体现为文明的程度。对于当代中国而言,硬实力的迅速发展已是一个公认的事实,相对而言,软实力建设则远不尽如人意,甚至可以说是软肋。诚然,我们仍需要继续提高硬实力,因为经济发展和生产力水平依然是一个现代国家体面而有尊严生存的基础和支柱。但即便是硬实力的提高,也需要焕发制度的活力和人们的创造性,否则经济的转型与升级就无从谈起。而民主与法治不健全、人文与道德精神缺失、社会涣散与失序,文明意识淡漠,就更需要从制度建设、价值观念的再造、行为规范的引导与落实,以及全社会能力与素质的提高上着力。显然,这正是软实力建设。从某种意义上可以说,一个国家的硬实力可能通过非常规的手段与途径得以迅速提高,从而走向富强;而一个国家软实力的提升,即走向文明则远非短时期所能实现。这是因为在软实力所要求的民主法治健全有力、社会自主与活力、人际关系和谐、社会公正与平等,以及人权的保障和伦理道德底线的被尊重等方面,涉及利益分配、价值认同、生活意义选择等现实且尖锐的问题,它们与人性的脆弱、欲望相关,往往在实现的过程中遭遇更多的博弈、陷阱、纷争乃至群体的对抗和心灵的痛苦搏斗。由此可见,软实力的建设更为艰难、曲折。当代中国的国

---

① 习近平:《切实把思想统一到党的十八届三中全会精神上来》,载中共中央文献研究室编:《十八大以来重要文献选编(上)》,中央文献出版社2014年版,第549页。

家治理就是要直面这一历史性难题,从整体上提高中国的软实力,即文明力。唯有自身文明,才能在国际上拥有更多发言权,产生更大影响力,特别是制度和价值的吸引力,从而不仅造福于中华民族,也造福于整个人类。

四、全球治理与国家治理在当代中国的统筹与互动

全球治理与国家治理是当代中国的两个大局,所以必须从两者的相互关联、互动角度予以统筹、协调。对此,似乎当前人们的认识还远不够自觉、明确。一个明显的事实和现象是,在治理理论上,全球治理与国家治理的研究表现出割裂性;在治理实践上,缺少对全球治理与国家治理如何相互影响、制约的清晰阐述与政策安排,未能把全球治理与国家治理作为一个整体予以谋划和统筹。因此,在明确了治理的整体性,明确了全球治理与国家治理是当代中国的两个大局后,有必要对全球治理与国家治理的互动与协调作进一步探究。

1. 借助全球治理深化国家治理

全球治理是基于人类公共事务的治理,而人类公共事务处于不断变化之中,其多样性与复杂性也日益增强。尽管如此,人类公共事务在呈现多元性的同时,总还是会表现出一定时代、一定时期的某些共同性和整体性。全球治理就是针对这些共同性、整体性问题的治理,因此,其治理的对象、机制、理念以及利益考量就会对国家治理产生制约与影响。

从治理对象讲,全球治理会内化为国家治理。全球治理很大程度上是对全球问题的治理,它表现为在全球层面、跨国层面围绕全球问题而形成的机制、关系与活动,同时也可以内化到一个国家,即国家、政府间国际组织和全球公民社会三大主体在一国之内开展对话、协商与合作,治理威胁人类的各种全球问题。这种内化型的全球治理,其现象是国内的,但意义却是全球的。改革开放以来,外国政府、政府间国际组织和非政府间国际组织,在中国各省市针对扶贫、防治艾滋病、禁毒、环境保护等领域开展了多层次的跨国合作项目。这些项目的实施,以及所取得的成绩,不仅有效遏制着全球问题在世界,

特别是在中国的蔓延,而且为我国借助国际社会的理念、资金、技术、人力,发动民间力量同政府一起治理经济、社会、环境等领域的问题,起到了重要作用,充分体现了全球治理与国家治理的密切关系。①

从治理的机制与制度上讲,全球治理规范国家治理。全球治理的机制与制度是针对当代人类面临的公共事务与问题而制定的,这些机制与制度一方面会规范国家治理,另一方面要求国家治理予以认同和实施。比如国际金融危机所反映的金融监管问题,世界贸易所要求的贸易政策透明化问题,环境标准与质量认定标准问题等,各国在自身的国家治理过程中,都需要与全球治理的相应规范协调,以其为依据,推进规范的落实。中国加入WTO过程中国内相应规则、法规的调整,中国正在实施的上海自贸区的改革,都体现了这一点。即便敏感些的政治与社会问题,如人权、毒品、艾滋病等,也体现出全球治理的机制与制度对国家治理的制约与影响。

从治理的价值与理念上讲,全球治理引领国家治理。国家治理需要先进价值与理念的指导,而好的价值与理念一方面会产生于自身的创造,另一方面则来自于向国际社会的学习,向人类优秀文明成果的借鉴。全球治理就引领了不少先进的价值与理念。比如可持续发展,自20世纪80年代正式提出,到1992年世界环境与发展大会之后,成为引领人类文明的新理念、新价值、新战略,也是当今全球治理的指导性理念与原则,它必然指导和规约国家治理。以中国为例,1992年世界环境与发展会议后,我国立即制定并出台了《中国21世纪议程——中国21世纪人口、环境与发展白皮书》。1996年可持续发展被确立为我国基本国策之一,成为我国现代化建设和发展战略中一个核心理念与指导原则。另一个例子同样有说服力。鉴于全球气候变暖和能源短缺,近年来低碳经济,绿色经济已成为一种新的理念和价值,中国同样受到这一理念的影响,不仅高度认同,而且落实于经济社会发展战略。十八大政治报告明确指出:"着力推进绿色发

---

① 有关全球治理会内化为国家治理的更详细论述参见蔡拓:《全球治理的中国视角与实践》,《中国社会科学》2004年第1期。

展、循环发展、低碳发展。"①李克强强调:"推进新型城镇化,对环境一定要倍加呵护,对资源一定要精打细算,走绿色、可持续发展之路。"②张高丽也指出:"中国已与世界紧密联系在一起,我们必须同国际社会一道积极应对气候变化,尽自己所能承担应尽的责任和义务,大力推进生态文明建设,有效控制温室气体排放,更好地彰显负责任大国形象,为全人类的可持续发展作出贡献。"③基于上述理念,中国提出将加快推进绿色循环低碳经济,建立"红线管控制度",设立并严守资源消耗上限、环境质量底线、生态保护红线,并从六个方面推动这一进程。中国还明确提出了在2020年前,碳强度下降40%—45%,非化石能源占一次能源消费的比重达到15%左右的目标。设立了7省市的碳排放权交易试点,以及推进气候变化立法工作等。这充分表明,中国不但认同而且采取积极行动将发展低碳经济落实于国家治理,反映了全球治理理念的规范和引领作用。

从治理的利益导向来看,全球利益与国家利益交织并举。全球治理无疑追求人类共同利益,那么国家治理是否仅仅追求国家利益,而置国际社会于不顾呢?显然不是。在相互依存的全球化时代,以零和博弈的思维片面追求国家自身利益的最大化,是完全不现实,也不可取的。国家治理的理论与实践中都会更多受到全球治理所要求和引领的利他主义的、全球主义的影响,从而更加重视国家利益与全球利益的平衡与协调,争取本国利益与他国利益,与整个人类的共享、共赢。

总之,全球治理深刻影响着国家治理。国家治理是全球治理中的国家治理,是全球相互依存背景下的国家治理,国家治理离不开全球治理,国家治理体系与治理能力的现代化必然包含着对全球治理的理性认知和实践的协调。在积极参与全球治理的过程中,把全球

---

① 胡锦涛:《坚定不移沿着中国特色社会主义道路前进,为全面建成小康社会而奋斗》,载中共中央文献研究室编:《十八大以来重要文献选编(上)》,中央文献出版社 2014 年版,第 31 页。
② 李克强:《凝聚共识,形成合力,推动城镇化更稳更好发展》,载同上书,第 619 页。
③ 张高丽:《大力推进生态文明,努力建设美丽中国》,载同上书,第 627 页。

治理中的好的理念、机制结合中国的实际予以运用,促进两者的有机融合与互动,整体性深化治理的进程,这是理应得出的结论。

2. 依托国家治理推进全球治理

全球治理是多元行为体共商共管的治理,是国家与非国家行为体相互克服国家中心和社会中心的合作治理。其中,国家治理的现代化水平与程度,仍是决定全球治理水平与程度的最重要因素。当前全球治理面临的困境尽管有众多原因,但最关键的恐怕还是国家治理的状况与水平远不尽如人意。所以,当代中国提出着力于国家治理体系与治理能力建设,就是十分明智和重要的。

国家治理体系包括价值体系、权威决策体系、行政执行体系、经济发展体系、社会建设体系等,这些体系机制的合理配置与良性运转,决定着国家治理现代化程度的高低,进而能够助推和深化全球治理。这是因为:

其一,价值观念体系的现代化决定对全球治理的认同度与参与热情。价值观念的现代化是指人们对当代人类的生存发展的现状、未来,以及所要追求的价值意义与目标有理性、合理、开放、伦理的认知,体现出人之为人的人文性、文明性和与时俱进性。已经为世人所普遍认同的价值观念,如文明、和谐、民主、自由、平等、法治,无疑是最有代表性的现代化价值观念。而从与全球治理的关联上讲,现代化的价值观念又涉及许多新的向度与问题。如类文明观念、全球主义观念、可持续发展观念、公共理性观念等等。这些新的观念突出了国家与人类、国家主义与全球主义、国家理性与人类理性、国家利益与人类利益、当代与后代、利己与利他的关系,要求从反思的角度,将现代化价值观念从国家的视角扩展到人类的视角,从国家中心升华为人类中心,以更开阔、宏观的思维,更具前瞻性和人文性的胸怀审视全球化时代面临的全球问题和相互依存的现实。如果塑造了具有上述新价值观念的一代新人,那么不言而喻的是,这个国家必然会对全球治理有更深刻的理解与认同,从而积极参与全球治理就成为自觉的选择。

当代中国的国家治理在价值观念体系现代化方面已有了新的认识和行动,因而有力推进着中国积极参与全球治理,并在其中发挥更大作用。最明显的例证是当代中国倡导的人类命运共同体理念。自十八大起,倡导人类命运共同体意识已成为中国外交,特别是参与全球治理的最强音。十八大政治报告指出:"合作共赢,就是要倡导人类命运共同体意识,在追求本国利益时兼顾他国合理关切,在谋求本国发展中促进各国共同发展,建立更加平等均衡的新型全球发展伙伴关系,同舟共济,权责共担,增进人类共同利益。"①习近平在重要外事活动中也反复强调:"这个世界,各国相互联系、相互依存的程度空前加深,人类生活在同一个地球村里,生活在历史和现实交汇的同一个时空里,越来越成为你中有我、我中有你的命运共同体。"②正是在这一新理念的指导下,中国的周边外交日益活跃,"一带一路"战略和基金正式推出,亚洲基础设施投资银行进入快车道,金砖国家开发银行和上合组织开发银行也在积极筹建中,中国参与全球治理迈出了坚定而快速的步伐,可以在某种意义上说,正在开创全球治理的新风貌、新篇章。

  当然,我们在看到当代中国的国家治理在价值观念上的可喜变化和在推进全球治理上所取得的可喜成绩的同时,也应清醒地认识到在价值观念现代化上尚存在的缺失,以及有待思索的问题。比如人类命运共同体理念在国人中的认同度、落实度,是真正已内化为一种现代化的意识与价值,还是仅仅停留于口头的宣示,甚至将其定位为实现国家利益的工具、策略,并不真的相信有什么人类共同的利益与命运?就进一步的学理思考上讲,中国特色所偏重的个性、特殊性,以及潜在的中心主义,与人类命运共同体所体现和倡导的整体性、普遍性,以及非中心主义,这两者之间的张力如何协调,这些都是难以回避的、尖锐的问题。只有在价值观念体系的现代化进程中,勇

---

① 胡锦涛:《坚定不移沿着中国特色社会主义道路前进,为全面建成小康社会而奋斗》,中共中央文献研究室编:《十八大以来重要文献选编(上)》,中央文献出版社 2014 年版,第 37 页。

② 习近平:《顺应时代前进潮流,促进世界和平发展》,载《习近平谈治国理政》,外文出版社 2014 年版,第 272 页。

敢地直面并主动回应上述问题,并通过理性的思考与对话达成共识,中国的国家治理才会更上一层楼,也才能为积极参与全球治理提供更持久的动力。

其二,权威决策体系和行政执行体系的现代化制约在全球治理中的政治作用与国际影响力。权威决策体系和行政执行体系的现代化,实质上就是一个国家的民主化与法治化,涉及政治与法律制度的设计与运行,权力的合法性来源,权力机关的权限与定位、政府的权力清单与行政效率、公民权利的保障、宪法的权威与法治的有效,以及司法公正等。一个国家只有在民主化和法治化方面有了坚实的基础,才能做到执政的民主化、科学化、高效化,体现出治理公共事务的能力,接近或达到公共事务治理的理想效果,从而彰显出制度的吸引力,文明力。正是这种基于民主化与法治化程度高所产生的吸引力、文明力,将极大地提升该国在全球治理中的威望和影响力,为在全球治理中扮演更重要角色,发挥举足轻重的作用创造了可能的空间。

当代中国在国家治理的着重点上有着日益明确的共识,那就是加快国家权威决策体系和行政执行体系的现代化,提高国家的民主化和法治化程度,这一共识与指向是对我国民主化与法治化进程中存在的问题与缺失的清醒认识。也正是民主化和法治化尚存在不容忽视、怠慢的问题,所以才影响到国家治理的能力、水平与效果,并进而制约着中国在全球治理中的奋发有为。因为,若国家民主化和法治化水平有限,势必影响到中国制度的吸引力,甚至被质疑被批评,于是,国家在国际事务中的诚信度、号召力、影响力都难免要大打折扣。换言之,制约着中国积极参与全球治理的意愿与行动。

中共十八届三中全会和十八届四中全会相继通过了《中共中央关于全面深化改革若干重大问题的决定》和《中共中央关于全面推进依法治国若干重大问题的决定》,彰显了全面深化改革,全面推进依法治国,全面从严治党的决心,是加快权威决策体系和行政执行体系现代化,提升国家制度民主化和法治化水平的重大战略布局和有力举措。这一战略布局和有力举措的落实,将会极大地改善我国国家治理现状中与人类文明发展趋势不相符合,与我国现代化进程不相适应的方面,增强我国国家治理的能力与水平,为更积极参与全球治理创造条件。需要注意的是,国家决策体系与行政执行体系的现代化,即民主化与法治化,不仅仅是工具理性意义上的治国理政能力的提高,还同时是价值理性意义上的合法性的提高,两者不可偏废。如果片面强调国家治理的能力,淡化甚至忘却了国家与政府的权力来源于人民,人民是主体,宪法是最高权威,任何党派都必须服务于人民,服从于宪法,那么国家治理就会误入歧途。而一个治理能力很强却又缺乏合法性的国家,在全球治理中是很难被国际社会认同并发挥重要作用的。

其三,经济发展体系的现代化影响参与和主导全球经济治理的力度。经济发展体系的现代化,核心是处理好政府与市场的关系,明确树立市场经济的发展导向,最大限度地挖掘市场的潜力和发挥市场的作用。与此同时,合理设置政府的权限与功能,更好体现政府的舵手地位、服务功能、协调作用。对于当代中国而言,经济总量、贸易、金融、对外投资都已进入世界前列,已成为世界公认的经济大国,在全球经济治理中举足轻重。也正因为如此,我们自身最早谈及和认同的也是全球经济治理。特别是2008年国际金融危机以来中国在应对该危机中的作为与贡献,更是增强了参与甚至主导全球经济治理的国际认同,亚洲基础设施投资银行的设立和"一带一路"战略的推进,则将这一认同推向新阶段。毫无疑问,我们有理由为中国在全球经济治理中做出的努力和成就而高兴,但是,若要在全球经济治理中做出更大贡献,并引领世界经济走出发展困境,走向新的繁荣,中国就必须进一步着力于国内的经济治理、市场治理,建立起更完备健全的市场经济体系,更合理规范、高效的经济治理体制,一句话,加速经济发展体系的现代化,这显然是国家治理体系与能力现代化的基础性环节,也是进一步提升我国积极参与全球经济治理的关键因素。新一届政府的着力点,特别是中共十八届三中全会关于全面深化改革的决定,都充分体现了这一点。十八届三中全会关于全面深化改革的决定指出:"经济体制改革是全面深化改革的重点,核心问题是处理好政府和市场的关系,使市场在资源配置中起决定性作用和更好发挥政府作用。"①根据这一指导思想,决定分别提出了加快完善现代市场体系和加快转变政府职能的具体而明确的要求。如在完善市场体系方面,提出统一的市场准入制度,"在制定负面清单基础上,各类市场主体可依法平等进入清单之外领域。探索对外商投资实行准入前国民待遇加负面清单的管理模式"②;在加快政府职能转变方面,提出"进一步简政放权,深化行政审批制度的改革,最大限度减少中央政府对微观事务的管理,市场机制能有效调节的经济活动,一律取消审批,对保留的行政审批事项要规范管理、提高效率;直接面向基层、量大面广、由地方管理更方便有效的经济社会事项,一律下放到地方和基层管理"③;在构建开放型经济新体制方面,更是提出了以往不曾有过的举措:放宽投资准入,金融、教育、文化、医疗等服务业领域有序开放;推进自由贸易区建设;扩大企业和个人对外投资。总之,明确了"促进国际国内要素有序自由流动、资源高效配置、市场深度融合,加快培育参与和引领国际经济合作竞争新优势,以开放促改革"④的全方位开放战略,力求打造世界经济贸易新格局,主导全球经济治理。李克强更是深入浅出地解读了经济体制改革的若干问题,强调要"大力推进以简政放权为重点的各项改革",中央政府已取消和下放三百三十四项行政审批等事项,并将继续这一进程,实现本届政府任期内把行政审批事项减少三分之一以上的承诺;强调扩大开放不是"选择题"而是"必答题"。"我们要以对外开放的主动,赢得经济发展上的主动、国际竞争上的主动。"为此,就要改革涉外投资管理体制,扩大内陆和沿边开放,坚持多边和自由贸易区两个轮子一起转。⑤ 我们相信,围绕经济体制改革和经济发展方面的上述新理念、新举措,必将加快我国经济发展体系的现代化,不仅增强本国的经济治理和市场治理的能力,巩固和加强中国经济在

---

① 《中共中央关于全面深化改革若干重大问题的决定》,载中共中央文献研究室编:《十八大以来的重要文献选编(上)》,中央文献出版社2014年版,第513页。
② 同上书,第517页。
③ 同上书,第520—521页。
④ 同上书,第525页。
⑤ 同上书,第778—805页。

世界经济中的主导地位,更有助于中国在全球经济治理中发挥重要作用,从而更稳健也更自信地推进世界经济健康持续发展。

其四,社会建设体系的现代化助推社会力量走上国际舞台,参与全球治理。社会建设体系的现代化,主要是指民生服务体制、社会保障体制和社会治理体制的现代化,它关涉公民广泛社会权利的保障、社会矛盾的协调,以及社会活力的激发,其核心在于处理好政府与社会的关系。一个国家的稳定,在于政治廉洁,合法性强,法治健全;而一个社会的活力,则在于能够为民众提供全面、有序、安全的制度化保障,以利于民众自己管理自己,进行各种有益于身心健康的创造性活动。显然,在这个意义上的社会建设体系的现代化,其重要性并不亚于上述体系的现代化,其难度也可想而知。社会建设体系的现代化反映着一个国家的成熟程度、文明程度,它在塑造适应文明发展取向的现代新人方面有特殊功用。

对于当代中国而言,社会建设体系现代化的任务还异常艰巨,当前我国面临的大量社会问题都与此相关联。从对全球治理的影响角度上看,社会建设体系的现代化关涉一国软实力的强弱和公民参与公共事务,特别是参与全球公共事务能力的高低。一国软实力强,则意味着该国社会文明有序,充满活力与创造力,从而在国际社会更有道德和制度吸引力,在参与全球治理中更有感召力和影响力。反之,则难以得到国际社会的信任、理解和支持,从而制约在全球治理中的作为。换言之,即便有再强大的硬实力,也无法赢得世人发自内心的敬重与称赞,从而无法引领全球治理。一国公民权利与责任意识强,能广泛参与国内公共事务,并在其中学会沟通、对话、宽容,自己管理自己,那么,这样的公民及其建立其上的NGO,自然就具备在国际舞台上从事全球治理的能力和素质,能够以全球视野与情怀,参与人类公共事务的管理。

五、结论

治理是一种整体性治理,必须树立整体治理观。全球化时代,从某种意义上讲也是治理时代,要求当代人类从治理的角度审视和处理日益复杂、多元、变动的国内与国际公共事务。治理的整体性体现为价值理性与工具理性、规范诉求与实践诉求、全球治理与国家治理的统一与协调，以及对治理的理论解读与实践定位，片面强调任何一方都是非理性非科学的，因而在实践中也是难有作为的。当前全球治理与国家治理面临的诸多问题与困境，都与整体治理观的缺失有关。

全球治理与国家治理是21世纪人类面临的普遍性问题，对当代中国尤为重要而急迫，它是中国走向现代化，实现民族复兴的两个大局。两个大局的理论观点，是当代中国从两者的整体关联性、互动性、渗透性、交错性认识和处理国际与国内事务的思维与理念，体现了全球化时代相互依存的特点，顺应了更加重视人类整体性和共同性的发展趋势。积极参与全球治理对当代中国的意义是，表明了中国对现有国际体系、国际秩序的认同，有助于澄清当下国际社会对中国的质疑与误解；表明了当代中国的担当，有助于化解国际社会对中国逃避责任、善于搭便车的不满与指责；表明了当代中国维护人类共同利益，推进人类共同进步的理念与追求，从而有助于提升道德制高点，赢得国际社会的尊重，并引领人类的发展。理性推进国家治理对当代中国的意义在于，它是治理时代国家重建的需要，反映了中国对影响人类生存与发展的普遍性问题的高度关注和及时回应，体现了中国与时俱进的品格与调适能力；关系到中国法治建设，有助于真正落实以法治国，以宪治国；有助于营造国泰民安的社会秩序，提升中国软实力，更好地造福于中国与世界。毋庸置疑的是，积极参与全球治理与理性推进国家治理是当代中国的理性选择，也是决定当代中国命运前途的战略大局。

既然全球治理与国家治理是当代中国的两个大局，那么真正厘清并深刻认识两者的互动，从而在战略谋划和政策安排上予以统筹和协调就显得格外重要而急迫。总的来讲，借助全球治理深化国家治理，依托国家治理推进全球治理，是认识和把握两者互动、协调、统筹的基本思路与向度。对于前者，我们要看到，从治理对象上讲，全球治理会内化为国家治理；从治理机制与制度上讲，全球治理规范国家治理；从治理的价值与理念上讲，全球治理引领国家治理；从治理的利益导向上讲，全球利益与国家利益交织并存。对于后者，我们要看到,一国国家治理体系与治理能力的现代化水平与程度是决定该国积极参与全球治理水平与程度的最重要因素,国家治理体系的价值观念体系、权威决策体系、行政执行体系、经济发展体系以及社会建设体系从各个层面制约着全球治理。其中,价值观念体系的现代化决定对全球治理的认同度和参与热情;权威决策体系和行政执行体系的现代化制约在全球治理中的政治作用与国际影响力;经济发展体系的现代化影响参与全球经济治理的力度;社会建设体系的现代化助推社会力量走上国际舞台,参与全球治理。

显而易见,基于当代中国两个大局的分析视角,探究全球治理与国家治理的内在关联与互动,从理论观念和实践路径上切实做到两者的统一与协调,对当代中国实现社会转型,推进现代化建设,以文明、民主、法治、和谐的面貌屹立于世界之林,具有十分独特而重要的意义。

(本文部分内容发表于《中国社会科学》2016年第6期。)

中国参与全球治理的新问题与新关切

自20世纪90年代中期以来,中国探寻并参与全球治理已走过了二十年的历程。当下,由于国际体系和国际秩序已发生了重大变化,中国的国际地位与国际影响明显提升,加之全球治理出现诸多新的困惑与困境,所以,作为一个正在崛起并被世界瞩目的新兴大国,中国参与全球治理也面临着新的挑战,有了新的关切,需要新的思考。正是基于此,本文提出以下五点意见,以回应这一新问题。

一、全球治理是当代中国对外战略的基石与轴心

当下中国审视全球治理时面临的首先问题是全球治理在中国对外战略中的定位问题。可以说,十八大以前,全球治理在中国的对外战略中只是被视为大的时代背景,而非对外战略本身或对外战略内容之一。直到十八大,我国明确提出,"加强同世界各国交流合作,推动全球治理机制变革","中国坚持权利和义务

相平衡,积极参与全球经济治理"。① 特别是 2015 年 10 月 12 日,政治局以"全球治理格局和全球治理体制"为内容的第 27 次集体学习,更把全球治理提升到前所未有的战略高度。习近平强调,"要审时度势,努力抓住机遇,妥善应对挑战,统筹国内国际两个大局,推动全球治理向着更加公正合理方向发展,为我国发展和世界和平创造更加有利的条件","随着全球性挑战增多,加强全球治理、推进全球治理体制变革已是大势所趋","全球治理体制变革离不开理念的引领,全球治理规则体现更加公正合理的要求离不开对人类各种优秀文明成果的吸收","继续丰富打造人类命运共同体等主张,弘扬共商共建共享的全球治理理念"。② 这一切都充分表明,全球治理已成为当代中国两个大局中国际大局的关键,统领着当代中国对外战略。因此,我们必须从战略的、全局的高度重新审视全球治理。必须充分认识全球治理在当代人类社会中的重要意义,高度认知积极参与全球治理不仅是对中国自身而且是对人类进步事业的重要作用。今天各国的对外战略,若没有对全球治理的深刻理解和积极参与全球治理的真心认同,那么这种对外战略就远离了现实,缺失了时代精神。对于正在崛起的当代中国,对全球治理更应该具有这种与时俱进的认知与定位。只有以全球治理统领我国的对外战略,使大国关系、周边外交、传统安全与非传统安全、联合国改革与作用的发挥,国际经济与金融制度的改革、国际发展援助等议题与任务,都协同并服务于中国参与全球治理的总战略,中国的对外战略大局和目标才能顺利推进,从而实现自身的发展和人类的共同发展。如果缺少全球治理的视野与胸怀,我们的对外战略就会局限于狭窄的片面的国家利益考量,难以确立新兴大国的形象、地位与影响力,从而无法引领国际社会走出国际关系的现实主义怪圈与束缚,推进全球化与全球治理沿着健康、进步的方向前行。总之,全球治理是当代中国对外战略的基石与轴心,中国对外关系的各种战略考量与安排,都要自觉地体现全球治理

---

① 胡锦涛:《坚定不移沿着中国特色社会主义道路前进,为全面建成小康社会而奋斗》,载中共中央文献研究室编:《十八大以来重要文献选编(上)》,中央文献出版社 2014 年版,第 4、37 页。

② 2015 年 10 月 13 日,http://www.gov.cn/xinwen/2015-10/13/content_2946293.htm。

的理念与战略要求,唯有如此,中国对外战略才能展现出积极参与和引领全球治理的新风貌,有助于我国在国际社会发挥更大的作用。

二、"一带一路"倡议要服从于中国参与全球治理的总战略

2013年"一带一路"倡议的提出,引起了国内外的高度关注,特别是国内,从政府、企业到学术界,掀起了颇为壮观的"一带一路"热。政府部门和相关省份,不仅要积极表态落实中央的决策,还要论证自身在这一战略中的重要地位;企业则将此倡议视为开辟和拓展海外市场和投资场所的新机遇,以扭转企业发展的困境;学术界则举办一轮接一轮的"一带一路"高端论坛和各层次的学术会议,解读和阐述该倡议的重大意义。从上述活动中会发现,早期把"一带一路"视为包括政治、经济、文化、军事诸领域综合战略的意见颇有影响,有人甚至认为这是"中国版的马歇尔计划"。这表明"一带一路"被定位为新时期的中国大战略,是中国新的地缘政治经济战略。这种观点不仅高估了"一带一路"倡议的意义,更值得重视的是,误导了该倡议的内涵与所指,引起了国际社会的质疑、警惕与批评。因为这种见解表达了完全基于本国利益考量的现实主义色彩,是与全球治理格格不入的。后来,这种观点及其影响逐渐降温,主流的见解已把"一带一路"视为中国的经济战略、发展战略,特别是立足于中国与中亚、中东、东亚的经贸联通,推进地区一体化,求得共同发展的战略。拓展开说,这一战略有助于促进欧亚非三大洲的经贸联通,各自利用和发挥自身的消费、生产、资源等优势,不断提升全球价值链水平。显然,"一带一路"这种经济视角与解读更适合该倡议的定位,也有助于该倡议的实施。正是遵循这一思路与理念,"一带一路"的推进有了可喜的进展。中国已与俄罗斯、哈萨克斯坦、巴基斯坦等多国开始了在"一带一路"框架下经贸发展对接的洽谈,也开始了与东盟、上海合作组织等区域组织就"一带一路"合作的对话。企业更为活跃,2015年中国境内企业对"一带一路"相关49个国家进行了直接投资,总额达148.2亿美元,同比增长18.2%;在"一带一路"相关的60个国家承揽对外承包工程项目3987个,新签合同额926.4亿美元,占同期中国对外承包工程新签合同额的44%。特别要提出的是,中国引领和主导

57国共同筹建的亚洲基础设施投资银行已于2016年1月16日正式开业,这一开放的、体现合作共赢的国际金融新机构,为"一带一路"提供了一份意外的礼物,增强了"一带一路"的影响力。

显然,对"一带一路"倡议的降温、降调、视角的调整已带来了良好的效果。但即便如此,来自国际社会的反应及其关切,仍然值得我们重视与反思。在由中国现代国际关系研究院主办的"现代院论坛2015"上,美国布鲁金斯学会高级研究员李侃如表示,"一带一路"有一些雄心勃勃的项目,我们关心的是这些项目是"根据什么标准设计和规划的,是否是根据政治上的考虑设计和规划的"。金融标准、劳工标准、环境标准,这些都需要明确、清晰并符合国际通则,"如果中国对这些关键的问题没有说清楚,就会导致大家的怀疑和不信任"①。俄罗斯莫斯科卡内基中心高级研究员亚历山大·加布耶夫也指出:俄罗斯国内对"一带一路"倡议有各种反应,有很多的不信任和不理解。中国要将"一带一路"倡议与诸国的发展战略衔接,不能把所有国家的项目都放在"一带一路"框架之中,比如俄罗斯就更关心自身的欧亚经济联盟的实施。此外,"一带一路"面临政治、经济、安全等方面的挑战,这些挑战需要各国协同应对。所以,中国需要解释,为什么"一带一路""是双赢互惠的。同时还需要更多的细节说明"②。这表明,尽管"一带一路"经济视角的解读,有助于地区经济一体化,有助于开辟产能与投资合作新空间,有助于"一带一路"沿线国家的基础设施建设,但还不足以消除人们对"一带一路"倡议的意见保留与怀疑,这就要求我们对"一带一路"倡议做出更深刻也更符合时代发展趋势的思考。

首先,必须明确"一带一路"倡议是中国参与全球治理的内在组成部分,其理念、战略定位、具体项目的确定与实施都要服从于中国参与全球治理的总战略、总要求。认为全球治理过虚,"一带一路"才是务实的战略,因而后者可以替代中国参与全球治理的战略,成为当

---

① 本刊编辑部:《关于跨太平洋安全框架基"一带一路"建设的思考》,《现代国际关系》2015年第11期。
② 同上。

下中国对外战略的代名词,这种认识是不可取的。模糊、淡化"一带一路"倡议的政治含义,以地缘经济战略的面目推进,固然有其合理性,但核心的理念与价值仍然是国家中心主义,所以也不可取。"一带一路"倡议是中国参与全球治理,特别是引领全球经济治理的重大举措与战略。它的目标不仅是激活自身的经济,而且要与国际社会一起改变全球经济发展不景气的现状,创造全球经济可持续发展的新环境、新机遇。"一带一路"倡议要坚定不移地遵循"共商共建共享"和"人类命运共同体"的全球治理理念,在战略构想与框架、项目设计与落实、规划制定与对接、机制安排与推进等方面,充分体现平等、协商、互利共赢,有效促进人类共同利益、地区利益与国家利益的协调与共赢。务必懂得,"一带一路"不能仅仅定位为中国自身的谋求国家利益的战略(无论是国家综合战略还是地缘政治战略或地缘经济战略),它更是中国积极参与全球治理,体现大国担当,促进世界各国共同发展的大战略。

其次,"一带一路"倡议是中国向国际社会提供的全球公共物品。当我们一再强调"一带一路"倡议不能为中国独有,不能只关注中国国家利益时,实际上是要赋予"一带一路"另外一种新身份、新称谓,那就是全球公共物品。"一带一路"是一种对外战略,而且还不是一般的对外战略,具有更多的公共性,无论是作为一种战略、机制、框架,它都是开放的,欢迎并且希望国际关系多元行为体的参与、共建。它实质上是提供了一个合作共赢的理念、机制、平台,以促进全球问题的解决和人类的可持续发展。"一带一路"这一特点显然不同于我们所熟悉的国内五年计划,所以需要我们用"全球公共物品"的理念予以理解和诠释。显然,对于以全球公共物品的视角认知和解读"一带一路",当下国人还较为陌生,然而这非常重要。只有做到这点,我们才能摆脱国家中心主义的束缚,更准确地定位"一带一路"倡议。也才能更深刻地理解何以"一带一路"倡议是中国参与全球治理战略的组成部分,因为提供更多全球公共物品,正是推进全球治理的必由之路。

三、提供更多全球公共物品是中国积极参与全球治理的理性选择

如上所述,认知和解读"一带一路"倡议需要全球公共物品的视角,其实,推进全球治理更需要全球公共物品的视角与理念。全球治理有赖于多元行为体的积极参与,包括主权国家、国际组织、全球公民社会、跨国公司乃至个人。全球治理的对象是当代人类所面临的关涉生存与发展的诸多领域的问题,特别是日益严峻的全球性问题。那么治理的主要手段、途径又是什么呢?在很大程度上就是全球公共物品的提供、管理与使用。这种全球公共物品既包括物质层面的资金、物品(如联合国会费),又包括制度层面的组织、机制、规范(如联合国等国际组织、上海合作组织、亚洲基础设施投资银行等),还包括新的引领人类发展的理念与价值(如可持续发展、低碳经济、人类命运共同体等)。只有不断推出和创造更多更好的全球公共物品,全球治理才会健康发展,全球问题才能得到有效应对与改善。当前全球治理面临的困境,从某种意义上讲就是因为全球公共物品供给严重不足,管理低效,使用也不尽合理,所以,从全球公共物品的来源、管理与使用上进行多方面的改革,对于克服全球治理的困境,提升全球治理的水平有不言而喻的意义。

尽管提供全球公共物品的主体和渠道是多元的,但不可否认,主权国家仍是主力和关键,因为国家不仅握有更多的资金与资源,还是制度和理念层面全球公共物品的主要构成者、提供者,所以各国都有责任提供更多全球公共物品,而不能定位甚至满足于"搭便车者"。但现实是国家有大小、发展程度、文明水平以及当下境况之别,而一般来讲,大国特别是发展程度较好的国家,自然就要更多地担起提供和管理全球公共物品的责任。

中国是正在崛起的新兴大国,因此,来自国际社会对中国的期待,特别是希望中国参与国际事务,提供更多全球公共物品的要求,就不可避免,并且应该得到理解。从我们自身而言,大国意识在提升,希望在国际社会发挥更大作用与影响的意愿也日益强烈。这种种因素的叠加,就提出了中国积极参与全球治理的历史性要求,而随

之而来的当然是提供更多全球公共物品的理性选择。这一选择,对当代中国的对外战略与对外关系有重要意义。

首先,加大提供全球公共物品的力度,有助于回应国际社会对当代中国在国际事务中的期盼或疑虑。积极参与全球治理表现了中国对现有国际体系与国际秩序的认同、融入、维护与建设的基本态度,表明了中国致力于人类共同事业,维护人类共同利益的原则立场。这些都有助于澄清和消除国际社会对中国的某些误解与疑虑,有助于提升我们的道德制高点,赢得国际社会的尊重。改革开放三十多年,特别是新世纪以来,中国在反恐、应对国际金融危机等问题上都体现了这些态度和立场。但是在提供国际公共物品方面,我们做得还不够,所以,反思和制定我国提供全球公共物品的相应战略,无疑会开辟我国参与全球治理的新局面,并推动国际社会加快全球治理的进程。

其次,加大提供全球公共物品的力度,有助于体现新兴大国的责任,提升我国的国际影响力。作为一个正在崛起的新兴大国,中国要自觉地提高责任意识。尽管从经济结构、科技水平、管理制度、社会文明程度,以及人均 GDP 和生活质量上看,中国的确还是一个发展中国家,要成为一个全方位的大国还有较长的路要走。但是,必须同时看到,中国的超大经济规模与经济总量的确也给国际社会带来了巨大的冲击力。这种经济的快速崛起及其造成的冲击力,改变着国际社会对中国的看法,也包括对中国应尽国际责任的要求。所以,我们不能简单拘泥于发展中国家的定位,简单地用中国只能提供与自己的能力相适应的国际责任这种说法回应国际社会。要理性地审视中国国际角色的复杂性,理性地审视国际社会对中国应尽更多责任的呼声,从贡献论而不是权力论角度反思我们的国际责任观。而加大提供全球公共物品的力度,正是中国调整和强化国际责任意识,进一步提升中国影响力的切入点。

四、整体治理观是中国认知和推进全球治理的理念支撑

中国参与全球治理不仅面临着上述三个基于实践层面的重要问题,特别是战略定位问题,还需要高度重视两个理念和价值层面的问

题。这就是整体治理观和人类命运共同体问题。本节首先分析整体治理观。

显而易见,整体治理观是针对局部治理观、割裂治理观、片面治理观而言的。局部治理观表现为视野的局限、领域的局限、空间的局限,往往习惯于从单一的领域、有限的空间考虑治理问题。比如只讲市场治理、地方治理、城市治理,忽视政府的综合治理。割裂的治理观表现为思维的对立、价值的对立,不善于多向度、多功能地认知治理,往往偏执于一端,表现出非此即彼的特点。比如只讲治理的价值与规范性,忽视治理的工具与实践性,只讲国家治理而忽视全球治理。或者相反,推崇治理的工具与实践性,排斥治理的价值与规范性,推崇全球治理而贬低国家治理。无论是局部治理观还是割裂治理观,都具有片面性,因而又可称之为片面治理观。今天治理面临的诸多棘手问题甚至困境,都源于这三种治理观。所以,从整体上认识治理,确立整体治理观极为重要而迫切。

整体治理观体现为认知治理的三个统一,即价值理性与工具理性的统一、规范诉求与实践诉求的统一、国内治理与国际治理(或国家治理与全球治理)的统一。治理的价值理性反映的是治理的价值取向与追求,是治理区别于统治、区别于政府管理和市场调节的本质与精髓。这一价值取向就是社会中心、全球主义,从而区别于国家中心、政府中心、国家主义。同样,治理的规范诉求也青睐价值、伦理,指向应然、理想与未来,表现出人的伦理性、超越性、文化性一面。治理是对人类公共事务的治理,治理的宗旨当然是使人们过上更好的生活。而更好的生活一般而言都建立在对现实的反思与超越之上,具有一定的理想性,这是人类文明发展的动力。与此相对应,治理的工具性和实践诉求,更多关注现实,重视达致未来和理想的条件、手段、可能,从而更注重物质基础、技术手段、制度安排、政策导向,以保障治理进程的可操作性、可控制性、可持续性。由此可见,治理的工具理性与实践诉求不仅是合理的,而且是非常必要的。显然,在认知治理时,只有同时关注治理的价值理性与工具理性、规范诉求与实践诉求的统一与平衡,才能避免片面、极端、非理性,全面驾驭治理。至于国家治理与全球治理(国内治理与国际治理),主要是基于空间划分而形成的两种治理。由于人们至今仍生活于威斯特伐利亚体制之下,国家依旧是最基本、最主要的单元,个体和政治共同体的生存、交往与发展都在领土国家之内,所以,国家治理更容易得到人们的理解与认同。而全球治理则立足于全球的视角,关注的是整个人类面临的公共事务,特别是关涉人类命运与发展的全球性问题。空间的不同导致视野、价值关怀以及治理路径与政策的差异,这本身可以理解,但如果刻意坚持这种差异,忽视对国家治理与全球治理内在关联性的研究,拒绝对两者日益打破界限,融为一体的审视与承认,那就势必导致治理的困境。

中国在认知和推进全球治理方面,存在着明显的片面的割裂性的,甚至对抗性的治理观。其表现恰如上述,一是价值理性、规范诉求与工具理性、实践诉求的论争、相互排斥与对抗;二是国家治理与全球治理的割裂。

首先来看价值规范导向与功能实践导向之争。前者强调价值、规范的重要性,认为全球治理的真谛在于倡导社会中心,全球主义,以克服传统治理中的政府强势作用和意识形态化的国家中心主义。如果全球治理缺少来自社会的支持和广大民众的积极参与,不能克服根深蒂固的国家主义,那么它将无法顺利推进。新世纪以来,国家主义强势回归,更需要坚守全球主义的价值,强调人类共同命运与利益。后者关注的是全球治理实践存在的不协调、不公正、不平等,比如如何克服全球化的非人性一面,防止全球层面的两极分化,如何变革和完善现有的国际秩序,使广大发展中国家、全球公民社会更有保障、更有影响地参与全球治理,如何健全国际机制提高治理的效率,等等。这些问题正是全球治理进程中非常重要的实践问题,如果这些问题得不到切实解决,那么全球主义的价值追求就毫无意义。从现实主义的角度上看,国际事务从根本上讲还是国家之间的事务,所以要立足于国家而不是人类考虑全球化与全球治理中的问题。显然,孤立地看,两者的观点都有道理,是合理甚至是正确的,但共同的弊端就是缺少对不同意见的倾听、平衡与吸纳,不善于换位思考。结果,双方的论争往往不在同一个层面、同一个平台,变成无谓的争论。即便价值与理念上确实不同,也应有包容的心态与品性。实际上只有兼顾价值理性、规范诉求与工具理性、实践诉求,才是比较全面的治理观,才能防止、克服两种意见的极端化、对立化,从而在价值理性的观照下,在规范诉求的鼓舞下,扎扎实实地从治理实践的条件、过程、对策上制定切实可行的方案,着力解决全球治理进程中人们最关心的现实问题,不断推进全球治理的深入。

  其次来看看国家治理与全球治理的关系。自近代以来,由于民族国家体制的确立,国内与国际的划分就成为一种主导性的理念与思维方式。人们更习惯于从国内视角考虑各种问题,而对国际事务保持冷漠、怀疑甚至抵触。这种状况在相互依存的全球化时代肯定遇到挑战,尽管人们不得不改变、适应新的形势,但进程依旧缓慢。反映在国家治理与全球治理之关系上就是两者的诸多自觉或不自觉的割裂。比如,受这种割裂观念的影响,就难以认识到全球治理可以深化国家治理,体现为在治理对象上全球治理会内化为国家治理,在治理机制上全球治理会规范国家治理,在治理的价值与理念上全球治理会引领国家治理,在治理的利益导向上,全球利益与国家利益交织并存。反之,割裂性的治理观念也无法认识国家治理可以推进全球治理,体现为一国国家治理体系与治理能力的现代化水平与程度是决定该国积极参与全球治理水平与程度的最重要因素。国家治理体系的价值观念体系、权威决策体系、行政执行体系、经济发展体系以及社会建设体系从各个层面制约着全球治理。其中,价值观念体系的现代化决定对全球治理的认同度和参与热情;权威决策体系和行政执行体系的现代化制约在全球治理中的政治作用与国际影响力;经济发展体系的现代化影响参与全球经济治理的力度;社会建设体系的现代化助推社会力量走上国际舞台,参与全球治理。

  由于对国家治理与全球治理内在联系的认识缺位,所以推进两种治理的制度与政策也就忽视相关性,不能连成一体统筹考虑。而表现在研究领域,就是国家治理与全球治理的研究团队与领域泾渭分明,互不往来。从事政治学理论、公共管理与公共政策研究的聚焦于国家治理,而从事国际问题研究的则只关心从中国对外战略与政策上研究全球治理。这一切都呼唤整体治理观,只有自觉地确立起整体治理观,在当代中国的全球治理与国家治理两个大局中,我们才能统筹协调,更好地实现积极参与全球治理和推进国家治理现代化的目标。

五、倡导人类命运共同体是中国推进全球治理的特殊责任与贡献

中国不仅要积极参与全球治理,而且要争取对全球治理做出特殊贡献,以新的理念去引领全球治理。这个新的理念就是人类命运共同体的理念,这个特殊的贡献就是倡导人类共同体理念并着力去践行。

共同体有狭义与广义之分,狭义的共同体,就是社会学家通常理解的"社群""社区",而广义的共同体,是指社会中存在的,基于主观上或客观上的共同特征(这些特征包括种族、观念、地位、遭遇、任务、身份等)而组成的各种层次的团体、组织,既包括小规模的社区自发组织,也可指更高层次上的政治组织,如民族与国家。① 齐格蒙特·鲍曼立足于全球化,立足于流动的现代性来重新审视共同体,而更早时期的德国古典社会学家斐迪南·滕尼斯则在《共同体与社会》一书中探讨了共同体与社会的异同,他认为共同体可分为血缘共同体,地缘共同体、精神共同体。② 尽管两人生活的时代不同,但都赋予了共同体似乎比现代社会、民族国家更令人青睐与向往的色彩。当然,相比较而言,鲍曼的观点更具反思性,也与当代人更为贴近。显而易见,通识性的、大众化的共同体概念更多地是指人们在共同生活中自然形成的相对稳定的社会组织形式,而在人类历史上普遍存在的社会共同体有家庭、氏族、部族、民族、国家、阶级、政党,以及各种社团与组织。可见它强调两点,一是实体性,二是局限于国家范围之内。换言之,在很长时期内,非实体性的精神共同体(思想共同体、价值共同体),特别是超越领土界限的共同体很少进入人们的视野,也不被大多数人所理解与接受。此外,自威斯特伐利亚体系确立以来,国家的强势不仅体现为政治与制度实践而且主导了话语与思维,所以,尽管

---

① 参见〔英〕齐格蒙特·鲍曼:《共同体》,江苏人民出版社2007年版。
② 参见〔德〕斐迪南·滕尼斯:《共同体与社会》,商务印书馆1999年版。

国家是传统意义上最高层次的共同体,但显然已取得了特殊而独立的身份,人们只理解国家而很难理解共同体了。正是这种状况,使得回归和重建共同体的理念有了特殊的含义和重要的意义。它意味着人们对共同体内含的成员间的共同理解、共同命运、共同身份、权利与责任的向往与挖掘,意味着对民族国家这一主导人类的政治组织形式(或最高层次共同体)的反思,意味着要超越国家共同体,走向世界共同体、人类共同体的新的努力。

当代中国大力倡导人类命运共同体理念正应在这个大背景下去理解。客观地讲,关于人类命运共同体理念本身,并不是当代中国的独创和首创。远不说中外思想史上早已就有世界国家、世界公民、世界政府、世界宪法、天下观等学说,仅自20世纪中后期以来,人类命运共同体的思想就不断被阐述。罗马俱乐部主席奥尔利欧·佩奇在1981年就认为,如果世界日益连成一个整体,那么它的命运也将是共同的,即人类大家庭的共同命运,全人类的共同命运。所以需要指出"整个人类同命运"的概念①,1995年联合国社会发展世界高峰会议之后,为了落实会议的目标,成立了"哥本哈根社会进步论坛",并在1996—1999年间举行了四次论坛。正是在这个论坛中,建构世界共同体成为主题,其探讨的成果编辑成书。该书指出:"创造一个可行的世界共同体必然是一种创新形式的全球民主,一种服务于平等需要和平等志向的经济、一种富于同情的政治文化、追求普遍利益的社会力量,以及承担保护共同善之责任的制度"②,"一个未来的世界共同体应该能够充分发挥世界治理的作用,同时又能尊重其成员国的自律。"③美国学者入江昭也认为,全球共同体"意味着一个基于全球意识的跨国网络的建立,这一全球意识指的是选择一种理念,即存在一个超越不同国家和民族社会的更为广阔的世界,任何个人和团

---

① 参见〔意〕奥尔利欧·佩奇:《世界的未来——关于未来问题一百页》,中国对外翻译公司1985年版,第10页。
② 哈佛燕京社主编,〔美〕雅克·布道编著:《建构世界共同体:全球化与共同善》,江苏教育出版社2006年版,第2页。
③ 同上书,第46页。

体在那个更广阔的世界中都共享一定的利益和关切"①。

中国倡导人类命运共同体理念的独特意义与贡献在于,首先,这是一个正在崛起的新兴大国对世人的郑重宣示,更有号召力、影响力。如上所述,人类命运共同体的诉求与理念本身在国际社会早已存在,但由一个为世人瞩目的新兴大国大力倡导,并且作为一国对外战略的指导理念与原则提出,这恐怕是前所未有的。自 2011 年《中国的和平发展》白皮书提出,要"以命运共同体的新视角,以同舟共济、合作共赢的新理念"发展对外关系起,中国的政府与执政党已在最高级别的党的文献和政府工作报告中,反复强调人类命运共同体理念。特别是十八大以来,明确将人类命运共同体作为中国对外战略的纲领,积极参与全球治理的指导理念,在全世界刮起了人类命运共同体的旋风。大国的地位,大国的声音,大国的战略导向,的确为整个人类审视和认知人类命运共同体注入了新的可观的动力。其次,这是对国家主义强势回归的一种理应回应,有助于国际社会扼制民粹主义、民族主义、国家主义。国家主义、地缘政治的强势回归,是当下国际社会的一大特征,也是 21 世纪以来,国际关系的最新表现。俄乌冲突、南海争端、英国脱欧、朝鲜半岛的僵局,世界难民潮的冲击、非常态的美国大选,凡此种种,都充满了民粹主义、民族主义、国家主义的喧嚣,严重阻碍了人类的和平与发展。在这一历史景观下,当代中国旗帜鲜明地倡导人类命运共同体理念,强调合作共赢,同舟共济,这无疑是最理性的呼唤,最有历史眼光的战略选择,有助于扼制民粹主义与民族主义,弱化国家主义回潮的负面影响。再次,这是国际关系理念与规则的一次重大变革,有助于冲破现实主义的束缚,恢复和增强国际关系的世界主义色彩,为人类全球性地交往、合作、平等和谐的共生共荣带来希望。至今为止,现实主义依旧是认识和处理国际事务的主导性理念与思维,而现实主义的学说与理念不过是国家主义的学说与理念在国际领域的表现,两者是孪生兄弟。全球化和全球问题日益频繁和尖锐地挑战以领土、主权为依托的传统政治制度与思维,要求以全球主义、世界主义的视野和思维审视人类

---

① 〔美〕入江昭:《全球共同体》,社会科学文献出版社 2009 年版,第 10 页。

文明的新进程、新问题。人类命运共同体的理念就代表了这一趋势与走向。因此,中国倡导人类命运共同体理念,意味着助推一场理念的、价值的、思维的革命,即从现实主义转向世界主义,从国家中心转向人类中心,从而寻求一种新的平衡,即全球主义观照下的国家主义。这场理念与制度的重大变革无疑会遇到巨大阻力,但舍此无法改变国际关系在现实主义怪圈与冲突中循环的顽症。中国高扬人类命运共同体的旗帜,为在曲折中推进国际关系理念的世界主义转型,带来了新的希望。

总之,上述五点思考,都是结合中国参与全球治理进程中的新问题所做出的新分析、新回应。这既包括战略与实践层面的,也包括理念与价值层面的。特别是对后者,相对来讲人们关注和感兴趣的更少。无论是中国还是国际社会,当下的人们更习惯于现实主义的理念与思维,而忽视理想主义、世界主义的理念与思维。这并不是人类的福音。希望有更多的人重视并致力于倡导和践行全球治理的新理念与新价值。

(本文发表于《学术界》2016年第9期。《新华文摘》2016年第24期转载。)

中国如何参与全球治理

伴随着全球化的深入发展和人类相互依存的日益加强,全球治理的重要性愈来愈为人们所认同,它既是当代国际关系的主题,也成为一个国家对外战略的重要向度与内容。中共十八大第一次把"加强同世界各国交流合作,推动全球治理机制变革""坚持权利和义务相平衡,积极参与全球经济治理"①作为我国对外战略的重要指导原则与任务提出,从而表明了对全球治理的高度重视。本文立足中国视角,探讨全球治理面临的新环境与新问题,分析中国参与全球治理的特点,并着重阐述在当今形势下,中国参与全球治理的新视角与新定位。

一、全球治理面临的新环境与新问题

自1992年全球治理委员会正式成立以来,全球治

---

① 胡锦涛:《坚定不移沿着中国特色社会主义道路前进为全面建成小康社会而奋斗——在中国共产党第十八次全国代表大会上的报告》,载《中国共产党第十八次全国代表大会文件汇编》,人民出版社2012年版,第4、44页。

理的理论和实践已走过了二十年的历程。二十年来,国际社会在全球安全治理、全球经济治理、全球发展治理、全球环境治理、全球社会治理等领域做出了巨大努力,取得了可喜的成绩。但这些成绩与人们的预期仍有较大距离,而且日益严峻的全球问题又亟待全球治理作出更有力的回应,这一切导致人们对全球治理进行反思。从21世纪第一个十年的情况来看,全球治理出现了以下三个值得关注的变化。

1. 国际体系的转型

这里讲的国际体系的转型主要指力量对比和权力结构的变化。国际体系的转型已讲多年,最早是用来分析冷战结束后两极格局的解体,国际体系从两极争霸开始走向多极化,其间先是美国一超地位的突显和中、日、欧、俄诸强的成型,接着是美国超强地位的相对削弱,公认诸强的相对走强。2008年国际金融危机以后,新兴经济体特别是金砖国家群体性崛起,国际体系转型才有了新的质的变化。可以说,自冷战结束以来,2008年国际金融危机之前的国际体系的转型尽管意义也非常重大,但并不具有根本性,因为西方的绝对主导地位并未受到挑战,相反,美国的一超地位还得到某种程度的确认与强化。但2008年国际金融危机以后,西方主导的国际体系与国际秩序发生了结构性变动,美国的超强霸主地位受到挑战。这是真正意义上的国际体系的转型,标志着一个多极化时代的开始。做出这种论断的依据是经济实力的消长。根据国际货币基金组织的数据,发达国家的经济总量占世界经济总量的比重以汇率计算,已从1992年的83.6%下降至2012年的61.9%,非西方世界在同期则从16.4%提升到38.1%。如果按购买力平价计算,同期,发达国家的经济总量占世界经济总量的比重从64%下降至49.8%,非西方国家则从35.9%上升至49.9%,历史性地在经济总量上超过了西方世界。这充分表明,从经济实力上讲,新兴经济体特别是金砖国家已群体性崛起。所以,无论在应对金融危机,还是促进经济复苏,推动可持续发展,非西方世界都已举足轻重。而伴随着经济实力的提升,自然就会出现新兴经济体在国际事务中要求提升话语权和决策权的明确意愿。国际货币基金组织和世界银行中新兴经济体投票权的增加,金砖国家更加机制化的整合,都反映了这一新的走向的实施和受到当下国际社会的重视与承认。正是在这个意义上,我们说国际体系发生了历史性的权力结构的转型,尽管还是初步的,但意义非凡。对全球治理而言,如何认识这一转型带来的深刻变化,如何认识新兴经济体在全球治理中的新定位与新作用,就成为当前关注的焦点之一。

2. 国家在全球治理的主体中作用突出

从理论上讲,全球治理强调两点,一是审视当代国际事务时必须要有全球视野、全球观念,即人类整体、地球整体的视野与观念;二是参与治理的主体必须多元化,从传统的国家行为体扩展到非国家行为体。换言之,全球治理就是要突破传统的现实主义、领土政治、国际治理的框架,在相互依存的整体世界中认识和处理国际事务。在实践上,克林顿、布莱尔、施罗德等著名政治家与政府首脑积极回应全球化与全球治理,践行"第三条道路",从而使得20世纪90年代成为全球治理最有代表性的时期。

新世纪以来,从2001年的"9·11"事件到2008年的国际金融危机,人们明显感到,应对这类危机国家仍是毋庸置疑的主导性力量,非国家行为体无论在能力还是影响上都难以和国家相提并论。这一现实,导致了国家在全球治理多元主体中地位与作用的再次凸显,从而冲击了20世纪90年代的全球治理理论。全球治理理论是针对国家治理和国际治理的片面性提出的,其理论基点是全球主义,以及对NGO参与全球治理的强调。因此,90年代的全球治理无论在理论还是实践上都更重视非国家行为体的作用,而相对忽视国家的作用,甚至走向另一个极端——排斥或否认国家的作用。事实上这一偏差在本世纪初就开始受到反思,其相应的理论表现就是"元治理"。"元治理"特指一种伴随着治理趋势的"反向过程",即从社会中心退回到某种程度上的国家中心,强调国家在治理中不可或缺的作用,它必须平衡地方、国家、地区、全球层次的治理,并相应地协调它们的行动。当然,"元治理"中的国家不同于作为统治者的国家,它不再是最高权威,而需要通过协调其他主体来"延伸"自己的权力,它必须自觉废黜自身在社会中的最高地位,在反思中向公民社会和市场放权,与其建立起一种合作伙伴关系。①

毫无疑义,"元治理"所主张的国家扮演重要角色的多元行为体共治的观点是正确的,对于科学而客观地认识国家在治理和全球治理中的作用,找准自身的定位,协调好与其他行为体的关系,共同管理好人类公共事务有重要意义。然而审视当下的全球治理,我们不能不担忧地指出,全球治理在理论上纠正20世纪90年代夸大非国家行为体作用的片面性的同时,在实践上又出现夸大国家作用的倾向,从而为国家主义理念与价值的回归创造了条件。

3. 国家主义的回归

如果上述关于国际体系权力结构的转型和治理主体作用的变化,从一般的现象层面就可以感知,那么,隐藏于这两个现象与事实背后的则是国家主义理念、价值的强势回归。表现如下:

其一,在国际体系与国际秩序转型方面,人们更关心的是新兴经济体特别是金砖国家集团与传统的西方发达国家集团的较量,更津津乐道于新兴大国,特别是中国与守成大国美国的较量。而思考和分析这种较量的基点是国家主义,是至今仍主导着国际体系研究的现实主义理论与思维框架,即何者为国际体系的中心,谁主导当今国际事务。如美国普林斯顿大学教授约翰·伊肯伯里2011年发表专著《美国世界秩序的缘起、危机与转型》,认为全球治理体系已进入一个转折点,全球治理旧体制出了故障,两大挑战值得关注。一个是新兴国家对影响力的追求,即力量对比凸显全球治理中领导权的变化;另一个是全球相互依存的加深,发散性威胁涉及每一个国家。他所关注的是如何针对上述两大挑战改造和完善现有的国际体系与国际秩序的制度建设,特别是美国如何应对权力结构的调整和美国治下的国际秩序的转型。中国学者撰写的《全球治理机制面临的挑战及中国的对策》一文则代表和反映了相当一部分国内学者的观点,其理

---

① "元治理"的代表性人物有鲍勃·杰索普和格里·斯托克等学者,参见王诗宗:《治理理论及其中国适用性》,浙江大学出版社2009年版,第56—61页。

论立场与价值取向也非常鲜明,即中国在当下的国际体系转型中,如何把握机遇,强健自身,推进国际权力结构向中国的倾斜。①

其二,在应对 2008 年国际金融危机的过程中,尽管初期国际社会以 G20 为平台,体现了全球主义的视野,采取了比较有力的促发展,加强金融管理与监控的举措,如美国先后出台了 8000 亿美元的救市方案和 7800 亿美元的刺激经济方案,德国拿出 5000 亿欧元救市,法国拿出 3600 亿美元用于金融援助,英国向银行注资 500 亿英镑,日本推出价值 27 万亿日元(相当于 2750 亿美元)经济刺激方案,韩国推出 1300 亿美元的一揽子金融救援计划,而中国则出台 4 万亿元(约合 6300 亿美元)的经济刺激计划。与此同时,G20 连续三年分别召开了华盛顿、伦敦和匹兹堡首脑峰会,讨论并推动世界经济复苏和国际金融体系改革。但随着金融危机所加剧的经济与社会发展危机,以及政治上的动荡与压力,不少国家转向贸易保护主义,打起了贸易战,置人类整体利益于不顾,纷纷举起了维护本国利益的旗帜。

其三,在防止气候变暖问题上,自 2009 年哥本哈根会议起,气候谈判明显从全球主义倒退,回到国家主义立场,不同集团与国家的政治较量加剧,国家自身利益的考量权重加大,于是,妥协、对话的弹性日益缩小,尽快达成减排和气候治理新框架、新方案的希望不断遭受挫折,其前景不容乐观。

除上述国家主义的强势回归的三个典型外,在各国的外交战略与政策中都有不同程度的表现。美国"重返亚洲"和力推"跨太平洋伙伴关系"(TPP)的指向及其所造成的亚洲局势的紧张,中日因钓鱼岛归属而导致的全面的安全困境与对抗;俄美因斯诺登事件而加剧的互不信任,伊朗、朝鲜在核查以及地区安全中的强硬立场,印度炫耀军事力量的指向,凡此种种,都渗透着毋庸置疑的国家主义,从而与 20 世纪 90 年代全球治理刚刚提出时全球主义更受青睐的境况有了明显的区别。

---

① 参见何帆、冯维壮、徐进:《全球治理机制面临的挑战及中国的对策》,《世界经济与政治》2013 年第 4 期。

二、中国参与全球治理的特点与评估

在明确了全球治理面临的新环境与新问题后,有必要对中国参与全球治理的特点进行总结,并从理论上予以评估,这样,才可能对当下中国如何参与全球治理作出分析与展望。

1. 中国参与全球治理的特点

自冷战结束以来,中国参与全球治理表现出如下四个特点。

其一,中国参与全球治理的动力日益增强,范围明显扩大。

之所以会如此,是因为一则中国的海外利益增多,比如中国每年出境公民人数已从改革开放前年均不到1万人增加到近8000万人;国内境外旅游人数每年已突破5000万人次,海外务工人员一年也近100万人,中国石油对外依存度已超过60%,这些都从客观上要求中国通过积极参与全球治理,来有效维护自身的利益。二则是提升大国地位的需要。中国已是GDP总量居世界第二的新兴大国,关注全球公共事务,参与全球治理不仅要维护自身利益,还要维护和推进人类共同利益,这是大国的责任与义务。

其二,中国偏重全球经济治理,并在其中发挥重要作用。

中国在全球经济治理中抢眼、突出,特别是在应对2008年国际金融危机中,发挥了举世公认的作用。一方面采取得力措施积极救市,促进就业和经济发展,为全球经济发展做出了最大贡献,被称为"一枝独秀"。另一方面推动国际体系转型,加强国际经济与金融领域的制度化变革。中国在金融危机后G20集团历次会议上都发出自己的声音,强调加强协调,密切合作,共渡难关,实现共同发展;强调G20的制度化建设和建立国际金融新秩序。此外,凝聚新兴大国力量,推动金砖国家合作机制的形成和不断发展,在2013年第五次金砖峰会上,为筹建金砖国家开发银行和金砖国家外汇储备库做出重要努力。

其三,中国参与全球治理的主体显然是政府,非政府(包括NGO、公司、个人)的力量依旧薄弱。

全球治理是多元行为体的共同治理,而不是国家行为体唱独角戏。如果仅是国家之间的合作治理,那只能称之为国际治理而不是全球治理。尽管改革开放三十多年来,中国的NGO得到一定发展,甚至也有个别的NGO在国际上显露头角,但总体上讲,我国NGO的发展还远为不足,特别是具有国际视野与能力,能够参与全球治理的NGO更是稀缺。一方面是强国家、强政府,另一方面是弱社会、弱个人,这就导致中国参与全球治理的主体仍是政府主导的现实。

其四,国内层面的全球治理比重较大,跨国合作全面开花。

全球治理的理论产生于西方,它更多反映了发达国家对全球化时代国内国际事务的见解,从而也决定了西方全球治理的特殊视角,即强调全球层面和跨国层面的机制、关系与活动,特别是全球公民社会所参与或试图介入的机制与活动,涉及全球公民社会、超国家组织和政府间国际组织之间的互动。中国则囿于自身的国情与传统,更习惯于把全球治理从全球层面内化到国家层面,从而形成独特的国内层面的全球治理。这种国内层面的全球治理是指国家、政府间国际组织和全球公民社会三大主体在一国之内开展对话、协商与合作,治理威胁人类的各种全球问题。它与经典的全球治理的主要区别在于聚焦于一国之内而不是全球层面,三大主体协调治理某一国内的全球问题,现象是国内的,而意义却是全球的。① 改革开放以来,外国政府、政府间国际组织和非政府间国际组织,已在中国各省针对扶贫、防治艾滋病、禁毒、环境保护等领域开展了多层次的跨国合作项目。如中英两国政府开展的"中英性病、艾滋病防治合作项目";贵州省环保局、草海自然保护区管理处、国际鹤类基金会、国际渐进组织等开展的"草海跨国合作项目",全球环境基金、联合国开发计划署、云南省开展的"云南省多部门与地方参与山地生态系统生物多样性保护示范项目"等。这些跨国合作项目有效治理了体现于中国的全球问题,既解决着中国的现实问题,也是对全球治理的贡献。

2. 中国参与全球治理的评估

鉴于对中国参与全球治理的特点分析,不难作出这样的评估:

其一,中国正在成为全球治理的有生力量,特别是在全球经济治

---

① 参见蔡拓:《全球治理的中国视角与实践》,《中国社会科学》2004年第1期。

理中作用突出。

其二,中国参与全球治理的自觉性、积极性都有明显提高,但至今仍是全球治理中的"配角",表现出被动性、滞后性。

就中国自身参与全球治理的进程而言,我们的确在与时俱进,表现出对全球治理的认同与积极实践。但从全球范围看,我们依旧不是全球治理中的"主角",仅仅在全球经济治理中作用突出,地位显赫,但在政治、社会、文化、环境等其他众多领域,我们更多的还是一个配角,无论在认知与理念,还是对策与行动方面都表现得被动、滞后,难以同新兴大国的身份相匹配。

其三,中国参与全球治理更多受制于国家利益的考量,其主导性理念仍是现实主义、国家主义,加上有保留的多边主义,远未提升到全球主义的高度。

毋庸讳言,中国对外战略与对外关系的指导理念已从改革开放前的意识形态主导转向国家利益主导,这是一个历史性进步。但在全球化与相互依存时代,仅仅是国家利益的考量已难以适应时代的要求,突破现实主义、国家主义的藩篱,在有效追求合理国家利益的同时,寻求国家利益与人类共同利益的平衡,这才是真正的与时俱进。

其四,中国参与全球治理的能力亟待提高(包括国家硬实力和软实力的提高,尤其是后者)。

积极、有效地参与全球治理有赖于硬实力与软实力。中国已是GDP总量居世界第二的国家,并且在今后10—20年内有望居于世界第一,这值得高兴。但必须清醒地看到,经济总量固然非常重要,也的确是衡量一个国家硬实力的重要指标,然而,合理的经济结构,经济发展的更高科技含量,更符合市场要求的经济发展模式与管理水平,以及经济、社会、生态的统筹、协调发展等同样是衡量一国硬实力的重要指标。正是在这些方面,我们与世界先进水平还有很大差距。至于软实力,更是当下中国的软肋。GDP挂帅所导致的人文素质的下降,唯物质主义和拜金主义的膨胀,伦理道德的滑坡,腐败之风的盛行,法治的不健全,使得我们不仅在国内而且在国际上都难以产生与新兴大国地位相称的制度、价值、道德的吸引力、说服力,所以加强软实力建设,乃是重中之重。

三、中国参与全球治理的新视角与新定位

面对全球治理的新环境与新问题,基于中国参与全球治理的理论与实践的总结,当下的中国应以何种新的理念、对策与行动参与全球治理呢?

1. 中国参与全球治理的理论支撑与视角

更加积极地参与全球治理是21世纪中国对外战略的理性选择,这一选择是基于对国际关系和人类文明发展现状与趋势的正确认识,即人类整体性和人类共同利益的日益凸显。换言之,从阶级的、意识形态的、国家的视野转向整体的、全球的视野,认同人类日益增多的共同性,是中国更加积极参与全球治理的新的理论视角与支撑点。正如新世纪以来,像在第十六届至第十八届中国共产党全国代表大会上一再强调的那样:"我们主张顺应历史潮流,维护全人类的共同利益。"① "当代中国同世界的历史关系发生了历史性变化,中国的前途命运日益同世界的前途命运联系在一起。"② "人类只有一个地球,各国共处一个世界","合作共赢,就是要倡导人类命运共同体意识,在追求共同利益时兼顾他国合理关切,在谋求本国发展中促进各国共同发展,建立更加平等均衡的新型全球发展伙伴关系,同舟共济,权责共担,增进人类共同利益"。③ 显而易见,在我国寻求和平发展的对外战略与政策宣示中,强调共同性、认同整体性已成为一个标示性理念,从而为我国参与全球治理奠定了划时代的理论基础,指明了历史的合理性与必要性。充分认识到这一点对于当代中国以何种态度、行动参与全球治理至关重要。

---

① 江泽民:《全面建设小康社会 开创中国特色社会主义事业新局面——在中国共产党第十六次全国代表大会上的报告》,《求是》2002年第22期。
② 胡锦涛:《高举中国特色社会主义伟大旗帜 为夺取全面建设小康社会新胜利而奋斗》,人民出版社2007年版,第47页。
③ 胡锦涛:《坚定不移沿着中国特色社会主义道路前进 为全面建成小康社会而奋斗》,人民出版社2012年版,第43页。

2. 中国参与全球治理的理念与价值定位

在明确并自觉认同人类整体性和利益共同性的理论基点上,需要确立两个理念与价值,指导中国参与全球治理。

其一,坚持全球主义观照下的国家主义,抵制当下国家主义的诱惑。

当代人类社会生活的全球相互依存,已经开始把全球现象、全球问题、全球关系、全球价值等新元素融入世界历史,人类已不可能再局限于领土国家之内应对生存挑战,推动社会进步,实现可持续发展。认清并逐步认同这一大走势,是坚持全球主义和全球治理的历史前提。

"全球主义是一种区别于国家主义的世界整体论和人类中心论的文化意识、社会主张、行为规范。"①坚持全球主义观照下的国家主义,首先就是要明确全球治理的精髓是强调价值与理念的全球性,从而坚持全球主义的理念与价值;其次,全球治理的全球主义导向势必要求制度与机制设计的超国家导向,也就是说要突破现有国际机制仅仅立足于国家的陈规与习惯,着眼于全球性事务与关系的制度设计,以克服当下全球治理中制度的不适应现状。与此同时必须明确,全球治理坚持全球主义的价值导向,并不否认和回避国家的现实作用。全球治理反对回归于传统的国家中心、国家主导,主张多元行为体的平等对话与合作。但也深知,最有能力和实力推进全球治理的的确是国家。因此,要充分发挥国家在全球治理中的特殊重要作用。正是国家的现实重要性,以及国家乃至国家间关系与事务在全球治理中的主导性比重,使得我们有理由说,全球治理离不开国家主义。对于不同国家,由于发展阶段、历史传统的差异,更需要在确立人类共存共赢的全球主义的同时,通过对话与协商,采取有区别的、可行的政策推行全球治理。

由此可见,全球主义观照下的国家主义是实施全球治理的理性选择。这一理念要求我们在理论上站在全球主义的制高点,认清全球治理与国际治理的区别;但在实践上,在推进全球治理的过程中要

---

① 蔡拓:《全球主义与国家主义》,《中国社会科学》2000 年第 3 期。

立足国家主义的现实,努力寻求全球主义与国家主义的平衡。

其二,倡导有效、合理的国家利益观,反思国家利益最大化的理念。

国家利益最大化是至今为止各国在处理国际事务时所信奉与遵循的原则与理念。其依据首先来自于经济人理性的假设,即认为国家像经济人一样,追求自身利益的最大化,这是本性,不可改变;其次来自于现实主义的权力与利益观,即认为国际政治的本质是追逐权力及由权力规定的利益,这决定了国家在国际政治中的行为必然是追逐权力与利益,这也是无法超越的本性与现实。显然,国家利益最大化是典型的国家主义思维与理念。国家主义坚持国家中心、国家本位、认为国家主权的至上性、国家利益的神圣性、国家行为的正当性都是毋庸置疑的。这种政治学说与理念,对内将国家凌驾于个人的权利、利益和要求之上,对外则习惯于以对抗性思维处理国际事务,片面追求本国利益的最大化。当今世界,日益紧密的相互依存,使得国家主义的思维与理念受到质疑与挑战,片面追求一国利益最大化几乎成为不可能。世界上的很多问题需要通过协商、对话,甚至妥协、让步才能解决,共存共赢已成为时代的新理念与新选择。在这种文明转型与世界转型的背景下,对国家利益最大化的理念应该进行反思。需要倡导的是有效、合理的国家利益观,在有效维护本国合理利益的同时,寻求人类共同利益。这正是当代中国在参与全球治理时应倡导和引领的理念。

3. 中国参与全球治理的身份定位

不言而喻,与发达国家相比,我国在经济结构、产品科技含量、人均收入、国民教育、管理水平、公民社会成熟程度、法治状况等诸多方面只能称作发展中国家。这是标示中国所处历史发展阶段的长期定位,这一定位对于我们保持清醒的头脑,坚定不移地深化国内改革,推进经济社会可持续发展有重大意义。但从国际关系的角度看,我国又是一个正在崛起的新兴大国,特别是经济总量上的快速增长,对世界产生了巨大的冲击力。当今世界的经济事务与经济发展离不开中国,政治社会事务也日益要求中国发出更多的声音。因此,中国身份的定位必然是两种身份的兼顾与并存,不可能也不应该片面强调任何一种,尤其是不能用发展中国家的定位来替代或忽视新兴大国的定位。从今天的国际关系现实来看,承认并更好地诠释我国作为新兴大国的权利与责任,避免在参与全球治理时实用主义地选择发展中国家与新兴大国的定位,具有特别重要的意义。

4. 中国参与全球治理的着力点定位

有了明确的参与全球治理的理论支撑、理念选择与身份定位后,具体的参与对策与行动就是要找好、找准着力点。如前所述,中国参与全球治理偏重于全球经济治理,偏重于国内层面的全球治理,而全面参与全球治理,特别是更积极地参与全球层面的全球治理则显得不足。如何改变这一境况,加大提供全球公共物品的力度无疑是一种好的选择,好的路径,好的着力点。理由在于,全球治理的落实与推进,在很大程度上需要更多全球公共物品的提供、有效管理及合理使用,因为,当前全球公共物品的供给严重不足,管理与使用也存在诸多问题。同时,中国作为经济总量居世界第二的新兴大国,也承载着国际社会的更多期待,突出表现为国家社会上"中国责任论"的呼声。所以,无论从改变全球治理失灵,推进全球治理深入,还是回应国际社会对中国的期待,化解某些疑惑与不满角度而言,提供更多全球公共物品,更积极参与全球公共物品的管理与使用,使其更公正、合理、有效,都是中国推进全球治理的最佳选择和着力点。

我们应当承认,在物质层面,我们提供的全球公共物品方面虽然增速较快,但总量小、担负率偏低,似与 GDP 的高速增长不够匹配;在制度和理念层面上,我们提供全球公共物品的意识不够自觉,能力更为欠缺。因此,从全球公共物品着手,展现中国更积极参与全球治理的立场、意愿与实际行动,就意味着我们要增强自信和责任意识,从物质、制度、理念三个方面提供更多公共物品,并在这一进程中不仅扩大中国的影响,塑造崛起中国的文明形象,而且能够引领整个国际社会理念的变革,让全人类在共存共赢、共同繁荣的转型中受益。

(本文发表于《国际观察》2014 年第 1 期。)

全球治理的反思与展望

全球治理的理论与实践已有二十余年的历史,尽管时间不长,但意义深远。全球治理不仅仍是当代国际关系的主题,而且将长期影响人类的命运。因此,反思全球治理进程中的问题,总结其经验,并在此基础上探究深化和改善全球治理的理念与途径,展望其未来,就是十分必要的。

一、全球治理的反思

1. 坚持全球主义的基点

全球治理兴起于20世纪90年代初,并且深刻影响了20世纪最后十年的国际关系与国际事务,成为全球治理历史上的难忘时期,甚至可称之为第一个高峰,既有理论上的系统、深入阐述,又有广泛和有力的实践活动。但是新世纪以来,伴随"9·11"事件和国际金融危机的爆发,全球治理的表现远不尽如人意,大大低于人们的期盼,于是质疑、批评,甚至反对之声四起。

与此同时,国家在全球治理主体中的作用被片面突出,国际治理再度受到青睐,更令人深思的是国家主义理念、价值强势回归。

鉴于此,对全球治理的反思必须首先明确其价值基点。确切些说,全球治理到底立足于国家主义、国际主义还是全球主义,这个尖锐的问题必须理清,不能含糊,也不能回避。全球治理是时代的产物,是对人类社会面临的新问题、新走向的积极回应。当代人类社会生活的全球相互依存,已经开始把全球现象、全球问题、全球价值等新元素融入世界历史,人类已不可能再局限于领土国家之内应对生存挑战,推动社会进步,实现可持续发展。因此,传统的国家主义、国际主义不可能作为全球治理的价值基点。国家主义和国际主义对国家的崇拜、对中心的崇拜、对权力的崇拜根本无法适应全球化时代所面临的复杂、多元、多层次并相互交织的人类公共事务,而且植根于国家主义价值的各种制度、规范与组织,在全球性的公共事务面前也大都丧失了效用和行动力。毫无疑义,只有全球主义才是全球治理的价值基点。这里,"全球主义是一种区别于国家主义的世界整体论和人类中心论的文化意识、社会主张、行为方式"。① 全球主义视野下的全球治理在理论上强调两点:一是审视当代国际事务必须要有全球视野、全球观念;二是参与治理的主体,必须从传统国家行为体扩展到非国家行为体,即包括政府间国际组织、非政府间国际组织、跨国公司、跨国倡议网络等多元行为体。换言之,要突破传统的现实主义、领土政治、国际治理,在相互依存的整体性世界中认识和处理国际事务。显然,全球治理的理论精髓正是全球主义在全球治理中的体现,反映了全球主义的价值追求和理念。这种全球主义的价值与理念是与国家主义的本质区别。如果全球治理丧失了或放弃了全球主义的价值基点,那就不能称之为全球治理。如果因为全球治理出现了低效甚至失灵的困境,就简单地认为全球治理过于理想,言之过早,试图将其束之高阁回归于国家治理、国际治理的旧途,那是毫无出路的。因为人类生活的现实已开始超越主权国家和领土政治,超越威斯特伐利亚体系。治理全球化和全球问题,靠传统的国家主

---

① 蔡拓:《全球主义与国家主义》,《中国社会科学》2000年第3期。

义的制度、规范与价值是无济于事的。

当然,明确和强调全球治理的全球主义的价值基点,并非意味着忽视甚至否认国家在全球治理中的现实作用。事实上只有全球主义与国家主义的紧密和有效的结合,才是推动和改善全球治理的唯一选择。这正是我们下面要作出的第二点反思。

2. 充分认识国家的主导作用

坚持全球主义的基点固然是全球治理的前提和质的规定性,但必须同时真正承认并落实国家在全球治理中的不可替代的主导作用。这是因为,首先,国家是当代国际关系与国际事务的最基本、最主要的行为体,全球治理所涉及的各种议题、事务,都首先与国家息息相关。其次,国家拥有更多、更强的实施全球治理的能力和合法性。当今的全球治理之所以低效,除了国家主义作祟外,主要是因为缺乏协调和处理全球事务与关系的权威。尽管政府间国际组织、非政府间国际组织乃至跨国公司都积极介入全球事务,但它们推行其决定的能力远为不足,能被人们广泛接受的合法性也明显欠缺,所以在很大程度上尚难以独立有效地应对全球性问题,而主权国家恰恰在行动能力和合法性上拥有一定优势,成为落实和推进全球治理的最有效力量。正因为国家的上述特点和优势,在现实的全球治理中,人们深切感受到了国家在全球治理中的主导作用,如"9·11"事件和2008年的国际金融危机,国家在应对这类危机中所显示的主导作用毋庸置疑,非国家行为体在议程、能力和影响上都难以和国家相比拟。因此,要充分发挥国家在全球治理中的特殊重要作用。正是国家的现实作用,以及国家乃至国家间关系与事务在全球治理中的主导性比重,使得我们有理由说,在一定意义上全球治理又离不开国家主义。

这里要注意的是,在认识国家在全球治理中的地位与作用方面容易出现两种片面性。一种片面性是排斥或否认国家在全球治理中的作用,至少是对国家参与全球治理的重要性认识不足。这种倾向曾出现于20世纪90年代。由于全球治理是针对国家和国际治理的失灵或失效提出的,其理论基点是全球主义,是对NGO参与全球治理的强调,所以容易导致走向否定国家作用的另一个极端,而事实上这一理论偏差也确实存在于20世纪90年代。另一种片面性是夸大国家在全球治理中的主导作用,迷恋甚至迷信国家,回归于传统的国家主义。这种倾向正是当下全球治理中的隐患。国家在新世纪头十年应对全球性危机中的突出作用,在某种程度上导致国家的强势回归,这种倾向是极为危险的,应引起我们高度警惕。在正确认识国家在全球治理中的定位时,有两种理论观点值得重视。一种是"元治理"理论;另一种是全球主义观照下的国家主义理论①。"元治理"理论强调国家或地方上的政治权威介入自治组织、网络组织和治理团体的组织过程。政治权威提供了治理所需要的基本规则,确保不同治理机制和规则的兼容性或连贯性,充当政策共同体中对话的主要组织者;展开一种有组织的对情报和信息的相对垄断,从而塑造人们的认知预期;在治理团体内部和外部有冲突和争议时充当"上诉法庭";政治权威也准备在治理失败时履行自己的政治责任等。虽然"元治理"理论主要是针对国内公共事务治理而言的,但其两个主要指向即对治理理论中社会中心的校正,强调作为元理论者的国家不再是最高权威,需要通过协调其他主体来"延伸"自己的权力,需要向公民社会和市场放权,无疑是有启发性的,完全适用于全球治理。全球主义观照下的国家主义对全球治理的意义是,主张在理论和价值起点上鲜明地高举全球主义的旗帜,强调人类的共同利益和共同价值追求,共存共赢,而在治理过程和实践中要充分认识国家的特殊重要作用,尊重不同制度、不同发展阶段和历史传统的国家在全球治理中所采取的有区别的政策,尊重国家合理与有节制的利益诉求,努力寻求全球主义与国家主义的平衡,起点论和过程论的协调。

3. 克服参与和责任赤字

全球治理的主要特点之一就是行为体的多元性与广泛性。具体而言,就是来自政府、社会、市场三大领域的诸多行为体的积极参与、携手共治。毋庸讳言,自20世纪90年代全球治理兴起以来,全球治

---

① 参见蔡拓:《全球主义与国家主义》,《中国社会科学》2000年第3期。

理的行为体的确更加多元,数量也日益增多,尤其表现为非国家行为体力量与作用的加大。但是,为什么我们今天反思全球治理还要特别强调参与的赤字呢?这是因为全球治理的参与现实与全球治理的内在参与要求还相差甚远。首先,从国家层面来讲,不少国家,主要是广大发展中国家还很难有效参与全球治理,它们的声音、意愿得不到充分的反映与重视。究其原因,或是现有全球治理结构的失衡与不公正阻碍了参与全球治理的渠道;或是囿于为国家自身的贫困、内战所拖累,没有能力介入人类公共事务。因此全球治理在很大程度上还是"半球治理"。① 其次,从社会层面上看,与国家、政府相比,全球公民社会、非政府间国际组织对全球公共事务的影响由于受到能力、合法性的制约仍然有限。同时,由于发达国家与发展中国家 NGO 的发展水平很不平衡,所以,在全球治理的发言权上自然也就不对等,有影响的国际 NGO 往往左右甚至取代存在于各国各地区的一般性 NGO 的意愿,表现出精英治理色彩,从而在客观上制约了参与的广泛性。再次,由于未能摆脱国家主义的束缚,不能认清全球化的大趋势,认同相互依存的新指向,无论是国家行为体还是非国家行为体中都存在怀疑、抵制全球治理的言行,有的甚至认为全球治理是西方资本主义国家垄断国际事务的工具,这种状况无疑把自己置身于全球治理行列之外。由此可见,全球治理的参与,无论就其范围、数量还是能力而言,都远未达到全球共治的程度,尤其是从全球民主、大众参与角度上讲,更是欠缺。所以,克服全球治理的参与赤字仍是一个急迫而重要的议题。欲达此目的,需要在三个方面着力:一是提高广大发展中国家和非政府组织的治理能力;二是推进治理机制的改革,拓展和完善参与全球治理的渠道,从制度上保障参与的公平性、广泛性;三是克服国家主义的诱惑与束缚,强化人类共同体意识,确立全球主义的理念与价值。

全球治理是人类的共同事务,关涉到人类的整体利益,所以,它不仅要求广泛的参与,还同时要求广泛的责任,因此是参与和责任的

---

① 参见吴志成、何睿:《国家有限治理与全球有效治理》,《世界经济与政治》2013 年第 12 期。

共存与统一,也是权利与义务的共存与统一。当今的全球治理不仅存在上述的参与赤字,还存在明显的责任赤字。这里的责任赤字突出表现为提供和管理全球公共物品的意愿和行动的严重缺失。全球治理是对当代人类面临的各种严峻、紧迫的全球性问题的治理,它直接关系到人类的生存与发展,关系到人类的命运。而诸多全球性问题的解决和公共事务的处理,有赖于全球公共物品的提供与有效管理。提供和管理全球公共物品不仅意味着要有资金、物资、人力的投入和支出,还要勇于进行制度设计与协调,敢于提出引领全球治理的新的价值与理念,总之是一件既费时、费力、费财还未必讨好的事情。因此,在以无政府状态为特征的国际社会,各国在对待全球公共物品的态度上,大都采取免费搭便车的立场与政策,从而导致全球公共物品的缺失。所以,全球治理的责任赤字是各国都必须反省的问题,发达国家总认为自己吃亏不愿多尽责,广大发展中国家往往又以自身国力不足作为搭便车的借口。其实,根子还在于国家主义的理念,那就是,国家自利性考虑至上。人们依旧把追求国家权力与利益视为国际关系的本质和国家行为的根本动力,把应对全球化和全球性问题的全球治理视为国家实现自身利益的新手段,至于是否或怎样提供更多全球公共物品,则完全取决于趋利避害的国家利益衡量。这种经典的现实主义思维和国家主义理念,正是导致全球治理责任赤字的根源。所以克服责任赤字,同样要首先进行价值观的革命,从国家主义走向全球主义。当然,全球治理的责任赤字不仅是个观念、价值的问题,也的确存在能力不足、国力不足的问题。因此,加快发展,提高国力,显然是克服全球治理责任赤字的重要一环。

4. 体现公正与法治

公正、公平、社会正义是人类的永恒价值追求,它体现并要求落实到社会生活的各个领域,各个层面。反思当前的全球治理,另一个重要视角就是公平、正义的视角。而正是立足于这一视角,我们会深切感受到现实的沉重,同时也更能理解全球治理缘何出现困境。全球治理议题覆盖全球,并服务于全球,它理应是多元行为体广泛参与、平等对话、积极尽责的过程与活动,以实现人类的共同利益。但是这种理论上的规定性需要相应的实力依托,合理的政治安排,以及有效的制度保障才能变为现实,否则就是一句空话。而当代国际社会,恰恰在这些方面表现出不公正。全球化的不平衡扩大了世界上的贫富差距,使富国更富,穷国更穷。现有的国际体系与国际秩序仍为发达国家所主导,从而在政治框架和制度设计上对发达国家更为有利,赋予它们更多的权力和利益。这种状况一方面导致广大发展中国家缺少实际的治理能力,一方面制约甚至剥夺它们表达意愿的权利,进而损害它们的利益,扼杀它们积极参与全球治理的热情。所以,全球治理中的不公正,不仅造成利益的分化与对抗,使实现人类共同利益成为泡影,更严重的后果是可能葬送本来就较脆弱的共同价值、共同伦理、共同文化,导致对全球治理认同的破灭。这正是我们要格外关注全球治理中的不公正的理由。显然,全球治理中的公正性问题并非是多么深奥的理论问题,而是现实的政治问题、法律问题,要求我们从实践上给予高度重视,并着力于具体的政策和制度的设计与保障。

　　法治是人类对社会生活管理与秩序的共同呼唤,法治在民族国家之内已有着成功的实践,并日益成为各国认同和遵循的基本治国原则,但在国际社会,无论其认知还是实践都尚存在不少问题,从而影响到全球治理。全球治理视域中的法治是全球法治,即指在全球化背景下,为实现人类共同利益,以全人类和世界各国普遍接受的法律规范,在全球范围内有效地调整人们及其集合体行为的活动规范和社会秩序状态。全球治理是对国内法治和国际法治的扩展与超越,同时又相互促进。全球法治是全球治理获得合法性的来源,同时又是具体指导和规范全球治理,使其走向善治的保障。从合法性来源上看,国际法包括国际法基本原则、国际强行法和国际法具体法律制度都是全球治理的依据,制约着全球治理。因为国际法或者属于人类社会理性的结晶与价值的共识,构成了最基本的"国际公共秩序",体现出国际社会的"公共利益";或者基于国家同意,成为全球治理参与者的基本行为规范与道德要求。从善治的角度上讲,国际法促使全球治理走向"法制化",它成为维护国际社会基本秩序所必须遵守的最基本法则。同时,在全球法治中还履行协调、惩罚等作用。① 但是,全球治理的现实表明,国际法作为全球治理的依据未得到充分的理解与认同,而其具体的规范、协调、制约、惩罚作用又因为缺乏国内中央政府那样的强制力未能达到应有的效果。换言之,由于全球法治的理念受到国家本位、国家自利、国家同意等传统观念的束缚,在当前还未成为真正的共识,其实际的作用远未硬化,所以才会出现忽视,甚至公然违背国际法的现象。这表明,全球法治之路还很漫长。然而没有法治的全球治理将是低效、混乱、缺乏合法性的治理,从而也是无生命力的治理。对此,我们必须有清醒的认识。

二、全球治理的展望

1. 走向深度全球治理

立足于全球治理的反思,我们的第一个倡导和希望是走向深度全球治理。所谓深度全球治理就是在治理的规则、对象和目标上更关注跨国性、全球性和人类共同体的整体性治理。

首先是治理规则的调整。现有的治理规则严重滞后于全球化的现实,不能适应全球化的迅速发展和全球性问题的大量涌现。治理原则的滞后突出表现为不能适应世界权力结构的变化、安全性质的变化、相互依存态势的变化。当代世界权力结构的重大变化是新兴经济体的群体性崛起。以金砖国家为代表的新兴经济体在世界经济中的比重上迅速提升,地位越来越重要。而现有的国际体系却不能及时反映这种变化并作出调整,于是在关涉全球治理,特别是全球经济治理和发展问题上,传统的治理体制与机制就难免失灵。当代国际社会的安全正在从传统安全扩展到非传统安全。传统安全的主体是国家,所以其关注的中心议题是国家与国家之间的战争或其他安全威胁。而冷战后的安全除了战争层面的传统安全外,更多的是非传统安全威胁,如环境污染、全球升温、国际恐怖主义、艾滋病等等。非传统安全不是由某个国家制造,也不能由一个国家应对,它是国家

---

① 参见刘志云:《全球治理与国际法:相互依赖中的互动》,载蔡拓、刘贞晔主编:《全球学的构建与全球治理》,中国政法大学出版社2013年版,第244—266页。

群体乃至整个人类共同体面对的威胁,安全的性质已从国家转向人类共同体,因此,原有的管理国家间威胁的机制与规则也不再适用。全球化时代的相互依存是一种整体性、全方面的相互依存。而全球相互依存的整体性要求治理的整体性,即从双边的、局部的、区域的治理机制走向全球性治理机制的设计与管理。但是现有的治理机制缺乏对这种全球性相互依存的认知,因而难以达到应有的治理效果。

其次是治理对象的调整。这里讲的治理对象的调整是针对当前的全球治理机制大都属于外部或替代治理机制,很难扩展和深入到国家内部而言的。比如联合国安理会是国家安全领域的外部治理机制,它的主要职责是维护国家安全的外部规则如主权独立和制止侵略。世界贸易组织、国际货币基金组织和世界银行等机构负责的是世界经济的外部治理机制,它们所调整和监管的同样是国家经济的外部性问题,如自由贸易的规则、国际金融体系的稳定和世界经济的均衡性等。治理对象向深度调整,就意味着全球治理深入到各国内部,对各国的内政进行调整,以解决大量的跨国性、全球性问题。如2008年国际金融危机爆发后,世界上的主要国家在二十国集团这个合作平台上迅速采取协调行动,相继出台了十分相似的金融政策和救市方案,这就是典型的深度全球治理的方案。它把治理的触角和功效指向内政的协调,突破内政不可侵犯的束缚。世界贸易组织所要求的成员国之间的贸易政策的透明化与对等核查,最惠国待遇的日益普遍化等都是治理涉及内政的案例。显然,指向内政协调的深度全球治理目前还极为欠缺,但它确实是发展的方向与趋势。如果不能在这方面有更多突破,就难以摆脱全球治理的困境。

再次是治理目标的调整。治理目标的调整是指从立足国家利益最大化转向共存共赢,争取人类共同利益。换言之是从国家本位、国家中心转向人类本位、人类中心。在这个意义上,治理目标的调整本质上是治理价值、理念的调整。如前所述,全球治理必须以全球主义为价值基点,如果把全球治理仅仅视为追求和实现国家利益最大化的途径、手段,完全以国家的自利性视角与要求对全球治理进行功利性选择,只讲获利不讲付出,只讲权利不讲责任,那么就背离了全球治理的宗旨,事实上也不可能进行真正的全球治理,从而既损害了人类共同体,也必然损害自身。应该懂得,真正有效、合理的全球治理是国家与人类共同体共赢的治理,它在维护人类共同利益的同时会实现国家利益。即便在某些时段、领域和具体的问题上,国家的利益要求可能与人类共同体的要求不完全合拍,那也应该以博大的胸怀给予支持,这才是全球化时代各个行为体特别是理性国家的风范与选择。随着文明的进步,相信全球治理的目标会更多地向这一指向凝聚。

2. 走向有效全球治理

立足于全球治理的反思,我们的第二个倡导和希望是走向有效的全球治理。所谓有效全球治理就是在治理的主体与模式方面着力于主体多元、定位明确、尊重现实、提高实效的治理。

有效全球治理必须是当代国际关系行为体,无论是国家、政府间国际组织还是全球公民社会全员参与的治理。如果不能克服参与的赤字,使所有国家,特别是为贫困、能力、结构性不合理所制约的广大发展中国家都参与全球治理,那么,就不可能实现有效治理。同样,调动全球公民社会的参与积极性,从制度上保障其广泛参与,特别是创造条件使广大发展中国家的NGO能投入全球治理的事业,也是保障有效治理的基本要求。除此之外,注意精英与大众参与的平衡与协调,充分倾听大众参与的呼声和要求,尊重大众参与的作用,对于提高治理效能同样是非常重要的。

有效全球治理强调全员参与的同时,要处理好多元主体的定位与相互关系问题,构建起最有效、最符合实际的治理模式。全球治理的多元主体可分为国家行为体与非国家行为体两大类。坚持国家中心的容易片面强调国家的主宰作用,主张以国家治理和国际治理模式来处理当代国际事务。倡导社会中心的又容易片面强调NGO、公民社会、跨国公司等非国家行为体的主导作用,主张以社会中心的治理模式克服了传统的国家治理与国际治理的失灵,回应全球化与全球问题。这两种主张及其治理模式都因其片面性而在实践中遭到困境。必须看到,人类文明的现实仍是国家主导人类公共事务,无论是能力、合法性还是资源掌控,国家从总体上讲都远胜于非国家行为体。所以就有效全球治理而言,构建国家主导的全球治理模式是完全符合人类发展现实的。当然,国家主导并非传统的国家中心、国家本位。国家必须认识到自身的局限,自觉地认同非国家行为体在全球治理中日益重要、不可或缺的作用,心甘情愿地与非国家行为体分享共同参与、管理人类公共事务的权力。反之,非国家行为体也要理性地承认国家的主导作用,反思社会中心的偏颇,主动协调好与国家的关系。唯有如此,才能形成真正有效、可行的国家主导下的多元行为体协同共治的治理模式,开创全球治理的新局面。

3. 走向理性与和谐的全球治理

立足于全球治理的反思,我们的第三个倡导和希望是走向理性与和谐的全球治理。

所谓理性的全球治理,就是在价值理性、制度理性和实践理性指导下的全球治理。"理性"已是一个被用得过泛过滥的概念,几乎可以运用于各个领域。比如经济理性讲经济效率、效益至上;国家理性视国家追求自身利益与权力为天经地义等,总之,理性是被视为一个特定领域内获得广泛认可的规则、规范或理念。但从本质上讲,理性是文化的、哲学的。理性的要义在于强调人拥有区别于动物的思维和思考能力,能够运用智力,以推理方式,得出符合逻辑的结论;能够开展头脑风暴,综合运用各方面知识,对真理进行探究,对客观事物和社会发展作出符合实际的评判、定位与选择。理性的作用可能被忽视,也可能被夸大。在政治与社会因素介入后,理性还可能被扭曲、被压抑、被扼杀。我们这里讲的理性,意在突出理性正面的、文化的内涵。因此,价值理性强调对价值、理念的持中理解与认同,讲理想、激情和坚持全球主义的价值基点,但又不唯全球主义,充分肯定国家主义的现实意义与作用,因此倡导全球主义观照下的国家主义,以这种理性的、实事求是的价值与思维指导全球治理;制度理性强调国家主导下的全球共治的运行模式与制度设计,既尊重现行的国际治理中已有的体制与机制,发挥国家在治理中的正能量,又着力于跨国家、超国家的机制构建,扶植以NGO和全球公民社会为代表的社会性力量的崛起和成长,从而保障全球治理的制度框架与效力,更好地适应治理全球化与全球问题的需要；实践理性坚持实事求是，统分并存，起点与过程的协调。全球治理无疑要打破国内与国际的界限，消除国家行为体与非国家行为体的等级，从人类的整体上审视和处理当代事务，因此，相对凸显了人们不甚习惯的统一性、共同性、整体性。这的确是全球治理实践的一个必须明确和坚持的新起点。但统一性、共同性绝不是整齐划一，而是多元性基础上的共识。所以在全球治理的实际进程中，又需要注意不同国家、民族之间的差异，不同行为体之间的差异，尊重各行为体的历史文化传统和发展阶段，在推进人类整体性文明进步的前提下，实事求是地采取有区别的政策，在丰富的、多元的治理过程中实现有效全球治理。显然，理性的全球治理是一个高标准的全球治理，它对于校正当下全球治理中的混乱、困惑、低效是一服良药，也是一面镜子和一种愿景。

所谓和谐的全球治理，就是讲法治，重公平正义、平等宽容，不断增强人类共同体意识的全球治理。

全球治理必须以法律为依托，以国际机制为依据，否则任何一个问题的治理，任何一项治理活动与过程的开展就无从谈起。只有大家都遵循法治，通过各种法律规则、规范和机制进行对话、协商，才会形成和谐的局面。和谐不代表没有矛盾、冲突与抗争，而是在尊重法律基础上达成的稳定状态，它排除暴力和非理性的、无视法治的对抗与争吵。法治规约下的和谐是最基本的和谐，最基础的和谐。要进入到更高层次的和谐就必须重视关系的和谐，即构建平等宽容，立足于公平正义的伙伴关系。全球法治对全球治理的意义不言而喻，但全球法治所体现的规则治理，是一种基于利益考量的治理。而事实表明，仅有利益的考量，恐怕很难解决诸多全球性问题，必须同时关注关系治理[1]，即塑造行为体之间相互信任的伙伴关系，从而形成一种新的集体身份。显然，这种相互信任的伙伴关系只有在平等参与、相互尊重，恪守公平正义，认同宽容的基础上才能实现。

和谐全球治理的更高境界是价值与理念的和谐，也就是自觉地

---

[1] 参见秦亚青：《关系与过程：中国国际关系理论的文化建构》，上海人民出版社2012年版。

认同并不断强化人类共同体意识。规则能否真正被遵守,伙伴关系能否真正建立,在很大程度上受到价值与理念的制约。如果不能跳出现实主义的思维,摆脱国家主义的束缚,始终坚持国家自利性至上的立场,视实现和维护国家利益与权力为处理国际关系的第一要义,参与全球治理的第一原则,那么,和谐的全球治理将永远是一句空话。只有放开眼界看世界,认清人类文明的大走势,更自觉地培育利他意识,更坚定地认同人类共同体的理念,才可能走向真正意义上的和谐全球治理。这的确是理想,但并非虚幻和高不可攀。这是全球化时代基于全球性对人类的要求与期盼,它呼唤一场价值革命,理念革命。

(本文发表于《天津社会科学》2015年第6期。)

新政治发展观与全球治理困境的超越

对于世界来说,全球化所带来的不仅是全球收益,还造成了数量众多且日趋严重的全球危机。全球治理作为解决全球危机的方式提出已有一段时间,然而至今为止,仍未能有效地解决全球危机,甚至出现了某种困境。因此,破解全球治理的困境成为当前国际社会所面临的迫切任务。

一、全球治理的困境及其原因

要分析全球治理困境,首先要明确什么是全球治理?对于"全球治理"的概念,全球治理委员会给出的定义是:"治理是各种各样的个人、团体——公共的或个人的——处理其共同事务的总和。这是一个持续的过程,通过这一过程,各种相互冲突和不同的利益可望得到调和,并采取合作行动。这个过程包括授予公认的团体或权力机关强制执行的权力,以及达成得到人民或团体同意或者认为符合他们的利益的协议。"①托尼·麦克格鲁则认为:"多层全球治理指的是,从地方到全球的多层面中公共权威与私人机构之间一种逐渐演进的(正式与非正式)政治合作体系,其目的是通过制定和实施全球的或跨国的规范、原则、计划和政策来实现共同的目标和解决共同的问题。"②

中国学者给出的定义是:"全球治理是各国政府、国际组织、各国公民为最大限度地增加共同利益而进行的民主协商与合作,其核心内容应当是健全和发展一整套维护全人类安全、和平、发展、福利、平等和人权的新国际政治经济秩序,包括处理国际政治经济问题的全球规则和制度。"③另一种定义则认为:"所谓全球治理,是以人类整体论和共同利益论为价值导向的,多元行为体平等对话、协商合作,共同应对全球变革和全球问题挑战的一种新的管理人类公共事务的规则、机制、方法和活动。"④

分析东西方学者给出的定义,我们可以得出这样的共识:全球治理的目的应是解决以全球危机为代表的公共问题;全球治理的主体应是多元的;全球治理的方式应是合作式的。因此,全球治理问题实质上是一个在全球层次上如何通过多元主体合作来供给全球公共产品的问题,也即是一个集体行动问题。

显然,探讨全球治理存在的困境,就需要从集体行动的角度认识如下两个事实:第一,集体行动实现的首要条件是关系方愿意以协调而不是冲突的方式解决相关问题,同时合作应有关系方能参与进来的通道。也就是说,只有各方同意且能够参与到合作的框架中,集体行动才有可能实现。⑤ 如果关系方没有畅通的途径参与进来,或者不愿意参与进来,那么集体行动就会由于主体的缺失而导致失败。第二,集体行动实现的保证是公共物品能够达到充分的供给,如果关

---

① 〔瑞典〕英瓦尔·卡尔松、〔圭〕什里达尔·兰法尔主编:《天涯若比邻——全球治理委员会的报告》,中国对外翻译出版公司1995年版,第2页。
② 〔英〕托尼·麦克格鲁:《走向真正的全球治理》,《马克思主义与现实》2002年第1期。
③ 俞可平:《全球治理引论》,《马克思主义与现实》2002年第1期。
④ 蔡拓:《全球治理的中国视角与实践》,《中国社会科学》2004年第1期。
⑤ 〔美〕罗伯特·基欧汉:《霸权之后:世界政治经济中的合作与纷争》,上海世纪出版集团2006年版,第51—55页。

系方不能或者不愿供给充分的公共物品,反而采取"搭便车"的行为,那么集体行动就会由于公共物品的供给缺乏而导致失败。①

如果以上述两个标准分析当今的全球治理,那么很明显,当今全球治理所存在的根本性困境就是参与的赤字和责任的赤字。就参与赤字来说,一方面现有的治理结构未能充分表达许多国家与非国家行为体的意见,许多行为体没有参与到全球治理中去的渠道;另一方面,许多行为体也没有参与到全球治理体系中的愿望。就责任赤字来说,在不存在任何超国家的实体来调节全球公共物品的供给和使用的情况下,对于诸多紧迫的问题,许多行为体往往采取免费搭车而不是寻求持久的集体解决的行为。②

那么,是什么原因导致全球治理中出现参与赤字和责任赤字呢?已有的研究成果从多角度进行了分析,本文则强调主要原因还在于全球治理中起主导作用的主权国家③依然持有着"国家中心主义"的理念。也就是说,在当下或相当长的一段时间内,改变全球治理中参与赤字和责任赤字的着力点是改变主权国家所信奉与遵守的"国家中心主义"理念。

所谓"国家中心主义",是指以主权与边界为考虑问题的出发点,从而将本国与他国以及其他行为体的关系视为"我者"与"他者"之间关系的思维方式。④"国家中心主义"是"方法论的个人主义"⑤在国家层面上的扩大化。这种思维方式将"我者"与"他者"之间的关

---

① 〔美〕曼瑟尔·奥尔森:《集体行动的逻辑》,上海世纪出版集团2008年版,第8—14页。
② 〔英〕戴维·赫尔德:《驯服全球化》,上海世纪出版集团2005年版,第125页。
③ 在全球治理中主权国家较之于其他行为体有更强的实力主要表现在:只有主权国家才能签订具有法律效力和强制约束力的治理协议;只有各国政府才能动用国家的力量,动员全社会各个方面的力量,落实全球治理的各项协议;只有主权国家才能保障全球治理形成行之有效的制度,保证全球治理的长期性、稳定性等。可参见李景治:《全球治理的困境与走向》,《教学与研究》2010年第12期。
④ 赵汀阳:《从国家、国际到世界:三种政治的问题变化》,《哲学研究》2009年第1期。
⑤ "方法论的个人主义"是一种认为一切利益和价值均以个人为准的思维方式。参见赵汀阳:《深化启蒙:从方法论的个人主义到方法论的关系主义》,《哲学研究》2011年第1期。

系视为"冲突式的"或是"竞争式的",认为"我者"的存在不以"他者"的存在为基础。①

持有"国家中心主义"理念的主权国家面对全球治理问题时,经常采取孤立式的或趋利避害式的行为。其一,孤立式的应对行为。"国家中心主义"理念使得一些国家认为,当代全球化的实质是资本主义的全球化、剥削的全球化。"论述全球化,就是回顾资本主义这种经济体制对世界空间的主宰","资本主义在空间进行的拓展已经遍及世界的各个角落,而全球化既是这一空间扩展的表现,也是并且首先是一个改变、调整以至最后消除各国之间各种自然的和人为的疆界的过程。"②全球化并没有使得旧的国际政治经济秩序发生变化,反而有固化该秩序的作用,导致富者越富、穷者越穷。全球治理,实质上只是资本主义企图控制世界、合理化当今国际政治经济秩序的活动罢了。因此,要实现国家的独立,就必须拒绝融入全球化,拒绝参加当今的全球治理活动。正是这种孤立式的行为,使得国家一方面拒绝国际对话和国际合作,不能为需要各种行为体通力合作的全球问题做出自己应有的贡献;另一方面,对于发生在本国境内的全球问题不能以开放的心态进行全球合作,导致这些问题得不到很好的解决,造成严重的全球性后果。

其二,趋利避害式的应对行为。"国家中心主义"理念同样会使一些国家认为,全球化的发展并没有使得国际无政府状态发生改变,追求权力与利益依然是主权国家行为的根本动力,而全球化导致的国家间相互依存关系的变化只是表示了彼此的敏感性和脆弱性不断加强而已。"全球化不但没有传播和平,而且似乎在滋生冲突和怨恨。"③所谓全球治理,只是在全球化背景下国家实现自身利益的新手段而已。因此在全球化浪潮中,要更好地实现国家利益,主权国家就必须在全球治理的竞争平台上趋利避害,争取有利的位置。正是这种趋利避害式的行为,导致了全球公共物品的供给缺乏。对于需

---

① 赵汀阳:《"天下体系":帝国与世界制度》,《世界哲学》2003年第5期。
② 〔法〕雅克·阿达:《经济全球化》,中央编译出版社2000年版,第3—4页。
③ Stanley Hoffmann, "Clash of Globalizations," *Foreign Affairs*, Vol. 81, No. 4, 2002, p. 111.

要齐心协力解决的全球问题,主权国家往往采取搭便车的行为,从而造成了"集体行动的困境"。同时,这种行为还会加剧行为体间的不信任,一些本可以通过对话、沟通来解决的全球问题也会由于彼此间的猜忌无果而终。

不难看出,"国家中心主义"理念让国家将自己的视野局限于国界范围之内,将全球治理仅仅看作不同行为体之间进行冲突或竞争的新方式而已。正是这种理念,使得主权国家的全球共同体意识缺失,导致全球治理困境的出现。正如吉尔平所言:"无论是国家层次的还是国际层次的治理,都要建立在共同的信仰、文化价值观,特别是共有认同的基础之上。然而不幸的是,我们生活的世界还没有一个全球公民文化,也很少有能团结全世界人民在一起的共同价值观。人们的认同和忠诚依然限定在国家甚至地方、种族和民族层次。"①

二、传统政治发展观与国家中心主义

"国家中心主义"理念体现在国家观念和行为的各个方面,从政治发展观的角度来讲,"国家中心主义"理念即表现为国家坚持的传统政治发展观。传统政治发展观认为国家的政治发展指主权国家政治系统不断演进的过程。② 国家要实现政治发展,就必须以"自我"为中心,一方面加强"自我"的能力,即通过不断健全自身的政治制度,促进政治、经济、社会的协调发展等方式实现政治发展;另一方面在"我者"与"他者"之间的关系中处于有利地位,即通过审时度势,摆脱不利的国际环境,争取或重建有利的国际环境来实现自身的政治发展。传统政治发展观以主权、领土为界限将世界划分为"我者"与"他者"的思维方式便是"国家中心主义"理念的集中体现。

传统政治发展观最早产生于欧洲国家的现代化进程中。自第一次工业革命以来,市场经济开始出现,经济的市场化加速了社会结构的分化,生产和交换过程中分工的细化和专门化打破了既有的社会

---

① Robert Gilpin, *Global Political Economy*: *Understanding the International Economy Order*, Princeton University Press, 2001, p. 402.
② 王邦佐等编:《政治学词典》,上海辞书出版社 2009 年版,第 9 页。

结构,出现了工业化和城市化。同时,传统的信仰体系出现瓦解,人类的理性逐渐凸显出来。基于社会的现代化大变革,政治现代化也开始进行。主权国家的建立便是政治现代化的最重要表现。通过主权国家的建立,社会现代化过程中出现的种种矛盾逐渐得到解决,而主权国家也在这一过程中不断壮大,主权观念不断深入人心。"在16世纪的欧洲大陆和17世纪的英国发轫的现代化运动需要新的权威概念,其中最重要的就是主权这一简单明了的观念本身。"①

在主权国家建立的基础上,国家内部的政治改革随之进行,开始了政治权力机构功能的分化、政治参与权的扩大化等情形。而这种政治现代化进程也由西欧逐渐扩展到欧洲其他地区以及北美地区,导致了这些地区主权国家纷纷建立。"政治现代化的含义包括,民族国家享有的对外主权不受他国的干扰,中央政府享有的对内主权不被地方和区域性权力所左右。它意味着国家的完整,并将国家的权力集中或积聚在举国公认的全国性立法机构中。"②因此,在当时的政治发展观中,建立主权国家被认为是政治发展中最重要的环节。

这一时期的政治发展观是具有绝对排他性的。国家活动的一个重要方面就是保持内部各种活动不被其他国家干扰,而在国际层面上则实行与其他国家相互斗争、相互竞赛的方式防止他国入侵或以侵略的方式争夺各种资源,创造有利于自身的国际环境,保证本国的发展。显然,在这种政治发展观中,国家有意将自身与其他国家区分为"我者"与"他者"。通过这种区分,来塑造政权的合法性,建构民众的政治认同。

自20世纪50年代以来,随着许多殖民地纷纷摆脱殖民制度建立自己的国家,同时由于东西方矛盾的日益尖锐,这些刚刚成立的国家的政治发展问题日渐引人注目。就这些国家自身来讲,其正处于传统与现代之间的变革期,亟须对政治、经济、社会等方面进行重大改革,以应对国内的各种矛盾;就西方国家来讲,则需要防止这些国

---

① 〔美〕塞缪尔·P.亨廷顿:《变化社会中的政治秩序》,上海世纪出版集团2008年版,第84页。

② 同上书,第27页。

家社会主义化,以阻挡社会主义阵营的扩大。在这两种因素的共同作用下,开始了发展中国家的政治发展进程。

由于对从传统向现代转化过程中经济因素的不当认识,导致许多国家认为实现民主化的最佳方式就是通过发展经济来达至。"经济发展将不可避免地引起社会的现代化和分化,后者又会导致民主制的出现。因此,美国所要做的一切就只是提供经济援助和教育援助,提供新的通讯媒介,援助新的社会团体。而后民主制的出现就是不可避免的事实了。"①对于发展中国家自身来讲,由于受西方国家政治发展观的巨大影响,且掌权者大都是有过西方教育背景的政治精英,对于西方式的政治发展观情有独钟,从而使得许多发展中国家所秉持的政治发展观,即对外以领土、主权的独立自主为政治发展的目的,对内通过经济发展推动政治民主为政治发展的目的。"可是逐渐地邻国相互了解了,结果便是世界上新的紧张局势。因此泛非主义的梦想已经转变为刚刚萌发的各集团之间错综复杂的政治,他们在一个动荡的大陆上为确保国家安全而进行的斗争中相互对抗。在东南亚,每一个国家都与邻国有某种边界冲突。"②显然,这种政治发展观不仅导致了以主权、领土作为区分"我者"与"他者"的依据,同时还出现了以政治民主为标准将这些"他者"划分为"竞争者"与"敌人"的情形。

从20世纪60年代中期以来,这种政治发展观受到了强烈的质疑,因为实现独立的许多发展中国家通过发展经济、扩大政治参与的方式并没有实现政治的现代化,反而由于经济、社会矛盾的激化导致了政治危机频发,出现了政治衰朽的情形。通过分析,人们认为,出现政治衰朽的原因"在很大程度上是由于社会急剧变革,新的社会集团被迅速动员起来卷入政治,而同时政治体制的发展却又步伐缓慢所造成的"③。"因此,在一个复杂社会里,维系共同体所需要的第三

---

① 〔美〕霍华德·威亚尔达:《比较政治学导论:概念与过程》,北京大学出版社2005年版,第56页。
② 〔美〕鲁恂·W.派伊:《政治发展面面观》,天津人民出版社2009年版,第215页。
③ 〔美〕塞缪尔·P.亨廷顿:《变化社会中的政治秩序》,上海世纪出版集团2008年版,第4页。

个因素就是建立起能包容并能反映道德和谐性和互惠互利性原则的政治机构。"① "没有强有力的政治制度,社会便会缺乏去确定和实现自己共同利益的手段。"② 正是基于这种考虑,许多发展中国家放弃了以政治民主为核心的政治发展观,转而以构建强大政府为主要目标的政治发展观,即采取"威权主义"政治体制。这种主张强大政府的政治发展观事实上深化了国家的自主意识,通过强化对内最高对外独立的思想,激发民众对国家的认同,进而扩大政府的能力。不难看出,这种政治发展观同样是将自身与其他国家之间的关系区分为"我者"和"他者"之间的竞争关系。

面对诸多的政治危机,一些发展中国家则从国际层面寻找原因。通过分析,他们认为造成这些危机的根本原因在于资本主义体系的存在,正是由于资本主义在世界范围的扩张,导致了许多发展中国家成为发达资本主义国家的依附。这种依附关系的存在使得发展中国家经济落后、社会危机频发,经济社会危机又进而导致了政治危机。③ 因此,发展中国家政治发展的出路在于变革不平等的国际政治经济结构,走非西方式的发展道路。这种反西方的政治发展观反对发展中国家成为发达资本主义国家的经济附庸、政治傀儡,主张采取政治独立、经济独立的政治发展道路。这种政治发展观将自身与发达国家之间的关系看作被剥削者与剥削者的关系,从而有意通过孤立的方式来摆脱"他者"对"我者"的剥削。

随着工业化的进一步发展,经济全球化的出现,许多西方国家遭遇了工业化、经济全球化带来的诸多社会危机。诸多危机使得人们对新自由主义政治发展观的合理性提出质疑。在这一背景下,人们开始对工业化、新自由主义等理念进行反思。他们认为工业社会并不是人类文明发展的终点,而是一个驿站,从工业文明向知识文明,

---

① 〔美〕塞缪尔·P. 亨廷顿:《变化社会中的政治秩序》,上海世纪出版集团2008年版,第9页。
② 同上书,第19页。
③ 陈鸿瑜:《政治发展理论》,吉林出版集团有限责任公司2009年版,第133—135页。

从物质文明向非物质文明的转变是历史发展的必然趋势。① 而新自由主义的主张夸大了市场的作用,尤其在经济全球化的世界中这种认识扩大了经济危机、社会危机爆发的可能性,因此超越新自由主义也是历史发展的必然。基于这种考虑,众多西方国家纷纷采取了超越新自由主义和社会主义的"第三条道路"。这种政治发展观在国内层面上主张政府福利与市场经济共进、政府与社会共同治理的发展道路。② 同时重视先进科学技术对政治发展的作用,将实行政治参与的网络化、政治决策的专业化等作为政治发展重要目标。在国际层面上则以政治的国际化为导向,不再拘泥于绝对主权的迷思,通过让渡部分主权的方式寻求国际合作,实现国家利益,进而解决本国政治发展中所面对的诸多问题。③ 这种政治发展观在一定程度上缓解了工业化、经济全球化对一国政治发展所造成的压力,通过合作治理、让渡部分主权、扩展国际合作等方式也解决了不少问题,促进了国家的政治发展。然而这种政治发展观存在的问题是,在国内层面合作治理的效果依然并不十分明显,需要面对极端民族主义的强大压力,从而在很多问题上不得不采取"以邻为壑"的行为方式;在国际层面上,通过让渡部分主权,建立了国家联盟、创造了国际制度,然而这种联盟与国际制度依然是主权扩大化的产物,因此依然会以冲突或竞争的眼光看待联盟或国际制度以外的"他者",同时对属于自己权力范围以外的事务也倾向于采取冷漠或搭便车的态度。

通过分析我们可以看出,虽然这些政治发展观在政治发展的具体内容上存在着诸多不同,然而它们都有着一个共同点,即将主权、领土作为考虑政治发展的基点,从而有意无意地以主权、领土为纬度把世界区分为"我者"和"他者"。这种政治发展观从 17 世纪的欧洲产生,随着商品经济的全球化传播到世界的各个角落,从当今局势来看,世界上绝大多数国家都秉持着这种政治发展观。这种传统政治发展观在世界范围的蔓延为"国家中心主义"理念的盛行提供了土壤。

---

① 何传启:《现代化概念的三维定义》,《管理评论》2003 年第 3 期。
② 〔英〕安东尼·吉登斯:《第三条道路:社会民主主义的复兴》,北京大学出版社、生活·读书·新知三联书店 2000 年版,第 132 页。
③ 同上书,第 143—148 页。

三、新政治发展观与全球治理困境的超越

可见,要克服如今存在的全球治理困境,不仅需要制度层面的改革,更需要理念层面的转变,即需要改变"国家中心主义"理念。而改变"国家中心主义"理念,最为重要的是消除其能够生存的土壤。从政治发展观的角度来讲,就是要改变传统政治发展观。只有改变传统政治发展观中以主权、领土来划分"我者"与"他者"之间的思维逻辑,才能克服"国家中心主义"理念导引下的政治发展观。

那么何种政治发展观才可以称得上新政治发展观? 笔者认为新政治发展观应该是以"关系"而不是"个体"出发考虑政治系统演进的发展观。① 这种政治发展观不再将全球范围内的"他者"以利益冲突者或利益竞争者看待,而是将这些"他者"看作自身存在的必要条件。因此,在新政治发展观眼中,这些"他者"已经变成了"我者",是"我者"存在不可分割的一部分。②

也许有人会质疑国家选择新政治发展观的可能性,因为"个体"思维已经根深蒂固,要国家在短期内放弃这种思维似乎不太可能。然而如果我们仔细审视全球化的发展、洞察全球化发展中产生的新质,那么关于国家会选择新政治发展观的论断也就不再是天方夜谭。

当今时代的全球化是一股不可逆转的潮流,无论你愿意与否,全球化的发展始终都在进行,正如乌尔里希·贝克所言:"全球化——必须这样理解——是为一个奇特的周期性过程定的名称,推进这个过程有两条截然不同的路:或者反对,或者拥护。"③当今的全球化还是多层面的全球化,它不仅指经济的全球化,还包括政治的全球化和文化的全球化等诸多范围。由于当今全球化的不可逆转性以及全球化发展的多层面性,使得今天的全球化区别于传统意义上的全球化。

---

① 赵汀阳:《深化启蒙:从方法论的个人主义到方法论的关系主义》,《哲学研究》2011 年第 1 期。
② 赵汀阳:《共在存在论:人际与心际》,《哲学研究》2009 年第 8 期。
③ 〔德〕乌尔里希·贝克:《全球化时代的权力与反权力》,广西师范大学出版社 2004 年版,第 293 页。

当今的全球化凸显了国际社会的相互依存,相互依存已成为当代人类的生存方式和基本规律。全球化的发展使得任何国家都无法摆脱相互依存的结构而谋求自主的生存与发展,这是今天不同于以往之处,也是当代人类生存的现实。当今的全球化同样凸显了人类的共同利益。① 日益严重的全球问题一再证明了人类共同利益的普遍存在,休戚与共的命运共同体已成为当今人类存在的基本特征。

事实上,全球化的发展为新政治发展观的产生提供了可能性。

那么新政治发展观又包括哪些具体内容?对于这一问题,笔者认为,新政治发展观必须建立在对社会发展大趋势的认识上,在全球化发展日益深入的今天,这一认识主要指新政治发展观一定要建立在承认如下两点事实的基础上。

其一,适应时代潮流的新政治发展观必须承认相互依存的客观性。相互依存的客观性,以及由此产生的人类生存方式的整体性和对各国的结构制约性,势必要求开放,从而使经济、政治、社会、文化具有了愈来愈多的跨国性、超领土性。于是,政治就不再是传统的国内政治,政治发展开始体现出全球的向度。此时判断一国政治发展的程度,除了考察政治制度、政治功能、政治稳定、政治参与等指标外,还与其是否愿意开放本国政治、加强国际交流,自觉地融入全球化的进程有关。只有重视国际因素,不拒斥全球化,才能实现一国的政治发展。"一个政治不开放,对国际社会抱有疑虑甚至敌意,排斥一切与本国经济、政治、文化传统不同的事物,闭关锁国,自我封闭的国家,绝不能妄言政治发展。"②

其二,适应时代潮流的新政治发展观还必须承认"人类命运共同体"已是一个事实。这意味着新政治发展观必须认识到人类利益的存在,从而自觉地将国家利益捆绑在人类共同利益的车轮之上,要认识到,"人类共同利益是真正意义上的共同利益,而民族、国家等群体所代表的共同利益则是特殊意义上的共同利益"。③ 这种政治发展

---

① 蔡拓:《全球化的时代意义及其启示》,《上海交通大学学报(哲学社会科学版)》2006年第6期。

② 蔡拓:《政治发展中若干值得探索的问题》,《经济社会体制比较》1996年第3期。

③ 蔡拓:《全球化的时代意义及其启示》。

观抛弃了"国家中心主义"的眼光,代之以全球的视野观察国家的政治发展,一国的政治发展不再仅仅是自己的事,它还关涉到全球的发展状况,一国的发展是全球发展的一部分。

因此,新政治发展观是一种开放的发展观,它承认当今全球化所具有的时代特征,认为只有以开放的心态迎接全球化,才能实现一国的发展;新政治发展观同样是一种负责任的政治发展观,它认识到人类利益与国家利益之间的不可分割性,于是在一国的政治发展中自觉地协调人类利益与国家利益之间的矛盾,从而实现国家利益与人类利益的共进。

显而易见,这种政治发展观会有效地促使主权国家克服"国家中心主义"理念,从而解决全球治理中存在的参与赤字和责任赤字,为富有成效的全球治理奠定基础。新政治发展观对于全球治理的促进,主要表现为如下两个方面。

其一,新政治发展观可以有效克服"国家中心主义"理念下"我者"和"他者"之间的对抗关系,使其始终保持开放心态,从而解决全球治理中的参与赤字。全球化是人类发展的必然趋势,国家要实现自己的政治发展,就必须自觉地融入全球化,以一种开放的心态面对世界。开放的政治发展观使得国家认识到,"要实现意愿中的国内政治目标,推行重大的政策纲领,解决国内危机,各国越来越需要坐到谈判桌上,与公共的或私人的,国内的或国外的各种组织进行磋商"。① 这种开放的政治发展观使得国家积极参与国际事务,通过不断参与、融入国际社会,进而克服全球治理中的参与赤字。这是因为,首先,国际交流的加强本身就是参与全球治理的一部分,只有通过相互交流、相互对话,才有可能为富有成效的合作奠定基础。一个对国际社会抱有疑虑,排斥交流的国家,肯定不会与其他行为体达成共识,肯定不是全球治理的有机组成部分。其次,对于某些涉及全球性的国内问题,可以以开放的心态对待,通过与各种国际行为体共同协作加以解决。由于这些国内问题所具有的全球属性,所以能有效

---

① 〔英〕戴维·赫尔德等:《治理全球化:权力、权威与全球治理》,社会科学文献出版社 2004 年版,第 12 页。

地解决这些国内问题,也即是参与到全球治理的活动中了。

改革开放三十多年的中国政治发展是彰显这一理念的很好事例。从 1987 年中国共产党第十三次全国代表大会提出"当今世界是开放的世界""今后,我们必须以更加勇敢的姿态进入世界经济舞台"起,特别是中国共产党第十四次全国代表大会以来,在中国共产党和中国政府的主要文献中,包括历届中国共产党全国代表大会政治报告、政府工作报告、国务院新闻办涉外白皮书,都体现了这种理念。中国对于全球化不再一味地以拒斥者的角色来定位,而是以认同者、融入者的身份出现,认为要实现本国政治发展,就必须坚定不移地融入全球化。开放的心态使得中国与世界的交流不断紧密、合作不断深化,从而很好地促进了全球治理。①

例如就核军控、裁军领域而言,自 20 世纪 80 年代以来,基于对和平与发展这一国际形势的准确认识,中国的核军控、裁军政策发生了重大变化,态度从对抗转变为开放、合作。在 80 年代,中国先后加入国际原子能机构、签署《禁止或限制使用某些可被认为具有过分伤害力或滥杀滥伤作用的常规武器公约》等国际条约。进入 20 世纪 90 年代以后,中国批准和加入了绝大多数军控、裁军和防扩散条约。从 1991 年加入《禁止在海床洋底及其底土安置核武器和其他大规模毁灭性武器条约》、1992 年加入《不扩散核武器条约》到 2005 年加入《禁止为军事或任何其他敌对目的使用改变环境的技术的公约》,中国共加入或批准 11 个军控、裁军和防扩散条约。从 1995 年到 2003 年,中国先后制定了 14 项与防扩散有关的出口管制法规。② 通过这一系列行为,中国有效地防范了国际冲突,维护了世界和平。

在经济发展领域,中国同样成绩斐然。2008 年 9 月爆发的国际金融危机,重创了全球金融业,对全球经济造成重大冲击。面对这一危机,中国始终坚持发展的开放性,采取积极、开放的应对政策,把扩内需、保增长与重民生、促和谐结合起来,把保持国内经济平稳较快发展与转变发展方式等长远战略结合起来。这些应对危机的政策成

---

① 蔡拓:《全球化观念与中国对外战略的转型》,《世界经济与政治》2008 年第 11 期。
② 滕建群等:《国际军备控制与裁军概论》,世界知识出版社 2009 年版,第 93—95 页。

效明显,较快地扭转了经济增速下滑的局面,实现了国民经济总体平稳回升,率先走出世界经济衰退的阴影,成为全球经济的一大亮点,鼓舞了全球市场的信心。同时,中国还积极参与众多多边合作进程,在国际经济合作中发挥重要作用,推动了国际社会有效应对金融危机,进而为全球经济的复苏做出了巨大贡献。①

其二,新政治发展观可以有效克服"国家中心主义"理念下"我者"与"他者"之间的竞争关系,使其具有责任意识,从而解决全球治理中的责任赤字。由于放弃了"国家中心主义"的思维方式,而从全球的角度来看一国的政治发展,新政治发展观使国家认识到了人类利益与国家利益的不可分割性。通过协调人类利益和国家利益之间的关系,新政治发展观会有效地克服全球治理中的责任赤字。就政治发展模式而言,这种政治发展观会将一国的发展模式与人类利益联系起来,自觉地协调国家利益与人类利益之间的矛盾;就全球治理的制度建设而言,持新政治发展观的国家会遵守、积极建设有益全球治理的制度,认为这些制度是实现国家利益的促动力而不是束缚;就全球治理的主体而言,在坚持新政治发展观的国家,公民会持有多层次的公民身份,这种身份观念正是全球治理所需要的。

近年来,欧盟国家的政治发展模式多少体现了这一理念。欧盟国家一直坚持环境友好、高技术含量的发展道路,珍视平稳与均衡的价值与理念,也更愿意承担国际责任。例如就能源政策而言,欧盟国家积极寻求能替代化石能源的新能源,在核能、风能等可再生能源方面的研发上着力且收效甚大。有文章论述到,作为欧盟成员国之一的丹麦在可再生能源应用方面的成绩突出,已经成为一个高效率可再生能源利用的社会,其中18%的总能源来自于可再生能源,30%的电能来自于可再生能源。② 这一成就既来自于公共部门资助的研发、认证、测试、制定标准,私人部门的投资与创新,也来自于公民环境意识不断提高,共同体意识、责任意识的不断深化。

德国的政治发展观同样体现了责任意识。自20世纪90年代以

---

① 《国际社会高度评价中国作用》,《人民日报》2009年4月4日。
② 孙海燕:《丹麦成为可再生能源国的"秘诀"》,《社会观察》2010年第9期。

来,德国历届政府十分注重实现经济、生态环境和社会的良性循环,一直不断地出台和完善可持续发展领域的相关政策。德国《基本法》第 22a 条就规定:"国家有责任在宪法秩序框架内,通过立法,借助法律法规的执行和判决,保护子孙后代的自然生活基础,保护动物。"① 2002 年,德国政府推出了题为《德国的前景》的可持续发展战略。这一可持续发展战略着重强调责任意识,即注重当代人对后代人的责任,经济发展对社会、环境的责任,社会富裕阶层对贫困阶层的责任,以及国家发展对国际社会的责任四个方面。② 在可持续发展战略的指导下,德国政府着重对能源和气候、原材料高效率使用、控制人口变化以及承担全球责任等方面加大投资力度。通过这一系列的努力,德国政府重视责任意识的国家政策不仅实现了本国的良性发展,而且为众多全球问题的解决做出了自己的贡献。

  作为一个整体,欧盟在众多全球问题上同样表现出了十分积极的姿态。例如在全球气候变化问题上,一方面欧盟率先实施温室气体减排计划,通过限定具体的排放量,欧盟已成为发达国家中减排的领跑者;另一方面加强对外技术、资金等方面的支持,通过采用低碳的新型能源,并强调设计一种有助于发展中国家实现经济增长的气候变化政策,以吸引更多的国家参与到抑制全球气候变暖这一问题上来。③ 欧盟国家的这些政策倾向,显然体现了应对全球气候治理的负责任态度。

  无论愿意与否,国家要实现自己的政治发展,就必须选择适应全球化发展潮流的新政治发展观。同时,这种新政治发展观的逻辑可以克服"国家中心主义"理念,从而促进主权国家在全球治理中发挥更大的作用。可以说,选择新政治发展观,对于国家的政治发展和全球治理而言是双赢的。

---

  ① 刘立群、连玉如主编:《德国·欧盟·世界》,社会科学文献出版社 2009 年版,第 325 页。
  ② 同上书,第 327—328 页。
  ③ John Vogler, "The European Contribution to Global Environmental Governance," *International Affairs*, Vol. 81, No. 4, 2005, pp. 835-850.

四、结语

在全球化以摧枯拉朽之势席卷世界各地时,主权国家并没有如某些极端全球主义者所认为的那样已经受到严重削弱,并将要退出历史舞台。正是基于这种理解,本文才认为全球治理中出现参与困境和责任困境是由于主权国家秉持"国家中心主义"理念造成的。由于传统政治发展观中蕴含着"国家中心主义"理念,因此本文认为,从政治发展观的角度来讲,全球治理的达至,就需要国家放弃传统政治发展观,进而采取一种开放的、负责任的政治发展观。需要明确的是,本文提出新政治发展观并不是要否定主权、领土的重要性,而只是想指出,在全球化的大背景下这些因素不应成为坚持"国家中心主义"理念的理由,反而应该成为国家秉持开放、责任理念的保证。主权、领土的存在既可以在"国家中心主义"理念下阐释为区别于"他者"而存在,也可以在开放、责任理念下阐释为正是因为"他者"的存在才得以存在。

(本文发表于《国际观察》2012年第4期,合作者为曹亚斌。)

• 全球学与全球治理 •

国际公共物品的供给：中国的选择与实践[*]

全球治理所要解决的问题，就是应对由全球化这一进程所造成的各种问题的外部性：保护积极外部性得以持续且合理的分配，消除各种消极外部性对人类共同体的损害。这也是近年来国际关系和全球研究领域中兴起公共物品理论的原因。毫无疑问，中国的崛起是当今国际体系最重大的变革之一，其崛起速度之快、成就之高，以及特殊的发展模式，都将对全球治理造成深远影响。这种多元影响也为开展对国际公共物品供给的研究提供了一个样本，观察中国在该问题上的外交选择和实践，有助于我们思考一个崛起中的大国主要受到何种因素的影响，以协调自身发展和承担国际责任之间的复杂关系。

---

[*] 本文系 2008 年国家社科基金重点项目"中国应对全球性问题的战略定位与建设性作用研究"（08AGJ003）的阶段性成果。《世界经济与政治》杂志社的匿名审稿专家对本文提出了重要的建设性修改意见，在此表示衷心的感谢。文中错漏由作者承担。

本文以联合国会费缴纳为例,在同其他有代表性国家的比较中描述中国在最近十年间向国际社会提供国际公共物品的情况,并尝试解释其原因。最后借助描述性分析和解释性分析的成果,对中国在国际公共物品供给问题上的外交走向做出初步的预测分析。

一、文献综述

"公共物品"①研究诞生于经济学领域,并逐渐向其他学科蔓延。1954年,美国经济学家保罗·萨缪尔森发表《公共支出的纯理论》一文,对该概念进行了专业描述,界定出公共物品的两个特征:(1)非排他性,即一旦公共物品被生产出来,它对所有人会同时造成收益或损害。(2)非竞争性,即一个人对公共物品的消费不会减少对其他人的供给,其他人对物品的消费也不会增加任何成本。② 凡是满足以上两个条件的消费品即可称之为公共物品,从而与私人物品相区分,比如民族国家的武装力量、义务教育等。

奥尔森最早将公共物品研究引入国际关系领域,在名为《联盟的经济理论》的论文中,作者从公共物品供给的视角分析了美国在二战后不计成本筹划国际新秩序的原因③,并于1971年在论文《增进国际合作的激励》中正式提出了"国际公共物品"的概念。④ 顺着奥尔森的思路,金德尔伯格和吉尔平等人发展出"霸权稳定论"的观点,前者在《1929—1939年世界经济萧条》中提出,国际经济体系的稳定运转需要某个国家承担"公共物品"⑤,后者则围绕国际公共物品的供给提出霸权稳定论的两个中心命题:一是世界政治中的秩序是由一

---

① "公共物品"在英文中有两种表达方式:"public goods"和"collective goods",中文译法包括"公共物品""公共产品""集体物品"等,鉴于本文属于国际关系领域研究,采用更有一般意义的"公共物品",下文通用。

② P. Samuelson, "The Pure Theory of Public Expenditure," *Review of Economics and Statistics*, No.36, 1954, pp. 387-389.

③ Mancur Olson, *Economic Theory of Alliance*, Santa Monica, Calif.: The Road Corporation, 1966, pp. 13-15.

④ Mancur Olson, "Increasing the Incentives for International Corporation," *International Organization*, Vol.25, No. 4, 1971, pp. 866-874.

⑤ 〔美〕查尔斯·金德尔伯格:《1929—1939年世界经济萧条》,上海译文出版社1986年版,第348页。

个主导国家创立的,二是国际秩序的维持需要霸权国家的持续存在。①

全面系统的对全球化时代国际公共物品进行研究阐述的当属英吉·考尔,在联合国开发计划署的支持下,考尔先后主编了《全球公共产品:21世纪的国际合作》和《全球化之道——全球公共产品的提供与管理》两本著作,从全球层面对国际公共物品进行了比较系统的分析,包括全球公共物品的定义、供给机制以及收益分配等方面。考尔对全球公共产品下的定义是:"其受益范围,从国家看,不仅仅包含一个国家团体;从成员组成看,扩展到几代,甚至是全部人群;从世代看,既包括当代,又包括未来数代,或者至少在不妨碍未来数代发展选择的情况下满足目前几代。"②并且提出冲出全球化危险的漩涡,需要采取明确的、果断的步骤来提供全球公共产品。③

公共物品研究的一个核心问题是公共物品的供给,由于公共物品的消费具有非竞争性和非排他性的特点,行为体往往倾向于做一个"搭便车者"而非供给者,因此,公共物品往往面临着供给不足的窘境,也就是"集体行动的困境"。对此研究的集大成者曼瑟尔·奥尔森于1965年完成著作《集体行动的逻辑》,提出"除非一个集团人数很少,或者除非存在强制或其他某些特殊手段以使个人按照他们的共同利益行事,有理性的、寻求自我利益的个人不会采取行动以实现他们共同的或集团的利益"④的重要论断,推动供给问题成为公共物品研究领域的重要方向,以公共物品的供给状况考察公共事务。

由于国际体系的无政府状态,国际公共物品的供给不能指望类似于国内政府那样的公共权威,等级秩序的匮乏让国际层面的公共

---

① 〔美〕罗伯特·吉尔平:《世界政治的战争与变革》,中国人民大学出版社1994年版。

② Inge Kaul, Isabelle Grunberg and Marc Stern, "Pefining Global Public Goods," in Inge Kaul, Isebelle Grunberg and Marc Stern, eds., *Global Public Goods: International Cooperation in the 21st Century*, Oxford: Oxford University Press, 1999, pp. 10-12.

③ 〔美〕英吉·考尔等编:《全球化之道——全球公共产品的提供与管理》,人民出版社2006年版,第2页。

④ 〔美〕曼瑟尔·奥尔森:《集体行动的逻辑》,格致出版社·上海三联书店·上海人民出版社1995年版,第2页。

物品供给面临着更严峻的集体行动困境。随着学界对国际公共物品关注度的上升,开始出现针对推动行为体进行供给的动力和行为体决策差异原因的研究。英格·考尔和卡特尔·勒·古尔文尝试沟通国内政策和外交政策制定的分歧,强调了国内技术部门和外交部门之间的协调。① 罗伯托·诺格亚则在强调了国家行为体在国际公共物品供给中的重要作用后,通过对各国的政府能力、社会可治理性和治理质量的考察,研究国家治理对区域和全球治理的重要影响。② 托德·桑德勒在《全球集体行动》一书中,提出了从集体规模和构成、互动规则和战略、行为体属性和互动结果③等方面考察全球共同体如何开展合作,并推动全球治理的实现。复旦大学博士李巍在名为《霸权国与国际公共物品》的论文中,通过对美国在地区金融危机中的选择性援助行为,从能力和意愿两个角度重新解读了霸权稳定论,丰富了对推动行为体进行供给的原因的分析。④

由于研究领域和侧重点的差别,不同的研究者按照不同的标准对公共物品的种类进行划分。比如根据某类公共物品满足非排他性标准和非竞争性标准的情况,可区分为纯粹的公共物品和不纯粹的公共物品两大类,后者包括俱乐部物品和公共资源等。托德·桑德勒根据外部性的溢出范围将公共物品在国内的、区域的和全球的三个层面上做了区分,每个层面的公共物品根据个体贡献和总体水平之间的关系可以区分为按总和法、最佳表现、最弱环节和加权方法汇总的公共物品。⑤ 根据公共物品公共性的人为建构程度,可以区分

---

① 〔美〕英格·考尔、卡特尔·勒·古尔文:《生产全球公共产品的制度选择》,载〔美〕英吉·考尔等编:《全球化之道——全球公共物品的提供与管理》,人民出版社2006年版,第316—345页。

② 罗伯托·诺格亚:《区域性公共产品、治理与能力建设》,载〔西〕安东尼·艾斯特瓦多道尔、〔美〕布莱恩·弗朗茨、〔美〕谭·罗伯特·阮主编:《区域性公共产品:从理论到实践》,上海人民出版社2010年版,第258—272页。

③ Todd Sandler, *Global Collective Action*, Cambridge, England, New York: Cambridge University Press, 2004, p. 32.

④ 李巍:《霸权国与国际公共物品》,《国际政治研究》2007年第3期。

⑤ Todd Sandler, "Globaland Regional Public Goods: A Prognosis for Collective Action," *Fiscal Studies*, Vol. 19, No. 3, 1998, pp. 221-247.

为天然共有物、人造共有物和政策结果和条件。① 此外,根据公共物品在生产循环中的不同阶段,还可区分为中间公共物品和最终公共物品。对于国际关系学者和政治人物来说,对国际公共物品最直接的区分方法源自公共物品的领域划分,比如,联合国秘书长科菲·安南在《通向实现联合国千年宣言目标的路线图》中总结的,包括基本人权、对国家主权的尊重、全球公共卫生、全球安全与和平、跨越国界的通信与运输体系、协调跨国界的制度、基础设施、知识的集中管理、全球公地的集中管理和多边谈判的国际论坛等十类公共物品。② 此外,杜克大学国际发展中心的客座教授菲利斯·波默兰茨在一篇论述全球研究同传统的国际关系研究之间区别的论文中,总结国际公共物品应该包括和平与安全、传染病防控、国际金融体系的稳定、全球贸易和运输体系、环境保护、应对气候变迁以及知识的传播等领域。③

同其诞生领域相关联,既有的国际公共物品研究带有强烈的结构主义色彩,从公共物品本身的特性出发,思考其供需情况、消费情况以及行为体在公共物品面前的集体行动。结构主义的视角往往过于宏大,忽视了国家层面的特殊因素对行为体外交选择的影响。该视角虽然揭示了国际公共物品在供给或收益分配上面临的困境,却不能解释不同行为体供给程度的差异。正是为了弥补现有研究的缺陷,本文从行为体的角度出发,将国家实力、社会性互动关系和国际定位等因素和国家提供国际公共物品的数量、变化趋势以及供给态度联系起来,研究影响行为体提供国际公共物品的动力因素,尝试初步解释在国际无政府状态长期持续的情况下,国际关系行为体如何实现国际公共物品的供给,并推动全球治理的实现。

---

① 参见〔美〕英吉·考尔等编:《全球化之道——全球公共产品的提供与管理》,人民出版社 2006 年版,第 90 页。

② Road Map towards the Implementation of the United Nations Millennium Declaration, Report of the Secretary-General A/56/326, General Assembly, United Nations, September 6, 2001.

③ Phyllis Pomerantz, "International Relations and Global Studies: The Past of the Future?" http://global-ejournal.org/2008/08/29/international-relations-and-global-studies-the-past-of-the-future/,2008 年 8 月访问。

二、中国提供联合国会费的现状及其比较

对中国提供联合国会费的比较分析,将通过对包括中国在内的五个国家在 2001—2010 年十年内对联合国会费的供给情况进行考察,比较的内容包括供给的数量、变化趋势以及供给成本占各自国家 GDP 的水平。

(一) 研究方案的几点说明

1. 国际公共物品的选取

联合国作为当今世界上最大的国际机制,同时也是统一的世界性综合性的政府间国际组织,成员国遍及世界 193 个主权国家,在维护世界和平、解决国际争端、促进经济、文化及科技发展等诸多领域都发挥着重大作用。尽管在组织结构和决策程序上还存在争议,对联合国进行改革的呼声也一直不绝于耳,但联合国毫无疑问仍然是当今最主要也最具影响力的国际机制。尤其在冷战结束以后,随着两大对立阵营的激烈对峙隐入历史舞台,作为国际机制的联合国越来越多地具有了制度主义者设想的积极功能,其所涉及的议题领域逐渐多元化,在促进全球治理,推动人类社会进步上发挥了巨大的建设性作用。因此,本文认为联合国是当今世界一项重要的中间公共物品,而为联合国提供日常经费(regular budget),也就成了衡量各国对当今国际公共物品贡献程度的重要指标之一。

此外,联合国会费的如下特质也有助于我们观察国家的外交选择对公共物品供给的影响:首先,联合国属于人造共有物,其经费来源主要依赖主权国家,尤其是大国的支持,国家行为体的外交决策会对其供给产生重要影响。联合国会费的分摊比率[①],由联大第五委员会和会费委员会每三年进行一次核查和调整,虽然有一套通过考察每个国家的国民生产总值、人口以及支付能力以确定分摊比例的

---

① 关于联合国会费的计算方法,可参见 Image and Reality: About the UN, Chapter 5 "Is the UN good value for the money," http://www.un.org/geninfo/ir/index.asp, 转引自 Marjorie Ann Browne, Luisa Blanchfield, "United Nations Regular Budget Contributions: Members Compared, 1989-2008," A Congressional Research Service, January 22, 2010, http://assets.opencrs.com/rpts/RL30605_20100122.pdf。

计算方法，但该计算方法本身就是行为体之间博弈的结果，而且围绕该问题，每三年都会出现大国依靠自身影响力进行讨价还价的行为。本文认为，现行计算方法并不能客观全面地反映人类共同体对国际公共物品的需求和各成员国所应承担的责任，而是国际公共物品的需求和大国政治之间妥协的结果，行为体实际做出的供给在很大程度上体现了国家的外交倾向。其次，从个体贡献同公共物品供给的总体水平之间的关系来看，联合国会费属于按总和方法汇总的国际公共物品，个体每一单位的贡献对于整体层面的意义相等，行为体的供给互相可以代替，也正因为此，行为体更倾向于消极行动和搭便车策略。

2. 时间范围

对中国提供国际公共物品的现状的比较分析，将基于近十年来也就是 2001—2010 年的资料和数据。之所以将时间范围限定在该十年间，一方面是国际社会对国际公共物品的需求大量增加。这种需求的增加既源于针对数量增长的各种国际议题的治理的需要，也源于从公民社会到各国政府对全球问题的重视。某个议题在决策者（既包括民族国家政府的决策者，也包括各种非国家行为体的决策者）议事日程中的排列顺序发生了变化，意味着对该议题进行投入的需求也将发生变化。比如全球气候变暖问题，虽然人类活动对地球气候变化产生大规模影响可追溯至工业革命，但直到上世纪末，伴随着一系列大规模可见的地球生态系统的灾难性变化，该议题才逐渐成为人们关注的焦点，并成为一项重要国际议题。

将时间范畴界定在该十年的另一个重要原因，是中国大国崛起的形象在 21 世纪头十年得到了强化。从较长时段来看，中国崛起的进程至少持续了三十年，但 21 世纪第一个十年发生的一系列重大事件强化了这种形象，这些事件横跨各种领域，如举办奥运会和世博会、在朝鲜半岛核问题上的外交斡旋、GDP 总量超越日本成为世界第二、军事装备水平的快速现代化、航天科技的突破性进展，甚至包括在重大自然灾害中体现出的强大的政府动员能力。当然，在这些标志性事件基础之上，"中国形象"的建构，或者说是中国同世界之间关系的"互构"过程并非一帆风顺。围绕北京 2008 年奥运会所产生的一系列外交风波,以及以全球性传媒为代表的全球公民社会对中国崛起的猜忌,都体现着国际社会对中国崛起的某种焦虑。一个大国的崛起对世界和平是福是祸,对于公民社会是友好还是漠视甚至敌视,都是中国在国际社会塑造自身形象的过程中所必须面临的质疑。总之,21世纪的第一个十年,是中国同国际社会交往充分发展的十年,这种交往既伴随着合作和信任,也伴随着质疑和冲突,如何协调自身发展同国际社会现实变化之间的关系,在该十年变得突出且尖锐。

3. 国家选择

对中国提供联合国会费的分析,将通过和其他四个有代表性的国家之间的比较展开,四个国家包括美国、日本、法国和印度。

美国作为当今世界上唯一的超级大国,在外交政策中表现出鲜明的两面性。一方面是不顾国际机制和各种规范的单边主义倾向,运用压倒性的力量优势寻求全球范围内的相对收益。另一方面,作为霸权国的美国又是众多国际机制的创立者和众多国际公共物品的最大供应者,其中就包括联合国。随着近年中国的崛起,国际社会上开始出现G2①之论,在《驯服全球化》一书中,赫尔德就将中美放在一起,作为有能力"单纯考虑单边主义和中立为防御战略"的国家代表。② 由于中美两国在当代国际社会中的特殊地位与关系,比较两国在提供国际公共物品方面的表现就十分必要。

日本是一个相对特殊的国家,由于历史原因,有着强大的经济实力和与此不相称的国际政治地位。为了改变现状,日本通过各种积极的外交活动,争取成为联合国常任理事国。日本与中国的关联是,两者同为东亚地区最有影响力的国家,同时有着紧密的经济相互依赖和政治上的竞争。在经济上,中国刚刚于2010年实现了GDP总量对日本的超越③,在政治领域,日本也大张旗鼓地争取联合国常任

---

① 所谓"G2"指的是"中美两国集团",最早提出这个概念的是彼得森国际经济研究所所长弗雷德·伯格斯滕,参见Fred Bergsten,"A Partnership of Equals: How Washington Should Respond to China's Economic Challenge," *Foreign Affairs*, Vol. 87, No. 4, 2008, pp. 57-69。

② 〔英〕戴维·赫尔德主编:《驯服全球化》,上海译文出版社2005年版,第127页。

③ 参见世界银行"世界发展指标"(WDI)数据库,http://data.worldbank.org.cn/indicator/all。

理事国的资格,从而对中国的相对收益构成冲击。

　　法国是近代国际关系史上的重要强国,然而二战后沦为美国附庸,国家安全和经济发展皆依赖于同美国的同盟关系。随着欧洲的崛起,借助于欧盟的力量,法国国际地位有所回升,外交政策也逐渐显现出不同于美国的独立倾向,在涉及全球问题和全球治理等议题上,态度更加积极。法国与中国同样是各自区域内的大国,并且同为联合国常任理事国,政治地位相近。

　　从国家实力上看,日本、法国和中国的实力地位相近,但前两者的国际定位同中国存在差距,同日本和法国的比较有助于我们观察实力相近,但国际定位相异的国家在国际公共物品供给上所表现出来的差异。

　　印度则是国际关系新兴力量的代表,与中国同为"金砖国家",并且在地区和全球层面都希望成为一支重要力量,尽管同日本一道在冲击"入常"的道路上受到挫折,但借助高速发展的经济、庞大的人口和幅员辽阔的国土面积,成为一支活跃的国际政治力量。印度与中国的相似之处在于,同样被视为新兴工业国家,因为各自国家实力的快速增长成为国际社会性互动关系中的关注焦点,承受着来自外界的压力,在寻求国家实力发展和承担国际责任之间寻求平衡点。中国和印度的比较,有助于我们观察承受相似的外部压力和拥有相近的国际定位,但国家实力不同的国家在提供国际公共物品时所表现出来的差异。

4. 数据选择

　　三组数据包括:行为体缴纳联合国会费的比率;行为体 GDP 占世界 GDP 的比重;行为体缴纳的会费占各自 GDP 的比重。第一组数据是对一个国家供给国际公共物品水平最直观的反映,供给水平和会费比率成正比,该组数据十年间的变化趋势反映了一个国家承担国际义务水平的发展趋势。第二组数据反映的是国家实力的变化,构成一个国家综合国力的要素多元且复杂,GDP 是其中最具代表性且相对容易统计的一项指标。对前两组数据综合考察,有助于对国家实力分配和公共物品供给之间关系的分析。

第三组数据即行为体缴纳会费占该国GDP的比重,是提供国际公共物品对行为体造成的负担情况,功能是用来考察一个国家承担国际义务、提供国际公共物品的态度,比例和态度成正比。仅仅观察第一组数据,虽然可以反映行为体承担国际义务的水平变化,但如果忽略了国家实力变化这个动态要素,就难以对其态度进行判断。例如,一个国家承担的会费比率和绝对数额都得到了提升,但是其占该国GDP的比重持平甚或是下降,就很难说该国的态度是积极的。当然,这种情况有可能源于国际公共物品整体需求水平的下降,但是通过不同国家之间的横向比较,我们依然可以得出不同国家在该问题上的不同态度之间的差异。对上述三组数据的考察有助于我们得出对行为体提供国际公共物品水平的全面认识,既包括客观的供给水平,也包括主观的态度和倾向。

(二)中国缴纳联合国会费的比较分析

1. 五国缴纳联合国会费情况及各国GDP的变化

表1 2001—2010年五国承担的联合国会费比例①和
GDP占世界GDP的比重②

(%)

		中国	美国	日本	法国	印度
2001	会费比率	1.54	22.00	19.63	6.50	0.34
	GDP比率	4.14	31.97	12.80	4.12	1.49

---

① 数据来源:联合国文献检索系统(UNBISNET), Assessment of Member States' contribution to the United Nations regular budget for the year 2001-2010,文件编号按时间顺序排列:[ST/ADM/SER.B/568][ST/ADM/SER.B/582][ST/ADM/SER.B/597][ST/ADM/SER.B/612][ST/ADM/SER.B/638][ST/ADM/SER.B/668][ST/ADM/SER.B/701][ST/ADM/SER.B/719][ST/ADM/SER.B/755][ST/ADM/SER.B/789], http://unbisnet.un.org:8080/ipac20/ipac.jsp? session = 13Q65Q326P086.110130&profile = bib&menu = search&submenu = subtab124&ts =1316503263476#focus。

② 数据来源:世界银行"世界发展指标"(WDI)数据库, http://data.worldbank.org.cn/indicator/all。

(续表)

		中国	美国	日本	法国	印度
2002	会费比率	1.55	22.00	19.67	6.51	0.34
	GDP 比率	4.37	31.83	11.78	4.36	1.52
2003	会费比率	1.53	22.00	19.52	6.47	0.34
	GDP 比率	4.38	29.62	11.30	4.79	1.60
2004	会费比率	2.05	22.00	19.47	6.03	0.42
	GDP 比率	4.58	28.00	10.92	4.87	1.71
2005	会费比率	2.05	22.00	19.47	6.03	0.42
	GDP 比率	4.95	27.57	9.98	4.68	1.83
2006	会费比率	2.05	22.00	19.47	6.03	0.42
	GDP 比率	5.49	26.97	8.82	4.56	1.92
2007	会费比率	2.67	22.00	16.62	6.30	0.45
	GDP 比率	6.26	25.08	7.85	4.63	2.23
2008	会费比率	2.67	22.00	16.62	6.30	0.45
	GDP 比率	7.38	23.34	7.97	4.62	1.98
2009	会费比率	2.67	22.00	16.62	6.30	0.45
	GDP 比率	8.59	24.17	8.66	4.52	2.38
2010	会费比率	3.19	22.00	12.53	6.12	0.53
	GDP 比率	9.32	23.13	8.72	4.06	2.74

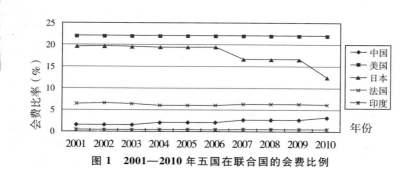

图 1　2001—2010 年五国在联合国的会费比例

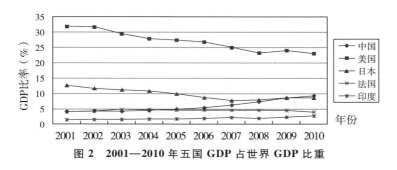

图 2　2001—2010 年五国 GDP 占世界 GDP 比重

表 1 罗列了中、美、日、法、印五国十年间承担的联合国会费比例的变化以及各国 GDP 在世界 GDP 中的比重,图 1 和图 2 是根据以上两组数据制作的折线图,以反映数据变化的趋势和不同国家之间的比较。

从表 1 中我们可以看出,2001—2010 年十年间,承担的会费比例呈现相对较明显的上升趋势的国家是中国和印度。中国从 2001 年的 1.54% 上升到 2010 年的 3.19%,所占比例翻了一番,是五个国家中增速最快和增幅最明显的国家,可以说在该十年间,中国所承担的国际义务水平得到很大程度的提升。但其总体水平在五国的排名中并不高,从图 1 中可以清楚地看出,中国承担的会费比例在五个国家中仅排倒数第二位,截至 2010 年,中国所贡献的会费比例是霸权国美国的七分之一,非常任理事国日本的四分之一,以及同为常任理事国,但 GDP 已被中国超越的法国的二分之一。印度所承担的会费比例由 0.34% 增长到 0.53%,同样保持了较快的增长速度,但其对联合国会费所做出的贡献在五个国家中是最低的,2010 年仍不足 1%。

在该十年间承担的会费比例基本持平的国家是美国和法国。其中美国分摊的会费比例保持在 22%,是全世界承担会费比例最高的国家,充分体现了其身为当今国际体系霸权国的地位,和现行国际体制最重要的缔造者和维持者的身份。但是,作为美国外交政策另一极端的单边主义倾向影响了美国提供国际公共物品的水平,拖欠巨额会费,并以此对联合国的行动施加影响使其饱受国际社会批评。法国的会费分摊比例也表现出了相对稳定性,从 2001 年的 6.5% 到 2010 年的 6.12%,中间虽然有所调整,但始终保持在 6.03%—6.51%

之间。对待国际义务的态度稳定,总体水平在五国之中也排在中间位置。

日本在五个国家中的数据波动最为明显,且独具特点。日本并非联合国常任理事国,在国际政治中的影响力也不及法国,甚至逊于中国,然而日本却承担了仅次于美国的会费比例,在财政上的贡献是所有成员国之中第二高的。即使在两次明显的向下调整(2007年和2010年)之后,其所承担的会费比例依然高达12.53%,是身为联合国常任理事国法国的两倍,是同样为常任理事国,且经济总量相当的中国的四倍。可以说,至少在联合国会费这项公共物品中,日本承担了极高规模的义务,做出了重要贡献。

联合国会费由会员国按照"能力支付"的原则进行分摊,第五委员会和会费委员会按照一定的标准对成员国的义务赋予权重,属于按加权方法进行计算的公共物品。这就要求实力强大的国家提供更多的公共物品,因此我们有理由期待反映国家实力的图2和反映贡献水平的图1呈现出某种程度的一致性。

在两幅折线图的比较中,图1呈现出明显的稳定性,尽管各个国家所分摊的会费比例出现变化,但五条线并没有发生交叉现象,然而在图2中,除了美国和印度清晰地分布上下两端以外,中国、日本和法国的折线发生了交叉现象,也就是说,中国的国家实力发生了重大变化。从2001年到2005年,中国GDP占世界GDP的比重同法国不相上下,次于美国和日本,强于印度,同图1所反映的会费分摊水平相当。从2006年开始,中国经济的增长速度再度拉高,2009年与日本基本持平(8.59%与8.66%),2010年已经实现超越,成为仅次于美国的世界第二大经济体。在中国国力快速增长的同时,是美国和日本的相对衰落,法国的平庸,印度虽然也保持了较快速度的增长,但在世界GDP中依然只占有较低比重,在五个国家中排名垫底。同这种发展趋势相伴随的,是中国所分摊的联合国会费的快速增长,和其他国家的相对下降或持平。

然而,无论是国际社会和国内社会,都对中国所承担的国际义务水平存在争议,中国所承担的国际义务到底要增长到什么程度?这种变化能否称得上是积极？同发达国家相比差距在什么地方？上述两组数据尚不能给我们答案,只有将一个国家提供国际公共物品的水平同其自身的国家实力相比较才能得出更合理的观察结论。

2. 五国缴纳联合国会费的态度比较

通过表1和图2,我们可以对"联合国会费缴纳"这个议题有一个宏观的认识,包括中国在内的五个国家的分摊比例在整个议题的结构中得到体现。图2开始将行为体对国际公共物品的供给同GDP联系在一起,考察特定国家提供国际公共物品的态度。

对行为体供给态度的考察,可以通过多种方式进行,诸如一国政府对某个议题的政策文件,相关外事人员的发言,国内媒体对该议题的报道等等。本文旨在通过计算一国国际公共物品供给的支出同该国GDP的比例(即国际公共物品支出/GDP),也就是提供国际公共物品对一个国家造成的负担水平,对国际关系行为体的态度进行研究。这种方法的优点在于可行性强,数据可考且便于测量和比较。此外,这种方法具有较强的合理性:比如作为国内公共物品的赈灾捐款,不能抽离行为体的承担能力,而简单以行为体支出的捐款数额裁定其态度,没有收入的学生捐款100元,显然要比高收入群体的200元捐款在态度上更积极。

鉴于本文选取的五个国家,在2001—2010年十年间缴纳的联合国会费占其GDP的比重保持稳定,因此对该数值的描述采用十年的平均数值①,详情如下:

表2 十年间中国缴纳联合国会费占本国GDP的比值

	联合国会费(亿美元)	GDP(亿现价美元)	比值(‰)
2001	0.16	13 248.05	0.12
2002	0.17	14 538.28	0.17
2003	0.21	16 409.59	0.13

---

① 数据来源:世界银行"世界发展指标"(WDI)数据库,http://data.worldbank.org.cn/indicator/all。

(续表)

	联合国会费（亿美元）	GDP（亿现价美元）	比值（‰）
2004	0.29	19 316.44	0.15
2005	0.37	22 569.03	0.16
2006	0.35	27 129.51	0.13
2007	0.53	34 940.56	0.15
2008	0.49	45 218.27	0.11
2009	0.65	49 912.56	0.13
2010	0.67	58 786.29	0.11

注：平均值 = 0.12+0.17+0.13+0.15+0.16+0.13+0.15+0.11+0.13+0.11÷10 = 0.136

表 2 列举了 2001—2010 年十年间，中国缴纳的联合国会费数额、GDP 总量以及前者和后者的比值，其态度是否积极有待于和其他国家的比较。表 3 列出美国、日本、法国、印度四国的比值，为简化计算过程，将直接列出十年比值和平均值：

表 3　2001—2010 年四国缴纳的联合国会费占各国 GDP 的比值

（‰）

	美国	日本	法国	印度
2001	0.26	0.50	0.50	0.08
2002	0.27	0.56	0.50	0.08
2003	0.31	0.62	0.49	0.07
2004	0.31	0.60	0.42	0.08
2005	0.35	0.76	0.50	0.08
2006	0.32	0.76	0.46	0.07
2007	0.35	0.76	0.49	0.07
2008	0.32	0.62	0.41	0.07
2009	0.43	0.80	0.59	0.08
2010	0.35	0.48	0.50	0.06
平均值	0.327	0.646	0.486	0.074

为了方便比较,我们将五个国家的平均值做成柱状图,见图3:

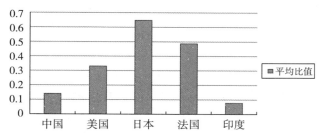

图3 2001—2010年五国缴纳联合国会费占GDP的比值(‰)

图3展示了本文所选取的五个国家,在十年间其所缴纳的联合国会费占国内生产总值的比值的平均值,该数据用以反映行为体提供国际公共物品,承担国际责任的态度,数值同态度成正比。五个国家的数值在十年间基本保持稳定,这也从一个侧面说明国际公共物品供给面临的困境,即很难期望行为体采取大幅的主动行动以加强供给,尽管国际公共物品对全人类的发展都是至关重要的。

在图3中,中国的数值仅高于印度,低于其他三国,是美国的40%,日本的21%,以及法国的28%。十年间的最高值为2002年的0.17‰,然而到了2010年,尽管中国承担的会费比例大幅上升,数额快速成长,但其占GDP的水平却跌倒了最低点,只有0.11‰。这表明在缴纳联合国会费这个议题中,中国的国家实力增长速度高于其所供给的公共物品的增长水平,负担水平稳中有降。除此之外,在五个国家的比较中,中国远远落后于美国、日本和法国,显然,通过比较,我们很难将其判定为积极的态度。

除中国外,印度的态度是五个国家之中最为消极的,十年来缴纳的会费不足GDP的万分之一,尽管其所承担的会费比例呈上升趋势,但印度也面临着和中国相似的外交决策,即行为体所追求的大国地位,仅仅是一个富有权力的大国,还是能够承担起国际义务,引领国际社会的大国?

日本、法国、美国在积极程度的排序上分别占据前三位,但是负担率的顺序同缴纳会费总额的顺序不尽相同。美国在缴纳会费总额上高居榜首,然而会费占国内生产总值比值仅0.327‰,远逊于日本的 0.646‰，甚至低于法国的 0.486‰。说明美国在国际公共物品的供给问题上，虽为霸权国，态度并不积极。在五个国家中，日本的态度最为积极，除了会费缴纳比例高居全球第二外，其所承担的负担，即公共物品供给的数额占国内生产总值的比重，排在五个国家的第一位，而且是美国的两倍。当然，随着相对实力的衰退，2010 年日本的公共物品负担率较上一年出现了较大程度的后退，但依然保持 0.48‰，同 2001 年相比下降了 0.02‰。五个国家中最出乎笔者意料的是法国，相对其在缴纳联合国会费中平稳的表现，在公共物品负担率方面表现出色，十年平均值为 0.486‰，仅次于日本排在第二位。尽管近十年时间，老牌强国在国际实力分配中的相对地位有所下降，但在对国际公共物品的供给态度上依然表现积极，强于霸权国美国和新兴经济体中国。

（三）小结

国家在国际公共物品供给领域内的表现就像钟摆一样，其表现总是处于两个极点之间，因此，本文尝试在线段上将上文提到的五个国家在供给量、变化趋势和供给态度三个方面上的表现进行排序，在比较中定位中国。

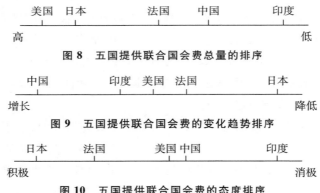

图 8　五国提供联合国会费总量的排序

图 9　五国提供联合国会费的变化趋势排序

图 10　五国提供联合国会费的态度排序

图 8 反映的是五个国家提供联合国会费总量的排序，线段由左至右代表供给总量由高到低，在该项排序中，中国在五个国家中居于第四位，同国际体系中的主要大国尚有差距。

图 9 反映的是五个国家提供会费的变化趋势的排序，位于线段

中点的国家意味着其供给的公共物品的总量持平,趋势没有明显变化,比如美国缴纳的联合国会费比例在十年间始终保持在22%的水平,在反映对该项公共物品进行供给的变化趋势线段中处于中间位置。由线段中点向左延伸,意味着供给趋于增长,越向左,增速越快;相反,线段由中点向右延伸则意味着供给趋于减少,越向右,减幅越明显。在该排序中,中国表现突出,在五个国家中高居第一位,意味着中国在十年间大幅增加了对国际公共物品的供给,而且增幅远超过其他国家。

图10反映的是五个国家提供会费的态度排序,态度通过供给的国际公共物品成本占各国GDP的比例得到反映,线段由左至右代表供给态度由积极到消极。在该项排序中,中国的表现排在第四位,在五个国家的比较中倾向于消极。但是值得注意的是,虽然美国的公共物品负担率高于中国,但是考虑到其拖欠联合国会费,利用会费缴纳问题要挟国际机制的外交行动,图中缩短了美国同中国的差距。

为了便于下文的原因分析,此处对五个国家的表现做一番简单的总结:中国提供的会费总量不高,增速极快,体现为GDP负担率的供给态度并不积极;美国提供的会费总量很高,趋势稳定,态度难以称为真正意义上的积极,至多可称之为有保留的积极,接近于不积极;日本总量很高,趋势稳中有降,态度积极;法国总量高,趋势稳定,态度积极;印度总量低,稳中有增,态度消极。

此处应该强调的是,国际体系中的所有国家都居于三条线段上的某一点上,由于本文只涉及五个有代表性的国家的比较,因此当某一国家的排序靠前或靠后的时候并不是一种绝对的定性评价,只是指在同其他四个国家的比较中的位置。如果考虑到所选取的国家都是当今国际体系中的重要大国,是国际公共物品的主要供给者,因此在囊括了国际社会所有国家的线段中,这些国家在供给总量上都居于世界前列。

三、中国提供国际公共物品的原因分析

这一部分是对中国提供国际公共物品的原因分析,即哪些因素推动中国向国际社会提供公共物品,承担国际义务;这些因素在塑造

前文所描述的现状方面分别起到了什么样的作用,以及是如何起到作用的。

对公共物品的研究从经济学领域向社会学、政治学以及国际关系学扩展的进程中,随着知识积累和现实的需要,针对推动行为体供给的动力研究也逐渐深入。在早期经济学和社会学的研究中,公共物品的外部性特点使得研究者倾向于得出权威供给的结论(或是通过公共权威强制分配,或是通过征收税款实现外部性的内部化),也就是说,受到集体行动困境的束缚,公共物品的供给有赖于具有强制力的中央政府。随着制度经济学的兴起,制度的功能性作用也被纳入到实现公共物品供给的动力之中。当公共物品进入国际关系领域,对该问题的探讨相应地转化为霸权稳定论和制度稳定论,即公共物品的供给主要依靠具有超强实力的霸权国家行使类似于国内层面的中央政府的职能实现,或者是依靠稳定的国际制度的功能性作用推动国际公共物品的供给。然而,这两种理论都过于宏大,对具体问题的解释力有限。比如说,该如何解释实力相似的国家,或者是同样受到国际制度功能制约的国家,在同一项国际公共物品的供给程度上的差异,以及态度上的差别?宏大理论对民族国家在外交决策中具体受到哪些因素的激励和制约提及的并不多,而正是民族国家作为国际关系最重要的行为体承担了最主要的供给责任。

本文将国家实力、激励机制和国际定位同国际公共物品的供给联系起来,强调国际实力分配、激励机制以及国际定位三个因素对中国提供国际公共物品的影响。

(一)国际实力分配对中国提供国际公共物品的影响

在上文对五个国家缴纳联合国会费的描述分析中,我们可以清晰地看到各个国家对国际公共物品的供给水平同国际实力分配的一致性,供给总量的排序同国家实力排序基本一致。在经验上,随着中国国家实力的增长,提供国际公共物品的总量也在不断提高。本文认为,国家实力和公共物品之间的这种正比关系,是国际公共物品供给结构的客观需要,是实现全球治理的客观需要。换句话说,当国际公共物品的供给和全球治理同现实政治结合起来的时候,必然要求国家实力同国际公共物品的供给保持正比关系。

首先,避免国际公共物品供需关系中的"反罗宾汉效应",要求在国际实力分配中处于优势地位的国家承担更多的国际公共物品供给的责任。

鉴于公共物品供给的困境,学者尝试建立一套标准,明确行为体所应承担的义务水平,实现公共物品的供需平衡。瑞典经济学家林达尔提出的"林达尔均衡"被视为衡量能否实现公共物品充分供给的标准,该理论强调每一消费者按照其边际收益来承担公共物品成本。但经济学理论同国际关系现实存在脱节。一方面,国际社会中缺乏充分的信息,无从判断行为体从公共物品中所获得的实际收益,从而确定各国所应支付的成本。另一方面,这种依据消费者个人消费偏好的计算方法在一个发展不平衡的国际体系中往往会造成劫贫济富的"反罗宾汉效应",即加大行为体之间的贫富差距,同全球治理的理念相去甚远。

全球公共物品负面外部性的承受者往往集中于贫穷国家,这些国家同时也是对正面外部性需求最大,同时应对负面外部性能力最差的国家。换言之,贫穷国家一方面亟须对公共物品的消费,另一方面又无力承担其最需要的公共物品成本,如果强制每个行为体承受公共物品外部性内部化的成本,"全球公共物品非但不能扮演一个平衡者的角色,反而会恶化不平等"①,造成劫贫济富的"反罗宾汉效应"。因此,在国际关系中,为了避免反罗宾汉效应,客观上要求国际实力分配同公共物品的供给水平保持一致。我们必须依靠最具有实力的国家,寻求缓解国际公共物品供给困境的方法,推动大国承担相应责任,促进公共物品收益和成本的合理分配,而不能简单依据行为体对公共物品的收益水平来分担成本。

其次,全球治理中,人类共同体的整体性利益要求国家实力同国际公共物品的供给保持一致。

在对行为体提供公共物品的动力分析中,霸权稳定论占据着重

---

① Inge Kauletal, *Global Public Goods: International Cooperation in the 21st Century*, Oxford University Press, 1999, p. 19.

要的位置。该理论认为,当国际体系的权力分布趋向高度集中,也就是出现霸权国的时候,霸权国会通过创建国际机制等方式提供国际公共物品。对霸权稳定论的最早描述来自经济学家①,罗伯特·吉尔平和克拉斯纳等国际关系学者②将霸权稳定论纳入国际关系领域,但做了修正,即强调霸权国之所以要提供国际公共物品,是基于自身利益的考量。这样,通过国家的理性选择假设,国家利益就与国家实力以及国际公共物品的供给连接起来。

本文认为,在全球化时代,行为体对利益的追求仍是其提供国际公共物品的主要动力,只不过这种利益已从单一的国家利益扩展为"整体性"的人类利益,整体性的来源是我们今天所提及的多元的国际公共物品在全球化时代给国际社会带来的各种外部性。对任一国际议题所带来的收益的分享,或者是由任一议题制造的成本的承担,不再只由行为体自己所决定,而是受制于各种外部原因,这些外在原因又交织纠缠在一起。比如对流行疾病的防治行动,承受疾病之苦绝非单个国家的公民,而应以全人类的视角加以考量,只要全世界尚有一个角落存在某种流行疾病,任何一个国家、社会、民族和集团都不能保证不会承担其扩散的负面外部性,而人类共同体对流行疾病的防治,显然是全球范围内的积极外部性。除流行病防治以外,涉及国家的生存(如粮食和气候变迁)和发展(如能源和金融体系)各个方面的外部效应正伴随全球化之势对国际社会构成挑战。正是伴随全球化所产生的各种议题的外部效应,使得人类共同体拥有了相较于以往更广泛的而且是更深刻的"整体性"利益。这种整体性既体现在利益的主体上,也体现在实现利益的方式上。

主体的整体性体现在各种全球问题的外部效应影响到整个国际社会的公平发展、资源和财富的合理分配,并且对国家、民族、社会等各种集团以至于个人的生存和发展都构成挑战;实现利益方式的整

---

① Charles P. Kindleberger, *The World in Depression, 1929-1932*. University of California Press, 1986.

② Robert Gilpin, *U.S. Power and the Multinational Cooperation*: *The Political Economy of Foreign Direct Investment*, New York Basic Books, 1975; Stephen D. Krasner, "State Power and the Structure of International Trade," *World Politics*, Vol 28, No. 3, 1976, pp. 317-347.

体性,则强调了各种行为体在应对各种外部性的影响时侧重非零和博弈,强调国际合作的重要性,因为侧重相对收益的零和博弈并不旨在消除各种议题领域的负面外部性,而是将公共劣品转嫁到其他行为体身上,激化国际矛盾。

"毫无疑问,各种全球问题仅凭单个国家的力量是根本无法解决的,它客观上要求各个国家的通力合作和共同治理。"①所有国际关系理论,都认同国家实力是实现国家利益的手段,利益的实现则是国家追求权力的最终目的,当各种公共物品的外部性对所有国家的生存和发展构成挑战之时,客观上产生了促使各个国家各尽其力,运用自身实力维护整体性利益的需要。

总之,避免国际公共物品供给中的"反罗宾汉效应"和实现整体性利益的客观需要,要求国家行为体依照自身实力对国际公共物品进行供给,实力越强大的国家,供给的数量水平就越高,相反则越低,供给的数量水平的变化会随着行为体实力水平的变化而变化。在上文分析中,五个国家对公共物品的供给数量同其实力分布基本一致,在国际实力分配处于顶端的美国、日本和法国都对国际公共物品做出了可观的贡献。在图 1 和图 2 中,我们也可以清晰地看到所有五个国家的供给曲线同 GDP 曲线具有一致性,中国和印度随着国家实力的增长而加快了对国际公共物品的供给,日本随着国家实力的衰退则相应降低了供给水平。

此处应该强调的是,本节并没有说国际社会的所有行为体都会像一个有组织的集团成员一样各尽其力提供国际公共物品,在该问题领域也并没有形成某种正式的制度以保证"我为人人,人人为我"的规则的确立。尽管该议题中行为体的表现会和自身的实力相挂钩,一些发达国家也为公共物品的供给做出了可观的贡献,但我们尚不能说国家实力就是解释行为体提供公共物品的充分原因。中国和印度虽然在国际实力分配的阶梯上逐渐上升,但提供公共物品的总量相较另外三个国家仍然较低。以中国为例,尽管在供给数量上保持了快速的增长,但承担国际义务的水平同国家实力地位尚不相称。

---

① 蔡拓:《全球化与政治的转型》,北京大学出版社 2007 年版,第 76 页。

为什么美、日、法三国积极承担了大量的国际义务而中国和印度似乎更倾向于"搭便车"？既然中印两国看起来是选择了"搭便车"的策略，那又如何解释两国在公共物品供给问题上的快速增长呢？对以上两个问题的回答，依赖于后文对激励机制和国际定位的考察。

（二）激励机制对中国提供国际公共物品的影响

个体理性和集体理性之间的矛盾往往导致集体行动的困境，而国际社会正是一个标准的有着共同利益的，由理性自私的行为体组成的大集团，国际公共物品最严峻的现实就是严重的供给不足。虽然避免"反罗宾汉效应"和实现整体性利益的客观需要会促使国家运用实力实现公共物品的供给，但并不是所有国家都做出了同其实力相符的贡献。那么，在无政府状态下由理性且自私的行为体构成的国际体系中，我们能否期待某种力量，作为促进民族国家提供国际公共物品的激励机制呢？本文的答案是肯定的，该力量就是借全球化之力，并在推动全球治理实现的过程中起到举足轻重作用的社会性互动关系。正是国际关系中的社会性互动作为一种激励机制的存在，才能解释中国在公共物品供给方面表现出来的矛盾性：一方面，同实力地位相比，中国的供给数量仍然有可提升的空间，对公共物品供给的负担率也相对较低，另一方面，中国在近十年间保持了国际公共物品供给的快速增长，中国由于实力地位变化剧烈，增长幅度也特别大。

英国学派的代表人物赫德利·布尔在20世纪70年代的著作中对国际社会的界定是"如果一群国家意识到他们具有共同利益和价值观念，从而组成一个社会，也就是说，这些国家认为他们互相之间的关系受到一套共同规则的制约，而且他们一起构建共同的制度，那么国家社会（或国际社会）就出现了"[①]。并且通过形成共同利益观念、规定规则、确立制度等方式维系作为一种秩序的国际社会。中国学者郭树勇认为国际关系的社会性指的是"主权国家在政治、安全与文化上的相互依赖性，以及对于共同价值、共同制度和共同命

---

① 〔英〕赫德利·布尔：《无政府社会：世界政治秩序研究（第二版）》，世界知识出版社2003年版，第11页。

运的真正尊重。当然也越来越多地体现为国家行为体之外的国际组织、国际制度、NGO、国际运动甚至个人对国际政治日益增长的影响力"①。

实际上,从行为体的角度来看,国际关系中的社会性互动关系反映的是行为体社会化的过程。在国际公共物品供给领域,由于存在集体行动的困境,社会化过程主要依靠被动的教化,即社会机构"有目的的对于政治意识、政治价值和政治习惯的灌输"②。玛莎·费尼莫尔在代表作《国际社会中的国家利益》中指出,正是"国际社会体系"在某些时候决定了国家想要什么③,从而塑造行为体的外交偏好。

显然,上述对国际政治中的社会性分析都以行为体之间的互动关系为落脚点。这种互动关系建立在对共有观念和共同价值认同的基础之上,通过对行为体自身利益认同的调整影响其外交决策,并借以维系体系的生存和发展。在国际公共物品供给领域,社会性互动关系主要来自主权国家之间的外交互动和全球公民社会同国家之间的互动。

推动国家行为体提供更多国际公共物品,就是这种作用的重要体现。在联合国会费比例分摊问题上,社会性互动关系主要表现为国家行为体之间的外交互动。每三年一次的联大会费调整,总是伴随着国家之间的相互诘责和相互掣肘。随着中国综合国力的飞速发展,中国同其他国家(主要是西方大国)在该问题上围绕着"能力支付"和"责任支付"展开激烈的攻防战。这种博弈更像是一种典型的社会性互动,行为体之间对维持并加强联合国的作用存在共识,并且意识到应该借助该机制以实现国际体系的和平与稳定,推动人类共同体的繁荣和进步。受到社会性互动关系影响的国家,外交行为并不一定表现为对相对收益的漠视,而在于国家经常从自己的利益出发,追求同社会性因素之间的妥协。尽管没有一个大国会表现出对外界压力的屈服,但经验上,包括中国在内的新兴国家,如印度、巴西

---

① 郭树勇:《关于国际政治的社会性》,《教学与研究》2006年第7期。
② Fred Greenstein: *Political Socialization*, NewYork: Macmillan, 1968, p. 14.
③ 参考刘贞晔:《国际政治领域中的非政府组织》,天津人民出版社2005年版,第98页。

等国,在2000年后的历次联大会费调整上都承受了来自其他国家的外交压力,会费比例保持了高速增长。

值得注意的是,在日益多元化的全球治理议题中,具有主体非国家性和目标价值规范性的全球公民社会已成为一个重要的社会性因素。在很多情况下,按照行政边界划分的主权国家同跨越国家边界追求目标的公民社会之间往往会出现摩擦,两者之间的互动经常表现为激烈的抗争和示威。从韩国的农民到欧洲的工人,从西雅图到北海道,各色公民社会组织围绕伴随全球化而产生的社会资源再分配问题展开了激烈的抗争,这些运动虽然被冠以"反全球化运动"之名,但其主流所追求的目标是在世界范围内实现不同集团①之间的公平和正义,消除贫困和剥削,是对借助资本力量进行全球扩张的新自由主义的全球化的反抗。其目标同实现国际公共物品充分供给的目标一致,旨在消除各种问题的负面外部性影响,保证积极外部性的合理分配。显而易见,在全球化时代,各种问题的外部性对人类生活造成的各种影响日益严重。而全球公民社会,即各种非政府组织、跨国界的公民运动以及全球性传媒与网络等,通过舆论压力、游说政府、传播信息等方式同主权国家各级政府开展互动,通过倡导和认同"全球身份""全球意识"和"全球价值",对国家行为体摆脱单一的国家视角和国家利益的束缚,关注人类的共同利益与命运,提供更多的国际公共物品产生了重要的推动作用。

就本文而言,由于中国的超常发展和快速崛起,所以引起国际社会的高度关注实属必然,从而,全球公民社会与中国的互动也日益加强。正因为如此,为了回应全球公民社会对中国在提供国际公共物品方面的期望,缓解来自全球公民社会的压力甚至不满,中国必然会加大提供国际公共物品的力度。这一点,在中国近十年向联合国提供的会费比例高速增长的个案中得到体现。

总之,国际关系的社会性互动关系扮演了推动国际社会这个由整体性利益组织在一起的大集团实现共同目标的激励机制的角色,集团的共同目标就是实现公共物品的供给。随着社会性因素的兴

---

① 这些具有跨国行动能力的集团包括不同的阶层、职业、族群甚至是性别。

起,在全球治理进程中的影响广度和深度不断加大,对国家行为体提供国际公共物品所施加的压力也就越大,这种压力主要表现为社会激励,通过全球公民社会的各个功能对国家的声望、名誉等社会和心理目标施加影响,并且借助对国际社会行为规则的塑造能力,限制国家行为体的行动方式。毫无疑问,国家实力越强大的国家,因其地位受到的关注越多,受到的压力也就越大。随着中国的崛起,以及对全球治理的重要影响,必然在社会性互动关系中受到关注,并且在压力的推动下进行公共物品的供给。这也解释了中国在上文分析中所表现出来的特点,尽管看似倾向于搭便车的策略,但是对国际公共物品的供给水平保持了高速的增长。

(三) 国际定位对中国提供国际公共物品的影响

一个国家提供国际公共物品的实际数量,往往受到诸如国际实力分配和激励机制推动等综合因素的作用,但国家在态度上的差异从根本上说反映的是国家的意愿,较少受到外部因素制约,是行为体的主动外交决策,因此对态度问题的考察,需要聚焦于国家层面。

我们仍以赈灾捐款这项国内公共物品为例,某个捐款人的捐款数额一定受限于其收入情况,以及他者捐款水平的影响(或是出于攀比心理,或是出于对外部压力的反应),但其捐款的态度积极与否只与捐款人的主观选择相关,这种选择受到捐款人对社会共同体的认同程度和对自身社会角色的认知程度的影响。当这两项指标相对较高时,捐款人自然抱有积极的态度,而两项指标都相对较低时,捐款人的态度也会变得消极。将这段关于国内公共物品的描述运用到国际关系领域,可以说行为体对国际公共物品供给的态度同供给者对现存国际体系和国际秩序的认知程度,和对自身国际角色的认知程度相关。而这两个维度,都与国际定位相关。

伴随着中国的迅速崛起和国际关系的深刻变革,在近年的中国学术界掀起了一股对中国国际定位问题的研究热潮。有的学者认为一国的国际定位应该包括"国家实力的现状与评估""与现有国际体系和国际秩序的关系""国家自身的特质与价值追求"和"在对外关系中的潜在优势"四个维度①,有的学者认为这一概念的思考涉及"国家的实力定位""地缘战略定位""国家整体属性定位"和"国际角色定位"②。虽然不同学者的思考各有侧重,但其交集都包含行为体对国际体系的认同程度、对建立在一定物质基础之上的自身国际角色的认知程度。将国际定位运用于考察国家提供国际公共物品的态度,就意味着通过分析一国对现有国际体系与国际秩序的评判,以及自身国际角色的认知,来探寻该国在提供国际公共物品方面积极与消极、主动与被动的原因。

如前文所述,中国在提供国际公共物品方面表现出增幅大,总量小,负担率低,似有搭便车倾向的特点。换言之,态度不够积极,与国际社会的期盼与要求相距较大。为何会如此呢?

首先,中国对现有国际体系和国际秩序的认知正处于转型时期,从批判、革命者逐步转向认同者、参与者和维护者。改革开放前,受到东西方两大阵营尖锐对立的国际格局的制约,以及面临外部势力包围和遏制的现实威胁,中国外交倾向于对当时的国际体系和国际秩序进行批判和打碎。改革开放后,中国开始融入国际体系和国际秩序,借助对自由贸易体系的参与实现自身国家实力的飞速发展,借助对主权原则的支持为自身发展创造稳定的外部环境,逐步成为现有体系和秩序的认同者、参与者和维护者。但由于现有国际体系和国际秩序的现实仍然是西方主导,所以中国对这一体系、秩序尚有所保留:一方面认可自身是现有体系和秩序的受益者,另一方面不满于现有体系和秩序中的诸多不公正现象,这种不公正主要反映在西方国家在收益分配和规则制定中的强势地位。在这一背景下,中国对于在现有国际体系和秩序中运作的国际公共物品的生产与管理,似乎也存在某种程度的观望与保留。

其次,中国对自身国际角色的认知尚具有模糊性、不确定性。比如中国到底是发展中国家还是新兴大国;是坚持传统的内向型发展

---

① 蔡拓:《当代中国国际定位的若干思考》,《中国社会科学》2010年第5期。
② 王缉思:《中国的国际定位问题与"韬光养晦、有所作为"的战略思想》,《国际问题研究》2011年第2期。

战略还是转向外向;是继续韬光养晦还是逐步走向有所作为?当中国在硬实力上已经实现了快速崛起的同时,如何看待自身的国际角色,将决定中国如何使用国家实力。换句话说,中国对自身国际角色的认知,将决定中国所追求的"民族复兴"、大国地位等目标,究竟意味着对国际社会的责任、贡献,还是传统现实主义意义上的对相对优势的追求。总之,中国对自身国际角色认知的模糊性和不确定性,在一定程度上影响了中国对国际公共物品的供给态度。

正是以上两点,造成了中国在提供国际公共物品上不够积极,更倾向于搭便车的态度。

鉴于上述现实,中国对提供国际公共物品的态度与外交抉择,往往更倾向于立足于国家感知的现实、急迫利益,尚做不到以更宽广的视野、更清晰的世界战略来审视国际公共物品问题。当中国被要求对某项国际公共物品进行更积极的供给时,如果该项国际公共物品所涉及的问题领域尚未对中国的生存发展构成直接挑战时,现实主义的权力斗争思维往往会影响到对该项国际公共物品的供给态度。

此处应当强调的是,国际定位是动态的,一个国家对现有体系和秩序,以及自身角色的认知会随着外部环境和自身的发展变化而变化。比如随着国际体系和国际秩序向着更公正合理的方向转变,随着中国国内建设的完善和发展理念的变化,中国会对国际体系和秩序产生更强烈的认同,对自身国际角色有更清晰的认知,从而更积极地提供国际公共物品。

四、结论

通过比较分析,本文完成了中国对联合国会费供给情况的描述,考察国际实力分配、激励机制以及行为体的国际定位等因素对中国提供国际公共物品的影响。

正如英吉·考尔所言,是否以及如何实现全球公共物品的供应决定了全球化对人类而言究竟是一次机遇还是一种威胁。① 一个迅

---

① 〔美〕英吉·考尔等编:《全球化之道——全球公共物品的提供与管理》,人民出版社 2006 年版,第 2 页。

速崛起且独具特质的中国,在对待国际公共物品供给上的外交选择,势必会对国际秩序的走向和全球治理的实现造成深远影响。本文认为,中国在国际公共物品供给问题上正处于一种过渡状态,即由一个主要受到外部激励机制推动的,在主要关涉到自身生存发展的问题领域内有选择供给的"聪明的搭便车者",向更积极主动的,在关涉整个国际社会可持续发展的问题上能够引领潮流的负责任大国转变。

在影响行为体供给的三个因素中,中国在国际实力分配中的地位不断上升,尤其是在最近的十年间,中国 GDP 总值占全球 GDP 总值由 4.14% 上升到 9.32%,翻了一番,排名更是超越日本居于世界第二位,如果再考虑到持续增强的军事能力,在航天科技领域内的飞速进步,以及在重大的国际和地区热点问题中的影响力,中国在当今国际实力分配体系中已经处于相对优势地位。另一个重要的因素,即以全球公民社会为代表的社会性互动,同样伴随全球化的进程保持强势,尤其是在影响人类生存与发展的众多全球问题中,非国家行为体对规则的制定和实施发挥着越来越重要的作用,并且用自己特有的方式对国家行为体施加压力,国家实力越强大,就越容易成为社会性互动关系中的关注焦点。

相对以上两个稳定的因素而言,国际定位的转变是推动中国转变的关键一环,即中国到底如何看待一个国际公共物品至关重要却又严重匮乏的时代,以及在这个时代这个体系中的自身角色。对这一转变的最重要的支持来自中国共产党和中国政府的一系列文献和报告,比如中共十七大政治报告就明确提出"当代中国同世界的关系发生了历史性变化,中国的前途命运日益紧密地同世界的前途命运联系在一起","我们将继续积极参与多边事务,承担相应国际义务,发挥建设性作用,推动国际秩序朝着更加公正合理的方向发展"。① 国际定位的转变一定是一个渐进且充满挑战的过程,必然伴随着内部的痛苦转型和同外部的摩擦,然而一旦中国能够确立起一个外向

---

① 胡锦涛:《高举中国特色社会主义伟大旗帜 为夺取全面建设小康社会新胜利而奋斗》,人民出版社 2007 年版,第 47、49 页。

而清晰的国际定位,能够以"认同者、融入者、维护者和建设者"①的角色参与到全球治理中来,必然会有效推动国际公共物品的供给,推动国际社会向着善治的方向发展,同时也可有效缓解在一些全球问题上所承受的来自外部的压力,改善中国的外交环境。

鉴于国际公共物品本身概念内涵的庞杂以及本项研究的局限性,在本文的最后,还需要补充三点思考,以助于加深我们对国际公共物品的认识和理解:

其一,对行为体提供国际公共物品偏好的考察应当依据具体问题领域进行具体化的分析。影响国家外交选择的三个要素在不同的问题领域会出现不同的变化,比如全球公民社会在气候变暖问题上对国家所施加的压力要远高于在公海渔业资源保护问题上的压力;日本虽然对支持以联合国为代表的国际机制抱有浓厚兴趣,并且表现积极,但是在海洋生物保护问题上则表现出了消极的态度,并因此招致批评。因此,在观察不同国家在不同领域的供给表现时,应当注意影响国家供给的因素在具体问题领域内的变化,总之,本文对中国提供国际公共物品的评价,仅限于所选取的对联合国日常经费的缴纳情况。对于中国提供国际公共物品的完整全面的描述,还有待于更充分和全面的研究。

其二,本文所选择的国际公共物品,供给方式主要依靠行为体的财政支持。但在应对全球化、推动国际秩序转型的过程中,除了物质层面和制度层面的支撑以外,理念、价值和文化等无形的国际公共物品也是衡量行为体国际贡献的重要方面。"……国际秩序转型,不仅体现为权力与利益的再分配,以及国际机制的调整与改革……更体现为新的规范与理念得到更多的倡导、认同,从而在根本上塑造着一种区别于传统国际政治理念的新理念,并以此来塑造新的国际秩序。正是在这个意义上我们讲,国际秩序新理念的塑造才是标示当今国际秩序转型的更为重要、更为本质的特征。"②在历史上,中国曾经在

---

① 对于上述四种国际定位的详细讨论,参见蔡拓:《当代中国国际定位的若干思考》,《中国社会科学》2010年第5期,第130—132页。

② 蔡拓:《国际秩序的转型与塑造》,《外交评论》2009年第4期。

理念上为区域国际秩序做出过重要贡献①,在全球化的今天,以和谐世界为代表的新理念的提出及其不断发展和完善,也是观察中国不断转变自身国际定位,努力提供规范与价值性国际公共物品,推动国际秩序转型的重要方面。

其三,国内公共物品同国际公共物品之间的相互关系,即国际公共物品的供给会不会影响到国内公共物品的供给。该问题在国内尚未实现公共物品充分供给的发展中大国尤为突出。发展中大国一方面需要完善国内的社会体制,实现国内公共物品的充分供给,另一方面受到来自外界的压力,承担国际公共物品供给的义务。两者之间的冲突有可能受到偶发事件的影响而激化,并且成为国家向国际社会提供公共物品的阻力。本文的观点是,客观上国际公共物品的供给对国内公共物品的供给并不造成必然影响,两者之间并没有必然的因果关系,而且国际公共物品的匮乏程度远甚于国内社会,大国在完善国内公共物品供给的同时应当积极地提供国际公共物品,两者都是国家行为体应尽的义务。当出现国内公共物品的供给不足之时,我们应当思考的是如何合理筹划财政支出,提高行政效率,实现利益的公平合理分配,而不是盲目地排斥同样匮乏的国际公共物品。

(本文发表于《世界经济与政治》2012年第10期,合作者为杨昊。)

---

① 参见赵汀阳:《天下体系——世界制度哲学导论》,江苏教育出版社2005年版。

中国提供国际公共物品的理论思考

国际公共物品在全球化、全球治理中的作用,以及中国在国际公共物品提供方面的认知与作为,是明确当代中国国际定位和自身国际角色的一个重要问题。国际公共物品(或称全球公共物品),是指其收益或消费超越国家及地区界限,超越贫富界限,甚至超越代际界限的公共物品。从生产方面来看,国际公共物品又可以被看作全球化了的国家公共物品,或者是国家公共物品与国际合作的结合。关于国际公共物品对当代国际关系和中国对外战略的意义提出如下意见。

一、国际公共物品对于全球治理的意义

当代国际关系,在很大程度上意味着对全球化、全球问题的治理,从气候变暖到金融危机、国际恐怖主义,全球化进程中的这些问题都要求国际社会通过对话、协商去进行应对与治理。而所谓治理,无非是达成有约束力的共识、规范、公约,或安排和提供资金、技术

等物品,从而从制度框架和实物形态两方面提供国际公共物品。比如,为了应对气候变暖既要有《京都议定书》这种框架性条约,也要有对发展中国家治理碳排放的技术和资金的资助。只有这两方面的条件都具备,良好的全球气候环境这一公共物品才能得以保障。正是在这个意义上我们不妨说,国际公共物品的提供与管理是实施全球治理的主要内容,同时也是开展和推动全球治理的有效方式与途径。如果各国乃至整个国际社会在提供国际公共物品方面采取观望、搭便车态度与政策,不能尽其所能,达成共识,则全球问题就无望解决,全球治理也只能是空谈。当前解决气候变暖问题的进程之所以迟缓,应对国际金融危机的效果之所以乏力,从某种意义上讲就在于提供国际公共物品的自觉意识缺失,国家私利和争取相对获益的传统现实主义思维仍在作祟。

二、加大提供国际公共物品力度对当代中国对外关系的意义

如果说国际公共物品的提供与管理对于全球化时代的国际关系有特殊意义,对于推进全球治理有实质性影响,那么,关于国际公共物品的认知和提供,对于当代中国的对外战略与对外关系,特别是对于中国国际定位的再思考,国际角色的再确定则有更为重要和急迫的意义。

这是因为:首先,加大提供国际公共物品的力度是当代中国积极参与全球治理的新的着力点。积极参与全球治理表现了中国对现有国际体系与国际秩序的认同、融入、维护与建设的基本态度,表明了中国致力于人类共同事业,维护人类共同利益的原则立场。这些都有助于澄清和消除国际社会对中国的某些误解与疑虑,有助于提升我们的道德制高点,赢得国际社会的尊重。改革开放三十多年,特别是新世纪以来,中国在反恐、应对国际金融危机等问题上都体现了这些态度和立场。但是在提供国际公共物品方面,我们做得还不够,所以,将此作为中国更积极参与全球治理的着力点,反思和制定我国提供国际公共物品的相应战略,无疑会开辟我国参与全球治理的新局面,并推动国际社会加快全球治理的进程。

其次,加大提供国际公共物品的力度,是中国回应国际社会的期盼或疑虑的最佳举措。中国在经济总量上已成为世界第二大国,其经济实力和影响力举世瞩目,这是一个基本事实。中国经济实力的快速提升既给国际社会带来希望,又引起国际社会的某些质疑,甚至批评,而无论从哪方面讲,都与国际公共物品相关。从希望角度上讲,随着中国经济总量的快速增加,国际社会期盼中国在提供气候质量、国际金融稳定等公共物品方面做出更大努力与贡献。从质疑和批判的角度上看,国际社会也存在这样的见解与声音,即中国虽然国力提升很快,但在提供国际公共物品方面,主要还是一个搭便车者,远未作出与自身的实力和大国身份相称的战略和策略选择,令人不解和不满。因此,加大提供国际公共物品的力度,无疑会化解这些质疑,同时这也是对国际社会善意的期盼的最好回应。

再次,加大提供国际公共物品的力度,有助于体现新兴大国的责任,提升我国的国际影响力。作为一个正在崛起的新兴大国,中国要自觉地提高责任意识。尽管从经济结构、科技水平、管理制度、社会文明程度,以及人均 GDP 和生活质量上看,中国的确还是一个发展中国家,要成为一个全方位的大国还有较长的路要走。但是,必须同时看到,中国的超大经济规模与经济总量的确也给国际社会带来了巨大的冲击力。这种经济的快速崛起及其造成的冲击力,改变着国际社会对中国的看法,也包括对中国应尽国际责任的要求。所以,我们不能简单拘泥于发展中国家的定位,简单地用中国只能提供与自己的能力相适应的国际责任这种说法回应国际社会。要理性地审视中国国际角色的复杂性,理性地审视国际社会对中国应尽更多责任的呼声,从贡献论而不是权力论角度反思我们的国际责任观。而加大提供国际公共物品的力度,正是中国调整和强化国际责任意识,进一步提升中国影响力的切入点。

三、中国提供国际公共物品的现状与特点

国际公共物品是着眼于国际社会和人类整体需要的有形的或无形的物品。一个国家是否愿意提供国际公共物品,能够提供多少国际公共物品,在很大程度上取决于对现有的国际体系、国际秩序的认

知,自身的国际定位,以及自己的实际能力。由于中国在改革开放前对现有的国际体系与国际秩序持一种革命的、批判的、摧毁的态度,所以很难想象和接受国际公共物品的理论,从而也就不会有相应的行动。改革开放三十年来,我们逐渐从传统的拒斥与批判现有国际体系、国际秩序的立场转向认同、融入、维护和建设的立场,这标志着我们对国际社会整体性和人类共同利益的初步认同。但是这一转型往往受到现实国际事件和问题的冲击与挑战,国家利益的偏好和现实主义政治思维的束缚使得这一转型仍具有不稳定性。此外,中国传统文化所塑造的内敛型民族性格,以及发展中国家的身份认知与定位,使得我们在国际事务中也更习惯于采取内向、反应的战略。这一切就决定了当前中国提供国际公共物品的现状,即从忽视走向开始重视,从怀疑走向开始认同。换言之,由于对由西方大国主导的现有国际体系与国际秩序的认知仍具有某种不稳定性,由于中国对外战略和自身国际定位的内向性,中国更习惯于在双边的框架内处理对外事务,而对于提供国际公共物品这类建立在多边主义框架之上的事务则相对缺乏经验与热情,这从我国的对外援助这一事例中可以得到证明。随着中国作为一个新兴大国的崛起,以及国际社会对中国应尽更多国际责任呼声的强烈,中国正在改变上述境况,重视和认同国际公共物品的提供与管理,正在成为中国对外战略的一个新选项。

中国提供国际公共物品的特点可以2001年至2010年中国交纳联合国会费这一公共物品来说明。在这十年间,中国承担的会费比例是美国的1/7,日本的1/4,法国的1/2,也就是说总量仍然偏小。但从增长幅度来看,中国又是增长最快的国家,从2001年的1.54%提升到2010年的3.19%。同期,美国为22%,比例始终未变,日本从19.63%降至12.53%,法国从6.50%调至6.12%。但是,若从担负率上看,即从国际公共物品的支出占该国GDP比例来看,中国的表现又很难令人满意,这也是导致国际社会质疑和非议的主要原因之一。尽管中国承担联合国会费的比例增幅很快,但远比不上中国GDP增长的规模与速度。于是,当用担负率这一指标衡量上述国家十年的表现时,中国的年均值为0.136,美国为0.327,日本为0.646,法国为0.486。中国的数值仅为美国的40%,日本的21%,法国的28%。更令人不安的是,从担负率上看,中国 2010 年为 0.11,甚至比 2001 年的 0.12 还低。由此可见,当前中国提供国际公共物品具有总量小,增速快,担负率偏低的特点。当然,这一个案具有局限性,但毕竟反映了基本的倾向,需要引起我们的认真思索与对待。

四、中国如何提供国际公共物品

鉴于上述分析,本文认为在提供国际公共物品方面中国可采取如下措施。

其一,改变观念,准确定位。中国必须树立更自觉的国际公共物品意识,践行十六大提出的"维护人类共同利益"的主张与理念,践行十七大提出的"当代中国同世界的关系发生了历史性变化,中国的前途命运日益紧密地同世界的命运联系在一起"的主张与理念。新兴大国与发展中国家是两个不同向度的定位,要克服非此即彼的思维,不要非把自己摆到两难选择的境地。实际上从国际关系的动态发展角度上看,着眼于中国经济规模和总量的快速提升对世界造成的冲击性,我们需要把自己定位为一个新兴大国,在对外战略上从习惯性内向型向外向型战略适度转移。这样,我们就可以在提供国际公共物品方面,更为主动也更有作为。

其二,优先考虑重大、具有全局意义的国际公共物品。立足于 21 世纪头十年的现实,国际社会最需要的国际公共物品是全球气候与环境质量、国际金融稳定、全球公正与法治。正是在这些领域,中国可以通过积极推动气候问题谈判和加大减排举措,构建新的国际金融管理机制与秩序,融入并推进国际发展援助,缩小贫富差距来实现国际公共物品的供给。

其三,重视区域公共物品的提供。亚洲特别是东亚是 21 世纪人类发展的希望,但也是矛盾与冲突频发的地区。如何促进东亚经济的稳定持续发展,构建东亚的安全机制,不仅关涉到东亚的和平与发展,也关乎世界的和平与发展。作为亚洲的一员,中国理应在地区发展中做出更大努力与贡献,因此,重视区域公共物品的提供与管理乃当务之急。

(本文发表于《国际政治研究》2012 年第 4 期。)

国际秩序的转型与塑造

2009年注定是人类历史上又一个有特殊标示意义的年份。七个月来,至少有五大事件值得关注。

其一,美国第一位黑人总统———奥巴马入主白宫,他不仅在国内开始了应对金融危机的全面改革,而且放下身段,活跃于国际关系舞台,表达了美国愿意与各国在共同利益基础上形成伙伴关系,通过合作而非对抗去塑造一个发展、繁荣的世界的理念。同小布什政府咄咄逼人的单边主义和先发制人的外交战略相比,奥巴马的对外战略表现出明显的合作、理性、务实、尊重多边主义的特征,甚至对于朝鲜接二连三的核试验和伊朗选举风波,都表现出罕见的冷静。

其二,国际金融危机继续蔓延,并严重影响到实体经济。据统计,在第一季度,美国GDP增长率为-6.1%,欧元16国平均为-10%,而日本更是创下战后最大降幅的-15.2%。与此同时,失业率剧增,美国、欧盟都已经接近两位数,远远超出人们的预期。正是在这一前所未有的金融危机与经济危机的背景下,20国集团首脑会议在伦敦召开,并在短短一天的会议中形成了共度时艰的共识,达成了应对危机的实质性举措,从而开辟了发达国家与新兴经济实体对话、合作的新纪元。20国集团在应对当前金融危机与经济危机中的显赫地位,以及对该机制在未来国际关系中作用的预期,标示着一个旧时代的结束和一个新时代的开始。正如英国首相布朗所说:"古老的华盛顿共识的世界结束了","一个新世界正在逐渐浮现。"法国总统萨科齐也指出:"战后盎格鲁－撒克逊资本主义这一页已经翻过去。"甚至连奥巴马也不得不承认,4月2日的伦敦金融峰会是一个转折点。

其三,"金砖四国"峰会的召开。中、俄、印、巴是新兴经济体中的佼佼者,构成了一个特殊的层级。这四个国家占全球总人口的42%,占全球GDP的14.6%,过去五年它们对世界经济增长的贡献率达50%。"金砖四国"峰会的召开,意味着这一特殊群体在国际关系中特殊身份与作用的机制化趋向,其影响虽尚待观察与评估,但意义不可替代与忽视。

其四,今年的G8+5峰会决定将八国集团与发展中大国的对话进程延续两年,并更名为"海利根达姆－拉奎拉进程"。这一对话进程始于2003年,在2007年德国海利根达姆峰会被确定下来,现在被进一步延续,能否最终被机制化,或被G20所取代,都尚难预料。但作为一个对话平台,它的确越来越多地发挥着协调发达国家与发展中国家关系的作用,已经修正了最初G7集团以老大自居、试图领导世界事务的定位。

其五,中美互动更为频繁、全面、深入。尽管中美两国的结构性矛盾依旧,但金融危机把双方更紧密地联系在一起,正可谓一荣俱荣,一损俱损。奥巴马外交哲学与外交战略的转变,更是为中美客观存在的相互依存注入了新的活力。于是,在一种新的理念指导下,中美关系正在更高层次上整合、发展、深化。胡锦涛与奥巴马在伦敦会议上的历史性会晤,美国众议院议长、国务卿、财长、能源部长和商务部长相继访华,中美首次战略与经济对话的成功举行等都是例证。这种互动如此引人注目,以至于出现了"G2集团""中美国"等更为大胆的设想与建议,以突出中美两国联手在当代国际关系中的作用。

这种建议的可行性另当别论,但毋庸置疑,它显示了中美两国在国际事务中相互协调与合作的理念与决心。

上述眼花缭乱的事件无疑反映出国际秩序的转型。这种转型集中体现为两个方面。

首先是权力与地位的消长及其由此导致的权力与利益重新分配的要求。一个无可争议的事实是,今天,新兴经济体正在以一个"群体""板块"的形式崛起。"金砖四国"也好,五个发展中大国也罢,总之,发展中国家的国际地位在明显提升。它们占全球经济的比重已由上世纪90年代初的39.7%上升到接近50%,而外汇储备已占世界外汇储备的75%。英国一家研究机构2009年6月发表的一项报告进一步指出,今年,美国、加拿大和欧洲这三大传统的西方经济体在全球经济中所占份额将降至50%以下,是19世纪中叶以来的第一次。伴随着国际地位的提升,自然就出现发展中国家在国际事务中话语权、决定权以及相关利益要求等问题,这是实力政治、权力政治的基本逻辑,想躲也躲不开。像当前的国际金融危机,不仅新兴经济群体自身明确提出了改变国际金融领域的不合理状况、重塑国际金融秩序的要求,就是发达国家也认为现有的国际金融体系不尽合理,必须进行改革与完善,以增强发展中国家的话语权与决定权,进而调整利益分配的格局。

其次是关涉国际事务主导权的相应规则、制度、机制的调整与重塑。实力是国际秩序的基础,有了实力的消长,就会有调整权力与利益的要求或反应,不管是自觉还是不自觉,主动还是无奈。比如为了应对大萧条以来世界上最严重的金融危机,国际金融体系的改革真正被提上日程,虽然美元的地位仍然难以从根本上撼动,但适度限制与平衡美元在当前国际金融机制中的独霸地位已成共识,并开始有实质性举措。再比如,G8+5的机制化倾向,表明当前的国际事务已不可能甩开发展中大国而由发达国家独自掌控,必须在制度安排上体现这种变化,创造出发达国家与发展中大国共谋人类大局、大业、大事的新机制。

实力与机制,这是至今为止人们认识、审视、评判国际秩序的两个基本视角、层次、要素。从另一方面讲,它们又是国际秩序的两根支柱。今天我们讲国际秩序正面临转型，讲2009年是国际秩序的转型年，都是以此为依据的。这是当下国际社会主流所熟悉并认同的理念、逻辑。毫无疑义，它是简明而有说服力的，从而也是我们审视当今国际秩序变迁的基本维度。

根据这一理念与逻辑，应该指出当今国际秩序在实力与制度层面的重大变化，是把新兴经济群体往国际舞台的中心推进。当美英法等国的领导人和精英们一再宣称传统的西方主导特别是美国独大的国际秩序已开始失灵，应作必要的改革与调整时，当今国际秩序开始实质性转型的进程是真实的，这是冷战结束后近二十年来世界发生的标志性变化。但是同时必须看到，这种变化是源于新兴经济群体实力提升所造成的冲击性，这种冲击性虽然影响剧烈与迅速，但能否持久，成为持续性的力量，还会受到诸多条件与因素的制约。在这方面，国内经济、政治、社会、文化改革的深入，产业结构的调整，政治体制的健全与完善，公民社会的成长，都是重要的环节。与此同时，国际环境的平和，国际体系包容性的强化，国际社会中价值、伦理、文化理念的反思与更新，也是不可忽视的要素。总之，国际秩序转型的真正进程已开始，但远未成熟，不确定性很多，必须保持冷静的心态和理性的分析。

就2009年对于国际秩序的标志性意义，如果仅停留于上述认识与分析，显然难以服人，因为这种转型并未跳出实力政治、权力政治、国家政治的窠臼，并未提供能够打破现实主义逻辑的新理念。而事实是，正在启动的国际秩序转型，不仅体现为权力与利益的再分配，以及国际机制的调整与改革，从而推进国际关系的多极化，赋予新兴经济群体更大作用，更体现为新的规范与理念得到更多的倡导、认同，从而在根本上塑造着一种区别于传统国际政治理念的新理念，并以此来塑造新的国际秩序。正是在这个意义上我们讲，国际秩序新理念的塑造才是标示当今国际秩序转型的更为重要、更为本质的特征。那么，有哪些重要的规范、原则正在成为塑造国际秩序的新理念呢？

其一是责任。责任是近十年来我们开始接触的规范，特别是佐利克发表让中国成为国际社会负责任的利益相关方的讲话以后，责任规范更为人们所关注。但是，应该懂得，责任绝非仅对中国而言，而是构建国际新秩序所需要的理念。自从2001年12月国际社会推出《保护的责任》的报告后,2004年12月联合国改革高级别小组发表《一个更安全的世界:我们共同的责任》研究报告,随后,联合国秘书长安南的《大自由:发展、安全和人权》改革报告,2005年世界首脑会议成果文件,2006年联合国安理会通过的1674号、1706号决议等,都采纳并重申了保护的责任、责任主权等观点。于是,责任规范日益受到重视。在应对当前的国际金融危机中,各国领导人和精英也一再强调责任,奥巴马要"开创负责任的时代",萨科齐表示:需要考虑如何将"竞争""角逐"关系转化为"负责任的伙伴关系"。美国布鲁金斯学会、纽约大学、斯坦福大学三位著名学者联合推出研究成果《权力与责任》,强调"负责任主权",把相互责任作为重建和扩建国际秩序基础的核心原则。中国更不待言,十年来始终强调要做"负责任大国",为国际社会的和平与发展做出努力。由此不难发现,责任作为一个规范、理念已经提升到一个极为重要的位置。责任,不仅指对本国的发展与人民的权利负责,而且要对世界的和平与发展、人权的维护负责。因此,它具有鲜明的全球视野,开始凸显人类整体的价值与利益。国际秩序的转型如果只是局限于在不同国家间重新分配权力与利益,那么其转型就是极其有限的。

其二是合作。相比责任而言,合作是一个人们较为熟悉的理念与规范,但是它为人们更多地理解、认同仍然是冷战结束以后的事情。20世纪90年代以来,随着全球性问题的凸显,国际合作日益受到人们的重视,特别是那些跨国界的非传统安全问题,尤其需要切实的国际合作才能应对。反对恐怖主义,应对全球气候变暖,直至当前的国际金融危机,都显示了国际合作对当代国际关系的意义。正是鉴于全球化的深入和全球问题的严峻挑战,政治家、社会精英乃至广大民众都开始懂得,合作已是人类生存与发展的内在规范,背离了合作,仍然热衷于对抗是毫无前途的。合作既是获取现实的国家利益的途径,也是实现人类共同利益的保障。所以,国际秩序的转型必然植根于合作的理念与规范,使人类的行为方式能与时代大势吻合。

其三是共赢。共赢的思维是一种非零和博弈的思维,共赢的理念是一种讲合作、讲包容、讲共存、讲共性的理念。这一新理念与新规范也是全球化的产物,当源于西方的主流国际关系理论,如权力政治论、霸权稳定论、权力更替论、相对获益论、零和博弈论等在处理现实的国际关系时一再失灵、碰壁后,共赢的规范与理念才进入了人们的视野。美国乔治城大学的一位教授指出:"美国应该抛弃以往推动西方价值观的观念,致力于建立一个包容性更强的新秩序","美国应当积极推动世界多样性和包容性。"奥巴马深知:"这是一个整合和相互依存的时代,我有责任使美国意识到,我们的利益与命运是与世界紧密联系的。"中国同样坚定地表示:"当代中国同世界的关系发生了历史性变化,中国的前途命运日益紧密地同世界的前途命运联系在一起。"这充分显示,讲合作、讲包容、讲共存、讲共性的共赢理念已开始深入人心。任何独霸世界、独吞利益的理念都已失去历史的合理性,因此,建立在这种理念之上的国际秩序也必然失去生命力。

其四是和谐。和谐的理念是中国对世界的贡献,它是最新的理念,正在被国际社会审视与理解,相信会得到更普遍的认同。如果说共赢在很大程度上被定位为利益的共享,那么和谐就超越了利益诉求,而提升到价值、文化的共享。换言之,和谐既包括利益上的相对均衡与合理,更包括在认识世界、处理人类错综复杂关系时理念、规范、价值方面的更多共识,以及相互尊重、包容的底线共处规则。和谐并非同一,而是建立在"天下""全球""地球村"这类大视野之上的多样性的统一、协调。对于这一点,西方人士虽然未必能真正理解,但世界的整体性和发展趋势也在促使他们思考和转向。佐利克在他著名的中美关系演讲中就指出:"我们与中国有诸多共同利益,但是,仅靠利益巧合建立的关系根基不深。建立在共同利益和共同价值观上的关系才能根深叶茂,常青不衰。"寻求超越利益的价值共识这一点,佐利克无疑是正确的,尽管中美所理解的价值恐怕还有不少区别。而和谐正是塑造国际新秩序所需要的理念。

总之,理念、价值、文化在构建国际秩序方面具有特殊的作用,在这个意义上也可以将其称为国际秩序的第三根支柱。当我们审视2009年国际秩序的变动时,这根支柱忽视不得。新的理念将塑造新的国际秩序,这正是人类的希望所在,也是国际秩序演进的方向所在。

2009年所显示的国际秩序的转型与塑造,把中国推向了国际舞台中心,不管别人(特别是西方)是忽悠中国还是真心地赞美中国,中国正在崛起的事实已无可否认,而由此产生的对中国的期待、忧虑、压力都接踵而至。英国外交大臣米利班德称:"历史学家将审视2009年发生的一切,看到中国在稳定全球中发挥的重要作用。"英国《泰晤士报》载文指出:中国已成为国际秩序变革中的关键"玩家"。中国该如何定位,中国能做些什么?

  首先,中国应努力成为国际秩序的塑造者。中国的实力在迅速提升,甚至在今年至迟明年就会超越日本,成为世界第二大经济体。中国经济的规模,经济发展对能源、矿产资源的需求,庞大的消费市场等都对当代国际社会产生了巨大冲击力。在全球经济下滑的大背景下,今年中国对世界经济的贡献率可能超过50%。这一切都提升了中国在国际关系中的话语权、决定权,从而重现硬实力无可辩驳的作用。但是,中国应保持清醒的头脑,不被硬实力的消长所诱惑。中国在推进国际秩序转型方面,应着重于软实力,在倡导、提供新的规范、理念上下功夫。理由在于,硬实力的较量是个无止境的过程,弄不好还会产生类似于"安全困境"那样的悖论。如果国际秩序的转型沿着这条旧轨进行,将不会有根本性改变,况且中国的硬实力与美国相比还相差甚远,跟美国拼硬实力恐非上策。改变人们认识和处理国际关系的理念、思维、视野,用责任、合作、共赢、和谐这些新的规范、价值、理念去引领国际秩序的重构,这才是必由之路。中国已提出和平崛起、和谐世界、共同繁荣等一系列新理念,在塑造国际秩序方面做出了明智的选择。现在需要做的,就是使这些理念更精致、更理论化,同时也更易于理解与操作。在成为国际秩序塑造者方面,中国必须更坚定、更自觉,更持之以恒。

  其次,中国要成为国际秩序的平衡者。塑造者是中国在国际秩序转型中的较为理想的高层次目标与定位,而平衡者则是中国在国际秩序转型中较为现实的低层次目标与定位。平衡什么,平衡理想与现实,平衡硬实力与软实力,平衡发达国家与发展中国家。利益共享、权利平等、民主共治,这是公正、合理的理想国际秩序,它是奋斗目标但不是现实。现实是西方主导国际秩序,拥有处理国际事务的话语权、决定权。对改革国际金融秩序而言,建立超主权的国际储备货币是目标之一,但保持美元地位的稳固则是现实选择与需要。这是无奈也是现实,而推动人民币的国际化,倡导国际储备货币的多元化,则可称为平衡之举。国际秩序中的硬实力看得见,摸得着,令人信服。拥有硬实力才能底气足,讲话有分量,所以中国必须发展硬实力。事实上今天中国国际地位的提升,在很大程度上凭借的正是改革三十年来所聚集的硬实力。但如前所述,塑造新型国际关系和新型国际秩序的关键并非硬实力,而是软实力,因此中国的战略指向应转向软实力,这也是一种重要的平衡。作为一个新兴大国,中国又需要在发达国家与发展中国家之间扮演平衡者。新兴大国是国际关系意义上的大国,拥有可观的实力,并能影响国际格局与国际秩序的变动。以发达国家为参照系,我们在经济结构、产品科技含量、人均收入、国民教育、管理水平、公民社会成熟程度、法治状况等诸多方面的确只能称作发展中国家,所以我们理解发展中国家的需求、困难、意愿,从而能在重构国际秩序时予以关照。但我们同时又是一个正在崛起并给国际社会带来巨大冲击的大国,从而又要考虑这种冲击对世界,尤其是对发达国家的震撼。新兴大国的定位是恰当的,但它绝不是发达国家,因为"冲击力""冲击性"并不等于发达。我们应明确的就是有意识地平衡发达国家与发展中国家的利益与要求,推动国际秩序渐进有序的变革。

再次,中国必须坚定地推进国内改革,以国内改革者的面目重构国际秩序。改革开放三十年来,中国已取得了举世瞩目的成就,但我们深知,国内的问题与挑战还很多,有些甚至非常尖锐、严峻。无论是经济发展模式、权力运行机制,还是公共政策与公共事务管理水平、公民素养与公共精神状况等,都亟待深刻而持久的变革。正是在这个意义上,我们常说,要首先把自己的事情做好。只有坚定地推进国内改革,建设一个经济可持续发展、生态环境良好、社会成熟稳定、公民素质优秀、国民心态健康的社会,中国才能实现重构国际秩序的目标与愿望。

(本文发表于《外交评论》2009 年第 4 期。)

全球主义视角下的国际秩序

至今为止,在国际关系的认知与研究中,国际秩序仍被理解为国家行为体在国际交往与互动中所形成的特定的规范、制度、格局与体系。因此,英国学派代表人物赫德利·布尔在《无政府社会》一书中对国际秩序作出的界定与解说仍是最经典的。他认为,国际秩序是追求国家社会或国际社会的基本或主要目标的行为格局。这些目标包括维持国家体系和国际社会本身的生存;维护国家的独立或外部主权;和平;以及信守承诺、限制暴力等。而维系国际秩序的手段则包括均势、外交、战争、国际法以及大国的作用。这里要注意,布尔不仅从现象、内容、手段上描述了国际秩序,还着重指出了国际秩序不同于体系、格局的特殊之处,那就是秩序的目的性与价值性,即追求什么目标,信奉什么价值。换言之,秩序具有鲜明的人文内涵,体现出价值与伦理的偏好。因此,研究国际秩序要关注和挖掘其价值、理念的追求与定位,唯有如此,才能准确把握其要义与精髓。这正是研究国际秩序的理论维度。

基于上述分析,不难发现,至今主导着国际关系理论与实践的国际秩序概念是赤裸裸的国家中心主义。这是因为,国际关系行为体是国家,国际关系本质上是国家与国家之间的关系;国际社会本质上是国家行为体的集合,是国家间互动的场域,而国家间互动的动力与目标,是追求和维护国家利益。相应的所运用的手段也都是以防范为基调,以均势为特征的传统外交与军事手段。因此,不妨说,国际秩序的经典概念和主流认知,其理论、理念、价值的轴心是国家主义。这种理念与价值指导了近代以来的国际关系,其历史的脉络就是威斯特伐利亚体系——维也纳体系——凡尔赛体系——雅尔塔体系。即便是当代国际秩序,也远未从根本上、总体上摆脱国家主义的束缚。

但是,情况正在发生变化。自20世纪60年代起,伴随全球性问题的日益增多和严峻化,特别是20世纪90年代以来全球化、全球治理的扩展与深入,一种以全球主义为轴心的新的国际秩序观开始产生,赋予国际秩序全球主义的解释与内涵。

全球主义的国际秩序观强调如下几点。首先,国际秩序的价值基点是人类共同体的命运与利益,也就是说人类的整体性、共存性和利益的共同性是建立和维护国际秩序的伦理支撑和价值依托。由此导致对威胁当代人类生存的全球性问题的应对,对全球化与全球治理的回应,对全球正义、人权和可持续发展的关切。它们成为构建国际秩序的目标,体现国际秩序价值的选项。其次,国际秩序的主体在现象上呈现出多元化,即破除了国家的唯一性,认为国际组织(包括政府间国际组织与非政府间国际组织)、跨国公司、公民社会乃至个人都是国际关系的行为者,参与国际事务和构建国际秩序。但在这种多元化的表象背后,更看重的是上述主体所凝聚成的类指向,即人类作为一个整体的主体——类主体的意义。再次,国际秩序的实现途径与手段是通过对话与合作,达成日益增多的共识,以提供更多公共物品,推进全球化与全球问题的治理,达到国际秩序的有序、公正和稳定。因为,只有和平的途径,共赢的意识才能真正实现保障人类共同体的命运与利益的价值追求。

• 全球主义视角下的国际秩序 •

需要指出的是,如果立足于上述三点来认知国际秩序,那么显然,再称之为我们所习惯的国家之间为追求国家利益而形成的"国际秩序"已名不副实,新的替代性称谓可以是"世界秩序",也可以是"全球秩序"。事实上,标示国际秩序的这两种新称谓(或新的概念)都出现在已有的研究文献中,但大都不甚清晰,其描述与诠释具有模糊性。比如最突出的问题是不能明确地确立和认知全球主义的价值追求,没有认识到"世界秩序"或"全球秩序"的核心是倡导全球性,即当代人类社会活动超越现代性、民族性、国家性、区域性,以人类为主体,以全球为舞台,以人类共同利益与价值为依归所体现出的人类作为一个主体所具有的整体性、共同性、公共性新质与特征。正是这种全球性的内在要求,规约着当代人类超越传统的国际秩序,走向"世界秩序"或"全球秩序"。因此,尽管用"世界秩序""全球秩序"取代国际秩序是全球主义视野下国际秩序观的一种明显趋势,但对于这种替代与转换的历史性内涵和学理深度还远未认识清楚,这正是当下国际关系学界应予以高度重视的,也是国际秩序研究的重大课题。

全球主义的国际秩序观,既有当代国际关系的现实依据,又有源远流长的世界主义思潮作支撑。从现实角度看,全球化、全球问题、全球治理这一时代大背景,决定了超国家现象、事务、关系与日俱增。气候变暖、资源短缺、生态环境恶化、恐怖主义猖獗、毒品和艾滋病的扩散、全球公共卫生安全的严峻,人权的维护,全球公域的管理与维护,凡此种种,都凸显着当代人类在整体上所面临的公共性问题,绝非哪个国家或地区所能应对的。总之,当代人类社会生活的全球相互依存,已经开始把全球现象、全球问题、全球关系、全球价值等新元素融入世界历史,人类已不可能再局限于领土国家之内应对生存挑战,推动社会进步,实现可持续发展。认清并逐步认同这一大走势,是构建"世界秩序"或"全球秩序"的历史前提。从理论渊源上看,全球主义来自世界主义的传统,古希腊的世界公民主张,中国的天下观、大同思想是古典世界主义的体现;康德关于建立共和制,实现永久和平的主张则是近代世界主义的代表;而当代著名哲学、政治学、社会学理论家,像哈贝马斯、罗尔斯、吉登斯、贝克、赫尔德,以及被称为"人类良心"的罗马俱乐部更是对世界主义表示青睐,他们的观点反映着当代世界主义。因此,发扬世界主义的传统,挖掘世界主义的宝藏,尤其是着力于全球化时代全球主义的观点和主张的研究,是理解和深化"世界秩序"或"全球秩序"的不二选择。

全球主义的国际秩序观立足于历史和学理的维度来阐释对当代国际秩序的认识以及未来走向。它强调人类社会生活和公共事务发生的质的变化,即全球性的出现,从而与国家性主导的国家主义区别开来。尽管近十年来,特别是2008年国际金融危机爆发以来,国际关系中呈现出明显的国家主义的回潮,因而在国际秩序的建构中也出现强势的国家利益至上,国家本位凸显的现象,但人类紧密相互依存的历史趋势不可逆转。因此,反思国家主义以及建立其上的传统国际秩序,具有十分重大而急迫的意义。它关系到国际体系与国际秩序的转型,关系到人类的价值选择与未来命运。

当然必须同时强调,承认全球主义的新质与价值导向,绝不意味着否认和回避国家的现实作用。在当代国际关系中,国家仍是最基本、最重要的力量,发挥着特殊作用。因此,在现实政策的制定与选择方面,在推进国际秩序转型的过程中应该充分考虑国家的特殊性,并有效维护国家的合理利益与要求。这正是全球主义观照下的国家主义。显然,在审视、思考和建构新国际秩序时,也应遵循全球主义观照下的国家主义。

(本文发表于《现代国际关系》2014年第7期。)

"国家利益最大化"的反思与超越

国家利益是认识和理解国家行为的根本性因素,也是国际合作与冲突演化的深层驱动力。国家追求利益最大化并以这一理念指导国家的具体政策选择。至今为止,无论是学者还是外交人员,大都将这一理念奉为圭臬,但是在对国家利益做出不同范围和层次界定的时候,却没有对"国家利益最大化"的真实意涵做出明确而清晰的界定,因而让人感到笼统抽象,缺乏学理分析。国家利益最大化的真实意涵是什么?国家利益的边界在哪里?是否应该追求利益最大化?能否实现国家利益最大化?实现的途径是什么?这些都值得从理论上予以探究。从实践上看,传统的领土安全问题呼唤新的解决思路,国家利益走向多元化,全球公共问题突显,要求国家不仅需要关注国家生存,同时也要考虑到全人类的共同福祉,让渡出一部分利益,以实现更广泛的人类利益最大化,而这就要求我们对"国家利益最大化"这一理念进行反思。

一、国家利益：主观与客观交织的复杂概念

国家利益是对国家利益最大化进行界定的前提，只有明确国家利益的内涵才能明确厘定国家利益最大化的边界。"国家利益"是个复杂而宽泛的概念。在国际关系理论中，理性主义国际关系理论都强调国家利益的客观性，认为国家利益是客观给定的，如国家的领土完整、国家的政治稳定、经济发展等，都是国家利益的组成部分。国内外很多学者都对国家利益进行了界定。皮尔逊和罗切斯特认为国家利益主要包括三项基本内容：第一，确保自身的生存，包括保护其公民的生命和维护领土完整；第二，促进其人民的经济福利与幸福；第三，保持其政府体系的自决与自主。这些东西构成了国家的核心价值和最基本的对外政策目标。① 亚历山大·乔治和罗伯特·凯奥汉尼对国家利益作出了新的解释。他们认为国家利益不可或缺的基本内容有三种：(1)实际的生存——这意味着人民的生存，而不一定要保存领土和主权完整；(2)自由——这意味着一国的公民能够自主地选择他们的政体，并能行使由法律规定和国家保护的一系列个人权利；(3)经济生存——这意味着最大限度的经济繁荣。② 我国学者阎学通对"国家利益"给出了一个较为宽泛的定义，他认为，国家利益是"一切满足民族国家全体人民物质与精神需要的东西。在物质上，国家需要安全与发展；在精神上，国家需要国际社会的尊重与承认"③。

可见，尽管上述观点对国家利益范围的界定不尽相同，但是都认为在国家利益包括国家领土、主权、人民的生存发展、获得承认等，并且都强调国家利益是客观范畴，这是理性主义理论的共识。当然，理性主义理论中的新现实主义和新自由主义又存在对国家利益的优先性认识上的差异。新现实主义认为国家最关注的利益是国家的生存与安全，"领土、政治制度及文化的完整"属于"生死攸关的利益"，是

---

① Frederic S. Pearson and J. Martin Rochester, *International Relations*, 4th edition, New York: McGraw-Hill, 1998, pp. 177-178, 转引自李少军：《论国家利益》，《世界政治与经济》2003 年第 1 期。
② 张俊国：《关于"国家利益"问题研究综述》，《理论探索》2006 年第 3 期。
③ 阎学通：《中国国家利益分析》，天津人民出版社 1997 年版，第 10—11 页。

不能妥协的。同时由于国家极度重视自身在国际社会中的地位问题,所以,在追求国家利益时侧重相对收益;而新自由主义者则倾向于认为在国家基本安全已经获得保障的情况下,优先考虑国家的经济和发展,认为国家在合作过程中更重视绝对获益的增加。显然,新现实主义和新自由主义两者侧重关注的是国家利益中不同的方面,新自由主义更关注在经济发展层面的国家合作及其制度保障,而新现实主义则关注安全利益层面,认为由于国家对地位性竞争的敏感,国家间很难达成长期的合作。

  从不同理论流派对国家利益关注重心的不同中,我们不难发现,对国家利益的主观认识不同,造成了对国家利益重要性排序不同。尽管同为国家利益,但是在实现的过程中,不同利益往往相互重叠,各领域的问题相互交织,很难完全厘清哪部分利益属于政治,哪部分属于经济。正如基欧汉所说:"经济问题无论对于国家的权力和财富都是有重大意义","不管行为者是在什么样的经济领域中互相施展着权力,经济问题同时也是政治问题,这是毫无疑问的。"[①]各国领导者可能会根据该利益的重要性和紧迫性程度,利益量的大小,当时的国内外环境,自身实力等因素对各种不同的国家利益进行排序。[②]此外,对利益的认定和排序还受本国特有政治文化,以及政治领导人主观判断和执政集团利益偏好的影响,从而导致不同时期、不同国家对国家利益的优先性排序具有很大差异,并进而影响国家的政策选择。正如莫顿·卡普兰所说:"国家利益是不变的和永恒的,然而,尽管这些需要不直接随内部结构发生变化,但在判定国家利益时对它们的重视程度却随着国内制度需要的变化而变化。"[③]因此,在具体的历史时期,由于对国内外环境的主观判断不同,国家政策选择也处于变化过程中,看似明确的国家利益,在具体的操作过程中如何实

[①] 〔美〕罗伯特·基欧汉:《霸权之后——世界政治经济中的合作与纷争》,上海世纪出版集团2012年版,第20页。

[②] 阎学通:《国家利益的判断》,《战略与管理》1996年6月。在此文中对这些影响国家利益判断的因素进行了详细的分析。

[③] 〔美〕莫顿·卡普兰:《国际政治中的系统和过程》,中国人民公安出版社1989年版,第8章。转引自戴超武:《国家利益概念的变化及其对国家安全和外交决策的影响》,《世界政治与经济》2000年第12期。

现,以什么为优先,其边界就模糊而难以判断了。

既然国家利益可以重新认定,而在国家利益的实现过程中又存在利益优先选择的不同,那么我们讨论"国家利益最大化"又如何可能?

二、"国家利益最大化":前提条件、表现形态及其局限

"国家利益"是一个综合性的利益概念,在国家的核心利益得到保障的情况下,其他利益的排序是具有主观性的。国家利益的各维度相互交叠,其实现过程及其重要性的判断不仅包括客观的物质事实,还受到特定情境下决策集团的偏好和主观判断的制约。因此,国家利益的实现过程复杂而有连带性,是各种具体利益的加总过程,处于动态变化之中。"国家利益最大化"的判断是在强调国家利益客观性以及国家偏好一定的前提下,在政策和行动选择中追求的最大化结果,是理性主义理论对国家行为及政策选择的抽象解释,因为在理性主义理论看来,国家利益可以抽象为单纯的整体利益,并以给定的物质因素作为国家利益的基础进行分析①,但是在实际决策中很难判断某种政策选择能否真正获得利益最大化的结果。

在理性主义理论这一前提下,我们可以进一步考察国家利益最大化实现的形态。国家利益最大化的观念建立的前提假设是无政府状态下的国家是纯粹理性的单一行为体,国际形成的是自助体系。国家理性选择的根本目的是在自己的理性计算中实现国家利益最大化。其主要有以下三种表现形态:

(1)国家利益最大化的第一种形态是指不顾及他国的基本生存和发展的核心利益,利用一切合法及非法手段,追求国家利益的最大化。这意味着国家不仅在核心利益、重大利益上不妥协不退让,而且在一般利益上也要获得最大收益。这种国家利益最大化观念及其指导下的行动更多存在于资本主义全球扩张的早期,呈现的是国家之

---

① 尽管可以忽略国家利益的加总过程,以整体国家利益为考察对象,但是对整体国家利益的判定依然逃脱不了"战略想象力"这一主观判断。这里,我们暂时将其视为给定因素,不考虑主观判断的影响,也暂不考虑其动态变化的情况。

间处于弱肉强食的状态,国家之间是掠夺与被掠夺的关系。在近似丛林状态下,国家间实力悬殊,不具有进行博弈的基本条件,因为其否定了现代国家关系中国家平等、理性这些基本的前提。如较早实现工业化的欧美国家对亚洲、非洲等国家进行武力征服下的殖民统治,为了实现最大化利益而对殖民地国家进行商品倾销、资源掠夺、人口贩卖、种族屠杀等。这一切在当前的国际社会,是不可能再现的。在人类走向文明的过程中,依靠侵略战争进行掠夺的手段已经为时代所唾弃,当代国际关系更多基于国家主权平等理念下通过竞争与合作实现国家诉求,强调使用和平手段分配利益。

当然,如果在现代国际关系中仍然固执地坚持此种国家利益最大化观念,那么将导致极端的冒险行为,无疑是一种非理性选择。胆小鬼博弈中的极端情况可以被视为其中的典型博弈模型。在胆小鬼博弈中,两人以高速相向而行,选择直行则可能相撞,导致车毁人亡,选择避让则可能被嘲笑为胆小鬼。面对巨大损失的风险,个人理性选择下的自然均衡结果是双方都选择避让,以避免迎头相撞导致共同的毁灭,而最大化的利益思维导致的是冒险的决策,即冒着毁灭的极大危险而选择不避让策略。冷战时期,为了在美苏争霸中获得优势,赫鲁晓夫认为当时美国总统肯尼迪较为软弱,对苏联在古巴部署导弹不会采取强硬手段干涉,决定实行冒险策略,但他没有看到美国作为一个超级大国,无论基于国家实力、国家形象、联盟信誉等方面的考虑,还是其危机决策机制及过程,其总统都不会同意将国土暴露于对手的核攻击的威胁之下,这是美国的核心利益所在。赫鲁晓夫的冒险直接侵犯了美国的核心利益,造成美苏两国威慑冲突逐步升级,最终在面临战争危险时赫鲁晓夫不得不紧急做出退让,以避免核战争爆发。显然,这次冒险行动的失败不仅没有实现国家利益最大化,反而让赫鲁晓夫和苏联的国际形象遭受巨大损害,可见这种国家利益最大化观念的危险性。

(2)国家利益最大化的第二种形态是指在权力所及范围内实现利益与权力的同等扩大,以追求权力最大化而实现利益最大化,这种表现形态以现实主义理论为典型。摩根索强调"权力界定利益",国家通过不断地扩大自身的权力以实现国家利益,国家间政治就是寻求权力的斗争；另一方面，国家利益的实现也必须与国家权力相匹配，不能追求超过权力范围的利益，这意味着国家可以在追求权力无限扩大的同时获得利益的无限扩大，其理性的原则在于利益的实现需要与权力匹配，而并不考虑国家利益实现的限度问题，即并不考虑整体收益的最大化。沃尔兹认为国家重视在权力结构中的地位，在追求其优势地位时，国家合作极其脆弱，无法持续；米尔斯海默认为大国之间为了争夺有限的资源和权力，利益最大化的诉求与行动必然导致冲突和战争，这是大国政治的悲剧。所以，在现实主义者看来，在争夺权力和地位的过程中，国家要实现利益最大化，那么国家的行为总是倾向于机会主义。

以囚徒困境的模型为例，在单次博弈状态下，两个嫌疑犯之间到底是选择互相合作还是背叛招供，一个遵循个体理性理念寻求最优利益的囚徒会选择背叛招供，这是在自然状态下的均衡解，最终双方都将受到中等的惩罚。因为如果自己不招供而对方招供，所导致的结果将是最严厉的惩罚。而如果选择自己招供，那么不管对方的选择如何，都将获得次优的结果。这表明，尽管两人若都选择合作而不招供，所受的惩罚最小，但是由于相互间不信任只能作出背叛的选择。推而广之，国家在集体合作的过程中，如果能通过自助行动获得较优化的结果，那么国家倾向于背叛合作，其原因可以归结为国家对其他国家是否会坚持合作不信任，在相互竞争的无政府状态下，国家独自获益与集体共同获益比较而言，总体收益量是较小的，但这是国家理性的最优选择，可见，个体的理性行动产生的是集体的次优结果。这种拒绝共同获益最大化，短视的国家利益最大化的行为必将增加合作的脆弱性，最终导致合作的不可持续。而这种策略在面对重复博弈时，遭受的惩罚代价更远大于一次背叛行为所获得的短期收益。

（3）国家利益最大化的第三种表现形态是追求国家利益达到相对的自身满意的程度，尽管不一定达到最大。如果说前两种国家利益最大化的表现形态更接近于理性的古典派假定，即"行为体力图在付出尽可能低的成本的情况下，追求效益最大化"，那么第三种形态则是新古典派的"自身满意"说的充分体现。新古典派认为"理性并非完全的,而是一种有限理性。有限理性意味着个体理性不是万能的,存在理性盲点,国家在追求利益最大化的过程中,面临着机会成本、外部不确定性和信息不对称等问题,因此理性的个体永远不可能获得自身利益最大化,他只可能在受到外部环境约束的条件下以追求自身满意的水平为原则。当然,满意的原则可能包括最大化的效益,但也不必然是最大化的效益"①。"自身满意"的利益最大化意味着国家在国际合作问题上,"行为者在有限理性的事实下无法对每一个问题的所有选择方案都进行成本收益计算,相反,它们需要简化决策程序,以高效地履行职能。它们所设计的粗略概测规则所导致的结果——不论这些规则是被单方面接受的,还是作为国际组织机制的一部分,与在古典理性行动下的完美结果相比,当然不会更好,而且往往还逊于后者"②。

除此之外,在理性行为体博弈的选择中,两国都谋求其自身利益最优解,国家将把利益相关性(报偿结构的不同)、未来的影响(可能进行的重复博弈)和行为者的多少(是否能实现制裁)三种结构性因素和互动的背景因素(如事务间的联系,国内国际政治的互动,大国霸权下的制度保障等)纳入博弈之中,进行有限理性条件下的个体选择,甚至实现互惠的结果。③ 有限理性的假设让国家在追求利益实现的过程中更加审慎和克制,调整了国家利益最大化的实现预期,更加重视遵约对国家声誉的影响,使得国家利益最大化向国家利益满意化转向。这表明国家间互动关系越来越复杂,联系性加强,相互依赖程度加深,国家也越来越倾向于通过和平方式实现自身的利益。有限理性追求自身满意说很大程度上缓解了国家利益最大化的实现困境,但是在国际关系行为体之间连带性日益强化的今天,有限理性选择的个体理性主义立场,在国际合作中仍会造成公共理性的不足、

---

① 方长平:《国家利益的建构主义分析》,当代世界出版社2002年版,第44—45页。
② 〔美〕罗伯特·基欧汉:《霸权之后——世界政治经济中的合作与纷争》,上海世纪出版集团2012年版,第114页。
③ 罗伯特·阿克塞尔罗德、罗伯特·基欧汉:《无政府状态下的战略和制度合作》,载〔美〕大卫·鲍德温主编:《新现实主义和新自由主义》,浙江人民出版社2001年版,第87—106页。

整体收益下降、公共问题恶化等诸多问题挑战。

三、国家利益最大化观念的理论挑战

在国家利益最大化的三种形态中,纯粹个体理性原则指导下的结果往往是国家的武力征服或是非理性的冒险主义行为,或者是通过机会主义获得短期利益的实现,从而使得国际合作难以为继。而以自身满意为原则的国家有限理性的选择,缓解了国家博弈过程中的囚徒困境,让合作有了更大的空间。但是理性主义理论始终是将国家利益最大化视为国家政策和行为的最高准则,在国家利益最大化的原则指导下,作为独立利益主体的国家被视为理性的经济人,只关注自身利益的扩大。而在国际政治无政府的自助体系下,国家对其地位和相对获益的敏感让其经济人自利性特点更加突显,合乎个体理性计算的最终结果很可能在集体行动中导致整体结果的非理性。这就意味着国家需要意识到理性自身的有限性,超越经济人假设下的个体理性,重视在国家间互动过程中的国家利益的重新建构以及在利益实现过程中的相互妥协和普遍的道德考量。

1. "国家利益"的重新建构:建构主义的挑战

"国家利益最大化"是建立在国家利益既定基础上的理念和政策原则,尽管优先次序有所不同,但是国家利益的总体通常被视为静态的客观利益,国家利益的主体是单一理性的国家,既不考虑各种利益成分的加总过程,也不考虑其动态变化的过程。建构主义者对此提出了挑战,他们不赞同国家利益的既定性,认为国家利益不仅在执行过程中由于主观偏好不同而有所差异,而且在利益的范围和内容的设定上也并非确定无疑。

建构主义者强调国家利益是国家在国际社会关系网络中通过社会互动建构的,"物质事实只有通过人的认知和社会互动才能获得意义","偏好可能不是国家固有的,可能并不局限于物质状况;相反,国家偏好具有延展性"。① 因此,国家利益的设定和实现是在国家进入

---

① 〔美〕玛莎·芬妮莫尔:《国际社会中的国家利益》,上海世纪出版集团2012年版,第8页。

国际社会的过程中习得的,国际规范和制度可以重新塑造国家对自身利益的认识,国家利益"常常不是外部威胁或国内集团要求的结果;而是由各国共享的规范和价值所塑造的,这些规范和价值组织了国际政治的生活并赋予其意义。"①建构主义者从根本上对国家利益的客观性和偏好既定的前提性原则提出质疑,动摇了原本确定无疑的国家利益。总而言之,国家在界定和实现自身利益的过程中都不可忽略国际社会各主体之间的关系性质。国家利益范围的界定以及执行过程中的优先程度,都不是给定的,而是在国家互动关系中形成的,具有流变的可能,这为我们反思国家利益的本质提供了新的理论工具与视角。

2. 理性的自我超越:公共理性的挑战

民族国家建立在主权、领土和人民这三要素上,其目标是保卫领土完整,主权不受侵犯,以及保障其领土范围内人民的福祉。在以民族国家为中心的历史进程中,国家是主权者与人民的契约,国家的目的便是保护所辖区域内人民的利益,而国家一直以来也是个人利益最有力的保护者,因此,生存、安全等人类的普遍性利益便被嵌套在国家利益中,或是以个体利益的形式存在于国内政治的范畴中,如国家对公民人权的保护,维护公民自由和安全等权利。随着全球化时代的到来,国家利益最大化和人类共同利益维护之间的矛盾逐渐凸显:国家更多强调一国整体利益而忽视了对人类共同利益的保护,也忽视了该时代作为个体的人对生存与发展等权利与利益的更多需求。

国家利益和人类普遍利益相悖的理论困难在于:理性选择的分析框架下,国家是以个体利益为出发点进行理性计算的,而不以追求总体利益最大为行为目标。因此,国家不会以追求人类总体利益最大而行动,在自我利益实现过程中往往忽视对整体利益的考量。正如奥尔森所阐述的两条定律:一是"有时当每个个体只考虑自己的利益的时候,会自动出现一种集体理性的结果";二是"有时第一条定律

---

① 〔美〕玛莎·芬妮莫尔:《国际社会中的国家利益》,上海世纪出版集团2012年版,第2页。

不起作用,不管每个个体多么明智地追寻自我利益,都不会自动出现一种社会的理性结果"。① 因此,要实现人类普遍利益的优化,国家行为就需要超越经济人的个体理性,"我们在考虑相互依赖的世界中的国际制度和国际合作问题时,就不能仅仅停留或局限在国家间的私人利益(国家利益)相互作用这一点上,我们必须更多地重视国际社会的整体和公共的利益"②。

在全球时代的世界政治中,国家需要"公共理性"约束个体利益最大化的行动。罗尔斯将"公共理性"概念运用到国际社会中,使公共理性有了新的内涵:不仅是"自由公民在域内社会中讨论有关他们政府的宪法根本要素以及基本正义问题的公共理性",也是"自由和平等的自由人民在讨论他们作为人民的彼此关系时的公共理性"③。"……作为正义或正派的诸人民,他们行动的理由要与相应的原则相符合。他们并不是仅仅由他们对利益的审慎的或理性的追逐来驱动的。"④国家在谋求合情理性的(reasonable)国家利益的同时,也需关注他国的利益和人类普遍利益,追求更加合乎人类整体利益的国家行为,利益的最大化并不是没有限制或界限的,而应有其严格限制或界限。其界限就在于人们只能在不损害他人利益和社会利益最大化的合理范围之内实现各自利益的最大化⑤,意识到国家利益和全球利益的良性互动,就在于"合理的国家利益的实现必然成为追求全球利益的前提,反过来全球利益的实现可以更好地保证国家利益的实现"⑥。因此,在全球时代,当世界日益被视为一个整体的时候,国家需要超越传统民族国家的狭隘,超越个体理性,走向公共理性,这既

---

① Mancur Olson, "Foreword," in Todd Sandler, *CollectiveAction*: *Theory and Applications*, The University of Michigan Press, 1992.
② 苏长和:《全球公共问题与国际合作:一种制度的分析》,上海人民出版社 2002 年版,第 125 页。
③ 〔美〕罗尔斯:《万民法》,吉林出版集团有限责任公司 2013 年版,第 97 页。罗尔斯在《万民法》中所建构的"人民"概念是与"国家"相似又相对的集体概念,一方面表达了这两者都是作为集体性概念,具有相似性;另一方面也是为了强调"人民"与传统国家之间不同的理性特征,并且突出他们的道德特性以及他们政权的合乎情理的正义性或正派性。
④ 〔美〕罗尔斯:《万民法》,吉林出版集团有限责任公司 2013 年版,第 69 页。
⑤ 龙兴海:《利益最大化的伦理审视》,《道德与文明》1999 年第 5 期。
⑥ 蔡拓等:《全球学导论》,北京大学出版社 2015 年版,第 448 页。

是国家利益实现的过程,也是对人类普遍利益和国际正义的追求。

3. 道义的普遍原则:全球伦理的挑战

"从广义上讲,个体主义和理性主义的理论前提是功利主义。"①功利主义认为,国家"以功利主义理性主义为手段—目的或者说是工具的方式来界定理性:高效的行动服务于既定目的,其价值性或真理性体现在个体行为体的利益实现上,而无法在公共利益那里得到解释"②,显然,"国家利益最大化"是基于功利主义国家伦理的观念,片面强调国家利益至上而不管他国利益,甚至损害人类普遍利益的实现,忽视了国际公平与正义,忽视了国家对全球人类的道义责任。

全球伦理伴随全球问题的凸显而产生,其重要性也随着全球问题的加剧而提升。"全球伦理"一词最早由孔汉斯提出,他认为,全球伦理是一种全球价值,具有人类的整体性普遍性原则,可以归结为"反对暴力、主张社会公正、强调宽容、提倡人人平等"③。尽管全球伦理的概念提出到现在不过二三十年,但是全球伦理的基础早已存在。自康德以来,世界主义者就一直坚持人类普遍价值认同,认为全球正义应该具有一种优先性。康德认为,"道德是基于自主纯实践理性的功能之上,这是人类共有的"④,纯粹实践理性要求人们始终依据普遍准则来行为,他人是目的而不是手段,任何人都对他人负有共同的责任。"不管一个人生活在什么国家,属于什么种族,具有什么文化背景,有什么宗教信仰,他都应该得到同等的道德关怀。"⑤博格认为,对个体基本人权的尊重和保护是对人们所生活的社会组织提出的道德要求。最为显著的是全球贫困状况,全球贫困是由目前全球秩序的不公平性造成的。面对全球贫困者基本人权难以得到保障的情况,富裕国家需要对历史上的不正义负责,并对全球贫困者进行补偿;同时,随着全球化的进程,世界都被裹卷进以西方发达国家为

---

① 理查德·阿什利:《新现实主义的贫困》,见〔美〕罗伯特·基欧汉主编:《新现实主义及其批判》,郭树勇译,北京大学出版社2002年版,第250页。
② 同上。
③ 蔡拓等:《全球学导论》,北京大学出版社2015年版,第457页。
④ 〔英〕金伯利·哈钦斯:《全球伦理》,中国青年出版社2013年版,第45页。
⑤ 徐向东编:《全球正义》,浙江大学出版社2011年版,编者导言第6页。

主导的全球秩序之中,"富裕国家因为在继续施加和维护目前不公正的全球秩序",加剧了全球的不平等,因此其负有"改革这个秩序、缓解全球贫困的责任。"①

可见,国家在理性计算的利益行为之外,还应该考虑国家对世界所负的道义责任,这也是基于人类普遍利益和情感的基本伦理选择。

4. 去中心化的国家:全球社会理论的挑战

全球化进程对民族国家为中心的国际体系构成了重大的挑战。国家利益和人类普遍的共同利益之间存在的分离和冲突日益凸显,随着国家作为个人利益保护者的角色在全球化中的弱化,国家和人民的安全保护存在张力,甚至是一定程度的撕裂,以保护个人权利为目的的国家反而成了吞噬个体权利的工具,手段背离了目的。因此,乌尔里希·贝克认为:"以领土来界定的社会领域的时代形象,……正在走向解体。伴随全球资本主义的是一种文化和政治的全球化过程,它导致人们熟悉的自我形象和世界图景所依据的领土社会化和文化知识的制度原则瓦解。"②那么,国家无法代表人类普遍利益的时候,国际社会需要寻找新的保护人类普遍利益的实现方式。在全球社会,当多元的行为体网络逐渐形成,联合国等国际组织以及许多非政府组织等各种非国家行为体越来越多地活跃在全球舞台,为这种设想提供了一种可能性。国家不再是人类普遍利益的唯一维护者,"民族国家越来越成为世界多层治理系统的一部分,民族国家不再有清晰的地理划分和主权划分,它们存在于某一层级的治理形式中"③。全球化是去中心化的过程。"全球化拥有一种强大而复杂的影响……重塑传统的主权和自治概念。……这种规范已经形成并且正在不断发展,它使制止严重侵犯人权和人类安全的国际干预具有

---

① 徐向东编:《全球正义》,浙江大学出版社2011年版,编者导言第26页。
② 〔德〕乌尔里希·贝克:《全球化时代民主怎样才是可行的》,载〔德〕乌·贝克、哈贝马斯等:《全球化与政治》,中央编译出版社2000年版,第14页。
③ 〔英〕安东尼·吉登斯:《全球时代的民族国家》,《中山大学学报(社会科学版)》2008年第1期。

合法性。"① 也就是说,在全球时代,以国家为中心的治理方式需要去中心化。国家需要回归国家的公共服务和社会治理职能,让人类公共利益成为最根本的价值出发点。而国际社会多元行为体对人类不同层面利益的关注会给国家利益的建构和执行带来巨大的压力,甚至形成身份认同上的竞争,不能提供善治的国家面临被公民抛弃的可能,国家主权的核心要素同时遭受来自国家内部的挑战。

四、国家利益最大化观念的现实困境

除了理论上面临的挑战之外,"国家利益最大化"观念在世界政治的实践中面临的诸多困境也逐渐显现。

1. 领土争端的困境

国家的主权和领土完整一直被视为不可挑战的国家利益,民族国家体系确立了以领土作为国家主权管辖的明确界限。尽管大部分国家的领土划界已经确定,但是国际主权领土争端仍不在少数。领土争端一直是国际关系中最为棘手的问题,受国家利益最大化理念的束缚,各国必然坚持主权和领土不可分割、不可放弃,于是,国家在主权领土的划界上难以达成妥协。国家间在领土主权问题上的僵持和争端直接影响两国之间的信任和合作,尤其是当领土争端双方都采取扩张性的行为维护其领土利益时,更容易迎头相撞,直接导致其他领域合作的停滞甚至倒退,比如中日在钓鱼岛和东海大陆架划界的争端就是导致两国关系僵化的重要原因。由此可见,在领土主权层面,国家利益最大化的思考途径并不能解决国家利益实现的问题。而从另一个角度看,国家生存利益从根本上讲是指人民的生存,它不一定意味着国家领土的不可变更,也并非意味着凡是领土的争端都涉及国家核心利益,不可放弃。比如说美国从俄罗斯手中买下阿拉斯加,俄罗斯并没有因此而丧失国家生存;而中美洲三国对丰塞卡湾

---

① Gordon Smith & Mois Naim, *Altered States: Globalization, Sovereignty, and Governance*, IDRC, 1999, p. 27, 转引自俞可平:《论全球化与国家主权》,《马克思主义与现实》2004 年第 1 期。

实现的共管。① 也给各国解决领土的争端提供了一个可借鉴的方案。

可见，领土主权的共管和分享能够成为解决此类问题的新思路，而固有的国家利益最大化的理念则在解决领土与主权争端方面受到了很大的挑战。

2. 安全追求的困境

安全是国际社会的稀缺资源，也是国家的普遍性偏好，各国都希望在自助体系下获得最大的安全利益。因此，在进攻性现实主义者看来，无政府状态下，大国最佳的安全保障就是无限拉大与他国的实力差距，"每个国家压倒一切的目标是最大化地占有世界权力，这意味着一国获取权力是以牺牲他国为代价的，……它们的最终目标是成为霸主，即体系中唯一的大国"②，因此，大国获得安全只能依靠增加军备，保持对他国的优势，但是军备竞赛导致安全困境，并最终走向战争，这是大国政治发展的必然逻辑。小国的安全往往依靠霸权国家提供安全保护，最终也不可避免卷入大国战争。二战后，尤其是冷战后美国霸权体系在一定程度上解决了国家安全困境的问题，无论是美苏争霸还是美国一超多强，两极和单极世界在过去七十年维持了国际社会的基本和平稳定。但无论是两极还是单极霸权下的国际体系均有其固有的局限，霸权国需要为维护国际秩序的稳定提供大量的公共产品，但是在搭便车者普遍存在的情况下，要实现其利益最大化，就必须付出巨大的成本，当边际成本的增长大大超过边际利益增长时，由于霸权国无法持续提供足够的供给，霸权的护持必将走向霸权的衰落。按照摩根索的理论："国家利益基本的一条是本国的生存和安全，一国所追求的利益应同其实力相称"，"国家所追求的利益是否限定在国力所能及的范围之内，是摩根索衡量外交政策是否合理的标准。"③但是，当霸权国进入霸权护持阶段，已有权力结构下

---

① 杨昊、蔡拓：《公地化：解决领土争端的另一种思考》，《国际安全研究》2013 年第 3 期。
② 〔美〕米尔斯海默：《大国政治的悲剧》，上海世纪出版集团 2003 年版，第 2 页。
③ 〔美〕汉斯·摩根索：《国家间政治》，北京大学出版社 2006 年版，译序第 4 页。

形成的制度、承诺使其不能自由选择,要保证结构的运转必须提供足够的保障,从而很难对"是否限定在国力所能及的范围内"行使权力有合理的判断,霸权结构限制了霸权国自身的行为。冷战时期美苏都有过类似的教训,美国因此陷入越战的泥沼中不能拔出,一度陷入守势;苏联入侵阿富汗则是导致苏联衰退甚至解体的重要原因之一。

因此,国家利益最大化意味着国家维护利益的成本也需最大化。收益与成本、权力与责任这两对关系具有对等性,谋求最大的利益意味着需要付出最大的成本;享有最多的权力意味着承担最大的责任。片面追求一国的绝对安全将导致大国间的军备竞赛,造成整体的不安全。即使是单一霸权形成的安全格局,由于霸权维护成本的增加,霸权也终将走向衰落。国家应意识到国家安全具有相互性,对可能出现的冲突建立危机管理制度,以规避战争。安全利益最大化的理念必须建立在共同安全观的基础上,建立大国协调和安全互信机制将是处理当前国家尤其是大国关系的趋势。

3. 国家利益的流散

国家利益流散与多元化,使国家利益实现的动态过程变得不可忽视,主要体现在以下两个方面:一方面,对国家利益的关注从传统政治、安全利益流散到经济、社会利益,于是技术、金融、保险等因素成为国际社会一体化的重要助推力量,这些因素超越了国家权力的边界,在全世界市场中进行分配和重组。"技术,特别是信息技术,正在导致一种中央政府的权威相对弱化的权力分散现象。"① 另一方面,全球化的过程使得权力和利益从国家流向其他行为主体。问题的多元化和行为主体的多元化是伴生的,不断涌现的经济、社会问题也让国家之外的行为体有了更大的活动空间和行为能力,大型跨国公司的决策甚至可以影响一国的政治走向。苏珊·斯特兰奇认为:"这种由国家向市场的(权力)转移可能是 20 世纪后半期发生的最大的国际政治经济变革。这种变革在生产、贸易、投资和金融事务中……最为显著。跨国公司及其所建立和操纵的网络,其权力和影响均得

---

① 〔美〕小约瑟夫·奈、〔加拿大〕戴维·韦尔奇:《理解全球冲突与合作——理论与历史(第九版)》,上海世纪出版集团 2012 年版,第 369 页。

以增大",国际组织凭借其专业素质在各自的议题领域发挥重要的作用;非国家行为体在国际社会中形成的各种规范和制度,同样在与国家互动中建构国家利益,规范国家行为。①

国家利益多元化和利益实现主体的多样化让国家难以评估国家对国家利益的选择和判断是否实现了最大化,甚至难以控制国家利益最大化的实现过程。国家的"自主性被削弱,自助性被弱化,自足性被超越"②,国家利益流散的现实让国家在国家利益最大化的实现过程中显得更加无力,而近年来加强国家能力建设的要求事实上也是对此种现实的一种回应。

4. 全球公共问题的兴起

全球公共问题的兴起对单一国家治理提出了巨大的挑战,全球公共问题的治理需要在地方、国家、区域和全球多个层面,从经济、社会、环境等多维度综合解决。

一方面,全球公共问题的兴起促使国家改变处理社会公共问题的国家主义方式,转向倡导合作政治。合作政治需要国家间利益的妥协,社会间的互助。全球公共问题解决的途径已经超越了个体理性选择的范畴,这些问题的解决必须通过跨国多渠道合作才能达成,这不仅包括国家间合作,还需要充分发挥国际组织和其他国际行为体之间的互动,在国际社会的议题网络中强化国家和跨国行为体之间的社会关系,开展更加广泛的合作。

另一方面,全球公共问题的兴起促使人类重新思考国家利益与人类整体利益之间的关系。以往国家利益更多侧重于强调国家的政治、军事安全等"高政治"领域的利益,"低政治"领域并没有为国家所关注。但是全球公共问题的严峻形势让国家不得不将更多的力量投入这些领域,如传染病的全球蔓延、环境恶化和跨国犯罪猖獗等问题。毕竟"在世界政治领域中,经济和社会议题的重要性一点也不逊

---

① 对于国家权力流散的经验事实,苏珊·斯特兰奇有详细的论述。见〔英〕苏珊·斯特兰奇:《权力流散——世界经济中的国家与非国家权威》,北京大学出版社2005年版,第79—150页。

② 蔡拓:《全球主义与国家主义》,《中国社会科学》2000年第3期。

于安全议题"。① 这意味着国家必须调整国家利益的观念,重新认识国家利益,并对国家利益优先顺序予以审视,将人类的共同利益在国家利益实现过程中置于优先地位。显然,在协调国家利益和人类整体利益之间存在的冲突时,需要超越国家利益最大化思维的局限,做出合乎人类整体利益的政策选择。

5. 保护的责任所彰显的普遍道德实践

人道主义危机的升级促使国际社会进一步反思人类的普遍责任。普遍保护责任必须超越国家利益的狭隘观念,通过对人的基本权利给予保护实现人的整体利益。在传统国家利益视角下,国家主权是国家利益的核心部分,国家主权不受任何其他国家和组织的干涉,不干涉原则是处理国际关系的基本准则之一。但是二战后种族屠杀、践踏人权等现象的存在,以及战争的人道主义救助、全球贫困援助等问题的严峻化,让国际社会更深刻地反思人权保护的基本责任,于是当代国际社会就出现了保护基本人权和维护国家主权之间的两难困境。原联合国秘书长安南就曾呼吁"国家主权不应该成为人道救助的障碍"②,人道主义的干预越来越成为国际共识。"每一个国家均有责任保护其人民免遭灭绝种族、战争罪、族裔清洗和危害人类罪之害。"③2009 年联合国秘书长潘基文做了《履行保护的责任》为题的秘书长报告,明确了各成员国均有对所有公民的基本权利予以保护的责任,同时提出了保护的责任的三大支柱,即国家的保护责任,国际援助和能力建设,及时果断的反应。该报告肯定了保护的责任的主体仍然主要是国家,保护责任的目的是"确立负责任的主权,而不是削弱主权",体现了对国家主体和主权的充分尊重。但是在"灭绝种族、战争罪、族裔清洗和危害人类罪"出现的情况下,如果该国没有能力履行保护责任,国际社会则应该承担起这一责任。对于国际社会而言,这是公共理性的诉求,也是全球伦理的规范性约

---

① 〔英〕苏珊·斯特兰奇:《权力流散:世界经济中的国家与非国家权威》,北京大学出版社 2005 年版,第 46 页。
② Annan, "Two Concern of Sovereignty," *The Economist*, Vol. 352, No. 8137, 1999, p. 49.
③ 潘基文:《履行保护责任》,联合国第六十三届会议秘书长报告(联合国文件编号:A/63/677)。

束,它不是国家利益的需要,也是用国家利益最大化观念所无法解释的。

五、结语:走向合理化的国家利益

理性主义理论认为民族国家体系是无政府状态下的自助体系,强调无政府状态导致国家必须追求利益最大化。但是国家利益丰富的内涵,国家利益间的连带性、优先顺序之间的复杂关系,以及国际社会互动对国家利益的塑造和影响都制约着国家利益最大化的实现。个体理性的有限以及全球时代世界政治的合作主义倾向让利益最大化的追求变得不可行,尽管有限理性以获取自身满意,对国家利益最大化提供了变通的解释,但是"当前强调无政府状态在世界政治中中心地位的趋势,可能不是对国际政治进行观念化的有效方法……这种简化论忽视了国际政治的另外一个重要事实,即相互依赖"①。国家间相互依赖不仅体现在安全上、经济上,也体现在共同面对的全球的社会问题以及人类共同的责任上。在面对主权领土争端,安全及国家的地位性考虑时,如果用国家利益最大化的观念进行指导,即使是在有限理性的博弈过程中,其结果也必然是零和的,这是无法在现有体系框架内破解的僵局;利益的流散现实也导致国家无力统管所有的国家利益,让利益最大化的理性计算变得极其有限;全球问题的突显需要国家在国际社会网络中协调应对公共问题;普遍保护的干预性行动日益成为在理性之外的国家责任的道义选择。

现实的变迁要求理念的转换。在全球化时代,需要对国家利益最大化观念进行超越。国家利益不是一成不变的,同样可以通过国际规则的内化和行为体互动习得、重新建构。国家利益最大化很难依靠个体理性获得,国家需要"打破威斯特伐利亚紧身衣"的束缚,反思国家观念,用"公共理性"重新思考国家利益的实现形式和实现路径。国家利益应该从最大化走向合理化,在传统的国家利益领域可以实现妥协与双赢,在全球公共问题上实现合作与共赢。人类普遍

---

① 海伦·米尔纳:《国际关系理论中的无政府假设》,载〔美〕大卫·鲍德温主编:《新现实主义和新自由主义》,浙江人民出版社2001年版,第164—165页。

责任有助于实现对国家利益的道义约束,从而在实现本国利益的同时考虑他国利益,最终达至国家利益合理化的重新建构。总之,用权力—利益的个体理性的方法思考国际关系已经不能满足解释当前国际关系和适应现实的需要。因此,在国家和全球结构变迁的时代,需要开创一条在国家利益合理化的基础上,实现人类整体利益优化的道路。

(本文发表于《国际观察》2015年第5期,合作者为刘彬。)

超越国家主义与特色性思维 构建全球化时代的中华文化

当代中国是一个在经济规模和总量上居于前列,并产生巨大冲击力、影响力的国家;在外交和国际事务上地位日渐提升,话语权不断增加,同时被国际社会赋予更多责任与希望的国家;在国内政治、社会和文化领域的吸引力、感召力上褒贬共存,软实力明显滞后,遭受批评较多的国家。这三个维度大体勾勒了当代中国在世界的境况、地位与形象,其中最令人忧虑和值得思考的是中国软实力的滞后,而这恰恰是中华文化的问题。因此,认真地梳理和反思中华文化,重构全球化时代的中华文化,就是当下十分急迫而重要的事情。

在对中华文化的反思与重构中,最突出、最具全局性但同时又最敏感,常被回避的问题是特色性思维、理念的审视与辨析。当下之中国,特色性、特殊性思维与理念不仅是官方的意识形态,也是社会与大众的精神支柱。作为一种意识形态,它体现和凝聚着政治正确性和政治合法性,贯穿和指导着中国全部政治、经济、社会与文化生活;作为一种精神支柱,它深刻影响着大众对当代人类与中国的认知,规约着人们的政治与文化认同。正因为如此,特色性、特殊性思维与理念就成为当代中国一幅独特的画卷,伸展于方方面面。中国特色、中国立场、中国身份、中国意识、中国话语、中国学派、中国道路,乃至中国制造、中国崛起、中国震撼等,无不渗透和彰显着这种特色性、特殊性思维与理念。

毫无疑义,特色性、特殊性思维与理念并非为中国所独有,而是人类共存的一种思维与理念,它与普世性、普遍性思维与理念相对而立,构成人类文明史上,一与多、共性与个性、普遍性与特殊性、普遍主义与特殊主义的永恒之辩,推动着人类在这种论辩中不断开辟前行的新方向、新价值,从而走向文明的新高地。明确了这一点就意味着,当下我们对特色性、特殊性思维与理念的审视与反思绝不是简单、笼统地批评和反对这一思维与理念本身,而是要站在历史的高度,基于全球化的新视角,从学理上辨析普遍性与特殊性思维与理念在当代的内涵,找到平衡两者张力的新支点,并在此基础上构建顺应人类文明新走向的中华文化。

理性地讲,当下中国的特色性、特殊性思维与理念在如下几个层面需要反思。其一,普遍性与特殊性的关系是否搞清楚了。到底什么是"普遍性"("一""共性"),哪些是普遍性,怎样概括出普遍性,不甚了了。总的倾向是,特殊性讲得多,也比较清楚,而普遍性却讲得少,相对茫然、糊涂,分歧也大,甚至存在明确反对普遍性的见解与认识。其二,被意识形态化的特色性、特殊性思维与理念,导致国家主义的膨胀和中国中心主义的复活,从而既在国内助长了对国家的迷信,又在对外关系中造成中国与世界的区隔与疏离。其三,特色性、特殊性思维与理念在国内催生和扩张着日益狂热的民族主义、民粹主义;在国际上由于只善于用特色性思维与语言讲中国自己才能懂的故事,从而客观上矮化了中国创造和引领人类文明的能力。这些偏颇、不足与片面性,至今未得到足够的警惕与重视,是极为危险的。

从历史上看,中华文化有着普世主义的精神与传统,认同普世价值。换言之,是立足于普遍性,立足于人类主义来认识和思考自身与外部世界的。这突出表现为中华文化的天下观、天下主义。这种天下主义,是一种以天下为价值的文化主义,一套儒家式的天下大同乌托邦理性。正如列文森所说,在古代中国,"早期的'国'是一个权力体,与此相比较,天下则是一个价值体"①,天下主义无疑表明了中华文化的天下意识与视野,它是超越民族主义与国家主义的。天下主义的文化传统一直伴随着中华文明的历史进程,直到19世纪中期被殖民主义列强的铁蹄重创与踏碎。然而,即便救亡图存已成为近代中国的主题,天下主义的影响依然清晰可见。许纪霖教授在《五四——一场世界主义情怀的公民运动》一文中,向人们清楚地展现了这一点。梁启超认为"国家非人类最高团体,故无论何国人,皆当自觉为全人类一分子而负责任。故偏狭偏颇的旧爱国主义,不敢苟同"②。蔡元培强调:"所谓国民者,亦同时为全人类之一分子,苟倡绝对的国家主义,而置人道主义于不顾,则虽以德意之强而终不免于失败,况其他乎?愿《国民杂志》勿提倡利己的国家主义。"③五四运动的总指挥傅斯年指出:"我只承认大的方面有人类,小的方面有'我'是真实的,'我'和人类中间的一切阶级,若家族、地方、国家等等,都是偶像。我们要为人类的缘故,培成一个'真我'。"④不言而喻,五四时期的这些思想领袖与文化精英们不仅继承了传统文化中的天下胸怀与意识,还接受了第一次世界大战后世界主义的洗礼,他们是从世界看中国,而不是拘泥于中国看世界。尤为可喜的是,在张扬和继承中华文化的天下主义价值观的同时,他们超越了传统天下主义的中国中心主义,即被概括为同心圆的"差序格局"。具体而言,就是在地理空间或政治层面上,确立以中原为地理中心和政治中心,蛮夷臣服于中央,万邦来朝的华夏中心主义。这种等级制度的、中心主义的理念与制度是天下主义的糟粕,在"五四"时期就受到清算,并被摒弃,足以让当下的国家主义者汗颜,当然也给当代中国以深刻的启迪。

---

① 〔美〕列文森:《儒教中国及其现代命运》,中国社会科学出版社2000年版,第84页。
② 梁启超:《解放与改造发刊词》,载《梁启超全集》第5册,北京出版社1999年版,第3050页。
③ 蔡元培:《国民杂志序》,载《五四时期期刊介绍》第1集下,生活·读书·新知三联书店1978年版,第393页。
④ 傅斯年:《新潮之回顾与前瞻》,《新潮》1919年第2卷。

遗憾的是，随着救亡图存形势的严峻，传统的天下主义的价值观和"五四"时期的世界主义意识与情怀逐渐被冷落，强国、富国、建立能与西方抗衡的民族国家成为首要选择，甚至是唯一选择。国家主义、民族主义最终取代天下主义、世界主义，成为中华文化的主导性思维、理念与价值。1949年后，这一文化走向更为突出，发展到当下近乎狂热的迷恋特色性、特殊性阶段。

历史的追溯与分析表明，中华文化有着天下价值观的传统，而强调特色性、特殊性、国家主义、民族主义则只是近代以来的选择，有其特定的国际与国内背景。今天，人类社会正处于前所未有的大变革、大转型时期。全球化成为时代的主题，全球问题与全球治理全面挑战人类已有的制度、观念、价值、生活方式。相互依赖，把人类联结成一个紧密的命运共同体，日益增多的非领土性、跨国性问题和事务要求人们突破国家的视域与领土的边界从整体上予以回应和处理。但现实却是，人们所熟悉、认同，并且至今居于主导地位的国家中心主义的制度、价值、观念制约着人们的认识与行动。人类社会第一次在全球范围与层面上出现了认识的困惑、行动的迷茫。国际金融危机、全球气候变暖、国际恐怖主义的猖獗、责任主权的定位、人权国际保护与新干涉主义的评判，这一系列问题都凸显了全球化时代社会转型的复杂性、严峻性，并急迫地要求给出理论上的答案和政策上的回应。① 显然，在人类文明发展的新时期，在中国日益崛起并需要新的国际定位之际，如何继承和发挥中国天下观中的全球意识和全球价值观，并站在文明的高度审视和认同全球化时代的世界主义、全球主义，就成为中华文化重构的历史性课题。

中华文化的世界主义（全球主义）转向，既是在一定意义上向传统文化的回归，更是顺应人类文明发展的必然趋势。从文化上讲，20世纪70年代以来兴起的全球学，就是国际社会从国家主义向世界主义转向的标志。全球学起源于20世纪70年代罗马俱乐部开创的全球问题研究，其后二十年（也就是到20世纪80年代末），全球学基本上被理解为全球问题学或全球问题研究，这一点无论在西方还是苏

---

① 参见蔡拓：《全球学导论》，北京大学出版社2015年版，第4页。

联乃至中国都得到体现与印证。全球化与全球治理的冲击波开启了全球学的新阶段,即从应对全球问题的研究,转向同时关注全球学学科的创立与建设。换言之,在经历了二十年全球问题研究的基础上,面对20世纪90年代的全球化与全球治理的浪潮,全球学开始有了学科的自觉。这种学科的自觉首先表现为研究领域的扩展与综合。全球问题固然仍是关注的基本内容,但全球化、全球治理研究的重要性日益突出。全球化、全球问题、全球治理被日益整合,形成着异常鲜明而独特的研究领域,赋予了全球学新的内容与向度。其次表现为全球学专业和教育研究项目的设立。以全球化、全球问题、全球治理为标示的新时代被称为全球时代或全球化时代,它凸显了全球关系、全球主体、全球空间、全球价值、全球身份,因而需要具有全球视野与思维的新型人才。正是基于这种自觉的全球意识,在大学和研究机构中出现了与日俱增的全球学专业和教育研究项目。1995年,美国加州州立大学蒙特雷湾分校率先设立"全球学"本科专业;1997年,日本东京的一桥大学设立了首个"全球学"硕士专业;2006年,美国罗格斯大学设立了首个"全球学"博士专业。与此同时,一大批全球学教育、研究项目得到设立与发展。

经过四十多年的发展,今天可以把全球学概括为:以全球化为时代和学科背景,以全球化和全球问题所催生的全球现象、全球关系为研究对象,以探寻全球治理为研究归宿,以挖掘、揭示全球性为学术宗旨,探究世界的整体性联系和人类作为一个类主体的发展特点、进程与趋势的新兴综合性学科。显然,全球学突出了全球性这一时代议题,张扬了全球性这一新的理念,而全球性无论在现实还是学理层面都有重要意义。

全球性植根于现实,所以,它首先对审视和指导当代人类社会生活有重要的现实意义。自20世纪70年代以来,层出不穷的全球性问题,从经济、政治、文化、社会、环境、科技、军事等各个领域冲击着国际社会。20世纪90年代以来,伴随因特网的广泛使用,全球化、全球治理更全面、更深刻地影响着当代国际关系和人们的日常生活。在这种冲击下,人们日益感受到超国家、超国界的力量,无论是物质的、制度的,还是价值与理念的力量。在物质向度上我们目睹跨国经营的普遍化,军事干预,金融危机导致的经济震荡等;在制度向度上表现为联合国安理会决议的日益增强的约束力,国际刑事法院的设立等;而价值与理念方面则感受到可持续发展、人权、责任、共赢、合作等理念被广泛认同并产生制约性影响。显然,国家的权威与掌控能力受到挑战,人们所熟悉、所习惯、所坚信的国家体制及其观念不再像以往那样无可争议,不可动摇,全球性的事物、现象、规则正开始作为一种新的参照系显示其生命力。当然,如果说全球性已从根本上动摇了国家所体现的国家性、领土性,宣告国家神话的破灭,那的确是夸大其词,危言耸听。但是,在当今的全球化时代,全球性现象的日益增多与增强是一个不容否认的事实。这就客观上决定,当代人类不能把自己的视野和观念锁定于国家,认为国家是人类组织社会生活的最终的、最佳的体制、单元,人的社会关系与社会生活的全球拓展,必然要求一种不同于国家的新的制度性安排。这种新的制度将显示其全球性特征,并同国家一起共同管理人类的公共事务。因此,在相当长一个时期内,不是简单的全球性现象与制度去完全取代国家性现象与制度,而是两者的碰撞、对话与协调,其目的在于回应人类遇到的新问题,找到应对全球化与全球问题的治理之道,推进人类文明的进步。总之,全球性是人类社会生活的新坐标,必须善待它。破除对全球性的恐惧感,理性地审视和认同全球性,是全球化时代急迫的现实需要,也是国际社会从困惑、动荡、转型走向理性、有序和成熟的必由之路。

全球性不仅在现实层面上标示了社会生活和公共事务的新指向,即超国家的、整体性的人类指向,更在理论层面上触及了根深蒂固的国家主义的理念、价值与思维。国家主义坚持国家中心、国家本位,认为国家主权的至上性,国家利益的神圣性,国家行为的正当性都是毋庸置疑的。这种政治学说和观念,对内将国家凌驾于个人的权利、利益和要求之上,藐视人权、排斥社会;对外则以对抗性思维处理国际事务,片面追求本国利益的最大化,张扬本国对世界的关切与战略目标,试图成为世界的中心或主宰。因此,国家主义对内会导致专制与集权,对外会滋生霸权和冲突。当然,这样讲并不意味着要完全否认国家主义在当代人类社会生活中的现实合理性。因为人类的现实是依旧生活于以国家为基本社会单元的阶段,而只要国家存在,国家主义就有生存的土壤,追求国家的权威,提高本民族的国际地位就有现实的吸引力。但是,对于国家主义的弊端我们必须有清醒的认识和应有的警惕。全球性正是在揭示国家主义的谬误,防止国家主义的危害方面能够起到重要作用。全球性以人类本位、全球价值、全球意识、全球伦理为特征,从而形成与国家主义迥然不同的全球主义。全球主义以正在生成着的人类整体为观察、思考、研究对象,探究人类作为一个整体的生存特点、价值追求、活动方式,以及制度安排和伦理规则。显然,全球主义无论是逻辑起点、归宿都不同于我们所熟悉的,并且仍占主导地位的国家主义。这种对照与反差,客观上要求一种研究范式和思维模式的转换,即从方法论的民族主义转向方法论的全球主义。没有这种转换,试图仅仅在方法论的民族主义的框架下作适当调整、修正,是难以认识和应对全球化所彰显的诸多超国家现象与问题的。这是因为,方法论的民族主义其理论中轴、价值定位、制度安排皆表现出鲜明的国家性,追求明确的国家本位。换言之,无论是其现实的关怀还是理论的视野都锁定或局限于领土性国家。正是这种视野、价值以及相应的认识思维和框架,决定了它很难摆脱国家的束缚。而方法论的全球主义则超越国家,以全球的视野、价值和思维认识全球化时代的新现实,它所看到的是一个整体性的相互依存的世界,是人类作为一个类主体所展现出的新风貌、新价值、新问题。这些新的现象与规范是方法论民族主义不屑一顾,也是无力解释和回应的。显然,这正是全球性的理论价值,它要研究和回答人类面临的日益增多的超国家问题,还要探讨如何协调全球性与国家性、全球主义与国家主义的关系,为人类从国家主义时代理性地走向全球主义时代提供理论、观念和价值方面的支撑与思考。

总之,中华文化的复兴必须面向世界、面向未来,面向人类文明。中华文化必须超越国家主义、中心主义和偏颇的特色性与特殊性思维,构建全球主义指向的新文化,以博大的胸怀建设自身,并致力于推进人类的整体性进步。

(本文为作者提交给2015年11月11—13日北京大学主办的"中华文化复兴论坛"的论文。)

国际社会与国家改革

一百年前的辛亥革命终结了封建王朝在中国的统治,九十年前中国共产党的诞生开启了中华民族追求进步与美好生活的新篇章。弹指一挥间,经过一个世纪的探索与奋斗,今天我们已经步入21世纪——这个被称为全球化时代的新时代。那么,这个新时代对于我们思考当代中国的发展和未来走势有什么意义呢?这正是纪念辛亥革命一百年和中国共产党成立九十年必须重视的问题。

实际上,自近代民族国家体系确立以来,任何一个国家的命运与成长都是与时代、与国际社会联系在一起的。从某种意义上说,辛亥革命是中国在与西方列强较量的过程中节节溃败的产物,也是西方新制度、新思想、新技术渗透和影响中国的结果。而中国共产党的诞生则毫无疑义与第一次世界大战和十月革命密切相关。今天,国际社会与国家生存与发展的关系更为密切,远非一百年前所能比。这是因为全球化时代所凸显的共同问题、共同利益、共同意识已经更紧密地把人类联系在一起,从而在更大程度上制约着一个国家的选择与命运。

那么。全球化时代到底开始显现出哪些新质,并提出哪些新要求呢?

其一,相互依存已经渗透到人类生活的各个领域,成为当代人类的生存方式和基本规律。

全球化时代的相互依存并不是一般意义上的相互联系、相互影响,而是具有结构性约束力的关系,体系出人类社会交往与社会关系的全面性与深刻性。相互依存表现为经济上无法割断的联系;政治上国内政治国际化,国际政治国内化,超国家权力日益强化;文化上则是在更大范围、更多领域的交流与传播,以及全球文化景观的出现。相互依存不能简单理解为互利、关系的平等,最关键之点是任何国家都不能挣脱相互依存的结构约束而谋求独立的生存与发展。显然,这就要求国家在思考和制定本国的发展战略时,对于相互依存的结构性约束予以足够的审视与关注。

其二,人类的整体性和共同性开始凸显。

自近代以来,人们一直习惯于在民族、国家的框架内审视、处理问题,张扬的是民族性与国家性,追求的是民族和国家利益,这一点至今并未过时,仍有着现实的合理性与必要性。但与此同时应当看到,由于全球化和全球问题的存在,人类作为一个整体具有了独立的地位与意义。这就要求我们真正理解"当代中国同世界的关系发生了历史性变化,中国的前途日益紧密地同世界的命运联系在一起"(中共十七大政治报告)这种判断,真正实践"我们主张顺应历史潮流,维护人类共同利益"(中共十六大政治报告)的理念宣示。

其三,修正和超越工业文明的社会要求日益强烈,可持续发展作为一种新的文明已经历史地进入人类视野,成为新的价值与目标选择。

工业文明极大地改善了人类生活的环境,提高了人类生活水平,其历史作用毋庸置疑,但其弊端同样不可否认,所以才导致了修正和超越工业文明的社会要求和社会运动。可持续发展正是在这种反思中诞生并逐渐成熟,它已从经济与社会发展战略与模式,提升为一种新的文明形态,标示着文明转型时代的到来,要求人们以可持续发展为尺度,全面审视和调整原有的人类生存与发展目标、理念、价值。

其四,凸显人文要求,呼唤伦理价值的复归。

时代变迁与文明转型的巨大冲击,要求人类对现有制度、价值、伦理、生活方式的反思。经济主义、唯物质主义导致 GDP 崇拜、享乐主义乃至拜金主义,经济增长的狂热和物质享受的膨胀,扼杀了人们的人文追求,窒息了人们的精神生活,扭转这一病态已成为当代人类恢复人的尊严与自我的强烈共识与历史要求。

面对人类发展的大趋势和国际社会凸显的新走向,中国如何回应,我们在国家改革与建设方面应做出哪些调整,突出哪些议题与导向。

首先,逐渐确立并不断强化人类共同体意识,努力寻求国家意识与全球意识、国家利益与人类共同利益的平衡点,妥善处理好两者的关系。

必须真正懂得,当代中国是世界的中国,中国的事情,包括中国国家利益的维护和中国社会的健康发展,只有在世界的舞台,通过与世界的互动才能获得。因此,改革开放不能停滞,与各国的沟通、交往、合作、对话不能质疑。需要在坚守国家利益与国家发展的同时,更自觉、更理性地审视和认同人类共同利益。强烈的国家中心主义,尤其是隐蔽而内在的中国中心论有悖于时代潮流,必须予以警惕与克服。需要指出的是,全球化时代这种基于人类的全球观、整体论是当下每个国家政治发展的重要内容。换言之,一个现代国家政治发展是否成熟、健全,不能仅仅局限于传统上熟悉的政治民主、政治参与、政治稳定、政治制度的规范化等方面,还必须有自觉认同的基于人类的全球观和整体论。这恰恰是当代国家改革的第一任务。如果今天的国家还仅仅停留于国家认同和国家利益的维护,那么在应对诸多全球性问题时我们将无所适从,难有作为。而在应对人类共同挑战方面,如果长时期处于徘徊、困惑甚至抵制状态,只能导致我们民族的落伍。

其次,明确新兴大国的国际地位,倡导责任、贡献、共赢、合作、和谐的理念,在提供更多公共物品,构建和谐世界方面做出持续性努力。

从三十年来中国的超常发展及其对世界的冲击性来讲,中国是当之无愧的新兴大国。只是要注意,新兴大国并非就是软硬实力均强的真正意义上的大国,它只是在比较的尤其是强调冲击性的视角下才具有合理性。从新兴大国走向真正意义上的大国还有许多不确定性。但是,中国超常发展及其连锁的对世界的巨大冲击,已经并且日益强化着世界对中国的疑虑、期盼、要求,乃至恐惧,从"中国威胁论"到"中国贡献论",都是世界对中国之崛起的反应。显然,漠视这些反应,或仅仅以批判的眼光对待这些反应是不妥的。这就提出了当代中国国家改革的第二项任务,那就是塑造更为开放、成熟、理性的对外战略。如同政治发展已不能囿于传统的理解一样,在全球化时代,一国的对外战略与对外关系也不能仅仅囿于国家的视野与选项,还需要增添世界的视野与选项。当下之中国,由于其崛起对世界产生了巨大冲击力,所以成为国际社会关注焦点。我们要克服现实主义的权力意识和大国意识的诱惑,从责任论、贡献论、共赢论等高度认知和定位自身的国际角色与作用。这绝不是要回到改革开放前的扭曲的国际主义和世界革命中心论。今天强调责任论、贡献论,是以国际共同体的一员,尽其所能,为应对全球性问题挑战,改善人类的生存境况,推动人类的整体性进步与发展发挥更大作用。世界对中国寄予希望,中国应有更自觉的意识和更果敢的作为。

再次,坚定不移地推进经济社会发展模式的转型,走可持续发展之路,走低碳经济之路,走生态平衡与环境保护之路。

必须清醒地看到,改革开放三十年来中国的超常发展与迅速崛起是付出巨大代价的,总体上讲我们仍是一种粗放式经济社会发展模式,造成严重环境污染和资源过度耗损,因此是不可持续的。同时,注重出口的外向型经济又与内需不足相伴相生,从而导致生产与消费的失衡,带来一系列事关民生的问题,影响到对改革开放的认知与信心。这种状况再也不能继续下去了。国家改革的第三项任务就是顶住种种压力与挑战,真正下决心迈出经济社会发展模式转型的坚定步伐。在这方面,最关键的是明确三点。其一,理性定位硬实力的作用。硬实力无疑是国家与民族强盛的基础,是人们物质生活的支撑。但硬实力并非就是一切,也不可能永远居于首位。硬实力崇拜的具体表现就是经济主义、GDP至上。殊不知,硬实力也有局限,硬实力也会导致困境。硬实力的局限与困境就是其发展受制于生态与资源的局限性。同样,硬实力竞赛尽管比赤裸裸的军备竞赛更容易被人认同,但鉴于生态与资源的有限性,这种竞赛也会导致类似安全困境那样的困境。所以,破除硬实力崇拜与迷信,破除GDP挂帅,是我国经济社会发展模式转型的前提。其二,真正承认地球生态与资源系统的有限性,明确人与自然的和谐共生关系。人与自然的关系并不是一个新议题,但其受到高度关注并深刻影响到人类生活则不过几十年时间。然而,观念的转变绝非朝夕之功。尽管当代中国的生态环境与资源问题如此严峻,然而真正承认地球生态与资源系统的有限性,真正摒弃改造与征服自然、让自然为人类服务观念的人仍然寥寥无几。因此,确立人与自然关系的新观念,对于改变粗放式经济社会发展模式的确具有非常急迫的意义。其三,突出民生、突出人的幸福指数。经济社会的发展不是为了发展而发展,或仅仅是为了提高国力,以便与他国竞争而去发展,它的宗旨应该是提高人们的生活质量与幸福指数。这样一来,提高工资、加大内需、改善人们生活的生态与社会环境,强化保障社会公共生活的设施建设等自然就会提上议程,受到应有的重视。总之,经济社会发展模式的转型关系到人们生存与发展的质量、满意度和可持续性,关系到是否真正落实和体现以人为本的理念与战略,必须抓紧再抓紧,贻误不得。

最后,突出人文建设、伦理建设和政治与社会管理体制的改革,从根本上再造中国社会的政治与文化环境。

当代中国的国家改革与建设任务,除了上述三项之外,还有一项更为老百姓感知、感叹甚至忧虑的就是当代中国的政治、社会与文化环境。腐败、官本位、拜金主义、道德失序、价值错位、公共精神的不足与公民社会的孱弱等,无不反映着当代中国人文素质与伦理价值的严重缺失,以及政治与社会体制运行管理的失范与不畅。这种状况从国内层面讲,影响到民众对政府的信任与支持度,甚至会指向政府的合法性;从国际层面讲,严重损害着国家的形象与影响力,疏离了国际社会与中国的关系。因此,改变软实力不佳,软硬实力不相匹配的状况是当务之急。中国的经济、社会、文化发展若不能体现出令人信服的榜样力与吸引力,就远不能称之为成功。中国的人文道德水准若未有显著的改观与提高,则硬实力愈发展,其受到的质疑愈多,负面作用也会愈发明显。

总之,世界的转型是一种全方位的深刻的转型,这一转型是全球化时代的大趋势。在国际与国内的界限日益模糊,整个人类的相互依存更为紧密的背景下,中国的国家改革与建设必然受到这些大趋势、大背景的制约与影响。本文所提到的四大任务,前两个着重于中国与世界的关系,强调全球性、整体性、开放性、责任性在当代的意义;后两个偏重于克服自身的弊病与顽疾,实现"发展自己,影响世界"的目标。如果我们真正在上述四个方面有长足的进步,那将是我们纪念辛亥革命百年和中国共产党建党九十周年的最好行动。

(本文发表于《经济与社会体制比较》2009年第4期。)

全球意识与全球情怀:《全球学导论》的价值与意义

各位来宾、朋友:

大家上午好!感谢各位专家、学者、媒体朋友,以及我的同事和学生们光临今天的《全球学导论》新书发布会。中国政法大学全球化与全球问题研究所和北大出版社之所以要举办这次会议,是因为该书在知识体系、价值观念以及社会指向上都提出了某些独特的、可能引起思考和值得深入探究的观点,而这些观点会影响我们对当代世界和人类发展的认知,影响对中国走向现代化的理念与途径的思考。

《全球学导论》是国内学术界第一本规范意义上的全球学理论著作。这部著作力图做出的主要学术贡献是:

首先,在知识体系的架构方面建构起具有较强内在逻辑的全球学知识体系。全球化与全球问题作为全球学学科产生的"元要素",既是全球学研究的核心对象,也是全球学学科产生的逻辑起点,正是全球化与全球问题的呈现,才导致了全球景观、全球关系、全球活动与全球价值。《全球学导论》以此为基石,对全球经济、全球政治、全球文化、全球法律、全球体系、全球秩序、全球治理与全球公民社会的深入探究,勾勒出了一幅全景的全球关系与全球活动,这种全球关系、全球活动的分析视角与国际关系的视角相比,更准确地勾勒出了全球化时代人类活动的全球性新质。对于这种全球性新质,《全球学导论》从全球价值、全球利益、全球伦理与全球性等四个角度进行了更深入的揭示和分析。全球学作为一个正在兴起的交叉学科,虽然国际学术界已有许多尝试性探索,但并没有成熟的、逻辑体系完整的学科知识框架,《全球学导论》在逻辑体系的探索和建构方面可以说是走在了国际学术界的前沿,并在知识体系的逻辑性与完整性等方面表现出独创性。

其次,在全球化、全球问题与全球学基础理论研究方面的新探索。《全球学导论》在以往研究基础上,对于政治、经济、文化、法律等领域的全球性现象进行了进一步的深入分析,如全球经济领域中关于全球经济与全球资本主义、全球经济与民族经济的关系的探讨,全球政治领域中关于全球政治共同体、全球权威空间、"全球性国家"、全球政治的继承性问题的探讨,全球法律领域中关于全球法概念与内涵、从国际法到全球法的演变、全球法治的价值与构建等问题的探讨,全球体系概念的提出及其复合结构的探讨,全球秩序的运作模式以及全球公共物品供给问题的探讨,全球公民社会的治理参与及其治理效应与政治效应的探讨,全球进程的矛盾性与复杂性的探讨。

最后,突出全球性,不仅将其视为《全球学导论》的精髓,而且视为人类必须面对与探究的时代议题。全球化、全球问题与全球治理作为当今的显学,已渗透到众多学科,成为政治学、法律学、社会学、经济学、文化学、传播学、管理学、哲学等学科关注的对象和研究的分支领域,但尚不足以体现全球学的学科本质。因此,还需要找到一个更具本质意义,更有说服力的概念与范畴来标示全球学,这就是"全球性"。全球性对全球学的精髓作了高度概括,揭示了在全球化时代,全球主体、全球空间、全球制度、全球价值的理论内涵与意义。

由此可见,这部著作力图做出的尝试与突破集中于本体论、方法论和价值观三个方面。在本体论上,《全球学导论》强调全球化与全球问题所带来的全球景观这一全球本体对全球学知识体系构建的基础和核心意义;在方法论上,《全球学导论》强调从全球本体出发,突破民族国家视野的束缚,超越方法论国家主义,以全球主义方法论重新构建人类对政治、经济、文化、环境和社会等领域全球化的认知和知识系统;在价值观上,《全球学导论》倡导以全球意识、全球思维、全球价值、全球性来矫正单纯的国家性、民族性、国家主义的不足。总之,全部著作围绕全球这一中心展开,突出全球性这一灵魂,从而与人们所熟悉并认同的立足于民族与国家观察、思考、处理社会生活的思维、方法、原则、价值区分开来,也与人们在方法论国家主义框架下学习、认知和构建知识的传统路径与框架相区别。

这部著作的应用价值与社会意义在于:

一是努力适应全球学学科发展的需要,为全球学学科在中国乃至世界的发展提供了理论支撑。据不完全考察和统计,目前在全世界至少已有100余所大学招收本科学生从事全球学的学习,有40多所大学开展全球学学科的硕士和博士生培养;有20多所大学设立博士后研究项目;有100多所大学在其原有科系下设置相关教育和研究项目,我国也已经在中国政法大学、上海大学等院校设置了全球学专业。《全球学导论》作为全球学的一门核心课程知识读本,具有开创全球学专业知识与课程体系框架的基础作用,其学术与社会影响绝不仅限于国内。

二是努力适应全球化时代发展的需要,为人类应对全球化与全球性问题的挑战提供了一种全球性思维。当今人类社会正处于全球化向深度发展的时代,在经济、政治、文化、社会、法律、生态环境等领域,国家与国家、社会与社会、人与人之间形成了跨国性的交往和相互依赖。全球化发展中的负面效应以及全球性危机对人类的生存与发展形成了严峻挑战,人类迫切需要一种全球性思维来应对这种挑战。《全球学导论》在全球性、全球意识、全球伦理、全球利益等全球性价值方面的探索,为人类应对上述全球性危机的挑战提供了一种全球性思维。《全球学导论》作为这种全球性思维的知识载体,在培养全球学专业人才、培育人们的全球意识和全球伦理观念、引导人们以全球性视野和全球性思维来观察和理解世界发展的趋势方面,都是一种适用性很强的知识读本。全球性是中国也是整个人类必须直面的现实。尽管中国的"天下观"和西方的"世界公民"说都有久远的历史,从而表明全球性的零星观点与主张存在于几千年的文明史中,但全球主体、全球空间、全球制度、全球价值——这种整体的、全方位的全球性,只是伴随高科技的发展,"地球村"的出现,才具有真实可能性。因此,全球性不再是历史上少数政治家、思想家的理想,也不再是个别文人墨客的空想与杜撰,它正在成为活生生的现实。诚然,全球性相较于国家性、民族性还远未成为主流,但它的整体性显现以及由此带来的对植根于国家性与民族性之上的一整套理论、价值、制度、观念、伦理的冲击与挑战则是毋庸置疑的。可以预言,当代全球性所代表的全球主义思潮(世界主义思潮)必将引发一场全球性思维与价值革命,从根本上改变人类的生活。

三是努力适应中国日益崛起和发展并走向世界的需要,为中国应对全球化与全球性问题的挑战并担当相应责任提供了理论支撑和价值导向。改革开放以来,中国的发展与崛起及其走向世界步伐的加快,正日益对世界产生越来越强烈的影响。如何适应日益全球化的世界,如何处理全球化进程中面对的各种矛盾与挑战,这都是主权国家占绝对中心地位的近代国际关系历史上所没有的问题。《全球学导论》所揭示和倡导的全球意识、全球伦理和全球价值,则为我们观察、理解和思考我们所面对的全球化时代国际关系提供了新的理念和思路。中国的命运已经历史地同世界的命运联系在一起,当代中国的许多问题如果不能从世界的角度,从人类共同体的角度加以分析和认知,仍然拘泥于国内视角,习惯于老的套路与思维去诠释和寻求解决之道,将毫无出路。比如关于中国道路的认知与诠释,立足于特殊主义视角必然只强调中国特色、中国立场、中国身份。但是应当看到,特色性、特殊性思维总体上讲不适合全球化时代所张显的整体性、共同性;特色性、特殊性思维在某种程度上反映了对中国自身的不自信,恰恰矮化了中国创造和引领人类文明的能力;特色性、特殊性思维及其相应战略与政策可能导致中国与世界的疏离;特色性、特殊性思维隐含着潜在的中国中心主义。因此,在中国道路的规范性思考中,我们需要从世界看中国,坚持普遍性与特殊性的协调与统一,坚持价值导向、目标导向,坚持全球化时代的定位与基点。我的主张是:(1)中国道路必须体现普遍性,具有世界意义。(2)中国道路的普遍性具有优先性,应着力挖掘、构建和实践。(3)中国道路的特殊性就在于它由中国构建,体现了中国元素和样式,它是为实现普遍性服务的。(4)中国道路的特殊性还意味着它是世界上实现现代化,建设现代国家和文明国家的众多选择与途径之一。(5)在中国道路的构建与实践中,要努力克服中心主义、民族主义、国家主义。

全球学研究及其全球学学科建设已走过了几十年的历程。从罗马俱乐部明确提出审视人类事务的全球性框架与思维,倡导全球问题研究之日起,可以说全球学就产生了。显然,早期的全球学在很大程度上被理解为全球问题学,是针对方兴未艾的全球性问题的。只是到了20世纪80、90年代,随着全球化、全球治理研究的兴起与深入,全球学才从全球问题学走向全球化学、全球治理学,有了更深刻的学理内涵。也正是由于出现了这一转向,全球学就不再停留于众多问题领域的全球研究,而有了学科的自觉,开始构建自身的范畴与体系,并建立起本科、硕士、博士一整套完整的学生培养专业。由此可见,全球学是与全球问题、全球化、全球治理紧密联系在一起的。全球学既是全球化时代的产物,又是在不断回应该时代的新问题、新需求进程中得以发展的。

我和我的团队的研究历程恰好从中国角度反映了全球学发展的上述轨迹。自1991年主持第一个国家社科基金课题项目"世界大变革中的全球问题"起,随后十年里,出版了《当代全球问题》和《全球问题与当代国际关系》两本代表性著作。这两本书中所倡导的全球学基本上还是全球问题学,处于全球学发展的第一阶段。第二个阶段则从全球问题学走向全球化学、全球治理学,《中国社会科学》上发表的《全球主义与国家主义》《全球治理的中国视角与实践》两篇文章是这一转向的代表作。第三阶段始于2010年,即着力于自觉的全球学学科建设,全球学博士点的建立以及《全球学导论》的出版是该阶段的标志。

在全球学研究和本书的写作与出版过程中,众多学术界前辈、同

· 388 ·

仁、好友给予支持与鼓励。中国政治学界公认的元老、深受人们敬重与爱戴的赵宝煦先生,最早鼓励和支持我开展全球学的研究,他为我的全球学研究处女作《当代全球问题》作序,坚定了我在这一研究领域不断开拓进取的信心。二十年过去了,赵老在序言中的嘱托"祝愿全球学的研究工作在中国能有较快的发展"已变成现实,《全球学导论》即是对先生在天之灵的一种告慰。今天在座的各位专家、朋友从各方面给予了关心、鼓励与支持。北大出版社的耿协峰编审不仅作为专家参加了《全球学导论》初稿的评审,而且支持并促成该书在北大出版社出版。在此,一并致以深深的谢意。

全球学的研究和《全球学导论》的出版,得到了中国政法大学的大力支持。黄进校长非常关心我所的工作,并从各方面给予实质性支持。校科研处、发展规划与学科建设处、政治与公共管理学院也都为全球学学科的建立与发展提供诸多帮助,对此,也表示衷心的感谢。

各位来宾与朋友,在从事全球学研究中我深深感悟到,进行学术研究必须信守两个基本理念,即学术执着与学术良知。学术的执着意味着视学术为自己的生命与追求,只要自己选定的研究领域或问题适应时代的需要,有助于人类知识的增进,就要坚持不懈,持之以恒,不因任何功利的考量和各种困境而动摇、放弃。学术的良知则意味着始终坚守独立人格和独立批判精神,自觉地担当起社会批判的重任,以"人类的良心"为座右铭,真实、客观地反映社会现实,探究那些对人类社会生活有重大影响的问题,并给出自己理性的分析与答案。显然,与此相对照,当下中国学术界最可怕的倾向就是现代犬儒主义的盛行,当下中国学者最缺少的就是那种视为生命的独立性,就是对"人类的良心"之身份和使命的认同。因此,我将继续守护和践行学术执着与学术良知两个理念,并希望中国学术界的每个学者从自身做起,加强道德自省与伦理自觉,立足于全球意识和全球情怀,为中国现代化建设和走向更加文明的未来贡献独特的智慧与力量。

谢谢!

(本文为作者 2015 年 7 月 4 月在《全球学导论》首发式上的发言。)

理念更新与伦理自觉：中国政治学发展的症结与选择

改革开放三十五年来，中国政治学无论在学科的制度化建制，师资和研究队伍、学生培养、研究领域与成果方面都有了可观的规模与数量，这是有目共睹的成绩，值得肯定。但是，平心而论，这种规模与数量的增长，无法掩盖我们在学科建设上的问题，在理论研究上的弊病，这些问题与弊病远不是轻描淡写的不足与欠缺所能概括的。我想，这正是今天需要我们认真反思的。

下面我着重谈两个问题。

一、当代中国的政治学发展需要理念更新

这里讲的理念，不是我们通常所关注、论及的学科建设的体制性理念，如管得过宽、过严，强势的行政主导，突出为现实服务，强调政治正确性等，而是指的政治学学科建设自身的学科理念、学术理念。当下的中

国政治学,从学科与学术理念上讲有两个非常明显的理念。

其一,片面坚守的国家主义。

国家主义的理念与思维,信奉国家的绝对主导地位,把国家作为国内与国际事务的中心,从而在政治学研究中贯穿了国家中心主义。比如国内政治研究(包括政治学理论、比较政治、中国政治)着力于传统的规范的国家政治,忽视非国家政治现象(如公民社会、人权、民族与宗教、社会与文化等)和超国家政治现象(如全球化、全球治理、全球问题、全球性等);而在国际政治研究中,国家间政治的理念与议题(大国博弈、地缘政治、国家对外战略等)同样处于不可动摇的主导地位,全球性政治理念与议题仍然影响有限,难以受到应有的重视。毫无疑义,在国家仍是当代人类社会生活的主角,并且是制度性建构的主轴的现实下,重视国家的研究显然具有现实的合理性与必要性。但是必须看到,无论是国内还是国际事务,仅仅是国家的视角已远远不足以解释人类面临的各种新问题,更无法应对人类面临的新挑战。所以,片面坚守国家主义,小则无益于国家与民族利益的维护,大则无益于人类文明的进步。当下中国的民族主义、民粹主义、对强政府的崇拜都与片面坚守国家主义的理念有关。

其二,僵化的学科割裂与封闭主义。

学科割裂与封闭主义,突出表现为国内政治与国际政治研究的割裂。研究国内政治的学者不关心,也不主动去了解全球化、全球问题、相互依存对政治学理论、比较政治与中国政治的影响,局限于在国内政治的框架内研究政治学理论,在中国的框架内研究中国政治。而研究国际政治的学者又不注重提升自身的政治学理论水平与素养,不注重思考和挖掘国际问题和中国外交的国内根源与制约因素,习惯于就事论事,擅长评论国际热点问题和各国外交政策,但缺乏学理性深度思考。这一切,就导致当下政治学研究总体上讲学术视野狭窄,学术思想肤浅,学术影响力有限,并形成了两个相互割裂、很少往来互动的学术圈。

当下中国政治学建设的上述两个理念,显然是值得反思和必须破除的。在全球化、全球问题、全球治理时代,人类社会生活的相互依存,已经把全球现象、全球关系、全球价值、全球制度等新元素融入

· 391 ·

世界历史，人类已不可能再局限于领土国家之内应对生存挑战，推动社会进步，实现可持续发展。因此，我主张 21 世纪的中国政治学要倡导并逐步确立三个新的理念，即全球性理念、整体性理念、转型性理念。

政治学的全球性理念要求从世界看中国，以全球性理念与思维开展政治学理论、比较政治制度、中国政治、国际关系理论、中国对外战略的研究，推进立足于人类，而不仅仅是中国和国家间关系的政治学学科建设；政治学的整体性理念要求打破国内政治与国际政治的界限、国家政治与非国家政治的界限，从两者日益紧密的互动中开展整体政治学研究；政治学的转型性理念要求摆脱国家主义的束缚，在重视传统的国家政治研究的同时，开始更多着力于从国家政治向非国家政治的转型政治学的研究。如果能够以上述三个新理念审视当代人类社会生活，分析当代人类面临的种种问题与困惑，必定会开辟出中国政治学研究的新天地，引领政治学发展的新境界。

鉴于此，我提出两个践行上述新理念的政治学研究课题。其一，中国与世界之关系研究。一国与人类文明、世界整体的关系是个世界性的问题，尤其是全球化时代的核心议题。对于从封闭走向开放，从世界的边缘走向中心，正在日益崛起的新兴大国中国来讲，这一问题格外尖锐、急迫。这一课题可以从理念与价值、对外战略与对外关系、国家治理与社会转型三个向度进行研究。涉及中国特色与普世价值，国家主义、民族主义与全球主义，全球化的认知，中国的国际定位与国家利益，全球治理与国际公共物品的提供，如何立足于互利共赢、公地化、人类命运共同体处理国际冲突与争端，执政合法性，威权主义与宪政民主主义，公民社会与公民政治，道德与文明等当代中国政治学关注的议题。如果我们能够搞清并挖掘三个向度的内在联系，整体性地展示中国与世界之关系，那无疑会呈现出政治学研究的重大成果。其二，全球治理与国家治理的协调与互动研究。参与全球治理与推进国家治理是当代中国的两大历史任务，也是两个大局，当然也是我们政治学研究的主要领域与问题，但是当下的研究仍然体现了全球治理与国家治理各自为政，相互割裂的研究态势。而根据全球性、整体性、转型性新理念,就应该着重研究全球治理与国家治理的内在关联与互动,即从两者的相互支撑、促进、制约和影响等方面,审视和分析两者的理论关联和实践中的互动。换言之,治理应视为一种整体性治理。国家治理是全球治理中的国家治理,全球治理必须以国家治理为依托和根基,两者谁也离不开谁。比如从治理对象上讲,全球治理会内化为国家治理;从治理机制与制度上讲,全球治理会规范国家治理;从治理价值与理念上讲,全球治理引领国家治理;从治理的利益导向上讲,全球利益与国家利益交织并存。同样,国家治理也影响全球治理。比如,就国家治理体系而言,价值观念体系的现代化决定对全球治理的认同度及参与度;权威决策体系的现代化(民主化与法治)决定在全球治理中发挥更大作用与影响力;经济发展体系的现代化决定参与和引领全球经济治理的能力;社会治理体系的现代化制约公民社会参与全球治理的力度等。只有确立这种整体治理观,制定整体性治理战略,全球治理与国家治理研究才能深入,并用以指导实践。

二、当代中国政治学发展需要学者的道德自省与伦理自觉

这是立足于政治学研究主体自身而言的,讲的是学者的素质与价值取向。显然这是一个老生常谈的问题,但由于学术界过于麻木,反而更显严峻。自由思考、理性批判,把学术视为自己的生命与追求,尊重学术规范,讲究学术道德,这些基本的理念与价值似乎正在远离我们而去。浮躁、重形式、讲套话、唯上、唯项目、潜规则泛滥,对基本学术规范与职业道德的背弃与冷漠,这是我们不得不面对的现实,它实质上反映了学术界令人担心的功利主义、物质主义,以及政治与道德的扭曲和缺失。今天,我们时常从国家、民族、政府层面讲加强软实力,但国家与民族软实力的提升,要通过每个人的努力与实践,而人文社会科学工作者又肩负着特殊使命。我们必须自省、自强,有明确的伦理自觉和担当。

人文社会科学工作者的伦理自觉集中体现为独立人格和独立批判精神。他不盲从和依附于任何个人与机构,也不屈服于任何压力,

始终坚持独立地思考和研究；他应自觉地担当起社会批判的重任，以"人类的良心"为座右铭，真实、客观地反映社会现实，探究那些对人类社会生活有重大影响的问题，并给出自己理性的分析与答案。显然，与此相对照，当下中国学者最缺少的就是这种视为生命的独立性，就是对"人类的良心"之身份和使命的认同。当下学术界出现的对强政府的力挺，对建智库的热衷，对依宪执政与宪政的刻意区分等现象，恐怕都与这种独立人格与独立批判精神缺失有关。强政府当然需要，但强政府的前提是强社会，是真实有效的法治，否则强政府就可能导致集权。智库当然需要，但智库发挥作用的前提是独立性，否则智库就是政府的附庸；强调依宪治国的确是中国政治的进步，但把依宪治国、依宪执政刻意说成是中国的特色，对"宪政"大加讨伐，不仅表明缺乏政治的自信，更是戴上了意识形态的面具。历史教训如此之多、之深刻，但我们依旧不能认真汲取。20世纪60年代，我们批判世界和平运动，70—80年代批判和抵制人权和市场经济，认为这些都是资本主义的。而今天，和平、人权、市场经济都成为我们高举的旗帜。为什么要重犯历史上的错误，"宪政"的基本点就是树立宪法的至上权威，约束政府的权力，保障每个公民的权利。这些普世的认知难道还有什么争议吗？当学者们也出面来区分依宪执政与"宪政"，给"宪政"贴上资本主义的标签时，可曾想过历史上的那些教训，可曾反省过自身的独立人格？独立性的缺失还会使我们丧失学理的清醒，对福山的评价最有代表性。从对鼓吹"历史终结论"的福山的批判，到走向对强调国家能力的福山的赞扬，反差如此之大。福山的新作固然注重国家能力和强政府建设，并对历史终结于西方社会进行了反思，但他始终青睐的仍然是民主、法治下的自由社会。如果我们片面地评介他的论述与观点，就会使国家治理迷失方向。总之，中国政治学者的道德自省与伦理自觉对21世纪中国政治学学科建设有重要意义，而反省和警惕现代犬儒主义更是当下中国学术界的重中之重。正如徐贲所说："与古代犬儒主义相比，现代犬儒主义最重要的特征就是它已经蜕变为一种将道德原则和良心原则抛到一边的虚无主义和无为主义。它看穿、看透，同时却无所作为和不相信有任何可以作为的希望","智识犬儒主义者都是极明白之人,但他们对现实秩序和游戏规则有着一种不拒绝的理解、不反抗的清醒、不认同的接受、不内疚的合作。"如果我们不能突破现代犬儒主义的枷锁,那么中国政治学的变革与发展就是天方夜谭。

（本文为作者2014年12月在清华大学社会科学学院举办的"21世纪中国政治学学术研讨会"上的发言。）